Michael Heymel
Martin Niemöller

Am besten lesen.   *Am besten lesen.*   *Am besten lesen.*

Michael Heymel

Martin Niemöller

Vom Marineoffizier zum Friedenskämpfer

LAMBERT SCHNEIDER

Am besten lesen.   *Am besten lesen.*   *Am besten lesen.*

Die Deutsche Nationalbibliothek verzeichnet diese Publikation
in der Deutschen Nationalbibliografie; detaillierte bibliografische Daten
sind im Internet über http://dnb.d-nb.de abrufbar.

Der Lambert Schneider Verlag ist ein Imprint der WBG

© 2017 by WBG (Wissenschaftliche Buchgesellschaft), Darmstadt
Die Herausgabe des Werkes wurde durch die Vereinsmitglieder
der WBG ermöglicht.
Lektorat: Dr. Hildegard Mannheims, Bonn
Satz: Martin Vollnhals, Neustadt a. d. Donau
Einbandabbildung: © akg-images
Einbandgestaltung: Jutta Schneider, Frankfurt am Main
Gedruckt auf säurefreiem und alterungsbeständigem Papier
Printed in Germany

Besuchen Sie uns im Internet: www.wbg-wissenverbindet.de

ISBN 978-3-650-40196-0

Elektronisch sind folgende Ausgaben erhältlich:
eBook (PDF): 978-3-650-40198-4
eBook (epub): 978-3-650-40199-1

Inhalt

Einführung

Der Name Martin Niemöllers ist heute – neben dem von Dietrich Bonhoeffer – im angelsächsischen Sprachraum mehr als im deutschen präsent: Jedes Schulkind in den USA weiß, dass Niemöller ein mutiger Mann des Widerstands gegen die Nazis war, und lernt seinen Ausspruch: „First they came for the Socialists, and I did not speak out …" (die deutsche Originalversion des häufig abgewandelten Zitats lautet: „Als die Nazis die Kommunisten holten, habe ich geschwiegen; ich war ja kein Kommunist. Als sie die Sozialdemokraten einsperrten, habe ich geschwiegen; ich war ja kein Sozialdemokrat. Als sie die Gewerkschafter holten, habe ich geschwiegen; ich war ja kein Gewerkschafter. Als sie mich holten, gab es keinen mehr, der protestieren konnte").

Das United States Holocaust Memorial Museum in Washington, D. C. erinnert an ihn als „einen hervorragenden protestantischen Pfarrer, der als ausgesprochener öffentlicher Gegner Adolf Hitlers hervortrat und trotz seines glühenden Nationalismus die letzten sieben Jahre der NS-Regierung in Konzentrationslagern verbrachte".[1] Auch wenn diese US-amerikanische Sicht die historische Wirklichkeit verzerrt und Niemöllers Kampf gegen die Kirchenpolitik des NS-Staates überhöht: Niemöller gilt weltweit als einer der bekanntesten Deutschen des 20. Jahrhunderts, ein Vertreter des „guten" Deutschland.

Von seiner Herkunft und Prägung durch ein Pfarrhaus deutschnationaler Lutheraner, wurde er zu einer führenden Gestalt des Kirchenkampfes, der Evangelischen Kirche in Deutschland und der Ökumene. Schon früh nahm er im Münsteraner Stadtparlament politische Verantwortung wahr. Bis ins hohe Alter mischte er sich immer wieder in die Politik ein, wenn er vitale Interessen der Kirche und der Menschen verletzt sah. In seinem Lebensweg spiegeln sich die großen Themen des Jahrhunderts: zwei Weltkriege, der Zusammenbruch des wilhelminischen Kaiserreichs, Aufstieg und Fall des totalitären NS-Staates, der Holocaust, die Teilung Deutschlands in zwei deutsche Staaten, die Stellung der Kirchen zum Weltgeschehen, die fortschreitende Globalisierung und die Verantwortung für das Leben in der *einen* Welt, für Frieden, Gerechtigkeit und Bewahrung der Schöpfung.

Dieses Buch zeichnet aus theologischer und zeitgeschichtlicher Perspektive Niemöllers Leben mit seinen Spannungen, Auseinandersetzungen, Umbrüchen und Krisen nach. Es stellt seinen Weg vom kaiserlichen U-Boot-Kommandanten zum streitbaren Protestanten und Friedenskämpfer dar. Das Bild von Niemöller im westlichen und östlichen Ausland soll dem Bild gegenübergestellt werden, das die deutsche Öffentlichkeit von ihm hatte und teilweise immer noch hat. In den Jahren seit 1945 konfrontierte Niemöller die Deutschen mit ihrer Schuld; das Stuttgarter Schuldbekenntnis vom Oktober 1945, das er mit unterzeichnete, war wesentlich von ihm bestimmt. Im Ausland trat er dagegen als Fürsprecher seines Volkes auf. Mit seinem Mut und seiner Zivilcourage, die sich aus Charakterfestigkeit und Glaube speisen, mit seinem wachen Verantwortungsbewusstsein und seiner bis ins hohe Alter unverminderten Lernbereitschaft kann Niemöller heute für viele Menschen ein Vorbild sein.

Von welchem Standort aus lässt sich das Leben dieses Mannes erzählen? Die Biographien von Dietmar Schmidt und James Bentley wurden zu Lebzeiten Niemöllers geschrieben. Es fehlt die historische Distanz. Das Buch des evangelischen Journalisten Schmidt, der sich zeitweise in die NS-Ideologie verstrickt und nach Kriegsende zum Radikaldemokraten gewandelt hatte,[2] erschien zuerst 1959 (auch in engl. Übersetzung), dann wesentlich erweitert 1983. Es will vor allem die Entwicklung der Persönlichkeit Niemöllers schildern. Der britische Historiker und frühere anglikanische Pfarrer Bentley konnte wie Schmidt noch auf Interviews mit Niemöller zurückgreifen. Seine Biographie kam 1984 im englischen Original, 1985 auf Deutsch heraus. Beide Autoren gehen auf wichtige Aspekte des Kirchenkampfes ein, beide schildern in Ausschnitten die Nachkriegsjahre. Eine ausführliche Darstellung von Niemöllers Wirken im Kirchenkampf hat 1971 der Kirchenhistoriker Jürgen Schmidt vorgelegt. Die jüngste Biographie des westfälischen Pfarrers Matthias Schreiber, zuerst 1997 erschienen, nimmt distanzierter und kritischer als ihre Vorgänger das politische und gesellschaftliche Wirken Niemöllers in den Blick. Das entspricht dem Interesse an den politischen Stellungnahmen, die vor allem in Niemöllers letzten 30 Lebensjahren die Öffentlichkeit beschäftigten und sein öffentliches Bild zumal in Deutschland bestimmten.

Schon der im Jahr 1992 zum 100. Geburtstag Niemöllers im Auftrag der EKHN herausgegebene Begleitband „Protestant. Das Jahrhundert des Pastors Martin Niemöller" zur gleichnamigen Ausstellung richtete die Aufmerksamkeit auf Brüche und Widersprüche in Niemöllers Weg und verstand seine Biographie als Spiegelung der Geschichte des deutschen Protestantismus. Dieser historisch-kritische Ansatz verbietet jede Form hagiographischer Biographik. Niemöller eignet sich dafür nicht, wie er auch selbst jeder ,Heldenverehrung' seiner Person entgegentrat.

Wer Niemöller annähernd gerecht werden will, muss ihn als Kind seiner Zeit sehen und ihn im zeitgeschichtlichen Kontext darstellen. Der Horizont seines Wirkens wie auch seiner Wirkungsgeschichte ist die Ökumene. Deshalb ist es unabdingbar, der deutschen Perspektive die Außenperspektive gegenüberzustellen und die öffentliche Wahrnehmung des Kirchenmannes und Friedensaktivisten mit der kirchlichen Sicht und Niemöllers Selbstzeugnissen zu kontrastieren. Neben der vorliegenden Primär- und Sekundärliteratur ist auch Material aus Niemöllers Nachlass heranzuziehen, der im Zentralarchiv der EKHN in Darmstadt aufbewahrt wird. Ein Nachteil aller bisherigen Biographien liegt darin, dass sie seine dokumentierten Predigten, Reden und Vorträge nur unzureichend berücksichtigen und seine weitverzweigten Korrespondenzen kaum auswerten. Dies soll hier zumindest in Ausschnitten nachgeholt werden.

Beim Schreiben einer Biographie will ich mich davor hüten, nur eine „Gescheitheit aus den Akten" (Th. Heuss) zu erwerben. Gegengewichte können Gespräche mit Zeitzeugen und persönliche Eindrücke aus Begegnungen, Film- und Tondokumenten sein. Man kann Niemöller in Interviews hören und sehen, auch in dem Dokumentarfilm „Rebell wider Willen", den Hannes Karnick und Wolfgang Richter 1985 produziert haben – einige Jahre früher wäre ein solcher Film als historisches Dokument freilich noch wertvoller gewesen, weil er dann noch mehr von Niemöllers Spontaneität und kämpferischer Energie vermittelt hätte.

Ich schreibe als Privatdozent für Praktische Theologe und als Pfarrer der EKHN über Martin Niemöller. Er hat diese Landeskirche bis 1964 als ihr erster Kirchenpräsident geprägt. 1992 und 2009 wurde kirchenoffiziell an ihn erinnert, wie es auch 2017 wieder geschehen wird. Doch sein Erbe, vor allem seine Orientierung an der Barmer Theologischen Erklärung von 1934, bereitet der liberalen EKHN zuweilen Verlegenheit. Wozu verpflichtet Niemöllers Erbe? Darüber wäre nachzudenken und auch zu streiten. Seit 2008 hatte ich Gelegenheit, im Zentralarchiv der EKHN am Niemöller-Nachlass zu arbeiten, der etwa 100 laufende Meter umfasst. Ein Produkt dieser Arbeit war die kritische Edition aller Predigten aus Martin Niemöllers Dahlemer Zeit (2011). Ohne diesen Hintergrund wäre es mir kaum möglich gewesen, über sein Leben zu schreiben.

Abb. 1: Eine von Niemöller benutzte Pfeife und zwei Predigtmanuskripte. Links: Maschinenschrift der Predigt vom 21.9.1958 zu Mt 5,7 zum 100-jährigen Bestehen des Elisabethenstifts in Darmstadt. Rechts: Handschrift der Predigt vom Sonntag Estomihi, 12.2.1961, zu Lk 18,31-43 in der Annenkirche Berlin-Dahlem.

I. Vom Marineoffizier zum Pfarrer in Berlin-Dahlem

1. Kindheit und Jugend in Lippstadt und Wuppertal-Elberfeld (1892–1910)

Am 14. Januar 1892, einem Donnerstag, wurde Martin Niemöller in Lippstadt/Westfalen geboren. Ein evangelischer Preuße! Geburtsort und Elternhaus machten ihn dazu. Landesherr war Wilhelm II. von Hohenzollern, König von Preußen und deutscher Kaiser, zugleich auch oberster Bischof (*summus episcopus*) der evangelischen Kirchen der altpreußischen Union, deren Geist Niemöllers Elternhaus erfüllte. Dass der Junge den Vornamen Martin erhielt, war ein Bekenntnis zu Martin Luther und zur Reformation. Lippstadt war die erste Stadt in Westfalen gewesen, die sich der Reformation angeschlossen hatte. Im alten Pfarrhaus in der Brüderstraße 13 verbrachte er die ersten acht Lebensjahre.

Der Vater Heinrich Niemöller (1859–1941) war lutherischer Pfarrer in Lippstadt, seit 1900 in der Arbeitergemeinde Elberfeld. Er war Sohn eines Dorfschullehrers und Organisten. Bauern und Müller gehören zu seinen Vorfahren. Seine politische Haltung war, wie die der meisten evangelischen Pfarrer, kaisertreu und deutschnational. Martins Mutter Paula, geb. Müller (1868–1956), eine Kaufmannstochter, stammte mütterlicherseits aus hugenottischer Familie. Der älteste Sohn Heinrich starb 1894 im Alter von 4 Jahren. Martin (geb. 1892) bekam noch vier Geschwister: Magdalene (geb. 1894), Pauline (geb. 1896), Wilhelm (geb. 1898) und Maria (geb. 1901). Der jüngere Bruder Wilhelm (1898–1983) wurde Pfarrer in Bielefeld und Kirchenhistoriker, der sich vor allem der Erforschung und Darstellung des Kirchenkampfes während der NS-Zeit widmete.

Beide Eltern waren reformiert getauft. Der Vater wurde aber durch seine Schulzeit in Schulpforta sowie durch Amtsverständnis und pastorale Lebensführung zum „Lutheraner". Sein ökumenisches Inter-

Abb. 2: Marienkirche und Geburtshaus in Lippstadt/Westfalen.

esse und seine diakonische Arbeit bewahrten ihn freilich vor konfessionalistischer Enge.[3]

Es war ein typisches evangelisches Pfarrhaus, in dem Martin aufwuchs. Die Pfarrersfamilie galt als Vorbild für das Gemeindeleben; mit Hausandachten und Gebeten lebte sie der Gemeinde evangelisches Christsein vor. Martin Luther und seine Frau Katharina von Bora hatten für dieses Lebensmodell Maßstäbe gesetzt, auch für den Kinderreichtum der Pfarrfamilie. Heinrich Niemöller orientierte sich am Vorbild des Hausvaters Luther, „unser lieber ‚Vater Luther‘", wie er ihn in patriarchaler Herzlichkeit nannte.[4] Im 19. Jahrhundert wurde das Pfarrhaus als Inbegriff bürgerlicher Erziehung gerühmt. Musik, Literatur und Philosophie wurden gepflegt. Viele prominente Schriftsteller, Philosophen und Gelehrte kamen aus dem protestantischen Pfarrhaus. Hier wurden soziale Tugenden eines bürgerlich disziplinierten, „ordentlichen" Lebens eingeübt.

Martin wird ein wilder, eigenwilliger Junge. Vom Vater mögen seine westfälische Zähigkeit und Ausdauer, sein Pflichtbewusstsein und seine Arbeitskraft und sein klarer Blick für die Realitäten des Lebens ererbt sein, von der Mutter hat er das lebhafte Temperament, das starke Reaktionsvermögen, die Fähigkeit, das Wesentliche zu sehen, und die Unbestechlichkeit des Urteils.[5] Was ihn besonders charakterisiert: „er will alles genau wissen".[6] Seine Spielsachen nimmt er auseinander, um herauszufinden, wie sie zusammengesetzt sind. Der Junge weiß schon früh, was er will, und erweist sich als begabter Schüler, der zielstrebig seinen Weg geht. Wie es scheint, trägt Martin bereits im Umgang mit den Geschwistern und Schulkameraden Züge einer Führungspersönlichkeit. Später wird er die Schülerkapelle des Gymnasiums leiten, bei der er sich allerdings, anders als bei den Geschwistern, erst Respekt erwerben muss.

Mit seinen Geschwistern wächst er relativ frei auf. Was ihm im Pfarrhaus zuteilwird, ist keine enge, falsch verstandene christliche Erziehung. „Meine ganze Moral habe ich aus einem Gespräch als 18-Jähriger mit meinem Vater: ‚Junge, Du darfst alles tun, wofür Du hinterher Gott danken kannst.‘"[7] Das erste Buch, an das er sich später erinnern kann, ist eine Bilderbibel. 1898, zum ersten Schulgang, bekommt er von seiner Patentante sein erstes Buch geschenkt: das evangelische Gesangbuch von Westfalen.[8]

Abb. 3: Die Eltern: Heinrich und Paula Niemöller, geb. Müller, ca. 1937.

Im Elternhaus wird auf ein geordnetes gemeinsames Leben Wert gelegt. Der Vater war überzeugt, es sei „jedes christlichen Hausvaters selbstverständliche Pflicht, ,Hauspriester' zu sein" und „dem Worte Gottes, dem evangelischen Lied im Hause weiten Raum zu schaffen".[9] Dass er sich danach verhielt, bekräftigt Wilhelm Niemöller in seinem Buch über den „Vater Niemöller":

> „Der Hausvater sorgte für Ordnung und Pünktlichkeit. Es war ihm nicht gleichgültig, was aus den Schularbeiten seiner Kinder wurde. Aber er verlangte zum mindesten saubere Schrift und gute Ordnung, wie er auch von Zeit zu Zeit in den Stuben der Kinder erschien wie ein ,Unteroffizier vom Dienst'. (...) Die Morgen- und Abendandacht wurde – oft unter erheblichen Schwierigkeiten – regelmäßig gehalten. Da wurde viel gesungen und aus dem ,Pilgerstab' von Spengler die Andacht gelesen. Der Sonntag fand die Familie im Got-

teshaus beisammen. Da der Vater in Elberfeld in verschiedenen Kirchen der großen Gemeinde herumpredigen mußte, kam oft ein ansehnlicher Kirchweg zustande. Die ganze Familie zog dann mit dem Gesangbuch unter dem Arm hinter dem Prediger her."[10]

Der Sohn beschreibt die unterschiedlichen Charaktere der Eltern: „Er war die harmonische Ruhe, sie war voller Temperament; er blickte in die Weite, sie sorgte, daß das Nächstliegende recht getan wurde; vielleicht kann man sagen: Er war das Herz und sie die Seele des Hauses."[11] Im Porträt der Mutter Paula hat er die Rolle der Pfarrfrau geradezu klassisch beschrieben. „Der Geist im Pfarrhaus", so der Landpfarrer Carl Büchsel in seinen Erinnerungen, „hängt davon ab, wes Geistes Kind die Frau Pastorin ist."[12] Wie um dies zu bestätigen, berichtet Wilhelm Niemöller: „Sie hielt ihm den Rücken frei für seine große Arbeitsleistung und seine ausgedehnte Reisetätigkeit. Sie

Abb. 4: Martin Niemöller (Mitte) mit zwei Geschwistern: Wilhelm und Magdalene. Ausschnitt aus Familienfoto, ca. 1898.

sorgte dafür, daß alle Sorgen des täglichen Lebens von ihm ferngehalten wurden. Sie trug die Hauptlast der Kindererziehung. Sie schrieb seine Manuskripte für die Drucklegung bis in die Nächte hinein. Sie schlug sich mit Kindern und Haushalt durch, wenn er auf lange Reisen ging."[13]

Martin Niemöller schreibt, wie er selbst als Kind den Rhythmus im Pfarrhaus erlebte und was ihm dort mitgegeben wurde:

> „Wir sind im Pfarrhaus aufgewachsen; und in Elberfeld wie in Lippstadt stand das Haus im Schutz einer Kirche: Die Kirchenglocken haben jeden unserer Tage eingeläutet und beschlossen, und wir haben die Kirche liebgewonnen als unsere zweite Heimat. Jeder Tag begann mit Gottes Wort, und am Abend war es das letzte, was wir hörten; es war ein starkes und frohes Wort, das uns geleitete, und es war ein starkes und fröhliches Leben, das uns umgab und trug; [...] man kann über die Möglichkeiten einer christlichen Erziehung denken, wie man will; aber daß der Geist eines frommen Elternhauses mit zu den entscheidenden Gestaltungskräften eines Menschenlebens gehören kann, duldet für mich nach meinen eigenen Lebenserfahrungen keinen Zweifel; ja, es wird immer deutlicher, wie stark die ersten Eindrücke aus den Kinderjahren im elterlichen Pfarrhaus nicht allein als Erinnerung in mir lebendig geblieben sind, sondern in Jahrzehnten weitergewachsen sind und sich heute noch auswirken."[14]

Deutlich wird hier die Atmosphäre des Pfarrhauses erkennbar, in der das biblische Wort das gemeinsame Leben bestimmt – so bildet sich protestantische Mentalität. Der Vater ist und bleibt für Martin eine prägende Gestalt. Heinrich Niemöller hat es lieber mit Menschen als mit Büchern zu tun, was ihn freilich nicht hindert, Bücher zu schreiben. Er konzentriert sich auf Predigt und Seelsorge, macht viele Besuche. Jede seiner Predigten schreibt er mit der Hand, eine Angewohnheit, die der Sohn von ihm übernimmt.[15] Wie sein Vater hat Martin Niemöller „zeitlebens vor allem aus dem direkten Umgang mit Menschen gelernt".[16] Der Vater mit seinem ausgeglichenen, harmonischen Wesen ist es auch, der der Vorstellung des Sohnes von Jesus als dem jederzeit ansprechbaren Lehrer, Freund und Beschützer einen stabilen emotionalen Hintergrund gibt.

Der knapp Neunjährige begleitete in Elberfeld seinen Vater bei Hausbesuchen. Einmal saß er in der Stube eines frommen Webers, während der Vater mit dem Sterbenden betete. Ein Wandspruch im Rahmen, mit Glasperlen auf schwarzen Samt gestickt, fiel ihm an der weiß gekalkten Wand ins Auge: „Was würde Jesus dazu sagen?" Der Satz wurde zum vielzitierten Leitmotiv seiner Frömmigkeit. In seinen letzten Lebensjahren resümierte Niemöller: „Ich bin in punkto christlicher Ethik heute nicht schlauer als damals ..."[17]

Der deutsche Protestantismus jener Zeit zeigte sich vaterländisch und kaisertreu. Die Atmosphäre im Pfarrhaus ist weltoffen, aber „Kaisertreue und ‚vaterländische Gesinnung' werden als notwendige Attribute christlicher Existenz empfunden".[18] Für Heinrich Niemöller hat die Verbindung von Thron und Altar nichts Fragwürdiges. Als Wilhelm II. 1892 unter Glockengeläut in die Wittenberger Schlosskirche einzog, stand der Pastor aus Lippstadt in Talar, Beffchen und Barett am Straßenrand. Im Hochgefühl deutsch-protestantischer Begeisterung wirft er sein Barett hoch in die Luft, als Fanfaren das Nahen des Kaiserpaars ankündigen.

Im Herbst 1898 darf er bei einer Fahrt nach Palästina dabei sein, als Kaiser Wilhelm II. in Jerusalem eine deutsche Kirche einweiht. Bei der Überfahrt bewegt er sich im Kreis höherer Geistlicher, die das Kaiserpaar umgeben. Der Kaiser hat das Deutsche Reich zu einem Weltreich erklärt. Beim Festakt in Jerusalem hat der Kaiser als oberster Bischof der preußischen Kirchen einen imposanten Auftritt. Er fühlt sich als Schutzherr der christlichen Völker Europas. Vor dem Altar der Erlöserkirche ruft er die Versammlung auf, der „reinen Lehre des Evangeliums und unserer teuren evangelischen Kirche" die Treue zu halten.[19]

So konservativ sein Verhältnis zu Kaiser und Vaterland ist, so aufgeschlossen steht Heinrich Niemöller einem Mann wie Johann Hinrich Wichern und Pastoren wie Stoecker und Naumann gegenüber, die sich für soziale Reformen einsetzten.[20] Ein Pfarrer hatte sich zwar nach seiner Ansicht vor allem um Predigt und Seelsorge zu kümmern. Aber das schloss nicht aus, nach neuen Wegen zu suchen, wie man die ‚soziale Frage' lösen konnte. Er war beeindruckt von Adolf Stoecker, der zeitweise Hofprediger Kaiser Wilhelms II. war und sich politisch für einen christlichen Sozialismus engagierte. Der Hofprediger kam einmal sogar nach Lippstadt, um die Pfarrei zu besuchen.

Stoecker fiel 1896 wegen seines politischen Amtsverständnisses beim Kaiser in Ungnade. Für Wilhelm II. waren politische Pastoren „ein Unding". Ein Christ, so dekretierte Seine Majestät, sei „auch sozial, christlichsozial ist Unsinn und führt zu Selbstüberhebung und Unduldsamkeit, beides dem Christentum schnurstracks zuwiderlaufend. Die Herren Pastoren sollen sich um die Seelen ihrer Gemeinden kümmern, die Nächstenliebe pflegen, aber die Politik aus dem Spiele lassen, dieweil sie das gar nichts angeht."[21]

Das Interesse an der ‚sozialen Frage' dürfte Heinrich Niemöller nach 16 Jahren Pfarramt in Lippstadt zum Stellenwechsel veranlasst haben. Mit den Eltern zog Martin 1900 nach Wuppertal-Elberfeld, wo der Vater Pfarrer in einer Arbeitergemeinde wurde.

Am Gymnasium interessiert sich Martin für Mathematik und Physik. Dankbar erinnert er sich später an seine Lehrer. Nur der Religionsunterricht sei schlecht gewesen, weil er am Leben vorbeiging.[22] Im Frühjahr 1910 legte er als Jahrgangsbester das Abitur ab.

2. Seekadett und U-Boot-Kommandant (1910–1919)

Die Marine war das Lieblingskind des Kaisers. Im kaisertreuen Elternhaus lag es daher nahe, dass Martin früh den Entschluss fasste, zur Marine zu gehen. Das Deutsche Reich wollte als Kolonialmacht Weltgeltung erlangen. Großadmiral Alfred von Tirpitz trieb den Flottenbau voran. Und seine Propaganda scheint auch den Schüler Martin Niemöller mitgerissen zu haben.[23] Schon mit fünf Jahren wollte er Marineoffizier werden. Wie andere Jungen trug er sonntags den „Matrosenanzug". In seinem Dachzimmer hing unter einer Menge von Bildern auch ein Werbeplakat der Marine, auf dem sämtliche Schiffstypen der deutschen Flotte verzeichnet waren. Martin kennt sie auswendig. Er malt immerzu Schiffe, seine Schwestern müssen ihm Flaggen nähen. Mit Nachhilfestunden verdient er sich das Geld für eine ansehnliche Marine-Bibliothek. Der Sechzehnjährige reist 1908 nach London, erkundet die Stadt mit dem Pferdebus und sucht die Themse mit ihren Docks und den Schiffen auf.

Zielstrebig erfüllte er sich seinen Traum. Er wurde Seekadett, 1912 Leutnant zur See. 1915 meldete er sich freiwillig zur U-Boot-Flottille, im Juni 1918 bekam er sein erstes Kommando auf einem U-Boot.

*Abb. 5: Martin Niemöller
und sein Freund Hermann
Bremer als Seekadetten,
ca. 1910.*

Seine militärischen Erfolge wurden vom Kaiser als „sehr gut" hono-
riert. Ein geradliniger Weg, so scheint es im Nachhinein, hatte ihn
zum Ziel seiner Wünsche geführt.

Im März 1910 war er als Seekadett in die kaiserliche Marine eingetreten, für einen Pfarrerssohn keineswegs ungewöhnlich, denn der
Beruf des Offiziers war in der Kirche geachtet. Zu Beginn des Jahrhunderts teilten Vater und Sohn Niemöller mit vielen Deutschen die
Auffassung, dass das Vaterland durch militärische Siege „einig und

stark geworden ist".[24] Wie seine Eltern war auch der Sohn von der Richtigkeit des in der evangelischen Kirche allgemein geltenden Grundsatzes überzeugt: „Ein guter Christ ist auch ein guter Staatsbürger, und ein guter Christ ist auch ein guter Soldat".[25] Später erinnerte sich Niemöller:

> „Ja, daß man als Christ Soldat sein konnte, war damals überhaupt noch kein Problem. Ich habe während des ganzen Krieges, während meiner ganzen U-Boot-Zeit immer meine Taschenbibel bei mir gehabt und habe auch häufig drin gelesen und daraus zu leben versucht, wie man das damals verstand. Das war eben noch: Man ist Christ und man ist Deutscher."[26]

Nach der Grundausbildung an der Marineschule in Flensburg-Mürwik legte er zusammen mit anderen Kadetten am 7. Mai 1910 in der Kieler Garnisonskirche den Treueid auf den Kaiser ab. Den Fahneneid verstand er nicht nur als Treuebindung an das Kaiserhaus. Vor allem fühlte er sich durch ihn verpflichtet, „jeden Schaden von Volk und Vaterland abzuwenden".[27] Niemöller wurde zunächst auf das Schulschiff „Hertha" abkommandiert, dann kam er auf die „Idiotenschaukel", wie die alte „Thüringen" genannt wurde. Seine Vorgesetzten entdeckten bald seine Fähigkeiten und schickten ihn zu einer Sonderausbildung als Torpedooffizier. Anfang 1913 kehrte Niemöller im Rang eines Oberleutnants zur See auf das Schlachtschiff zurück.

Nach Kriegsausbruch wurde die „Thüringen" zur Enttäuschung ihrer Besatzung nach Wilhelmshaven zurückbeordert. Niemöller, der als zweiter Torpedooffizier vergeblich auf einen Einsatz gewartet hatte, meldete sich zur U-Boot-Flottille. Wie seine Kameraden wollte er dem langweiligen Wachdienst entkommen: „Wir jungen Leutnants träumten von Fliegerei und Unterseebooten, von Torpedobooten und Luftschiffen; denn freilich war es hart, sein Leben nutzlos als Wachhabender, mit der Schärpe um den Leib, an Deck eines zu Anker liegenden 23000 Tonnen Schiffes zuzubringen, während Kameraden und Freunde den Krieg führten, in dem das ganze junge Deutschland sein Leben einsetzte."[28] Nach einem weiteren mehrmonatigen Ausbildungslehrgang wurde Niemöller im Februar 1916 zweiter Wachoffizier auf einem Minenboot. U 73 galt wegen seines schlechten Zustands als „schwimmender Sarg". Den-

Das Setzen der Torpedoschutznetze.

*Abb. 6: Ein Schlachtschiff (SMS „Thüringen") beim Torpedosetzen.
Postkarte, ca. 1913. Im Vordergrund, Zweiter von rechts: Niemöller.*

noch gelang es bei zwei Einsätzen hin und wieder, ein feindliches
Schiff zu versenken.

Als Niemöller erfuhr, dass der Kapitän eines anderen U-Boots
einen Offizier mit seinen Qualifikationen suchte, ließ er sich dorthin
versetzen und fuhr im Januar 1917 als Steuermann von U 39 im östlichen Mittelmeer. Nach einem kurzen Innendienst beim Admiralstab (Mittelmeerabteilung) in Berlin kam er im Juni 1917 als erster
Offizier auf U 151, ein neues Unterseeboot mit 80-köpfiger Besatzung.
U 151 stellte mit ihm an Bord einen Rekord auf: Es unternahm die
längste Reise eines deutschen U-Boots auf See im Ersten Weltkrieg.
Der erste Offizier hielt den Erfolg in seinem Kriegstagebuch fest: „Die
längste Kriegsfahrt eines deutschen U-Bootes ist beendet: 114 See-
tage; 11400 Seemeilen Marsch; rund 50000 Tonnen versenkt, nämlich 9 Dampfer, 5 Segler und 1 Zerstörer mit zusammen 17 Geschüt-
zen."[29] Mit derselben Präzision und Knappheit wird der spätere Pfarrer seine Tagebücher und Pfarramtskalender führen.

Im Mai/Juni 1918 war es so weit: Der Oberleutnant zur See Martin
Niemöller erhielt sein erstes Kommando auf UC 67. Das Boot legt
Minen, weicht feindlichen Flugzeugen und Schiffen aus und versenkt

Abb. 7: Zeichnung eines Kriegsschiffs mit Niemöllers Unterschrift, ca. 1917.

mehrere Schiffe. Noch Jahre später schwärmt er: „UC 67 erwies sich als ein feines Boot: Es lief mit seinen Dieselmaschinen noch immer seine guten 12,5 Seemeilen, tauchte wie eine Ente und hatte hervorragende Seeeigenschaften über und unter Wasser."[30] Kein Zweifel, Niemöller war von der Kriegstechnik jener Zeit fasziniert.

In seinem späteren Erinnerungsbuch „Vom U-Boot zur Kanzel" (1934) griff Niemöller auf seine Kriegstagebücher zurück, um möglichst genau von seinen Erlebnissen als Marineoffizier berichten zu können. Diese Erlebnisberichte bilden den Hauptteil des Buches. Wie andere U-Boot-Kommandanten hatte er die getroffenen und sinkenden Gegner fotografiert und konnte seine Berichte daher mit Bildern der versenkten feindlichen Schiffe illustrieren. Das Buch, geschrieben im Auftrag seines Verlegers, sollte beweisen, „daß ein guter Christ zugleich ein nationaler Mann sein könne".[31]

Liest man heute seine Selbstbiographie, so ist deutlich zu spüren, mit welchem Stolz Niemöller auf die Jahre des U-Boot-Krieges zurückblickte und wie sehr ihn die Niederlage des kaiserlichen Deutschland, das Ende der Hohenzollernherrschaft in der Novemberrevolution von 1918, getroffen hatte – nicht nur in seinen persönlichen Lebensplänen, sondern auch in seiner gesamten inneren Haltung. Er trauerte der vergangenen „deutschen Herrlichkeit" nach, stand der bürgerlichen Republik von Weimar ausgesprochen ablehnend gegenüber und hoffte darauf, dass sein Vaterland – sprich: das imperiale Deutschland – seine vormalige Weltgeltung gegenüber den anderen Mächten wiedererlangen würde.[32]

Jahre später zeichnete Niemöller Kriegsschiffe in seinen Amtskalender. Noch im Alter erzählte er am liebsten von den Abenteuern, die er als Marineoffizier im Ersten Weltkrieg erlebt hatte.[33] In seinem Arbeitszimmer bewahrte er Bildreihen sinkender Schiffe von Kriegsgegnern bis zu seinem Tode sorgfältig auf.

Nach dem Ersten Weltkrieg ist Niemöllers nationalkonservative Weltsicht tief erschüttert („Damals versank in mir eine Welt"). Mit der neuen demokratischen Staatsform kann er sich nicht abfinden. Der Weimarer Republik steht er ablehnend gegenüber, wie sein Erinnerungsbuch deutlich erkennen lässt: „Es kam mir zum Bewußtsein, [...] daß ich es einfach nicht fertigbringen würde, dem neuen Staat,

Abb. 8: Niemöller als Marineoffizier.

dessen Grundlinien schon erkennbar wurden, als Soldat zu dienen".[34] In seinem Gewissen fühlt er sich noch immer dem Kaiser zu unbedingtem Gehorsam verpflichtet. Deswegen ist es für ihn völlig ausgeschlossen, dem Befehl zu folgen, U-Boote gemäß den Friedensverträgen an England auszuliefern. Niemöller verlangt einen Gesprächstermin beim Generalinspekteur. Als dieser ihn fragt, warum er sich dem Befehl widersetze, antwortet er: „Herr Kommodore, ich bin drei Jahre auf U-Booten gegen England gefahren; ich habe diesen Waffenstillstand nicht gewollt und nicht geschlossen. Meinetwegen können die Leute unsere U-Boote nach England bringen, die das versprochen haben. Ich tue es nicht!"[35]

Das klang respektlos, war aber für Niemöller keine Befehlsverweigerung. Die Weisungen der Verwalter der Revolution erkannte er nicht an. Er handelte im Gehorsam gegen den Kaiser, der, obschon bereits im Exil, für ihn noch immer die höchste politische Autorität war. „Ich habe Wilhelm II. einen Eid geschworen. Und der Eid hat mich nach 1918 belastet und mich eigentlich erst freigegeben, als ich 1941 im KZ die Nachricht bekam, daß der Kaiser gestorben war."[36]

Genauso wie Niemöller dachten seine Offizierskollegen in der Marine. In ihren Augen waren die von den Politikern ausgehandelten Bedingungen des Waffenstillstands eine tiefe Demütigung. Wie Niemöller waren viele deutsche Offiziere enttäuscht über die Kapitulation der Regierung, die ihren tapferen vierjährigen Kampf völlig entwertete. Jahre später gestand ihm der ehemalige Kommodore Heinrich im vertraulichen Gespräch, dass er innerlich auf der Seite des aufsässigen Offiziers gestanden hatte.

Niemöller zweifelte nicht, wer die Schuld an der Niederlage trug: „Auf die Bundesgenossen war kein Verlaß mehr; aber, daß gerade in diesem Augenblick im deutschen Volk die selbstmörderische Zwietracht geschürt wurde, das war das Verbrechen von 1918."[37] Mit Recht sieht Matthias Schreiber in diesen Sätzen die ‚Dolchstoßlegende' in Reinform ausgedrückt. Niemöller habe, wie viele Deutschnationale, die Niederlage der unbezwingbaren deutschen Armee nicht als durch den äußeren Feind herbeigeführt gesehen, sondern durch den inneren, die ‚rote Revolution'. Dass sich mit der Legende vom Vaterlandsverrat durch die Arbeiterschaft, noch vor der Konstitution der Weimarer Republik, bereits ihr Ende abzeichnete, konnte damals noch niemand wissen.

3. Auswanderungspläne und Heirat mit Else Bremer (1919)

Niemöller erlebt „Bitternis, Enttäuschung, Ratlosigkeit" und spürt einen tiefen Groll gegen sein Volk. „Nur eins war mir damals vom ersten Augenblick an deutlich, daß mich von dieser ‚Revolution' und ihren offenen und verdeckten Drahtziehern eine Welt schied und in alle Zukunft scheiden würde."[38] Das Kommando, das man ihm beim Militär der jungen Republik anbot, lehnt er ab. Zum 1. April 1919 quittiert er den aktiven Marinedienst. Am liebsten wäre er nach Argentinien ausgewandert, um dort als Schafzüchter zu leben. Für enttäuschte Monarchisten jener Zeit war eine solche Idee nicht ungewöhnlich. Er fing sogar an, Spanisch zu lernen.[39] Die Inflation machte jedoch seine Pläne unmöglich, denn von seiner wertlos gewordenen Offizierspension konnte er nicht mehr ausreisen oder sich gar in Argentinien Land kaufen.

Ohne sichere Berufsaussicht und hinreichende Mittel heiratete er zu Ostern 1919 Else Bremer, die Schwester seines im Krieg gefallenen Freundes Hermann Bremer; sein Vater traute das junge Paar in Elberfeld. Die Arztfamilie Bremer und die Pfarrersfamilie Niemöller waren gut miteinander bekannt, Else hatte den eineinhalb Jahre jüngeren Martin schon als Zehnjährigen gekannt. Doch bis zum Jahr 1917 hatte der Freund ihres Bruders, der immer wieder ins Haus kam, wegen des Altersunterschieds kaum tieferes Interesse bei ihr geweckt. Das änderte sich erst, als Martin, inzwischen Seekadett, für einige Zeit zum Admiralstab nach Berlin abkommandiert wird. Martin und Else sahen sich häufig, dazwischen hielten sie Briefkontakt. Im Sommer 1918 werfen sie „alle Vernunftgründe über Bord" und verloben sich. Vater Bremer reagiert zunächst, wie Else erzählt, „ganz ablehnend". Er „machte mir die bittersten Vorwürfe, daß ich mein Studium abgebrochen hatte".[40]

Else hatte in Bonn und Berlin studiert, um Studienrätin zu werden. Ihr Tagebuch verrät aber auch, dass sie sich danach sehnte, in der Beziehung mit einem Mann Frau und Mutter zu werden.[41] Wie sollte sie den inneren Konflikt lösen, der aus dem Wunsch nach Liebe und eigenständiger Berufstätigkeit entstand? Nur Frauen mussten zu dieser Zeit zwischen Familie und Beruf wählen. Denn für Beamtinnen galt noch bis 1919 die sogenannte Zölibatsklausel: Eine Lehrerin, die heiratete, konnte ihren Beruf nicht weiter ausüben. Else musste sich für das eine oder das andere entscheiden. Sie brach ihr Studium ab und entschied sich für die Ehe. Else Niemöller wird am weiteren beruflichen Weg ihres Mannes Anteil nehmen und als Pfarrfrau und Frau der Bekennenden Kirche eine zentrale Rolle spielen.[42]

Abb. 9: Else Niemöller, ca. 1934/35.

Auf einem Musterhof im Tecklenburger Land arbeitete Niemöller zwischen Mai und Oktober 1919 als Bauernknecht. Zeitlebens wird er sich seiner Heimat verbunden fühlen. Sein ausgeprägtes Bewusstsein, für sich und für sein Handeln verantwortlich zu sein, war ein Erbteil seiner Väter und Vorväter: „Der westfälische Bauer, der auf seinem Einzelhof lebt, hat das Gefühl: Mir darf keiner das, was ich für richtig halte, irgendwie bestreiten",[43] erklärt er später. Wie seine westfälischen Vorfahren will er Bauer werden. „Es war mir wie ein Traum, als ich so das erstemal hinter dem Pfluge ging und meine Furche über den Acker zog. ‚Wer seine Hand an den Pflug legt und siehet zurück ...' Nein, ich wollte geradeaus sehen und getrost tun, was mir befohlen war. Noch ahnte ich nicht, daß hier für mich die Heimkehr, die Rückkehr zu Volk und Vaterland begann!"[44] Mehr als alles andere ist es diese Wendung: ,getrost tun, was mir befohlen war', in der sich die Persönlichkeit dieses Mannes enthüllt.

Evangelische Frömmigkeit, Familie, Volk, Vaterland gehören nach seinem Verständnis fest zusammen. Die Familie ist eine der Ordnungen, die Gott geschaffen hat. Hier wird christliche Gemeinschaft gelebt, hier empfängt die Volksgemeinschaft ihre Kraft. Die Tochter Brigitte (*1920) beschreibt Niemöller nach ihrer Geburt als „blond und blauäugig", Hans Joachim, genannt „Jochen" (*1922), der älteste Sohn, erhält den Namen von Niemöllers gefallenem Freund Emsmann: „und wir Eltern gaben ihm den Wunsch und das Gebet mit auf den Weg, er möchte ein ebenso gerader und ganzer deutscher Mann werden, wie dieser letzte U-Boots-Kommandant des großen Krieges". Sohn Hans Jochen fiel im Februar 1945 als Soldat. Heinz Hermann (*1924) wurde nach seinem Großvater väterlicherseits und „nach dem auf UB 104 gefallenen Freund und Schwager" Hermann Bremer benannt. Johann („Jan") Heinrichs (*1925) zweiter Vorname erinnerte daran, dass die deutschen U-Boot-Offiziere sich alle ohne Rücksicht auf Rang und Vornamen mit „Heinrich" anredeten. Die zweite Tochter Hertha (*1928) wurde auf den Namen des alten Schulschiffs getauft, auf dem Niemöller 1910 als Seekadett gefahren war.

Bald stellte sich heraus, dass das Ehepaar keine selbständige Existenz in der Landwirtschaft realisieren konnte. Die Ersparnisse waren durch die Dauerinflation zusammengeschmolzen und reichten für einen eigenen Hof nicht aus. Bei Niemöller reift der Entschluss, in Münster Theologie zu studieren. Else hat ihn dabei nicht unmittelbar beeinflusst. Ihr erscheint seine Entscheidung stimmig. Wie er selbst im Rückblick zugibt, wuchs dieser Gedanke in ihm auf der Linie konservativ nationalistischer Überlegungen: „Das künftige Schicksal des Volkes lag bei der Familie, bei Schule und Kirche als den Quellorten schöpferischer Lebenskräfte eines Volkes."[45] Niemöller schwebte ein Beruf vor, in dem er an der Erneuerung seines Volkes mitwirken konnte. Dass diese Überlegungen auf eine antidemokratische, antiliberale Erneuerung der Gesellschaft abzielten, also auf das, was man später ,konservative Revolution' nannte, lässt sich aus einer Passage seines autobiographischen Berichts von 1934 entnehmen, in der Niemöller die Stimmung unter den Landarbeitern schildert, mit denen er bei der Feldarbeit zusammentraf:

> „Der Versailler ‚Frieden' war inzwischen bedingungslos angenommen und unterzeichnet worden, und langsam fingen auch die ‚kleinen' Leute, die irgendwie mit der Umwälzung sympathisierten, an zu begreifen, daß die Sache nicht gut enden konnte und daß von den Versprechungen, die ihnen fortgesetzt von den sozialistischen Agitatoren gemacht wurden, doch nichts in Erfüllung gehen würde. Es gab bei solchen Aussprachen wohl auch regelrechte Zusammenstöße; aber sie wurden schnell wieder verwunden, weil eine persönliche Beziehung blieb und immer neu zur Brücke wurde, die den aufgerissenen Spalt überwand. Dieser Umgang mit den Heuerleuten, die eigentlich kleine Pächter, aber nebenbei noch Lohnarbeiter waren, und die sich damals als ‚Proletarier' fühlten, im Grunde jedoch bodenständige Leute geblieben waren, öffnete mir die Augen dafür, daß jedenfalls ein großer Teil unseres Volkes die ‚neue' Zeit nur auf Grund einer Selbsttäuschung und ohne wahre innere Beteiligtheit als Fortschritt wertete. Das hatte sich gefährlich angehört, als es im Januar 1919 in Westerkappeln bei der Wahl zur Nationalversammlung plötzlich fast ein Drittel ‚Marxisten' gab; hier gewann ich einen Einblick, wie es um diesen ‚Marxismus' in Wahrheit stand. Es steckte nichts dahinter als künstlich aufgepeitschte Selbstsucht, die Vorteile witterte, und eine begreifliche Enttäuschung über die in der Revolution von 1918 offenbar gewordene Schwäche eines Systems, das sich so lange selbst als stark ausgegeben hatte. Und langsam merkte ich, wie verwandt und ähnlich mir diese Menschen waren, wie sie unter der gleichen Enttäuschung und Ratlosigkeit litten, die mich umtrieb und vor der ich mich auf die heimatliche Scholle und die Einsamkeit des bäuerlichen Lebens hatte flüchten wollen. Und unmerklich schlug ich neue Wurzeln in meinem Volkstum, und die Bitternis, die mich vergiftet hatte, wich allmählich wieder einer lebendigen Anteilnahme an dem, was die Menschen um mich bewegte. Es war, als ginge jetzt der Pflug über meinen Lebensacker, um ihn für ein Neues zu bereiten!"[46]

Manches deutet darauf hin, dass eine abendliche Begegnung im September 1919 mit Pfarrer Ernst Johann to Settel, der seit 1910 Pfarrer

in Westerkappeln war, bei Niemöller zur Klärung beitrug; später erklärte er selbst, die Begegnung habe den entscheidenden Anstoß gegeben.[47] Der auch schon früher gefasste und mit dem Vater erörterte
Plan, ein Theologiestudium zu beginnen, erschien ihm im Dialog mit
dem Pfarrer als sinnvolle Möglichkeit. Am selben Tag noch trägt er in
sein Tagebuch die Frage ein: „Werde ich Theologe?"[48] Anders als der
Lehrerberuf schien ihm der Beruf des Pfarrers am ehesten geeignet,
um wirklich frei seine Überzeugung äußern zu können. Und die Kirche erschien in seiner Lage als die verlässlichste konservative Macht.

Im Rückblick benennt er den entscheidenden Grund für seinen
Weg ins Pfarramt:

> „Es war kein eigentlich theologisches Interesse, was dahinter steckte
> und den Ausschlag gegeben hätte: für Theologie als Wissenschaft,
> die Probleme lösen will, hatte ich von Hause aus keine Ader. Aber
> daß das Hören auf die Christusbotschaft und der Glaube an Christus
> als den Herrn und Heiland neue, freie und starke Menschen macht,
> dafür hatte ich in meinem Leben Beispiele gesehen, und das hatte
> ich aus meinem Elternhaus als Erbe mitgenommen und im Auf und
> Ab, im Hin und Her meines Lebens festgehalten. Damit konnte ich,
> das war meine Überzeugung, meinem Volk aus ehrlichem und gera-
> dem Herzen dienen; und damit konnte ich ihm vielleicht mehr und
> besser helfen in seiner trostlosen völkischen Lage, als wenn ich still
> und zurückgezogen nur einen Hof bewirtschaftet hätte, wie ich mir
> das gedacht hatte."[49]

Hinter der Entscheidung für den Pfarrberuf stand die Überzeugung: Wer die Christusbotschaft verkündet, dient seinem Volk. Niemöller wollte „an einer ernsthaften Erneuerung unseres Volkes
[mitwirken]" und dem deutschen Volk „in seiner trostlosen völkischen Lage" helfen.[50] Das „volksmissionarische Ziel, das Christentum als konservative Ordnungsmacht zur Geltung zu bringen",[51] ist
ihm später im Beruf des Pfarrers wichtig, sah er sich darin doch
„im Dienst für Volk und Vaterland".[52] Beide setzte er als vorgege-
bene Wirklichkeiten und Werte voraus und war überzeugt, jeder
Deutsche habe „dem Vaterland mit ‚Hingabe' und ‚Opferbereit-
schaft' zu dienen".[53] Dieser Patriotismus bleibt eine treibende Kraft
auch für sein späteres Handeln.

4. Theologiestudium und Weg ins Pfarramt (1920–1924)

Im Januar 1920, kurz nach seinem Bruder Wilhelm, begann der gerade 28-jährige Kapitänleutnant a. D. in Münster mit dem Theologiestudium. Schon kurz danach schließt sich der Theologiestudent mit anderen ehemaligen Offizieren einer deutschnationalen Studentengruppe an. Der Kapp-Putsch war durch den Generalstreik im rheinisch-westfälischen Industriegebiet und durch andere Kampfmaßnahmen der Arbeiter beantwortet worden. Die Regierung mobilisierte die Reichswehr dagegen. Niemöller sympathisiert mit dem Kapp-Putsch. Er führt gegen die „Roten" ein Bataillon der westfälischen Reichsbrigade und beteiligt sich als Kommandeur an der Niederschlagung der Arbeiterrevolte.[54] Nach dreißig Tagen ist der blutige Kampf zu Ende. Niemöller lässt sich als „Befreier aus der Hölle des Bolschewismus"[55] feiern, die Ordnung ist wiederhergestellt. Er kehrt ins theologische Seminar zurück.

Sein Studium scheint Niemöller nüchtern pragmatisch und zielbewusst absolviert zu haben. Zusammen mit Kommilitonen störte er demokratisch ausgerichtete Hochschulversammlungen oder organisierte Vorträge nationalgesinnter rechter Professoren und Politiker. Abends führte er theologische Gespräche mit seinem Bruder Wilhelm, um die morgens gehörten Vorlesungen zu verarbeiten. Seine Frau Else leistet ihm trotz wachsender Kinderschar Gesellschaft beim Studium theologischer Literatur und beim Anfertigen seiner Hausarbeiten.

Die erst 1914 gegründete Evangelisch-Theologische Fakultät Münster[56] ist noch vom Geist der alten Zeit bestimmt. Von der ‚dialektischen Theologie' des Schweizers Karl Barth (1886–1968) ist dort 1920 noch nichts zu hören. Sie wird in Münster erst ab 1925 in der wissenschaftlichen Diskussion die Gemüter erregen. Später gestand Niemöller: „Ich hatte keine Ahnung, wer Karl Barth war!"[57] Barths epochales Buch über den ‚Römerbrief' las er erst nach Abschluss des Studiums, brach die Lektüre aber nach den ersten Kapiteln ab, da es ihm, wie er bekannte, nicht gegeben sei, „in so viel Spiralen zu denken".[58]

Die Münsteraner Professoren gehörten überwiegend der kirchlichen Rechten an und vertraten die modern-positive Richtung der Theologie, die die Ergebnisse der historischen Bibelkritik akzeptiert, allerdings in der Dogmatik konservativer denkt. In Münster gehörten zu ihnen die systematischen Theologen Karl Heim (1874–1958) und Georg Wehrung (1880–1959), die Kirchenhistoriker Georg Grützmacher (1866–1939) und Hugo Rothert (1846–1936), der Alttestamentler Wilhelm Rothstein (1853–1925), der Neutestamentler Otto Schmitz (1883–1957) sowie der praktische Theologe Julius Smend (1857–1930). Durch Lehrer wie Wehrung und Paul Althaus, von dem er 1922 in Bethel Vorträge hörte, scheint Niemöller von der Theologie der „Lutherrenaissance" beeinflusst worden zu sein.[59] Er nahm jedenfalls die von Wehrung vertretene Lehre der „Ordnungen" auf, in der Staat, Nation, Ehe und Familie als von Gott geschaffene Lebensordnungen begriffen werden. Die „weltoffene und doch nicht weltgebundene Christlichkeit" seines Elternhauses schien ihm darin bestätigt; zudem sah er in dieser Lehre die theologische Legitimation, politisches Engagement mit den Aufgaben des Predigers und Seelsorgers zu verbinden.[60] Grützmacher vermittelte ihm Reformationsgeschichte, Rothert kirchliche Heimatkunde, d. h. westfälische Kirchengeschichte.

Einen Wechsel zu einer anderen Hochschule, etwa nach Bonn, hätte Niemöller sich zwar gewünscht, aber die bescheidenen Verhältnisse sprachen dagegen: Die kümmerliche Pension reichte nicht; die Familie musste versorgt werden, was nur mit regelmäßigen ‚Hamsterkäufen' auf dem Land möglich war; Stipendien banden ihn an die Heimat-Universität. Die Nachkriegsjahre seien die härtesten seines Lebens gewesen, meint er später. Ständig musste er zusehen, wie er sich und seine Familie ernährte. Da kam ihm die politische Lage überraschend zu Hilfe. Die Regierung hatte für Krisenzeiten eine Technische Nothilfe eingerichtet. Ende Juli 1922 begann er, als Rottenarbeiter, d. h. als Bahnunterhaltungsarbeiter, bei der Reichsbahn zu arbeiten. Bis zum Ende seines Vikariats verrichtete er dort verschiedene Arbeiten in Tag- und Nachtschichten.

Es scheint, als ob Niemöller sich in der konservativen Atmosphäre der Münsteraner Universität wohlfühlte. Die theologischen Lehrer waren kirchlich eingestellt, es gab enge Bindungen zur Gemeinde. Niemöller kam diese Art von Theologen entgegen: „Es war ja nicht meine Absicht, als ‚Fachmann' das Rad der theologischen Wissenschaft ein Stückchen weiterdrehen zu helfen, sondern eine ordentliche und ausreichende Grundlage für den Beruf des Pfarrers und für das Amt der Verkündigung zu bekommen. Und das hat mir Münster gegeben, nicht nur durch die akademischen Lehrer, die mir dort begegneten, sondern ebenso sehr durch die Prediger, die auf den evangelischen Kanzeln Münsters standen, und durch den persönlichen Umgang, den ich mit Kirchenmännern meiner westfälischen Heimat dort fand (...). Die unmittelbare Beschäftigung mit der Bibel aber wurde mir vom ersten Tage an das eigentliche Zentrum meines ganzen Studiums ..."[61]

Auch Jahre danach ist das Verhältnis zu Münster von Dankbarkeit bestimmt, obwohl Niemöller 1940 aus dem KZ in einem Brief an den Vater schreibt, die theologische Fakultät von Münster erscheine ihm „mehr und mehr als eine klappernde, leerlaufende Mühle. (...) Jedenfalls gab es dort von dem, worauf es eigentlich für den Theologen und Pfarrer ankommt, beschämend wenig zu hören und zu lernen."[62]

Im Januar 1923, während die französische Armee in die westdeutschen Industriezentren einmarschierte, lieferte Niemöller beim Konsistorium in Münster seine wissenschaftlichen Arbeiten für das theologische Examen ab. Sowohl im Fakultätsrat wie im westfälischen Konsistorium wurde der Theologiestudent nicht nur wegen seiner Leistungen, sondern auch aufgrund seines völkisch-nationalistischen Engagements wohlwollend beurteilt. Sein erstes Examen bestand er mit „vorzüglich". Am 1. Mai 1923 begann sein Lehrvikariat bei Pfarrer Walter Kähler, das er nach dessen Weggang aus Münster bei Pfarrer Ewald Dicke fortsetzte.

5. Geschäftsführer und Pfarrer der Inneren Mission in Münster (1924–1931)

Die westfälische Kirchenleitung war schon während seines Vikariats auf Niemöller aufmerksam geworden und stellte ihn als Vikar einem nebenamtlichen Konsistorialrat, dem schon erwähnten Pfarrer Kähler, zur Seite. Zum 1. Dezember 1923 bestellte ihn der westfälische Generalsuperintendent D. Wilhelm Zöllner im Einvernehmen mit dem Leiter der von Bodelschwinghschen Anstalten Bethel, Pastor D. Friedrich von Bodelschwingh, als zweiten Geschäftsführer der Inneren Mission für die westfälische Kirchenprovinz.[63] Obwohl Niemöller auf eine ländliche Pfarrstelle gehofft hatte, sagte er zu. Der Rest des Vikariats wurde ihm kurzerhand erlassen. Er hielt gerade noch

am Silvesterabend in der Apostelkirche in Münster seine Examens-
predigt und widmete sich danach sofort seinem neuen Amt. Die orga-
nisatorischen Fertigkeiten, die er als Geschäftsführer der Mission und
als Stadtparlamentarier in Münster erwarb, wurden ihm für die spätere Zeit wichtig.

Im Kaiserreich hatte die kirchlich-diakonische Arbeit nahezu das
Monopol für karitative Hilfen. Durch den neuen Staat, der säkulare
Wohlfahrtspflege zum Verfassungsziel erklärt hatte, erhielt sie nun
Konkurrenz. Die Innere Mission, Vorläufer des Diakonischen Werkes,
sah sich in den zwanziger Jahren vor neue Aufgaben gestellt. Viele
Menschen waren arbeitslos, es herrschte Wohnungsnot, und breite
Bevölkerungsschichten waren verarmt.

Für Niemöller stellte sich in dieser Situation eine doppelte Aufgabe. Zum einen hatte er „die freie evangelische Liebestätigkeit in
den einzelnen Städten und Kreisen zusammenzufassen und so zu
gestalten, daß sie nicht von der öffentlichen Wohlfahrtspflege des
Staates und der kommunalen Selbstverwaltung ausgesaugt und um
ihre lebendige Kraft gebracht würde. Zu diesem Zweck war ich wo-
chenlang unterwegs und sprach auf Synoden und Pfarrkonferen-
zen; zugleich hatte ich die Verhandlungen mit den staatlichen Stellen und mit der Provinzialverwaltung zu führen."[64] Das bedeutete,
dass Niemöller mit seiner diakonischen Arbeit die Kirche dem als
schädlich empfundenen Einfluss des Staates entziehen wollte. Dahinter stand das kirchliche Interesse, weiterhin auf die sittliche Erziehung des Volkes einzuwirken und diese nicht widerstandslos
einer Behörde zu überlassen.

Niemöllers ablehnende Haltung gegenüber der Weimarer Demokratie ist typisch für den Protestantismus jener Zeit, der immer noch
der Monarchie verhaftet war und nicht wahrnahm, dass der demokratische Staat ein Partner im Kampf gegen Armut und Elend war
oder hätte sein können. 1983 sprach er offen von der antidemokratischen Einstellung, die ihn in den 1920er Jahren mit seinem Bruder
verband: „Was wir uns vorstellten von einem zukünftigen Deutschland, das war nicht die Weimarer Republik, sondern das ..., als was
sich der Nationalsozialismus gab. Mein Bruder, der wurde im Jahr
1923 Mitglied der NSDAP ..."[65] Später war Niemöller froh, anders als
sein Bruder Wilhelm sich im Pfarramt nicht an eine politische Partei
gebunden zu haben.

Neben dem Bemühen um Unabhängigkeit gegenüber der Republik stand aus Niemöllers Sicht die andere Aufgabe, „daß die gesamte ‚Innere Mission' der Provinz mit ihren mehreren hundert Anstalten und Einrichtungen zusammengefaßt und zu einer einheitlich kirchlichen Haltung und zu einem gemeinsamen Wollen und Handeln gebracht werden mußte".[66] Niemöller erkannte, dass er die soziale Tätigkeit der Kirche und die Mission im eigenen Volk, für die Johann Hinrich Wichern den Begriff der Inneren Mission geprägt hatte, enger mit der Organisation der amtlichen Kirche und der einzelnen Gemeinden verknüpfen musste, ohne die Selbständigkeit der Inneren Mission anzutasten.

Ging es ihm darum, die verschiedenen Vereine durch Sammlung für den Kulturkampf zu stärken und die Innere Mission „zur antidemokratischen Waffe zu schmieden"?[67] Niemöllers Bestreben, die Unabhängigkeit von Einrichtungen der Inneren Mission wie etwa der Krankenanstalten von Bethel zu wahren, muss im Rahmen der damaligen politischen Vorgaben sozialer Arbeit als ein Bemühen um deren christliches Profil wahrgenommen werden. Die Weimarer Behörden waren „nicht bereit ..., die Einrichtungen der Inneren Mission als qualifiziert für die Betreuung von Waisen und Behinderten anzuerkennen".[68] Daraus erklärt sich, dass Niemöller und seine Mitarbeiter alles taten, um die Innere Mission von staatlichen Zuschüssen und behördlicher Einmischung unabhängig zu halten und auf eine solide finanzielle Basis zu stellen.

Bei der theologischen Konzeption für seine Arbeit ließ er sich weitgehend von Gedanken Johann Hinrich Wicherns leiten: Ein glaubender Christ, meinte er im Anschluss an Wichern, nehme am Schicksal des Nächsten teil und übe in der Nachfolge Jesu das Amt des guten Hirten aus. Die Kirche habe die Aufgabe, sich „in tätiger Liebe als die Gemeinschaft des Glaubens"[69] zu erweisen. Sie müsse sich öffentlich als Volkskirche entfalten. Der Begriff ‚Volkskirche' war für Niemöller nicht gleichbedeutend mit „Angleichung der christlichen Botschaft an eine völkische Ideologie, sondern konkrete Erfüllung des göttlichen Missionsbefehls im deutschen Volk, allerdings mit dem besonderen Ziel, die Grundlagen für eine religiös-sittliche ‚Volksgemeinschaft' zu schaffen".[70]

Sein erstes Büro ist ein kleines Zimmer im Diakonissenhaus von Münster. Die neue Arbeit erfordert Lust am Organisieren, diplomatisches Geschick, Freude am Reisen, lauter Eigenschaften, die wir heute als Managerqualitäten bezeichnen würden. Niemöller muss Aufgaben bewältigen, die für einen Pfarrer ungewöhnlich sind. Er modernisiert die Ausbildung der Diakonissen, Pfleger und Fürsorgerinnen, und er wird zum Bankier und Finanzmann, indem er eine eigene kirchliche Kreditbank gründet, die „Evangelische Darlehensgenossenschaft". Sie sollte zur unabhängigen Finanzierung eigener Projekte dienen, dokumentierte aber auch Misstrauen gegenüber der Reichsbank und den Landesbanken. Mehr und mehr führt Niemöller das Leben eines Geschäftsreisenden; den größten Teil des Jahres ist er mit seinem Dienstwagen unterwegs.

Als zweiter und ab 1926 als erster Geschäftsführer hat Niemöller die Arbeitsfelder des Westfälischen Provinzialverbandes stetig erweitert und ausgebaut. Mit den zunehmenden Aufgaben vergrößerte sich auch sein Büro. Zu seiner Entlastung werden zwei weitere Pfarrer eingestellt. Wohnung und Büro liegen jetzt in einem zweistöckigen Haus aus rotem Klinkerstein, das die Innere Mission noch 1924 für den neuen Geschäftsführer bauen ließ. 1925 zogen die Niemöllers in die geräumige Wohnung im Erdgeschoss ein. In Münster wurden ihre nächsten drei Kinder geboren: Jan Heinrich (*1925), Hertha (*1927) und Jutta (*1928). Erst beim jüngsten Sohn Martin Friedrich Eberhard (*1935), der während des Kirchenkampfes zur Welt kommt, wird Niemöller von der Familientradition der Namengebung abweichen: Er erhält die Vornamen der drei Pfarrer, die damals in Dahlem gut zusammenarbeiteten.

Nebenbei beendete Niemöller sein Studium und absolvierte Anfang Mai 1924 seine Abschlussprüfung.[71] Am 29. Juni 1924 wurde er mit zwei weiteren Pfarrern in der Erlöserkirche zu Münster von Oberkonsistorialrat Simon ordiniert; der Vater Heinrich Niemöller war als Assistent beteiligt. Als dem Ältesten der drei fiel Niemöller die Predigt zu. Er wählte dafür das Pauluswort: „Nicht, daß ich's schon ergriffen habe oder schon vollkommen sei; ich jage ihm aber nach, ob ich's auch ergreifen möchte, nachdem ich von Christo Jesu ergriffen bin!" (Phil 3,12) Bezeichnend ist, wie er dieses Wort auslegt: „Wer in seinen eigenen Augen fertig ist, ist vor Gott nicht vollkommen; wer aber in Gottes Augen vollkommen ist, ist vor sich selber niemals fertig!"[72] Am Nachmittag desselben Tages taufte Niemöller in der Wohnung seinen Sohn Heinz Hermann (*1924). Der

Abb. 10: Martin und Else Niemöller mit 2 Kindern (Jochen und Martin), ca. 1936.

Schreibtisch diente als Taufaltar, das Fenster war verhängt mit der letzten Flagge von UC 67, der Reichskriegsflagge, unter der der U-Boot-Kommandant mit seinem Boot am 29. November 1918 in Kiel eingelaufen war.

Die Haustaufe, damals noch üblich, ist bezeichnend dafür, wie sich bei Niemöller familiäre und deutschnationale Bindungen mit evangelischer Frömmigkeit verbanden. Damit stimmte die Rolle der Ehefrau und Mutter überein. Kindererziehung war ihre Sache, das entsprach der traditionellen Rollenzuschreibung. Der Vater hat für die Familie wenig Zeit. Gelegentlich übernimmt er im Studierzimmer die Beaufsichtigung eines Kindes, unterbricht aber seine Arbeit nicht: „Dazu rauchte ich eine lange Pfeife und hüllte mich in eine dicke Qualmwolke, während ich zugleich meinen Sohn Hans Jochen zu beaufsichtigen hatte, der in seiner Wiege neben meinem Schreibtisch stand und sich frühzeitig und gründlich an ein verräuchertes Studierzimmer gewöhnte. Er hatte es darin nicht besser, als es sein Vater als kleines Kind gehabt hatte. Und auf diese Weise wurde eine Tradition weitergegeben."[73]

Irgendwann zwischen 1925 und 1927 kam es im Haus des Kirchenhistorikers Georg Wehrung zur ersten Begegnung Niemöllers mit seinem späteren Freund Karl Barth, der viele Jahre danach von diesem Treffen erzählte: „Ich erinnere mich sehr deutlich, wie die Tür sich öffnete und wie dann in der Ecke hinter der Türe ein schlank aufgeschossener junger, nicht mehr ganz junger Mann dastand und mich scharf fixierte, und mein Eindruck war, daß ich ihm nicht eben sympathisch war, und mir meinerseits hat er eher eine gewisse Furcht eingeflößt durch sein stramm militärisches Wesen. Martin Niemöller und ich waren wohl ... – und sind's wohl bis heute – zwei sehr verschiedene Geschöpfe Gottes: er ... ein westfälischer Preuße oder ein preußischer Westfale und ich ein Schweizer.“[74]

Im katholischen Münster bildeten die Evangelischen eine Minderheit. Niemöller stellte fest, dass sie im Stadtparlament nicht repräsentiert waren. Er ergriff die Initiative, um eine evangelische Fraktion aufzustellen. Im November 1929 zog sie ins Parlament ein, bestehend aus sieben Abgeordneten und Niemöller als Fraktionsführer. Keiner von ihnen gehörte einer politischen Partei an. Daran wird Niemöller sich auch später halten. „Ich bin kein Politiker“, antwortet er, wenn Freunde oder Gegner ihn nach parteipolitischen Gesichtspunkten beurteilen.[75]

Obwohl Niemöller in Münster eine erfolgreiche Arbeit leistete, die ihm vielseitig und interessant erschien, befriedigten ihn seine Aufgaben auf die Dauer nicht. Seine Frau Else und er hofften noch immer, „nach den Jahren der fortgesetzten Unruhe und Sorge ... würde einmal eine Zeit kommen, in der wir uns einer stillen und ganz auf das Wesentliche gerichteten Gemeindearbeit würden widmen können. Jetzt kam das gerade Gegenteil: Besprechungen und Sitzungen, Reisen und Vorträge, Umgang mit Pfarrern und Behörden, Organisation und Finanzfragen.“[76] Niemöller fand sich in diese Aufgaben hinein. Er lernte die Kunst der Gremienarbeit, hielt aber auch Kontakt zu westfälischen Gemeinden, für deren Kollekten er im Auftrag der Kirchenregierung zuständig war. Aus den Erfahrungen mit ihnen nimmt er die Erkenntnis mit, „daß eine Gemeinde mehr ist als das Objekt kirchenregimentlicher Aktivität oder gar Willkür. Umgekehrt: daß die Gesamtkirche nur dann von wirklichem Leben erfüllt ist, wenn sie das Entstehen starker und selbständiger Gemeinden duldet und fördert.“[77]

Im siebenten Jahr seiner Tätigkeit als Geschäftsführer der Inneren Mission sehnte Niemöller sich nach neuen Aufgaben. Seine Ziele, der einheitliche Aufbau von Jugend- und Wohlfahrtsämtern in der Kirchenprovinz und die Sicherstellung missionarischer und karitativer Arbeit, waren erreicht.[78] Als ihm die vorgesetzte Behörde die Anstellung eines neuen Mitarbeiters verweigert, kündigt er zum nächstmöglichen Termin. Proteste seines Vaters schlägt er in den Wind. Niemöller beginnt, sich nach einer Pfarrstelle umzusehen. Schließlich erhält er im Frühling 1931 ein überraschendes Angebot aus Berlin, wo der Vater im Hintergrund Fäden geknüpft hatte: Er soll dritter Pfarrer im Gemeindebezirk Dahlem werden. In der preußischen Landeskirche galt diese Stelle in der Reichshauptstadt als eine der begehrtesten Pfarreien. Niemöller reist nach Berlin. Die Kollegen gefallen ihm. Er vereinbart mit ihnen, seine neue Stelle am 1. Juli 1931 anzutreten. In der letzten Juniwoche ziehen Martin und Else Niemöller mit ihren sechs Kindern in eine 7-Zimmer-Pfarrwohnung in der Podbielskiallee 20 ein.

6. Gemeindepfarrer in Berlin-Dahlem (1931–1937)

Die Siedlung Dahlem hatte sich seit 1910 zu einem vornehmen Villenvorort von Berlin entwickelt. Schon 1913 wird der Ort an das Berliner Verkehrsnetz angebunden. Die Gemeinde zählte etwa 20.000 Einwohner, davon waren 12.000 Protestanten. Zur evangelischen Gemeinde gehörten Familien des Bildungsbürgertums und der Ministerialbürokratie, Universitätsprofessoren, hohe Regierungsbeamte und Militärs, Unternehmer und Künstler. Die Kirchenmitglieder hatten Kirchensteuer zu bezahlen, die direkt von der Gemeinde erhoben wurde. Aus ihrem Kirchensteueraufkommen führte die Gemeinde eine Umlage zur Finanzierung gesamtkirchlicher Aufgaben ab. Das Aufkommen der Dahlemer Gemeinde betrug im Jahr 1931 ca. 800.000 Reichsmark. Damit gehörte sie zu den reichsten Gemeinden der Evangelischen Kirche der Altpreußischen Union.

Die Gemeinde kann so viel Geld aufbringen, dass sie ein neues Gemeindehaus und eine neue Kirche erbaut und aus eigenen Mitteln eine dritte Pfarrstelle einrichtet. Auf diese Stelle wird Pfarrer

Martin Niemöller berufen. Aus der Zeit der Domäne Dahlem stammt die alte Dorfkirche (St.-Annen-Kirche) mit der dazugehörigen Pfarrei. Ihre Geschichte reicht bis ins 13. Jahrhundert zurück. Damit gehört sie zu den ältesten Dorfkirchen in der Mark Brandenburg. Im Jahr 1920 baute die Gemeinde auf einem unmittelbar am Kirchhof gelegenen Grundstück an der Cecilienallee (heute Pacelliallee) ein Pfarrhaus, das ab 1932 von der Familie Niemöller bewohnt wurde. 1927 bis 1930 entstand gegenüber der St.-Annen-Kirche an der Ecke Königin-Luise-Straße/Thielallee ein Gemeindehaus mit Saal, Nebenräumen, Gemeindebüro, Schwesternstation und Hausmeisterwohnung. Im selben Jahr wird neben der ersten Pfarrstelle an der St.-Annen-Kirche eine zweite, 1931 eine dritte Pfarrstelle errichtet. Am 18. Oktober 1930 ist an der Hittorfstraße/Thielplatz der Grundstein für die Jesus-Christus-Kirche gelegt worden; am 20. Dezember 1931[79] findet die feierliche Einweihung statt. Die neue Kirche bietet Raum für 1.200 Menschen. Sie war als zweites Zentrum der Gemeinde gedacht, das auch ein weiteres Pfarrhaus und ein kleineres Gemeindehaus umfasst. Bevor die Jesus-Christus-Kirche eingeweiht wurde, hatte der Saal im „Paulinum" seit 1925 als zweite Predigtstätte gedient. Das „Paulinum" im Reichensteiner Weg, ursprünglich Seminar für evangelische Pfarrersöhne, wird heute vom Diakonischen Werk der EKD genutzt.[80]

Neben Niemöller amtierten in Dahlem zwei weitere Gemeindepfarrer, Eberhard Röhricht (1888–1969, in Dahlem seit 1927) und Fritz Müller (1889–1942, in Dahlem seit 1933) mit jeweils eigenen Seelsorgebezirken. Im Predigtdienst beider Kirchen wechselten sie einander turnusmäßig ab. Vorsitzender des Gemeindekirchenrates war von 1933 bis 1937 der inzwischen auf die 1. Pfarrstelle gewählte Martin Niemöller, danach Eberhard Röhricht. Alle drei Pfarrer haben den Ersten Weltkrieg als junge Offiziere mitgemacht. Sie waren eingeschworen auf die Monarchie und empfanden das Ende des wilhelminischen Kaiserreiches als persönliche Sinnkrise. „In ihren nationalistischen Einstellungen gingen sie konform sowohl mit dem Gros ihrer Gemeindeglieder als auch mit der Mehrzahl ihrer Amtsbrüder und mit den Kirchenbehörden. Weder von ihrem theologischen und politischen Denken noch von ihrem bisherigen Werdegang her ragten die drei Dahlemer Pfarrer heraus aus dem, was im Jahr 1933 in der evangelischen Kirche normal war."[81]

7. Der Dahlemer Prediger

In Berlin-Dahlem brauchte Niemöller nur eineinhalb Jahre, um sämtliche Mitglieder seiner Gemeinde zu besuchen. Rasch machte er sich als eindrücklicher Prediger bekannt. Durch seine Tätigkeit als Seelsorger und vor allem durch seine viele Hörer anziehenden „schlichten frommen Predigten" erwarb er sich rasch hohes Ansehen in der Gemeinde. Er überzeugte durch die „nüchtern sachliche" Diktion seiner Predigt, durch „inneres Feuer" und durch seinen „starken Intellekt".[82] Alle Predigten werden, wie die Amtskalender belegen, gewöhnlich von Freitag bis Samstag, sorgfältig vorbereitet, schriftlich fixiert und zwei Stunden vor dem Gottesdienst memoriert.[83]

Im Gegensatz zu Westfalen war er in Berlin zunächst ein unbeschriebenes Blatt. Umso bemerkenswerter ist daher der Artikel, den das „Zehlendorfer Bezirksblatt" seinem Dienstantritt widmet, wobei der Name des neuen Pfarrers konsequent falsch mit ‚Nietmöller' wiedergegeben wird:

> „Pfarrer Nietmöller ist keiner von jenen Geistlichen, deren Predigt in einem geruhsamen salbungsvollen Ton dahinfließt und die in patriarchalischer Weise liebevoll mahnend zu ihren Schäflein sprechen. Nein, seine Worte muten zunächst nüchtern sachlich an. Aber bald merkt man, daß in ihm aus der klaren Erkenntnis der harten Tatsachen der Gegenwart geboren, ein lebendiger, energiegefüllter Kampfwille lebt, der, von innerem Feuer geschürt, zur Betätigung drängt. Es ist etwas asketisch Strenges in der äußeren Erscheinung des Pfarrers Nietmöller, und aus seinen großen, klaren Augen spricht ein starker Intellekt, der es ihm von vornherein verbietet, seiner Gemeinde Gemeinplätze vorzusetzen. Und so wurde seine erste Predigt in Dahlem zu einem ernsten programmatischen Bekenntnis."[84]

Niemöller legt in seiner Antrittspredigt ein Bekenntnis ab, wie er sein Predigtamt auffasst.[85] Dabei betont er den *Gegenwartsbezug* der Verkündigung: Seine Aufgabe sei, „Jesum Christum zu verkündigen als den Herrn, so wie er selbst sich bezeugt hat, so wie die Propheten und Apostel von ihm gezeugt haben in der heiligen Schrift". Als der Auferstandene sei er „der Herr, der noch heute an Menschenherzen rührt und sich unter uns seine Gemeinde sammelt". Diese Botschaft will

Niemöller der Gemeinde nahebringen: „das alte Evangelium so zu verkünden, dass es als frohe Botschaft inmitten unserer Zeit von den Menschen unserer Tage verstanden wird". Jesus Christus will *heute* und alle Tage *Herr* unseres Lebens sein. Darauf wird der entscheidende Akzent gelegt: ER „will als der Herr gegenwartsmächtig unser Leben regieren und gestalten (...). Diese Gegenwart des lebendigen Herrn zu verkündigen und sie so zu bezeugen, dass sie als die frohe Botschaft von unserer Erlösung verstanden und ergriffen wird, das ist der Dienst, den wir als Knechte der Gemeinde um Jesu willen auf uns nehmen und ausrichten sollen, und in diesem Sinne soll die Verkündigung des Evangeliums modern, d. h. unmittelbar auf die lebendige Gegenwart bezogen sein."

Niemöller weiß, dass zu solchem Botendienst Mut und Kraft gehören. Aber ihm ist auch klar, „dass der Bote nichts ist und nichts sein darf aus sich selber und für sich selber". Er kann nur von Gott selbst die Kraft des Predigtamtes empfangen. Sie „liegt nicht in dem Boten, sie liegt in der Kraft der ihm anvertrauten Botschaft, sie liegt darin, dass diese Botschaft in ihrem Boten Leben gewinnt als Freudenbotschaft von der Liebe Gottes, die mir in dem Herrn Jesus Christus zuteil wird. (...) nur als Christusjünger wird der Prediger zum Christusträger." Darum will der Prediger sich nach der Kraft Gottes ausstrecken. Er bittet die Gemeinde: „Helft mir, dass ich nicht müde werde!"

Die Antrittspredigt macht deutlich, was sich später vielfach bestätigen wird: Kanzelpathos und rhetorische Kunststücke sucht man bei diesem Prediger vergebens. Neugierige Gelegenheitsbesucher finden bei ihm nicht die erwartete Sensation. Denn er spricht unprätentiös, nüchtern, ohne Umschweife und legt einfach den biblischen Text aus. Was eine Predigt als lebendige Rede auszeichnet, teilt sich beim Nachlesen der gedruckten Predigten nicht mit. Aber die Zuhörer müssen gespürt haben, was dem Lokalredakteur auffiel: den energischen ‚Kampfwillen' und den ‚starken Intellekt'. Alle Zeitzeugenberichte über den Prediger Martin Niemöller heben hervor, dass er ein besonderes Charisma der Rede hatte und seine Zuhörer mit beschwörend eindringlicher Stimme in Bann ziehen konnte. Hinzu kam: Man nahm es ihm ab, dass er für das, was er predigte, einstand und dass er bereit war, die Konsequenzen zu tragen.

So hat es auch Theodor Jänicke erlebt, nach dem Krieg Pfarrer in Dahlem. Er schreibt, Niemöller sei „nicht etwa ein großer Redner" gewesen. „Die Wirkung seiner Predigten erklärt sich daher, daß man es jedem Satz abspürt, wie der ganze Mensch dahintersteht."[86] Genau damit aber verkörperte Niemöller, was für jede überzeugende Rede unabdingbar ist: „Dies bin ich, und ich meine es so, wie ich es sage" (Walter Jens).[87]

Als solcher Prediger fand Niemöller „weit über die Grenzen seiner Dahlemer Gemeinde Anklang".[88] Bereits eine Stunde vor Beginn seiner Gottesdienste waren die U-Bahn-Züge überfüllt. Einer der Schaffner an der Haltestelle Thielplatz rief dann am Sonntagmorgen: „Thielplatz, zu Niemöllers Gottesdienst hier aussteigen!"[89] Niemöller und Dahlem: Im Kirchenkampf werden beide, wie sich später zeigen wird, zu Synonymen. Viele, auch kirchlich nicht Gebundene, besuchten Niemöllers Gottesdienste und brachten damit ihre Ablehnung des Nationalsozialismus zum Ausdruck. Bald predigte er vor 1300 Leuten in einer bis auf die Altarstufen vollbesetzten Kirche, wo er auch Gestapo-Spitzel (die er „meine treuesten Zuhörer" nannte) und ausländische Korrespondenten vor sich hatte, die den deutschen Kirchenkampf aufmerksam beobachteten. Niemöller wusste, dass er bespitzelt wurde, ließ sich aber nicht dadurch einschüchtern. Zu Beginn seiner Vorträge spottete er gern: „Liebe Freunde, auch liebe Herren, die Sie nun mitschreiben, was ich zu sagen habe."[90]

Mit seinem Widerstand gegen die Deutschen Christen und seinem Kampf gegen die vom staatlichen Kirchenminister eingesetzten Kirchenausschüsse geriet Niemöller mehr und mehr in die politische Illegalität. In seinen Predigten und Vorträgen wagte er jetzt, „die politischen Methoden des Regimes und das von diesem vertretene ‚Neuheidentum' anzugreifen und offensichtliche Unrechtsmaßnahmen beim Namen zu nennen. So wurde Niemöller im In- und Ausland allmählich zur Symbolfigur des kirchlichen Widerstandes gegen den Nationalsozialismus und zog damit den besonderen Zorn Hitlers auf sich."[91] Der Jurist Hans Bernd Gisevius, später ein Kronzeuge des Nürnberger Prozesses, berichtet in seinem Erinnerungsbuch „Bis zum bitteren Ende" (1946), Hitlers Gesicht habe sich jedes Mal vor Wut verzerrt, wenn der Name Niemöller vor ihm genannt wurde.[92]

Wie die meisten Pfarrer hatte Niemöller angenommen, Kirche habe nichts mit Politik zu tun, und jede Politisierung der Kirche abgelehnt, während die Deutschen Christen seit 1932 als kirchenpolitische Partei agierten. Durch den NS-Staat wurde er nun ungewollt zum Politikum. Auf der Seite der Bekennenden Kirche trug er nur das mit, was die Kirche in ihrem Amt als Kirche zu sagen hat. Als solche ist sie nicht Opposition zum Staat, sondern hat das Amt der Fürbitte für die Obrigkeit wahrzunehmen. Das heißt allerdings auch, dass sie kein Blatt vor den Mund nehmen darf, wenn es gilt, die Obrigkeit zur Wahrheit und zum Recht zu rufen. Und das tat Niemöller in seinen Predigten und Gottesdiensten mit einer solchen Schärfe und einer solchen geistlichen Vollmacht, dass Hitler, der ständig zwei oder drei Gestapo-Beamte in die Gottesdienste von Niemöller schicken ließ, sich von der prophetischen Schärfe der Predigten persönlich angegriffen fühlte.

Christus expulsus

Ein Gegenstand, der den Prediger besonders inspirierte, befand sich dort, wo er seine Predigten vorbereitete. Im Amtszimmer des Dahlemer Pfarrhauses hatte Niemöller seit 1936 den künstlerisch sinnfälligen Ausdruck für die Bedrängnis der Kirche in Gestalt einer Christusfigur vor Augen. Es war der „Christus expulsus", der ausgetriebene Christus, eine Holzfigur aus Birnbaumholz, die der ihm nahestehende Bildhauer, Druckgraphiker und evangelische Laienprediger Wilhelm Groß (1883–1974) geschaffen hatte.[93] Christus erscheint als gebeugte Gestalt mit strengen Gesichtszügen. Der Kopf ist vorgestreckt, beide Arme liegen eng am Körper an. Im Unterschied zur geöffneten rechten Hand ist die linke zur Faust geballt. Groß hat Christus mit Dornenkrone und einem langen Mantel gestaltet. Das verweist auf die Verspottungsszene vor den Soldaten (vgl. Mt 27,27–31), nach der Christus in seinen Kleidern zur Kreuzigung geführt wird.

Wir wissen, dass Groß 1936 die Holzfigur im Auftrag Niemöllers geschaffen hat. Im August teilte er ihm handschriftlich auf einer Karte mit: „Lieber verehrter Bruder Niemöller! Sie kamen mit Ihrem Auftrag für den ‚Christus expulsus' einmal näher als ‚Bote'. Herzlichen Dank! Das Holz ist gerade zubereitet worden, morgen wird begonnen. Wir wären Ihnen nun herzlich dankbar, wenn Sie uns eine Anzahlung machen könnten. Wie ich gestern von einem Mann aus der Kulturkammer hörte (Kirchl. Kunstdienst)[94][,] hat sich in der letzten Zeit die Ansicht [durchgesetzt], daß ich die K.K. Karte[95] bekomme.

45

Abb. 11: Niemöllers Arbeitszimmer in Dahlem, 1941. Vor dem linken Fenster steht die Holzplastik des Christus expulsus von Wilhelm Groß.

Kunst verringert. ‚Weg hast Du allerwegen!'[96] Dankbar, in Fürbitte und herzlicher Verbundenheit Ihr Wilhelm Groß."[97]

Drei Tage später schickte Niemöller mit einem Verrechnungsscheck über 200 Reichsmark einen knappen Dankesbrief. Er spricht dort von einer „Holzausführung des Christus expulsus", was darauf hindeutet, dass die Skulptur bereits existierte, jedoch ursprünglich aus anderem Material gefertigt war. Das bestätigt ein 1953 bei einer Feierstunde in Berlin anlässlich des 70. Geburtstags von Groß gemachtes Foto, für das die originale Figur wohl extra in Szene gesetzt wurde.[98]

Aus Niemöllers Predigt vom 8. November 1936 geht hervor, dass Groß als aktives BK-Mitglied an der Oeynhausener Synode im Februar dieses Jahres teilnahm und dort zum ersten Mal eine Vision von jener Gestalt hatte: „Es ist der Herr, der gebeugt unter der Last eines unsichtbaren Kreuzes, gebückt und traurig aus der Kirche auswandert, wo ihm die Gemeinde den Gehorsam verweigert; denn wo das geschieht, da ist seines Bleibens nicht länger. Das Auge des Künstlers hatte recht

geschaut, was das Ohr der Jünger hörte: ‚Was heißet ihr mich Herr,
Herr[,] und *tut* doch nicht, was ich sage‘? Auch in der Kirche ist er aus-
gestoßen. Menschen haben sich auf seinen Platz und Thron gesetzt
und weigern sich, sein Wort gelten zu lassen.“[99] Nach Niemöllers Deutung ist die Figur ein plastisches Zeugnis für den Ungehorsam der
Gemeinde gegenüber ihrem Herrn. Den Niemöller-Kindern erzählte
die Mutter, es sei der gekreuzigte Jesus, der sich vom deutschen Volk
bzw. der Deutschen Evangelischen Kirche abgewendet hätte.[100]

Predigtarbeit

Joachim Kanitz, der im Frühjahr 1933 in Berlin-Lichterfelde wohnte
und sich auf sein erstes theologisches Examen vorbereitete, schreibt:
„Ich war einmal Zeuge, als sich Niemöller und Hildebrandt über die
Predigt des kommenden Sonntags unterhielten. Ich weiß keine Ein-
zelheiten mehr, aber es hat mir einen bleibenden Eindruck gemacht,
wie dieser mutige Mann mit großer Zaghaftigkeit an das immer
wieder unerhörte Wagnis einer Predigt heranging, und wie er auf die
Argumente des Jüngeren hören konnte.“[101]

Als enger Mitarbeiter hat Franz Hildebrandt in einem Rückblick
sehr lebendig Entstehungssituation und Eigenart der Predigten Niemöllers geschildert:

> „Es war Hochbetrieb im Dahlemer Pfarrhaus. Klingel und Telefon
> standen nie still, es wimmelte von Besuchern, Kollegen, Freunden,
> Ratssitzungen, und ‚nebenbei‘ mußte ja irgendwie die Familie mit
> den sieben Kindern zu ihrem Recht kommen. Die Jesus Christuskir-
> che, in der die meisten dieser Predigten gehalten wurden, war
> genau zur rechten Zeit gebaut worden; Martin Niemöller wurde
> 1931 in sein Pfarramt eingeführt, und die kleine schöne St. Annen-
> kirche hätte die Hörer in der Zeit des Kirchenkampfs nie gefaßt. Der
> wichtigste Kommentar zu den Predigten wäre eine Nachschrift der
> ‚Katechismusstunden‘ an Montagabenden im Gemeindehaus, wo
> Niemöller vom Schlachtfeld[102] berichtete, von den unzähligen Rei-
> sen und Tagungen, die sein Programm ausfüllten; meines Wissens
> ist eine solche Nachschrift nicht erhalten, wenn auch die ständigen
> Spitzel der Polizei (unsere treuesten Kirchenbesucher …) sich sicher
> Notizen machten.

Die Gemeindearbeit – Konfirmandenklassen, Amtshandlungen, Seelsorge – kam darüber nicht zu kurz, und das Hauptwerk am Schreibtisch ist und bleibt die Predigt. Kein Wunder, daß es in der Regel ein oder zwei Uhr nachts wird, ehe der letzte Strich getan ist. Satz für Satz muß er sich abringen, bis er ihm druckreif erscheint. Dann freilich bleibt das Niedergeschriebene stehen, so daß kaum eine Korrektur am Manuskript zu entdecken ist. Gern liest er seiner Frau oder einem nahen Freund beim Hereinkommen laut vor, was bis jetzt fertig ist, bespricht sich über exegetische Probleme und Liederauswahl. Und wieder ist er frühmorgens am Schreibtisch, um bis zum letzten Moment, wo er in die Kirche gehen muß, zu memorieren; was er geschrieben hat, wird ja nicht vorgelesen, sondern im Ernst gepredigt. Vielleicht ist es nicht überflüssig, daran zu erinnern, daß in der deutschen Tradition nur Textpredigt als wirkliche Verkündigung gilt; das entscheidende Kriterium [*im Original: Kriterion*] ist niemals ,Zeitgemäßheit' (*relevance*), sondern Treue gegenüber dem Wort. Es hat sich bei Freund und Feind nur zu deutlich gezeigt, daß die Heilige Schrift zu jeder Zeit selber für ihre Aktualität sorgt; man denke nur an das Beispiel der Sexagesimae-Predigt über Phil. 1,12–21 – und Martin Niemöller hatte, wie meistens, den Text nicht selber gewählt, sondern sich an die vorgeschriebene Perikope des Sonntags gehalten."[103]

Hildebrandt meint jene Predigt vom 30. Januar 1937, in der Niemöller die Situation des gefangenen Apostels Paulus, der auf eine Entscheidung wartet, mit der Situation der Gemeinde in Dahlem zusammen sah. Unversehens wurde das Wort der Schrift zu einem *Wort für heute*, als er von der bedrückenden Erkenntnis sprach,

„daß in diesen Jahren die Kirche selber in Gefangenschaft geraten ist, daß die Kirche selber die Freiheit verloren hat, ihre Sendung auszurichten, wie sie es früher tat. Es hieße lügen, es hieße die Wahrheit bewusst verleugnen, wenn wir behaupten wollten, die Kirche des Evangeliums dürfte heute ungehindert die ihr befohlene Botschaft verkündigen. Ich brauche das nicht im Einzelnen darzulegen. Das eine Wort ,Lübeck' redet deutlich genug, als daß es überhört werden könnte. Lübeck, die Stadt in Deutschland, wo die Predigt des biblischen Evangeliums polizeilich verboten ist; Lübeck, die Stadt im deutschen Vaterlande, wo durch Anwendung von Gewalt sämtliche evangelischen Prediger polizeilich gehindert werden, den Herrn Christus als den einen Heiland und Retter zu bezeugen.

Diese eine Tatsache müßte genügen, um uns in unserem Rückblick sehr, sehr nachdenklich zu machen. Aber diese Tatsache steht ja nicht allein, daneben steht das Verbot aller Evangelischer Wochen,[104] daneben steht das Verbot vieler Hausbibelstunden, und daneben steht hier und da das Verbot kirchlicher Gottesdienste."

Die Kirche, sagt der Prediger weiter, sei „eine gefangene Kirche, eine unfreie Kirche, und der Prozeß gegen die Kirche läuft noch. Keiner kann sagen, wann und wie dieser Prozeß zu Ende geht, ob es bald ist oder erst in Jahren, ob er mit einem Freispruch oder mit dem Todesurteil endet. Wer will das mit Sicherheit sagen[,] und wer kann wissen, was darüber aus den Menschenkindern wird, denen die Kirche die eine rettende Botschaft von dem Herrn Jesus Christus schuldig ist?"[105]

Man erkennt, wie hier die Predigt den biblischen Predigttext vergegenwärtigt und dadurch zur prophetischen Zeitansage wird: Der Prediger deckt auf, was *jetzt* an der Zeit ist; er ‚sieht' die Gemeinde in derselben Situation wie den gefangenen Paulus. Was vier Wochen zuvor in Lübeck geschah, wird zum Zeugnis für die Gefangenschaft der Kirche: Auf Beschluss des Lübecker Kirchenrats waren alle Lübecker Pastoren, die der Bekennenden Kirche angehörten, zum 1. Januar 1937 ohne Ruhegehalt aus dem kirchlichen Dienst entlassen worden. Am 31. Dezember 1936 hatte die Gestapo bereits über diese Pastoren Hausarrest verhängt; einer von ihnen wurde des Landes verwiesen. Der Reichskirchenausschuss der Deutschen Evangelischen Kirchen (DEK) hatte dagegen vergeblich protestiert.[106]

Thomas Mann bekam später in den USA Niemöllers letzte Dahlemer Predigten in die Hand. Er bekennt, er habe diese Predigten mit Ergriffenheit und Erschütterung gelesen. In Niemöller sei das Evangelium unmittelbar zum Ereignis geworden. Selbst beim Lesen wirkten seine Predigten so stark, dass man sich ihrer Radikalität nicht entziehen konnte. Bewegt von „ehrlicher Bewunderung", beschreibt der Schriftsteller, was den Dahlemer Prediger des Evangeliums nolens volens zur politischen Figur macht:

„Er hatte gegen die Vergottung des Staates – und was für eines Staates! – geistige Verwahrung eingelegt. Und er hatte erklärt: ‚Wir wollen ohne Murren der Welt geben, was ihr gehört. Aber wenn die Welt fordert, was Gottes ist, dann müssen wir mannhaft Widerstand leisten, daß wir ihr nicht geben, was Gottes ist, und um des Wohllebens in der Fremde willen unsere Heimat verlieren.‘ Das und vieles andere dergleichen, was man in diesen Predigten nachlesen mag, war ‚politische Agitation‘ – ohne Zweifel. Es wird nämlich jeder, der ein Menschenherz in der Brust hat, zum politischen Agitator, wenn eine Kreatur wie Hitler zur Macht gelangt – wie denn nicht ein christlicher Prediger? Nimm an, du hättest den Beruf des Theologen, des Seelsorgers und des Verkünders von Gottes Wort ergriffen, wärst ein Kanzelredner geworden, den Liebe und Glaube inspirieren, und an dessen Lippen viele tausend schlichte Seelen hängen. Die Politik ist dir fremd, sie ist keineswegs dein Feld, denn sie ist ‚die Welt‘, als deine Heimat aber empfindest du das Geistige und Ewige. Nimm also an, du wärest ein rein religiöser Mensch, der ganz bereit ist, ‚dem Kaiser‘ zu geben, was ‚des Kaisers‘ ist, aber dessen eigentliche Anliegen Gott, Sünde, Erlösung, Tod und Ewigkeit sind. Und nun nimm an, es stellte sich ein Schurke auf mit Weiberhänden und der Stimme eines bösen, bissigen Kettenhundes und brüllte unter großem Zulauf: ‚Staat und Volk sind Gott, und ich bin Volk und Staat, folglich bin ich Gott!‘ – Nicht wahr, da müßtest du widersprechen – und im Nu wärst du ein politischer Agitator. Das wäre ganz unvermeidlich, und schuld daran wärest freilich nicht du, sondern jener Schurke, doch unvermeidlich wäre es. Grenze und Unterschied zwischen Religion und Politik wären plötzlich aufgehoben. Eben noch nur ein populärer Prediger, wärest du von heut auf morgen, du wüßtest nicht, wie, zur politischen Figur und deine Kirche zu einem Zentrum der politischen Opposition geworden. So erging es Pastor Niemöller."[107]

Seit dem Frühjahr 1937 nannte auch Niemöller in den Dahlemer Gottesdiensten die Namen der verhafteten Mitglieder der BK und nahm sie in die Fürbitten auf. „Behördenwillkür, Repressalien, Verhaftungen, propagandistische Verzerrungen durch gleichgeschaltete Kirchenbehörden [waren] trauriger Alltag für die BK".[108] Durch den „Maulkorberlass" von Reichsbischof Müller war es streng untersagt, von solchen Ereignissen im Gottesdienst zu berichten, ebenso war die Bekanntgabe der Kirchenaustritte von der Kanzel verboten – die BK setzte sich trotzdem immer wieder über diese Vorschriften hinweg, was für erneute Verhaftungen sorgte.

Besonders eindrücklich muss eine Ansprache gewesen sein, die von der Anklage beim späteren Prozess als belastendes Indiz angeführt wird. Niemöller beschreibt darin die kirchliche Situation in Bildern einer ‚belagerten Gottesstadt'.[109] Weder das Manuskript noch eine wörtliche Mitschrift haben sich erhalten. Wir wissen vom Inhalt nur durch Gestapoberichte und eine Nachschrift, in der Niemöller selbst nach Notizen den Text rekapitulierte.

In sprechender Analogie zu dem biblischen Bericht 2. Chronik 32,1ff über die Belagerung Jerusalems durch den assyrischen König Sanherib schildert er in seinem Vortrag „Die belagerte Gottesstadt", wie sich „der eiserne Ring um die Kirche" geschlossen habe. Am 13. Februar 1937 sei „der Feind aus dem Graben herausgekommen" und habe die Ziele der Belagerung bekanntgegeben. Das bezog sich auf die von Kirchenminister Kerrl angekündigten Kirchenwahlen. Zwei Tage nach dieser Ankündigung hatte ein Erlass Hitlers Wahlen für eine Generalsynode der DEK festgesetzt und damit massiv in die kirchliche Eigenständigkeit eingegriffen. Laut Niemöller sollten die Fundamente der Kirche, das Bekenntnis zu Jesus Christus, „ausgegraben und zerbrochen und als Trümmerstücke über das Feld zerstreut werden". Danach sollte auf dem Boden der Gottesstadt ein heidnischer Tempel aus den Bausteinen der nationalsozialistischen Ideologie errichtet und das Volk Gottes in die „Gefangenschaft", unter die Herrschaft des Staates geführt werden. Verhaftungen und Einschränkungen der Wahlvorbereitungen ließen erkennen, dass der Feind „nach wie vor ... vor den Toren" stehe. Er „treibt seine Gräben vor, bringt seine Geschütze in Stellung und tut, was er tun kann, um die Stadt fester zu umschließen". Zugleich sende er „Spione" und „Unterhändler" wie den Thüringer Bischof Sasse, der die „Übergabe der Festung an den Feind" proklamiert habe. Die Bevölkerung der Gottesstadt dürfe sich aber durch solche „Brieftaubenpost" nicht irreführen lassen. Sie müsse sich mit dem „Schwert des Geistes" wappnen, sich um die „Hauptleute" scharen und die zerbrochenen Mauern befestigen. Zuletzt appelliert Niemöller an die Gemeindeglieder, sich der Bekenntnisgemeinde anzuschließen, die mit Unterzeichnung der „roten

Karte" (dem Mitgliedsausweis der BK) übernommenen Verpflichtungen ernst zu nehmen und „den Worten des Königs" zu vertrauen. Mit dieser Auslegung des biblischen Berichts machte Niemöller die Ereignisse um den Wahlerlass Adolf Hitlers vom 15. Februar 1937 als aktuelle Geschichte des ‚Gottesvolkes' in der ‚Welt' transparent. Für die christliche Gemeinde wird drastisch verdeutlicht, in welcher Lage sie sich befindet, was jetzt mit ihr geschieht und wie sie sich wehren kann. Die militärische Bildersprache ermöglicht, die Hörer mit „einer auch in den Predigten Niemöllers einzigartigen Schlagkraft"[110] für den Kampf um das Kirchenregiment zu rüsten. Da er Vorgänge der staatlichen Kirchenpolitik im Licht eines Bibeltextes deutete und kritisch beleuchtete, kann man seine Ansprache auch als politische Predigt bezeichnen.

Niemöller hielt den Vortrag „Die belagerte Gottesstadt" auf Gemeindeabenden und Wahlkundgebungen u. a. in Dielingen/Westfalen (14.3.), Wuppertal (24.3.), Berlin-Neukölln (1.4.), der Frankfurter Paulskirche (4.4.), Moabit (4.5.) und Zehlendorf (7.5.), ferner in Stuttgart, Minden und Levern.[111]

Am 19. Juni 1937 predigte Niemöller zum vorletzten Mal vor seiner Verhaftung über Jesu Wort aus der Bergpredigt „Ihr seid das Salz der Erde und das Licht der Welt". Zu Anfang liest er alle vor, die in Haft sitzen, 72 Namen derer, die um des Evangeliums willen gefangen sind. Sie werden der Fürbitte anempfohlen. Der Prediger schärft das Ohr der Gemeinde für das Evangelium. Die Worte Jesu leuchteten ohne Kommentar. Christen sollen ihr Licht nicht verstecken, sagt Niemöller. So predigt einer, der keine Scheu hat vor weltlichen Pressionen. Dabei schweben zahlreiche Gerichtsverfahren gegen ihn. Er weiß, dass der Berliner Staatsanwalt belastendes Material gegen ihn sammelt, und rechnet täglich damit, verhaftet zu werden.

Niemöller hatte in seiner Predigt die Gültigkeit der Zusagen Hitlers an die Kirche angezweifelt. Ein Überwachungsbeamter kommentierte: „Zusammenfassend kann und muß gesagt werden, daß die Ausführungen des N. nichts mehr mit Gottesdienst noch mit einer religiösen Predigt zu tun hatten. Die Predigt von Niemöller war eine einzige Beschimpfung des Führers, dem er wiederholt in versteckter Form vorwarf, sein feierlich gegebenes Ehrenwort gebrochen zu haben ... Es dürfte daher bei Pfarrer Niemöller höchste Zeit sein, einem derartigen Volksschädling das Handwerk zu legen, da ein

Mann wie N. durch seine aufreizenden Predigten eine ernste und dauernde Gefahr für das Deutsche Volk ist."[112]

Die letzte Predigt vor seiner Verhaftung hält er am 27. Juni 1937 in der Jesus-Christus-Kirche in Berlin-Dahlem. Sie lässt erkennen, wie Niemöller in seinen Aussagen über den Staat immer stärker das Moment des äußersten Konfliktfalls gewichtet, in dem staatsbürgerlicher Gehorsam seine Grenze hat.[113] In seiner Predigt vom 3. Februar 1935 über Römer 13,1–10 hatte er das Verhältnis zum Staat noch so bestimmt, dass nur gegenüber Forderungen, die gegen Gottes Gebote verstoßen, ein Recht auf passiven Widerstand bestünde. Im Übrigen sei christlicher Glaube aber mit einer staatstreuen Gesinnung verbunden. Nach dem Muster von Luthers Schrift „Von weltlicher Obrigkeit" begreift Niemöller den Staat als obrigkeitliche Herrschaft, die „ihre Würde unmittelbar von Gott" hat, und spricht dem Staatsbürger als ‚Untertan' das Recht ab, die Obrigkeit zur Rechenschaft zu ziehen.[114]

Am 27. Juni 1937 sagte er: „Wir denken ebenso wenig wie die Apostel und hoffen ebenso wenig wie sie, uns dem Zugriff der Obrigkeit eigenmächtig zu entziehen; allerdings sind wir ebenso wenig wie sie dazu bereit, auf menschliche Anordnung hin das zu verschweigen, was der Herr, unser Gott, uns zu sagen gebietet. Denn es bleibt dabei und wird dabei bleiben, solange die Welt steht: ‚Man muß Gott mehr gehorchen als den Menschen!'" Mit diesem Wort aus der Apostelgeschichte (Apg 5,29) begründeten Pfarrer und Gemeinden der Bekennenden Kirche seit dem Altonaer Bekenntnis (1933) ihren Widerstand gegenüber staatlicher Willkür. Am 11. Januar 1933 hatten 21 lutherische Pastoren in der Altonaer Hauptkirche und der Petrikirche mit einer Kanzelabkündigung zum politischen Extremismus Stellung genommen, nachdem sich Kommunisten und Nationalsozialisten am 21. Juli 1932 in Altona eine blutige Straßenschlacht geliefert hatten. In Artikel 3 (Vom Staate) ihres Bekenntnisses erklärten die Verfasser: „Wenn aber der Fall eintritt, dass die Obrigkeit selbst wider ‚der Stadt Bestes' handelt, dann muss jeder entscheiden, wann der Augenblick gekommen ist, wo man Gott mehr gehorchen muss als dem Menschen."[115] Hier wurde mit einer klassischen Stelle des Augsburger Bekenntnisses von 1530 aktuell das Recht zum politischen Widerstand begründet.[116]

Niemöller predigt als leidender Zeuge einer verfolgten Kirche. Er mutet der Gemeinde die Erkenntnis zu, dass sie in der Nachfolge des Gekreuzigten „Leiden und Schmach" zu tragen hat. Die Botschaft vom Kreuz werde unabhängig von Erfolg oder Misserfolg gepredigt und schließe jede Neutralität aus. „Wer sich nicht im Glauben für diesen Herrn entscheidet, wenn ihm das Wort vom Kreuz gesagt wird, der entscheidet sich gegen ihn, auch da, wo er meint, sich noch garnicht entschieden und festgelegt zu haben."[117] Unüberhörbar ist ein resignativer Ton in der Predigt, wenn Niemöller angesichts der Bedrängnis durch das „Trommelfeuer des Versuchers" erklärt: „ich sage, wer das wirklich mit durchleidet, der ist nicht weit mehr von jenem Wort des Propheten (gemeint ist der Prophet Elia, MH), der spräche am liebsten: ‚Es ist genug …, so nimm nun Herr, meine Seele!' [1 Kön 19,4]."[118] Es scheint, als sei nun der Moment gekommen, vor dem er sich bereits in seiner Antrittspredigt fürchtete: Seine Kraft ist verbraucht.

8. Pastor einer Bekennenden Gemeinde

In der Gemeinde und unter seinen Amtsbrüdern gewann Niemöller durch seine „unverwüstliche frische, humorvolle Art" viele Anhänger.[119] Sein geselliges Wesen und sein Humor erleichterten es ihm, Kontakte zu knüpfen und zahlreiche Leute zu kennen. Er besaß ungewöhnliche Energie und Vitalität, hatte einen scharfen Blick für Zusammenhänge und ein klares Bild von weltanschaulichen Fronten, und er war fähig zu spontanen Entscheidungen. Es fiel ihm jedoch schwer, seine Ziele durch Kompromisse zu erreichen. In Versammlungen der BK wird er in einer „manchmal schroffen kämpferischen Haltung" auftreten.[120] Sein Temperament konnte gelegentlich mit ihm durchgehen, so dass er sich impulsiv äußerte und eine Sitzung mit lautem Türenschlagen verließ, wenn seine Position sich nicht durchsetzen konnte, oder seine Widersacher mit Zwischenrufen irritierte.[121]

Seit Januar 1934 wurde Niemöller von Franz Hildebrandt (1909–1985) unterstützt, der als sein persönlicher Referent in der Geschäftsstelle des Pfarrernotbundes und als Hilfsprediger in Dahlem vom Preußischen Bruderrat besoldet wurde.[122] Hildebrandt war Ende 1933 noch mit Bonhoeffer in London tätig gewesen. Er folgte Niemöllers dringender Bitte, das Sekretariat des Pfarrernotbundes zu übernehmen, nahm am 22. Januar 1934 von Bonhoeffer Abschied und reiste nach Berlin.[123] Hildebrandt, der nach den Gesetzen des NS-Staates als „Halbarier" galt, wurde kurz nach Niemöller von der Gestapo verhaftet und nach Plötzensee in Untersuchungshaft gebracht. Dank der Fürsprache Hans von Dohnanyis und der Tatsache, dass er kein offizielles kirchliches Amt innehatte, kam er wieder auf freien Fuß und verließ Berlin am 17. August 1937, um nach England zu emigrieren.[124]

Berlin-Dahlem gehörte zu den wenigen (etwa 5–8 %) Gemeinden in Deutschland, wo sich „eine dominierende BK-Gemeinde erfolgreich dem Umwandlungs- und Anpassungsdruck durch DC und NS-Regime zu widersetzen [vermochte]".[125] Aus dem Bericht einer Zeitzeugin geht hervor, dass die Gemeinde stets gut orientiert war, weil Niemöller sie an allen wichtigen Entscheidungen teilnehmen ließ. „Die Offenen Abende im Pfarrhaus und später im überfüllten Gemeindesaal, gelegentlich auch in der großen Jesus-Christus-Kirche, setzten die Gemeinde instand, bei den kirchenpolitischen Entscheidungen zu wissen, was vorging und warum man so und nicht anders urteilen und handeln müsse. Und die Gemeinde erfuhr, was sie und was ihre einzelnen Glieder tun und lassen könnten, um ... beteiligt zu sein an dem Kampf darum, dass Kirche Kirche bleibt und wird."[126] Die Abende „wurden 14-tägig montags abgehalten, zunächst noch im Pfarrhaus Cecilienallee 61; später mussten sie in den Saal des Gemeindehauses Thielallee verlegt werden".[127] Ein Freund, der häufig an den offenen Abenden teilnahm, schrieb darüber: Die Zuhörer kamen „aus ganz Berlin zusammen. Denn der Durchschnittsbürger liebt das Gruseln, das ihn, den Furchtsamen[,] überläuft, wenn ein anderer furchtlos ausspricht, was er selber denkt, aber nicht zu sagen wagt. Wir warteten jeden Augenblick, dass ihn die Gestapo vom Rednerpult herunterholen würde, wenn er die Lügen von Goebbels oder die Gotteslästerungen von Ley brandmarkte."[128]

Die Mehrheit des Gemeindekirchenrates stand auf Seiten der Bekennenden Kirche. Das lag an der „entschiedene[n] Haltung der drei Pfarrer, die der Gemeinde den Rücken stärkte. Andererseits war im Gegenzug die Wendung der Gläubigen zu Bibel und Bekenntnis eine große Ermunterung und Stärkung ihrer Pfarrer".[129] Alle drei Pfarrer waren Mitglieder sowohl der Bekenntnissynode der Altpreußischen Union als auch der Synode der Deutschen evangelischen Kirche in Barmen. Fritz Müller und Martin Niemöller wurden sowohl Mitglieder des Rates der

Bekennenden Kirche der Altpreußischen Union als auch des Reichsbruderrates. Wie alle der BK zugeordneten Gemeinden erkannte Dahlem die Kirchenbehörden der dem NS-Staat gleichgeschalteten Reichskirche nicht an und versuchte, die Finanzen, die sie an die Landeskirche abzuführen hatte, der BK zukommen zu lassen.

Als der Staat im Jahr 1935 direkt in die kirchliche Vermögensver-
waltung eingriff und mit den sogenannten „Kirchenausschüssen"
neue Kirchenleitungen in der Deutschen Evangelischen Kirche (DEK)
berief, widersetzten sich die an den Beschlüssen der Bekenntnissynoden festhaltenden Organe der BK. Die 4. Bekenntnissynode der
DEK in Bad Oeynhausen erklärte im Februar 1936: „Die Ausübung
der Kirchenleitung durch den Staat oder aufgrund staatlicher Berufung widerspricht der Lehre der Reformatoren und der reformatorischen Bekenntnisschriften. Weltliche Obrigkeit greift in ein fremdes
Amt ein, wenn sie aus eigener Macht der Kirche eine Leitung setzt."[130]
Welch ein Wandel in der kirchlichen Haltung gegenüber dem Staat
wird hier im Vergleich mit 1918/19 erkennbar! Am Eingriff des NS-
Staates zerbrach die BK. Ein Teil ihrer Mitglieder meinte, in den Kirchenausschüssen mitarbeiten zu können, ein anderer Teil bestand
dagegen auf der von der 2. Bekenntnissynode in Dahlem im Oktober
1934 entwickelten Position, Bekennende Kirche weiterhin auf der
Basis kirchlichen Notrechts aufzubauen. Diejenigen, die den Anspruch von Dahlem aufrechterhielten, wurden im damaligen kirchlichen Jargon als „Dahlemiten" bezeichnet. Ihr Kurs wurde entscheidend von den beiden Pfarrern Niemöller und Müller bestimmt, während Pfarrer Röhricht mit dem staatlich eingesetzten Kirchenregiment
zusammenarbeitete.

II. Der Weg in die kirchliche Opposition

1. Ein Pfarrer erkennt seine Verantwortung

In den Dahlemer Jahren haben sich Martin Niemöllers politische Vorstellungen unter dem Eindruck der Kirchenpolitik des NS-Staates allmählich verändert. Waren sie in der Weimarer Zeit zunächst noch stark von traditionellen Auffassungen und der Bindung an Volk und Vaterland bestimmt, so führten die Erfahrungen im Kampf um das Kirchenregiment ab 1933 mehr und mehr dazu, dass Niemöllers „Illusionen über die kirchen-freundliche Haltung von Partei und Regierung und über die christlichen Grundlagen ihrer Politik zerstört werden".[131] Wie kam es dazu?

Aufgrund seines bisherigen Lebensweges wäre zu erwarten gewesen, dass Niemöller in führender Position die in der Kirche tätigen Nationalsozialisten unterstützte, die die evangelische Kirche mit dem neuen politischen System ‚gleichschalten' wollen. Doch auf Seiten der Deutschen Christen ist er nicht zu finden. In seiner Neujahrspredigt 1933 spiegeln sich Sorge und Zukunftsangst.[132] Er teilt nicht die allgemeine Euphorie; bei der Machtergreifung befällt ihn Beklemmung.

Jürgen Schmidt hat in einer gründlichen Studie gezeigt, dass Niemöller im Kirchenkampf wie in seinen kirchlichen Ämtern zuvor „seine theologischen Anschauungen ... jeweils aus dem Zusammenhang des spezifischen kirchlichen Aufgabenbereichs und aus der Bindung an den ursprünglichen Auftrag des Predigers und Seelsorgers, den Missionsbefehl Jesu Christi",[133] entwickelt hat. Niemöller hat dies bestätigt. Seine Sicht der Lage und der Aufgabe, die er daraus für sich ableitete, bildete sich erst im Bereich des von ihm wahrgenommenen Pfarramts. Im Rückblick erzählte er:

> „Ich habe ja erst mal zwei Jahre als Gemeindepfarrer in Dahlem gelebt ... und die Politik, das war eine Randerscheinung für einen Gemeindepfarrer damals ... Ich habe keine politische Aufgabe von mir

57

aus ... angepackt, sondern ich habe gefragt, was bedeutet diese politische Aufgabe für das Wirken in meinem Tätigkeits- und Berufungsbereich als Pastor. Das heißt, was geht mich das als Pastor an, weil die Nazis überall diese Deutschen Christen hinsetzen. Und meine Gegner sind nicht die Nazis, sondern meine Gegner sind die Deutschen Christen, bis man merkte, daß die Deutschen Christen die Leute waren, denen Hitler über Jesus Christus ging. Und das war dann die Geburtsstunde der Bekennenden Kirche."[134]

Seit 1924 hatte Niemöller nationalsozialistisch gewählt, war jedoch der Partei nicht beigetreten. Im Dezember 1930 bestellte er sich Hitlers Buch „Mein Kampf", das er in den folgenden Jahren kontinuierlich las. Anscheinend fand er darin Leitsätze eines politischen Programms, das er weitgehend akzeptieren konnte. Seine national-revolutionäre Weltanschauung berührte sich mit Hitlers Auffassung, alle Politik hätte „der Wiederherstellung nationaler Eigenständigkeit und Größe zu dienen".[135] Die Normen politischer Ethik wurden abgeleitet von Aufgaben, die Vaterland und Volksgemeinschaft dem Einzelnen stellten; die soziale Frage schien lösbar durch ein gestärktes nationales Gefühl der Zusammengehörigkeit. Auch die Verherrlichung des Krieges, die Verurteilung der Novemberrevolution, die Kritik an den Versailler Verträgen und die Polemik gegen den Marxismus dürften sich mit seinen eigenen Ansichten berührt und seine Zustimmung gefunden haben. Allerdings führte Niemöller „die politischen, gesellschaftlichen und geistigen Krisenerscheinungen nicht auf den Einfluß des ‚Weltjudentums', sondern auf die ‚Entchristlichung' der Bevölkerung zurück".[136]

2. Trügerische Hoffnungen

Die Nationalsozialisten hatten bei den christlichen Kirchen die Hoffnung genährt, das kirchliche Leben würde durch den Nationalsozialismus erneuert werden. Davon war auch Niemöller überzeugt, und viele Protestanten waren es mit ihm. Das Parteiprogramm der NSDAP von 1920 bekannte sich in Artikel 24 zum „positiven Christentum". Verschiedene Äußerungen Hitlers ließen annehmen, er würde die Kirchen und ihre Seelsorger als Einrichtungen des Volkes achten. Am 21. März 1933 wurde in der evangelischen Garnisonskirche zu Potsdam über den Sarkophagen der Preußenkönige Friedrich Wilhelm I. und Friedrich II. der Reichstag durch den greisen Reichspräsidenten Generalfeldmarschall von Hindenburg und Adolf Hitler eröffnet. Diese Inszenierung des ‚Tages von Potsdam' suggerierte nicht nur die Versöhnung von Preußentum und Nationalsozialismus, sondern auch von Protestantismus und neuem Staat. Zwei Tage später hatte Hitler in seiner Regierungserklärung versichert, Kirchen und Christentum würden das Fundament für den nationalen Wiederaufbau sein.

Was die Öffentlichkeit kaum bemerkte: Der Generalsuperintendent der Kurmark, Otto Dibelius, hatte am 21. März vormittags in der Nikolaikirche gepredigt und die evangelischen Reichstagsabgeordneten in diesem Gottesdienst, sehr zum Ärger der neuen Machthaber, auf Grundsätze der Rechtsstaatlichkeit hingewiesen. Nach dem Krieg verbreitete die SED-Propaganda in der DDR, Dibelius habe den Machtantritt Hitlers begrüßt und in der Garnisonskirche vor Hitler die Festpredigt zur Eröffnung des Reichstages gehalten. Das war eine gezielte Falschmeldung, um Dibelius als Sympathisanten der Nazis zu verunglimpfen.[137] Hitler nahm an jenem Vormittag an keinem Gottesdienst teil, sondern hielt sich an den Gräbern der „gefallenen Kämpfer" der NSDAP auf einem Berliner Friedhof auf.

Dem dringenden Rat von Karl Barth folgend, wollte Dibelius mit seiner Predigt im Sinne Luthers den neuen Machthabern ins Gewissen reden. Obwohl ihm sicher nicht daran lag, der Gewaltherrschaft der ‚nationalen Regierung' mit ihrer Unterdrückung politisch Andersdenkender eine theologische Legitimation zu verschaffen, konnte man ihn doch so missverstehen, wenn er sagte: „Ein neuer Anfang staatlicher Geschichte steht immer irgendwie im Zeichen der Gewalt. (...) Und wenn es um Leben und Sterben der Nation geht, dann muß die staatliche Macht kraftvoll und durchgreifend eingesetzt werden, es sei nach außen oder nach innen. Wir haben von Dr. Martin Luther gelernt, dass die Kirche der rechtmäßigen staatlichen Gewalt nicht in den Arm fallen darf, wenn sie tut, wozu sie berufen ist. Auch dann nicht, wenn sie hart und rücksichtslos schaltet." Im Bauernkrieg habe der Reformator zwar die Obrigkeit zu schonungslosem Vorgehen aufgefordert. „Aber wir wissen auch", so der Prediger weiter, „daß Luther mit demselben Ernst die christ-

liche Obrigkeit aufgerufen hat, ihr gottgewolltes Amt nicht zu ver-
fälschen durch *Rachsucht* und *Dünkel*, daß er *Gerechtigkeit* und
Barmherzigkeit gefordert hat, sobald die Ordnung wiederhergestellt
war. (...) Wir wären nicht wert, eine evangelische Kirche zu heißen,
wenn wir nicht mit dem Freimut, mit dem es Luther getan hat, hinzufügen wollten: staatliches Amt darf sich nicht mit persönlicher
Willkür vermengen!"[138] Sechs Wochen später wurde Dibelius durch
Staatskommissar Jäger von seinem Amt als Generalsuperintendent
‚beurlaubt'.

Derselbe Dibelius, der die Benutzung der Garnisonskirche nur
unter strengen Bedingungen erlaubte, hatte freilich nichts dagegen
einzuwenden, dass die Glocken *aller* Potsdamer Kirchen zur Eröffnung des ‚Staatsakts' eine Viertelstunde lang läuteten.[139] Der ‚Staats-
akt', der von allen deutschen Radiosendern übertragen wurde,
ähnelte mit Orgelmusik und gemeinsam gesungenen Chorälen
einem Gottesdienst.

Es war daher nicht verwunderlich, wenn zu Beginn des Jahres
1933 der Eindruck vorherrschte, zwischen dem NS-Staat und den
christlichen Kirchen bestehe harmonisches Einvernehmen. Davon
ging auch Niemöller aus. Mit der Glaubensbewegung „Deutsche
Christen" (die ihren Namen Hitler verdankte), sympathisierte er jedoch zu keiner Zeit. Er teilte zwar im Herbst 1931 noch den „nationalistischen Führermythos", als er in einer Rundfunkansprache nach
einem von Gott gesandten Führer rief. Aber er konnte das Reich Gottes nicht mit einem irdischen Reich identifizieren, also auch nicht
mit dem ‚Dritten Reich'. Während die Deutschen Christen (DC) sich
der nationalsozialistischen Ideologie anpassten und eine Kirche vertraten, die ‚Artfremde' und ‚Fremdrassige' ausschloss, hatte die Kirche für Niemöller allein auf das Wort Gottes zu hören. Im Gegensatz
zu den Deutschen Christen hielt er am reformatorischen Prinzip des
‚Sola scriptura' (Allein die Schrift) als Maßstab kirchlicher Lehre und
Verkündigung fest. Zum Streit musste es daher an der Frage kommen, ob der Herr der Kirche Jesus Christus ist oder eine völkische
Weltanschauung. Niemöllers „Kritik am nationalsozialistischen Regime entzündete sich nicht an der brutalen Verfolgung politischer
Gegner, zumal der Kommunisten, ... sondern erst an den Maßnahmen der nationalsozialistischen Kirchenpolitik und später an der Behandlung der Juden".[140]

3. Gegen die ‚Gleichschaltung‘ von Staat und Kirche

Gegen die Deutschen Christen formierte sich zunächst eine evangelische Gruppe, die sich „Jungreformatorische Bewegung" nannte. Neben den Theologen Walter Künneth und Hanns Lilje gehörte auch Niemöller dem Vorstand dieser Bewegung an. Die Jungreformatoren hielten Kirche und Staat, entsprechend der neulutherischen Zwei-Reiche-Lehre, für zwei aufteilbare Verantwortungsbereiche. Sie bejahten den Staat als die gemäß Römer 13 von Gott verordnete Obrigkeit. Daher bekundeten sie wie die DC ihre Loyalität gegenüber dem nationalsozialistischen Staat, beriefen sich jedoch anders als die DC auf die Freiheit der Kirche von aller politischen Einflussnahme. Bei den kommenden kirchenpolitischen Entscheidungen sollte „allein aus dem Wesen der Kirche heraus"[141] gehandelt werden. Bald zeigte sich, dass der totalitäre Staat keine solche Einschränkung duldete. Die Ansicht, man könne einen gesellschaftlichen Bereich unabhängig von ihm nach anderen Gesetzen gestalten, verkannte den Machtanspruch der Diktatur.

Als die DC Anfang April 1933 in Berlin ihre erste Reichstagung abhielt, hatten die Nationalsozialisten längst Tatsachen geschaffen, die die Richtung ihrer Politik deutlich machten: Das ‚Ermächtigungsgesetz‘ vom 24. März verschaffte Hitler uneingeschränkte Machtbefugnisse, am 1. April rief die NSDAP zum Boykott jüdischer Geschäfte auf, um die Bürger auf das ‚Gesetz zur Wiederherstellung des Berufsbeamtentums‘ vom 7. April 1933 vorzubereiten, das sich gegen jüdische Beamte richtete.

Die Deutschen Christen forderten den Zusammenschluss der 28 Landeskirchen zu einer Reichskirche, der ein Reichsbischof vorstehen sollte, auf der Basis eines ‚artgemäßen‘ Christentums. Bald danach erarbeiteten drei Kirchendelegierte im Auftrag des Deutschen Evangelischen Kirchenausschusses die neue Reichskirchenverfassung: Hermann Kapler, Präsident des altpreußischen Oberkirchenrates, für die unierten Kirchen; der hannoversche Landesbischof August Marahrens für die lutherischen Kirchen; der Moderator des Reformierten Bundes, der Elberfelder Pfarrer Hermann Hesse, für die reformierten Kirchen. Mitbeteiligt war allerdings noch ein Mann, der *keinen* kirchlichen Auftrag hatte: der Königsberger Wehrkreispfarrer Ludwig Müller, den Hitler zu seinem ‚Beauftragten für evangelische Angelegenheiten‘ ernannt hatte.

An der Frage, wer künftig als Reichsbischof souveräner ‚Führer‘ der Reichskirche sein sollte, brach der Konflikt zwischen der Jungreformatorischen Bewegung und den Deutschen Christen auf. Die DC drängten auf ihren Kandidaten Ludwig Müller. Die Jungreformatoren nominierten dagegen Pfarrer Friedrich von Bodelschwingh, den Leiter der Betheler Anstalten, der für die kirchliche Liebestätigkeit der Inneren Mission stand. Der neue Bischof der westfälischen Kirche, Pfarrer Gerhard Stratenwerth, sorgte dafür, dass sein alter Bekannter Martin Niemöller neben ihm einer der ‚Adjutanten‘ von Bodelschwinghs wurde. Am 27. Mai 1933 wählten die Repräsentanten der 28 evangelischen Landeskirchen von Bodelschwingh.

Doch der neue Reichsbischof von Bodelschwingh, ein versöhnlicher Mann, der sein Amt als Dienst versteht und sich lieber ‚Reichsdiakon‘ genannt hätte, muss nach vier Wochen zurücktreten. Eine anhaltende, vom zentralen Presseamt der DC gesteuerte Hetzkampagne hatte ihm zu schaffen gemacht, aber auch mangelnder Rückhalt in jenen lutherischen Landeskirchen wie der bayrischen, die vor allem ihre eigenen Interessen verfolgten. Ende Juni 1933 gab die NS-Regierung ihre offiziell neutrale Haltung gegenüber der evangelischen Kirche auf und setzte einen Staatskommissar, den preußischen Juristen August Jäger, zur Leitung der Kirchen der altpreußischen Union ein. Im Eiltempo wird eine neue Kirchenverfassung erstellt. Bei den Kirchenwahlen am 23. Juli 1933 leistet Hitler mit einer Radioansprache, flankiert von Partei- und Staatsstellen, massive Wahlhilfe für die Deutschen Christen. Zugleich wird die abweichende Gruppe ‚Evangelium und Kirche‘ (so nennen sich die Jungreformatoren) fortwährend behindert. Eine Woche vor dem Wahltermin durchsuchen SA-Männer Niemöllers Wohnung und beschlagnahmen Material für die Kirchenwahlen. Auf diese Weise erreichen die DC eine Zwei-Drittel-Mehrheit. Ludwig Müller wird Reichsbischof der Deutschen Evangelischen Kirche.

Damit ist die ‚Gleichschaltung‘ der evangelischen Kirche weitgehend gelungen. Fast überall kontrollieren die DC die landeskirchlichen Synoden. Im Dahlemer Kirchengemeinderat war die DC unterlegen. Hier ergab sich das Stimmenverhältnis: sechs für ‚Evangelium und Kirche‘, zwei für die DC. In der Gemeindeverordnetenversammlung waren es 23 für ‚Evangelium und Kirche‘, 17 für die DC.[142] Martin Niemöller muss erkennen: Aus dem kirchenpolitischen Kampf gegen die DC ist ein staatspolitischer Kampf geworden. Nachdem Partei und Staat sich offen auf die Seite der DC gestellt haben, erscheinen deren Gegner nun als ‚Staatsfeinde‘, die sie nicht sein wollen."

4. Die Bekennende Kirche formiert sich: die Gründung des Pfarrernotbundes

In dieser ersten Phase des Kirchenkampfes hält Niemöller es noch für bedeutsam, die verfassungsrechtlichen und kirchenpolitischen Verhältnisse mitzugestalten, während nach Karl Barth allein die theologische Besinnung für eine kirchliche Erneuerung maßgebend zu sein hat. Für Barth war klar, dass die Kirche nicht dem deutschen Volk, sondern allein dem Wort Gottes zu dienen habe. Niemöller hingegen fühlt sich noch immer verpflichtet, als Prediger und Seelsorger der Erneuerung des deutschen Volkes durch Verkündigung des Evangeliums zu dienen. Erst 1934 kommt es zwischen beiden zu einer Verständigung, als Niemöller sich der von Karl Barth vertretenen ‚Theologie des Wortes‘ annähert und Barth das kirchlich-praktische Wirken Niemöllers für die Bildung der Bekennenden Kirche anerkennt.[143]

Karl Barth, der 1930 bis 1934 als systematischer Theologe in Bonn lehrte, wurde zum Mitgründer und Mentor der Bekennenden Kirche. Er hatte in seiner Schrift „Theologische Existenz heute" vom Juni 1933 die Jungreformatorische Bewegung kritisiert, weil sie nur „die Vorstellung von der formalen Selbständigkeit der Kirche gegenüber dem Staat" verteidigt hätte. Die kirchliche Opposition, so lautete sein Votum, müsse zu einer ‚theologischen Existenz‘ kommen, indem sie „die Freiheit, das heißt aber die Herrschaft des Wortes Gottes in Verkündigung und Theologie" wahre und begreife, „daß Jesus Christus und zwar er allein Führer ist". Die DC wurde von Barth dezidiert als häretische Bewegung abgelehnt, ihre Anhänger als Verführte oder Verführer beurteilt: „Ich halte dafür, daß diese Lehre in der evangelischen Kirche kein Heimatrecht hat. Ich halte dafür, daß das Ende der evangelischen Kirche gekommen wäre, wenn diese Lehre, wie es der Wille der ‚Deutschen Christen‘ ist, in ihr zur Alleinherrschaft kommen würde ..."[144] Barth zeigte, wo die Kirche zur kirchlichen Opposition werden müsse: beim ‚Arierparagraphen‘, beim Führerprinzip und angesichts der Vergötzung von Rasse, Blut und Boden zu göttlichen Ordnungen.

Es ist ein bemerkenswerter Persönlichkeitszug und eine besondere Gabe von Niemöller, dass er in dieser Zeit bereit war, auf kritische Stimmen wie die von Barth zu hören und von ihnen zu lernen. Karl Barth und der erst 27-jährige Berliner Theologe Dietrich Bonhoeffer (1906–1945) wurden für ihn zu wichtigen Lehrern, Barth im Hinblick auf die theologische Begründung oppositioneller kirchlicher Aktivitäten, Bonhoeffer hinsichtlich der Bedeutung der Judenfrage. Niemöller, der in seinen theologischen Ansichten von Münster her noch durch die Lehre der ‚Schöpfungsordnungen' und geschichtsphilosophische Betrachtungen bestimmt war, tat sich freilich gerade hinsichtlich der Juden mit dem Umdenken schwer. Davon wird an anderer Stelle noch die Rede sein.

Ein Gremium unter der Leitung von Friedrich von Bodelschwingh, dem Bonhoeffer angehörte, arbeitete im Sommer 1933 ein theologisches Gutachten aus, das mit Belegen aus der Bibel, Luther und hauptsächlich den lutherischen Bekenntnisschriften die Kritik an den Irrlehren der DC fundierte. Obwohl es nicht gelang, ein verbindliches evangelisches Bekenntnis zu formulieren, und Bonhoeffer sich schließlich gegen die Veröffentlichung des veränderten Textes aussprach, handelte es sich doch bei dem wesentlich von ihm stammenden Entwurf um einen beachtlichen Versuch, den DC theologisch entgegenzutreten.[145]

Im November 1933 gab Martin Niemöller die Endfassung dieses sogenannten Betheler Bekenntnisses anonym unter dem Titel „Das Bekenntnis der Väter und die Bekennende Kirche" heraus. Es enthält im Unterschied zu den späteren Erklärungen der Bekennenden Kirche auch einen Abschnitt über „Die Kirche und die Juden". Erst 2003 wurde bekannt, wer die Urfassung dieses Kapitels geschrieben hat. Es war der damals in Bethel lehrende Schweizer Alttestamentler Wilhelm Vischer (1895–1988), der in Deutschland Berufsverbot erhielt und 1934 in die Schweiz zurückkehren musste. Für die Publikation wurde jedoch nicht der von Barth und Bonhoeffer bejahte Vischer-Text, sondern eine in den Abschnitten über das Verhältnis der Kirche zur Obrigkeit und zu den Juden erheblich abgeschwächte Version verwendet.[146]

Zwei Monate zuvor, im September 1933, gründet Martin Niemöller zusammen mit anderen den sogenannten Pfarrernotbund. Zum

4. Die Bekennende Kirche formiert sich: die Gründung des Pfarrernotbundes

Auslöser dafür wurde die nach den Kirchenwahlen von den DC erhobene Forderung, den für Beamte seit April 1933 geltenden ‚Arierparagraphen' nun auch im Raum der Kirche anzuwenden. Gegen einen entsprechenden Antrag protestierten die Gegner der DC auf der altpreußischen Generalsynode am 5. September 1933, die später als ‚Braune Synode' bezeichnet wurde, weil dort alle Deutschen Christen in Parteiuniform erschienen waren. Niemöller und Bonhoeffer nahmen in grauen Straßenanzügen teil. Die von dem westfälischen Präses Karl Koch geleitete Fraktion ‚Evangelium und Kirche' verlas eine von Niemöller und seinem westfälischen Amtsbruder Karl Lücking entworfene Protesterklärung. Darin kritisierte die Fraktion den „rücksichtslosen Gebrauch der Macht" und die geplante Anwendung von „Methoden der Welt im Raum der Kirche", was sich auf die Einführung des ‚Arierparagraphen' bezog. Es kam zu Tumulten. Die Synodalen um Niemöller verließen die Versammlung, begleitet vom „stürmischen Beifall der Deutschen Christen".[147]

Niemöller beriet sich daraufhin mit Hildebrandt und Bonhoeffer und einem Kreis weiterer Berliner Theologen. Sie verfassten eine Erklärung bekenntnistreuer Pfarrer zum ‚Arierparagraphen' des neuen Kirchenbeamtengesetzes. Niemöller und Bonhoeffer hatten die Absicht, die Pfarrerschaft zu einem gemeinsamen Bekenntnisakt aufzurufen, da ein ‚status confessionis' gegeben sei, d. h. eine Streitfrage, die zu einem Bekenntnis der christlichen Wahrheit herausfordere. Im Hinblick auf die bevorstehende Nationalsynode in Wittenberg richtete Niemöller am 21. September 1933 einen Rundbrief an seine Amtsbrüder, indem er die Maßnahmen der deutschchristlichen Kirchenregierung anprangerte. „Um dieser Not willen haben wir einen ‚Notbund' von Pfarrern ins Leben gerufen, die sich gegenseitig durch schriftliche Erklärung ihr Wort gegeben haben, sich für ihre Verkündigung nur an die Heilige Schrift und an die Bekenntnisse der Reformation zu binden und sich der Not derjenigen Brüder, die darunter leiden müssen, nach bestem Vermögen anzunehmen."[148]

Bereits während der Nationalsynode schlossen sich 2000 Pfarrer dem Aufruf an. Bis Jahresende stiegen die Zahlen auf über 7000. Als Vorsitzender des Pfarrernotbundes wurde Niemöller zum Sprecher von 40 % der insgesamt 18.000 evangelischen Pfarrer in Deutschland. Er bemühte sich vor allem in den von deutsch-christlichen Kirchenleitungen beherrschten Gebieten um die Bildung regionaler Pfarrerzusammenschlüsse sowie um die Integration bestehender bekenntnistreuer Vereinigungen in den Pfarrernotbund. An dessen konstituierender Versammlung am 20. Oktober 1933, die in Niemöllers Wohnung stattfand, nahmen Vertrauensleute aus neun altpreußischen Kirchenprovinzen und Vertreter aus neun weiteren Landeskirchen teil; hinzu kamen die Vorsitzenden der Sydower Bruderschaft und des Berneuchener Kreises, Georg Schulz und Karl Bernhard Ritter.

Die fortgesetzten Rechtsbrüche und Gewaltakte von Reichsbischof Müller, der vom Frühjahr 1934 an mithilfe seines ‚Rechtswalters' August Jäger die Selbständigkeit der 28 evangelischen Landeskirchen aufheben und alle unter sein Kommando in der Reichskirche bringen wollte, riefen neue Proteste hervor. Der Pfarrernotbund und die nicht deutsch-christlichen Bischöfe von Württemberg, Bayern und Hannover schlossen sich wieder enger zur kirchlichen Opposition zusammen.

Einen Höhepunkt erreichte der Kirchenstreit bereits mit dem sog. Sportpalastskandal am 13. November 1933. Bei dieser Kundgebung der DC im Berliner Sportpalast, die ganz im Stil nationalsozialistischer Massenveranstaltungen abgehalten wurde, hielt ein führendes Mitglied der Glaubensbewegung, Dr. Reinhold Krause, anlässlich von Martin Luthers 450. Geburtstag eine Rede zum Thema ‚Luthers völkische Sendung', die das Programm einer Umgestaltung der evangelischen Kirche in eine ‚deutsche Volkskirche' enthielt. Mit teils wörtlichen Anleihen aus der antikirchlichen Polemik in Alfred Rosenbergs „Mythus des 20. Jahrhunderts" forderte Krause vor 20.000 Deutschen Christen die „Befreiung von allem Undeutschen im Gottesdienst und im Bekenntnismäßigen", die „Befreiung vom Alten Testament mit seiner jüdischen Lohnmoral, von diesen Viehhändler- und Zuhältergeschichten" und den „grundsätzlichen Verzicht auf die ganze Sündenbock- und Minderwertigkeitstheologie des Rabbiners Paulus". Krause wandte sich allgemein gegen „Menschen judenblütiger Art" in der Kirche: Sie „gehören nicht in die deutsche Volkskirche, weder auf die Kanzel, noch unter die Kanzel".[149]

Niemöller, der am folgenden Morgen durch Dibelius über die Vorgänge im Sportpalast informiert wurde, bewertete die Äußerungen Krauses und die Entschließung, mit der die Anwesenden zentralen Punkten der Rede zugestimmt hatten, als ‚Demaskierung' der radikalen Tendenzen der Deutschen Christen, die bisher stets behauptet hatten, auf dem Boden der reformatorischen Bekenntnisse zu stehen. Er rief Pfarrer und Gemeinden zum öffentlichen Widerstand auf. Beim Reichsbischof forderte er den sofortigen Rücktritt Joachim Hossenfelders, des Führers der DC, den er für Krauses Ausführungen verantwortlich machte. Vielen evangelischen Christen gingen über die wahren Ziele der DC die Augen auf. Es kam zu Massenaustritten aus der DC; die bisher einheitliche ‚Glaubensbewegung' zerfiel in verschiedene Gruppen.

Reichsbischof Müller, der sein Geschick mit den DC verbunden hat, kämpfte nun um sein Amt. Am 15. November suspendierte er Reinhold Krause von seinen kirchlichen Ämtern und distanziert sich in einer Presseerklärung vom Hauptreferat und der Entschließung der Sportpalastkundgebung. Die Schirmherrschaft über die DC muss er niederlegen. Um Rückhalt bei den politischen Machthabern zu finden, verhandelt er mit dem Reichsjugendführer Baldur von Schirach und gliedert die evangelische Jugend in die Hitlerjugend (HJ) ein. Für Niemöller hatte die Kirche damit ihren Anspruch auf die Erziehung der evangelischen Jugend preisgegeben.

In den ersten Monaten des Kirchenkampfes „teilte Niemöller ... noch die traditionell lutherische Auffassung von der wechselseitigen Unabhängigkeit der beiden ‚Ämter', des staatlichen Richteramtes und des kirchlichen Predigtamtes".[150] Er meinte, die Kirche habe dem Staat nicht in seine Gewalt ‚hineinzupredigen', sondern den Menschen in der Gemeinde Gottes Willen zu verkünden. Deswegen äußerte er sich nicht zur Judenpolitik des NS-Staates. Angesichts der zunehmenden Anfeindungen, polizeilichen Zwangsmaßnahmen und kirchenregimentlichen Maßregelungen, denen sich die führenden Mitglieder des Pfarrernotbundes ausgesetzt sahen, wurde es jedoch immer schwieriger, eine unpolitische Haltung einzunehmen. So sehr Niemöller sich auch bemühte, den Pfarrernotbund nach außen hin als innerkirchliche Opposition darzustellen und seinen Mitgliedern ein staatstreues Ansehen zu geben: Viele glaubten der nationalsozialistischen Propaganda, die den ehemaligen Offizier und Dahlemer Pfarrer als ‚Staatsfeind' und ‚Volksverräter' erscheinen ließ.

Spätestens im Januar 1934 muss Niemöller erkannt haben, „daß die Verbreitung völkischer und antichristlicher Ideen nicht von relativ begrenzten deutschgläubigen Gruppen ausging, sondern von den Organen der Partei getragen war und von Mitgliedern der Regierung propagiert wurde".[151] Er scheute sich noch, anders als Bonhoeffer, die traditionelle Lehre von der Unterordnung der Kirche unter die Obrigkeit, die auf den Apostel Paulus zurückgeht (Röm 13), gegenüber der nationalsozialistischen Tyrannei zu hinterfragen. In Predigten und Vorträgen wandte er sich aber gegen eine völkische Religiosität und damit auch gegen weltanschauliche Tendenzen des Nationalsozialismus.

5. Die Bekenntnissynode von Barmen (1934)

Die kirchliche Opposition begann, sich als einzig legitime evangelische Kirche in Deutschland zu verstehen. Die ‚Bekennende Kirche' (BK), die sich seit dem Sommer 1933 formiert hatte (der Name findet sich erstmals in einem Wahlaufruf der Jungreformatorischen Bewegung zum 23. Juli 1933[152]), trat seit November in bekennenden Gemeinden überall in Deutschland verstärkt in Erscheinung. Sie bildeten – im Führerstaat! – ein eigenes Leitungsgremium, den 22-köpfigen sog. Bruderrat, dem auch Martin Niemöller angehörte. Dieser Reichsbruderrat beschloss die Einberufung einer Bekenntnissynode vom 29. bis 31. Mai 1934 in Barmen. Daraufhin wurde, vor allem durch Niemöllers Initiative, von Präses D. Koch, Bad Oeynhausen, die erste Bekenntnissynode der Ev. Kirche der altpreußischen Union (APU) nach Barmen berufen. Aus 17 Landes- und Provinzialkirchen kamen insgesamt 139 Delegierte – 138 Männer und eine Frau, Stephanie von Mackensen – in die gastgebende reformierte Gemeinde Gemarke.

In den Diskussionen über die Rechtsverhältnisse in der DEK und die Struktur der BK hob Niemöller hervor, es müsse eine klare Scheidung zwischen Bekennender Kirche und der von den Deutschen Christen beherrschten ‚Reichskirche' kommen. In der ‚Erklärung zur Rechtslage' stellte die Synode fest, dass das derzeitige Reichskirchenregiment nicht länger beanspruchen könne, „rechtmäßige Leitung der DEK" zu sein.[153] Dieses Recht sei übergegangen auf die Gemeinden und Kirchen, die in der Bekenntnissynode der DEK zusammengeschlossen waren.

Abb. 12: Martin Niemöller, Franz Hildebrandt und Fritz Müller in Barmen, 1934.

Die Barmer Theologische Erklärung, hervorgegangen aus einem Entwurf Karl Barths, „war ein kirchenpolitisches und theologisches Konsenspapier der beiden Flügel der Bekennenden Kirche, also der Vertreter der Bruderräte der sogenannten ‚zerstörten Landeskirchen‘ (d. h. mit deutsch-christlichen Kirchenleitungen, MH) und der Vertreter der sogenannten ‚intakten Landeskirchen‘. Einig war man sich in der Ablehnung bzw. Abwehr der … Machtansprüche der ‚Deutschen Christen‘ sowie ihres Bemühens um einen Synkretismus aus nationalsozialistischer Rassenideologie und … christlichen Glaubensvorstellungen. Darüber hinaus gelang ein historisch bemerkenswerter Brückenschlag zwischen unierten und reformierten Kirchenleuten und Theologen, die stark von der Wort-Gottes-Theologie Karl Barths geprägt waren, einerseits und teilweise entschieden konfessionell lutherisch geprägten Kirchenleuten und Theologen andererseits. Wenn auch Karl Barth der Hauptverfasser der Barmer Theologischen Erklärung war, so waren doch lutherische Theologen, vor allem der Altonaer Pfarrer Hans Asmussen und der bayerische Oberkirchenrat und stellvertretende Landesbischof Thomas Breit, von Anfang an an ihrer Abfassung beteiligt."[154]

Asmussens Vortrag hat maßgeblich dazu beigetragen, dass die Synode sich die Theologische Erklärung aneignete und schließlich in ihrer Beschlussfassung annahm. Lutheraner, Reformierte und Unierte machten damit – zum ersten Mal seit den Spaltungen der Reformationszeit – eine gemeinsame bekenntnismäßige Aussage.

Für Niemöllers Wirksamkeit blieb fortan, wie er 40 Jahre danach bekannte, das Erlebnis von Barmen maßgebend, dass hier „Christenmenschen verschiedenster und sogar gegensätzlicher Richtungen, kirchenpolitische Gegner von einst, Anhänger der keineswegs freundlich und friedlich beieinander lebenden Konfessionen überraschend eines Sinnes gewesen waren". Diese Einigkeit sei ihm und seinen Mitstreitern damals als ein Wunder begegnet, „weil sie eben nicht auf einer gemeinsamen Gegnerschaft oder Feindschaft basierte, sondern ... entscheidend darauf, daß es uns als Wirklichkeit bewußt wurde: Wir haben – bei all unseren Verschiedenheiten und Differenzen – eben doch nur einen – also einen gemeinsamen – Herrn, ohne den wir nichts sind und nichts vermögen, dem wir aber vertrauen und nachfolgen sollen und dürfen! Ihn haben wir bei all unserem Tun und Lassen nach seinem Willen zu fragen, um seine Weisung zu bitten ..."[155] Die beiden ersten Barmer Thesen wurden zu Niemöllers Credo, in dem das Selbstverständnis der Kirche als Gemeinde Jesu Christi und die Verantwortung aller Christen bündig formuliert waren.

6. Ein deutscher Patriot wirbt für das Christentum

Als er 1931 in den Berliner Villenvorort Dahlem berufen wurde, war Niemöller noch ganz und gar nationalkonservativ. Mit zahllosen evangelischen Christen begrüßte er die politische Wende zum ‚Dritten Reich' im Jahre 1933, weil er der Überzeugung war, dass nun endlich die nationalen, konservativen und christlichen Überzeugungen in Deutschland wiederhergestellt würden. Aus dieser Einstellung heraus schrieb er auch seine Erinnerungen nieder, die im Herbst 1934 unter dem Titel „Vom U-Boot zur Kanzel" erschienen und sich glänzend verkauften. Mehr als 90.000 Exemplare wurden gedruckt. Das Buch war in Deutschland noch erhältlich, als Niemöller bereits im KZ gefangen saß. Erst im September 1940 wurde es von Propagandaminister Goebbels verboten![156]

Auf Wunsch seines Verlegers hin, aber auch veranlasst durch das Drängen von Freunden und Bekannten, hatte Niemöller sich zu einem längeren Urlaub im Seebad Zinnowitz auf der Insel Usedom zurückgezogen, um sein Erinnerungsbuch zu schreiben, „ein sehr verspätetes Stück Weltkriegsliteratur", wie er selbst es charakterisierte.[157] „Vom U-Boot zur Kanzel" lässt über weite Strecken den Krieg wie ein sportliches Abenteuer erscheinen und ist von deutschnationalen Tönen erfüllt. Das hat dem Buch schon bald nach seinem Erscheinen Kritik eingetragen. Die Londoner „Times" vermerkt im Dezember 1936, auf dem Höhepunkt des deutschen Kirchenkampfes, es sei „schwer, bei Herrn Niemöller irgendwelche Anzeichen der Berufung zum Pfarrer zu entdecken". In seinem Buch sei kaum christliche Demut zu spüren, „überhaupt nichts hören wir von dem Gebet, nichts von Trost und Hilfe, die anderen gebracht wurden".[158] Wer die Autobiographie mit der Erwartung las, schon im Marinesoldaten die Züge eines Seelsorgers zu finden, musste enttäuscht werden. Mit wachsendem Zeitabstand hat sich die kritische Haltung gegenüber der kriegerischen Selbstdarstellung ihres Autors noch verstärkt.[159]

Übersehen wird dabei der unmittelbare deutsche Kontext, in dem die ersten Leser Niemöllers Erinnerungen rezipierten. „Damals wurde in den Schulen, der Hitlerjugend, in den Büchern, in der Musik der Jugend der heldische Mensch als Leitbild eingeprägt. Zugleich wurden mit allen Mitteln der Propaganda Kirche und Christentum als verächtlich, artfremd und minderwertig dargestellt. Für diese Welt muß man dieses Buch werten. Hier lasen junge Leute so spannend, wie Kirche sonst nicht ist, daß ihr Traum, im U-Boot zu fahren, vereinbar war mit christlichem Glauben. Hier wurde beschrieben, daß evangelischer Glaube im Gegensatz zur allgegenwärtigen Behauptung der Propaganda Menschen in Stand setzte, sich in Gefahren als Mann zu bewähren. Hier fanden Jugendliche auch, daß Heldentum dazu führen kann, auf Jesus Christus zu hören. Das Beispiel des Wegs eines anerkannten Helden des Ersten Weltkrieges ins Pfarramt hat damals unter der Jugend mehr Verständnis für den Glauben verbreitet als die für Jugendliche weniger anziehenden Gottesdienste oder die theologischen Erklärungen der Bekenntnissynoden."[160] Dazu muss man wissen: Niemöller war in den ersten Dahlemer Jahren für kirchliche Jugendarbeit zuständig und sowohl im Landesverband II wie in der Reichsleitung der Schülerbibelkreise aktiv.[161]

III. Persönlicher Gefangener Adolf Hitlers

Seit einem Empfang der ‚Kirchenführer' am 25. Januar 1934, bei dem er Adolf Hitler in einem Wortwechsel unerschrocken widersprochen hatte, musste Niemöller ständig mit seiner Verhaftung rechnen: „Ich habe bei jeder Predigt, die ich seitdem vorbereitet habe, das mit dem Gefühl getan, heute ist das die letzte Predigt, was habe ich meiner Gemeinde jetzt noch zu sagen, ehe ich hopp genommen werde."[162]

1. Der Empfang der ‚Kirchenführer'

Was bei jenem Empfang geschehen war, hat Niemöller erstmals in einem Rundbrief an die Notbundpfarrer vom 16. Februar 1934 geschildert und später wiederholt erzählt.[163] Veranlasst durch Innenminister Frick, der besorgt war wegen der Unruhe in der evangelischen Kirche, war Niemöller mit führenden evangelischen Geistlichen zu Hitler in die Reichskanzlei bestellt worden. Anscheinend sah man auch im Initiator des Pfarrernotbundes eine führende kirchliche Persönlichkeit. Es ging um die Frage, ob Reichsbischof Müller nach der Sportpalast-Versammlung der Deutschen Christen im Herbst 1933, die wegen ihrer Angriffe auf die kirchliche Lehre viele Evangelische bestürzt hatte, mit Hitlers Zustimmung abgesetzt werden sollte. Die Kirchenführungen hofften, dass Hitler sein Einverständnis erklären würde, den Reichsbischof abzuwählen.

Doch es kam, für die Anwesenden überraschend, zu einer Konfrontation, die Niemöller fast dreißig Jahre danach so schilderte: „Wir sind hineingekommen in die Reichskanzlei, und dann passierte das große Unglück, daß plötzlich der Reichsmarschall Göring auftrat und sich im Cutaway mit einer roten Mappe unter dem Arm vor den Führer hinbaute, ehe noch eigentlich die Verhandlung mit den Bischöfen und Kirchenführern angefangen hatte, und ihm vorlas: Der hier anwesende Pfarrer Niemöller hat heute morgen das und das Gespräch geführt ... – Es war das erste Mal, daß ich merkte, daß man (...) Telefongespräche abhörte. Ich war morgens angerufen worden von meinem Mitvorsitzenden in der Jungreformatorischen Bewegung, das war der jetzige Professor Künneth in Erlangen. Der fragte mich, ob alles vorbereitet wäre. Und da ich draußen den Wagen vor der Tür hatte, um in die Wilhelmstraße zu fahren – ich war ja noch in Dahlem –, so habe ich sehr hastig darauf geantwortet, und am Ende nahm mir meine Vikarin, die wollte, daß ich rechtzeitig in der Wilhelmstraße wäre, den Hörer aus der Hand und setzte dieses Gespräch fort. Es war gerade an der Stelle, wo ich Künneth auseinandersetzte, daß wir den Reichspräsidenten Hindenburg informiert hätten und daß er heute morgen noch dem Reichsbischof irgend etwas sagen würde, um ihm die ... – und in diesem Augenblick fiel dann meine Vikarin ein: ,um ihm die letzte Ölung zu geben'. – Und das war natürlich nun der Moment, wo Hitler plötzlich lebendig und wach wurde. Und damit hatte Göring das Spiel gegen Frick und damit das Spiel gegen die Evangelische Kirche, gegen die werdende Bekennende Kirche, die nicht für Ludwig Müller und seine deutsch-christlichen Tendenzen zu haben war, gewonnen."[164]

Daran schloss sich eine längere Auseinandersetzung zwischen Hitler und Niemöller an. Hitler erklärte den Bischöfen, sie hätten den Reichsbischof selbst gewählt und müssten nun zusehen, wie sie ihn loswürden. Damit ließ er Müller fallen, aber die Bischöfe bemerkten es nicht. Bei der Verabschiedung kam es noch einmal zu einem Wortwechsel, als Hitler jedem Besucher die Hand gab. Als Niemöller an die Reihe kam, sagte er: „Herr Reichskanzler, Sie haben vorhin gesagt: ,Die Sorge um das deutsche Volk, die überlassen Sie mir', als ich in meiner Antwort etwas davon sagte, daß wir uns für das deutsche Volk verantwortlich fühlten, daß wir hier reine Bahn schafften. Aber die Verantwortung für das deutsche Volk, die können wir nicht weggenommen bekommen, die hat Gott uns auferlegt, und kein anderer als Gott kann sie von uns wegnehmen – auch Sie nicht."[165] Da habe Hitler ziemlich abrupt seine Hand weggezogen und sei zum Nächsten gegangen.

Mit seiner Antwort hatte Niemöller unmissverständlich klargemacht, wie er sich den ,Dienst der Kirche am Volk' vorstellte: Keine Macht der Welt, auch Hitler nicht, kann uns als Christen die Verantwortung für unser Volk abnehmen! Damit war „die neuprotestantische Trennung zwischen kirchlichen und profanen, theologischen und politischen Fragen" aufgehoben und der „Ansatz für einen Widerstand gegen die nationalsozialistische Kulturpolitik, gegen die Ausbreitung einer völkischen Ideologie und später gegen die widerrechtlichen Maßnahmen des Regimes" erreicht.[166]

Else Niemöller wartete bereits an der Tür, als ihr Mann nach Hause zurückkehrte. „Ist er ein großer Mann?", fragte sie. „Er ist ein großer Feigling", antwortete Niemöller. Noch während Hitler redete, hatte er sich im Stillen gefragt, was er auf dessen Anklagen antworten sollte. Als ein Wagen die Auffahrt zur Reichskanzlei heraufkam, sagte Hitler, wenn er die Kanzlei mit einem Wagen verlasse, sei ihm stets bewusst, dass jemand mit einem Revolver auf ihn schießen könnte. In diesem Augenblick fühlte Niemöller sich mit einem Schlag befreit: „Seine Autorität war voll und ganz dahin, als ich merkte, daß er mehr von Angst beherrscht war als ich."[167]

Den Namen seiner vorlauten Vikarin, die das abgehörte Telefongespräch mit ihrem Zwischenruf von der ‚letzten Ölung‘ zu einem jähen Abschluss brachte, hat Niemöller damals nicht preisgegeben. Das Protokoll erweckte den Eindruck, er selbst habe diesen Ausdruck gebraucht, und die Gestapo war daran interessiert, ihn zu beschuldigen. Erst in späteren Interviews – 1963 gegenüber Günter Gaus, 1972 in einem SWR-Gespräch mit Klaus Figge und Henning Röhl – erwähnte er die Vikarin. Doch keine Niemöller-Biographie nennt ihren Namen:[168] Es war Christa Müller (1910–2004), die von Dezember 1933 bis Juni 1935 als Lehrvikarin in Dahlem tätig war und Niemöller zu Besprechungen mit Bekenntnispfarrern begleitete. Zusammen mit zwei anderen Theologinnen wurde sie am 2. Juli 1936 in der Jesus-Christus-Kirche ordiniert.

Nur Stunden später durchsuchte die Gestapo das Pfarrhaus und beschlagnahmte Unterlagen des Pfarrernotbundes. Wenige Tage danach explodierte eine Bombe im Dachstuhl des Pfarrhauses. In der folgenden Zeit wurde Niemöller immer wieder kurzzeitig verhaftet. Mehrmals versuchte die DC-Kirchenbehörde, ihn vom Pfarrdienst zu suspendieren oder zu entlassen. Aber alle Versuche scheiterten am Widerstand der Dahlemer Gemeinde. Freunde Niemöllers, unter ihnen auch einige NS-Funktionäre, wollten für ihn und seine Familie die Flucht nach Skandinavien organisieren. Niemöller lehnte ab. In dieser Zeit zitierte er gern einen Vers von Theodor Storm: „Der eine fragt: Was kommt danach? / Der andre fragt nur: Ist es recht? / Und also unterscheidet sich / der Freie von dem Knecht."[169] Der ehemalige Kaiser Wilhelm II. zeigte sich von Niemöllers Zivilcourage beeindruckt und ließ ihm durch seinen Vermögensverwalter, der zur Dahlemer Gemeinde gehörte, sein Bild überreichen.

Erst 1937 sollte die gravierendste Folge des gut eine Stunde dauernden Wortwechsels in der Reichskanzlei für Niemöller sichtbar und spürbar werden: Hitler fühlte sich durch Niemöllers respektloses Auftreten und durch seinen Anspruch, Verantwortung für das deutsche Volk zu tragen, persönlich gekränkt.[170] Hätte er gewollt, so hätte er wohl schon bald den Wortführer der protestantischen Opposition zum Schweigen bringen können. Er tat es nicht, sondern handelte erst, als der Schauprozess gegen Niemöller nicht das erwünschte Resultat hatte. Auch dann ließ er ihn nicht liquidieren, sondern machte ihn zum ‚persönlichen Gefangenen'. Im Gegensatz zu den übrigen Abgesandten der Evangelischen Kirche, die er verachtete, weil sie sich im Januar 1934 leicht einschüchtern ließen,[171] hat der ehemalige Marineoffizier ihn möglicherweise doch beeindruckt. Seine mutigen Predigten verschafften Niemöller in den folgenden Jahren solche Bekanntheit, dass er für Hitler eine weit größere Gefahr darstellte als etwa Dietrich Bonhoeffer.

Zunächst war jedoch unklar, was der ‚Führer' wollte. In der nationalsozialistischen Führung von Partei und Staat gab es unterschiedliche Auffassungen, wie mit den Kirchen umzugehen sei. Welche würde sich durchsetzen? Nach dem Empfang zeigte sich bald, dass der Zusammenhalt der Kirchenführer erschüttert war. Eine geschlossene kirchliche Opposition, um die Niemöller sich mit allen Kräften bemühte, ließ sich umso weniger bilden, als die süddeutschen Bischöfe Wurm und Meiser am 27. Januar 1934 gemeinsam mit den deutsch-christlichen Landeskirchenführern „dem Dritten Reich und seinem Führer" wie auch dem Reichsbischof ihre Loyalität bekundeten. Niemöller indessen forderte die Mitglieder des Pfarrernotbundes auf, öffentlich der Verbreitung von Irrlehren und dem gewaltsamen Kirchenregiment der DC zu widerstehen. Sein Bemühen, kirchliches Handeln an Bekenntnisgrundlagen auszurichten, wurde jedoch wiederholt durch kirchenpolitische Bestrebungen verdeckt oder unterlaufen, weil Pfarrernotbund und Landeskirchenführer unterschiedliche Interessen verfolgten.

2. Die letzten Tage als freier Mann

Bei einer Versammlung nach seiner letzten Dahlemer Predigt Ende Juni 1937 gestand Niemöller, „daß ihm keine Zeit bliebe, seine Vorträge vorzubereiten. Mit drei Kandidaten müsse er versuchen, die Leitung der BK darzustellen und die Arbeiten zu bewältigen. Da kämen Kuriere aus den Provinzen, da müßten Rechtsanwälte für die Verhafteten gestellt werden, da müßte gesorgt werden, daß die Verhafteten Erleichterungen in ihrer Haft bekämen. Da langten die 24 Stunden des Tages manchmal nicht aus, um die Geschäfte zu bewältigen."[172]

Berichte über die Ereignisse der folgenden Tage weichen voneinander ab.[173] Was geschah wirklich? Niemöller selbst erzählt, er habe am folgenden Montag einen Gemeindeabend gehalten und sei am nächsten Morgen nach Wiesbaden gefahren. Nach anderen Quellen fährt er noch am Sonntag mit dem Zug nach Bielefeld, besucht seinen Bruder Wilhelm und predigt in der St.-Jakobs-Kirche. Eindeutig belegt ist sein Aufenthalt am 29. Juni in Wiesbaden, wo er in verschiedenen Kirchen über die kirchliche Situation im Dritten Reich spricht. Ein Vortrag ist für die Ringkirche angesetzt, um 17.00 Uhr und um 20.30 Uhr ist Niemöller in der Marktkirche, um zwei weitere Vorträge zu halten. Die nach 1945 kolportierte Behauptung, er habe dort zum letzten Mal gepredigt, geht auf eine Vermutung des Wiesbadener Pfarrers Dr. Willy Borngässer zurück.[174] Tatsächlich hält Niemöller jedoch nur Vorträge über die aktuelle kirchliche Lage.[175] Angeblich besucht er noch seinen alten Schulkameraden Ernst Königs, der inzwischen Pfarrer in Weisel im Taunus und Mitstreiter der BK ist. In Wiesbaden erreicht ihn die Nachricht von einem für den nächsten Tag geplanten Treffen der evangelischen Bischöfe und Kirchenführer in Bethel. So fährt er in der Nacht nach Bethel. Am 30. Juni, einem Mittwoch, sucht er – nochmals? – seinen Bruder Wilhelm auf (der Bruder erwähnt den ‚Abschiedsbesuch‘[176]) und trifft in Bethel mit von Bodelschwingh, Wurm und Meiser zusammen. Mit dem Nachtzug reist Niemöller nach Berlin zurück. Dann nimmt er sich für den nächsten Tag frei und bittet Franz Hildebrandt, den Konfirmandenunterricht für ihn zu übernehmen. „Ich sagte meinem Freund Hildebrandt, daß ich vollkommen fertig war. Ich wollte schlafen und mich einen Vormittag lang ausruhen."[177]

3. Verhaftung und Untersuchungshaft in Moabit (1937–1938)

Bis zu seiner Verhaftung am 1. Juli 1937 war Niemöller als Vorsitzender des Pfarrernotbundes tätig und konzentrierte sich auf „volksmissionarische" Aufgaben, die er u. a. auf umfangreichen Vortragsreisen durch das Reich wahrnahm. Unterdessen versuchte der NS-Staat mit allen Mitteln, das kirchenleitende Handeln des preußischen Bruderrates zu unterbinden, um auf diese Weise den Kirchenkampf zu beenden. Nach dem Rücktritt des Reichskirchenausschusses im Februar 1937 erreichte es die staatliche Kirchenpolitik in den folgenden Monaten durch Verordnungen und Erlasse, dass der Staat die Finanzen der Kirche kontrollierte. Alle nicht von staatlichen Behörden angeordneten Kollekten, d. h. faktisch die Kollekten der BK, wurden untersagt.

Am 23. Juni verhaftete die Gestapo acht Mitglieder des Reichsbruderrates, darunter Fritz Müller.[178] Kurz nach Beginn der Verhandlungen waren mehrere Gestapo-Beamte in die Friedrichswerder'sche Kirche eingebrochen, wohin sich der Bruderrat zurückgezogen hatte. Sie durchsuchten Unterlagen, beschlagnahmten Akten und nahmen außer Müller und Hans Böhm, den Mitgliedern der 2. Vorläufigen Kirchenleitung (VKL), sechs weitere preußische Delegierte fest: die Vorsitzenden der westdeutschen Bruderräte Beckmann und Lücking, von Rabenau, Iwand, Rendtorff und Perels. Von den prominenten Mitgliedern des preußischen Bruderrats waren jetzt außer Präses Koch nur Niemöller und Asmussen in Freiheit, dem Niemöller geraten hatte, sich in der Provinz versteckt zu halten. Am Morgen des 1. Juli wurde Niemöller im Dahlemer Pfarrhaus verhaftet.[179] Er müsse nur „zu einer kurzen Vernehmung" mitkommen. Aber im Gestapo-Hauptquartier am Alexanderplatz, wohin man ihn gebracht hat, findet keine Vernehmung statt. Nach einiger Wartezeit wird Niemöller in das Untersuchungsgefängnis Moabit überführt. Dort nimmt man ihm alles ab. Er wird in eine Zelle eingesperrt. „Pfarrer Niemöller endlich verhaftet. Ganz kurz in der Presse gebracht. Nun aber verknacken, daß ihm Hören und Sehen vergeht. Nie mehr loslassen", wird Joseph Goebbels zwei Tage nach der Verhaftung triumphierend in sein Tagebuch notieren.[180]

Gegen 12 Uhr erschien nochmals ein Aufgebot der Gestapo im Dahlemer Pfarrhaus. Dort hatten sich mehrere Pfarrer versammelt, um der Familie Trost und Mut zuzusprechen. Die Beamten hielten Else Niemöller, Bonhoeffer, Hildebrandt und weitere Freunde und Mitarbeiter Niemöllers ca. acht Stunden in Hausarrest. Währenddessen durchsuchten sie die Aktenbestände und beschlagnahmten Briefwechsel und Unterlagen der BK, Predigtmanuskripte Niemöllers sowie sämtliche Tagebücher aus den Jahren 1933 bis 1937. Aus einem Wandtresor nahmen sie 30.000 Reichsmark mit, die für den Pfarrernotbund bestimmt waren. Zur selben Zeit versiegelten sie die Diensträume der VKL. Die BK war damit „endgültig in die Illegalität gedrängt".[181] Außer Niemöller wurden alle Verhafteten in den folgenden Wochen wieder freigelassen. Doch die BK konnte keine weitverzweigte Organisation mehr aufbauen und war ihrer führenden Kraft beraubt.

Nach der 4. Bekenntnissynode der DEK in Bad Oeynhausen im Februar 1936 war klar geworden, dass die BK auf den Eingriff des NS-Staates in ihre eigenen Belange keine einmütige Antwort fand. Ein Teil war bereit, mit dem staatlich eingesetzten Kirchenregiment zusammenzuarbeiten, während ein anderer Teil, dessen Kurs von den beiden Pfarrern Niemöller und Müller bestimmt wurde, daran festhielt, gemäß den Beschlüssen der 2. Bekenntnissynode von Dahlem (1934) die Bekennende Kirche weiterhin auf der Basis kirchlichen Notrechts aufzubauen. Die Bruderräte von Sachsen (lutherisch), Thüringen, Braunschweig, Mecklenburg, Lübeck und Schleswig-Holstein schlossen sich dem Lutherrat an. Die Bruderräte der altpreußischen Kirchenprovinzen und der Landeskirchen von Oldenburg und Nassau-Hessen folgten den Verfechtern des Dahlemer Weges. Aufgrund dieser Gegensätze hatte der Pfarrernotbund zahlreiche Mitglieder verloren: Von 7036 im Jahr 1934 sank die Mitgliederzahl bis 1938 auf 3933 oder 20,9 % der aktiven Pfarrerschaft.[182] Bis zum Kriegsende konnte der Notbund jedoch entlassene und verfolgte Pfarrer unterstützen.[183]

Die Dahlemer Gemeinde reagierte auf Niemöllers Verhaftung mit dem Entschluss, fortan jeden Abend in der St.-Annen-Kirche zu einem Fürbittgottesdienst zusammenzukommen. Solche Fürbittgottesdienste, die Niemöller und Hildebrandt früher schon aus besonderen Anlässen gehalten hatten, waren in Dahlem ein „Zentrum der Gemeindebildung und dienten darüber hinaus einer Unterrichtung der Öffentlichkeit über die allgemeine kirchliche Situation".[184]

Bereits am 2. Juli erschien in der gleichgeschalteten deutschen Presse die folgende, Tatsachenbericht und Meinung vermischende Notiz: „Gestern wurde der Bekenntnispfarrer Martin Niemöller aus Berlin-Dahlem von der Geheimen Staatspolizei festgenommen und dem Richter vorgeführt, der Haftbefehl gegen ihn erlassen hat. Niemöller hat seit langer Zeit in Gottesdienst und Vorträgen Hetzreden geführt, führende Persönlichkeiten des Staates und der Bewegung verunglimpft und unwahre Behauptungen über staatliche Maßnahmen verbreitet, um die Bevölkerung zu beunruhigen. Desgleichen hat er zur Auflehnung gegen staatliche Gesetze und Verordnungen aufgefordert. Seine Ausführungen gehören zum ständigen Inhalt der ausländischen deutschfeindlichen Presse."[185]

Diese Nachricht entsprach der Anklageschrift des Generalstaatsanwalts und nahm das Urteil vorweg. Die Inhaftierung Niemöllers wurde damit begründet, dass er gegen das ministeriale Verbot Kirchenaustritte von der Kanzel verlesen, gegen das ‚Heimtückegesetz' (das alle kritischen Äußerungen über Staat und Partei kriminalisierte) und gegen die ‚Verordnung des Reichspräsidenten zum Schutz von Volk und Staat' verstoßen und landesverräterische Beziehungen zur Auslandspresse unterhalten habe. Da Niemöller in und außerhalb von Berlin ständig überwacht worden war, konnte eine umfangreiche Beweissammlung vorgelegt werden.[186]

Die ausländische Presse, am deutschen Kirchenkampf interessiert, berichtete prompt über Niemöllers Verhaftung wie auch später über seinen Prozess. „Fighting Pastor Arrested" und „Pastor Niemoller Jailed By Nazis" lauteten die Schlagzeilen.[187] In England wurden Kirchenglocken für Niemöller geläutet. Schon zwei Tage nach der Verhaftung veröffentlichte die „Times" einen Brief des Lordbischofs von Chichester, Dr. George Bell: „Ich kenne Dr. Niemöller. Er ist ein Mann, den jeder Christ mit Stolz seinen Freund nennen würde. Ich habe nie einen Christen gesehen, der tapferer wäre und in dem die Lampe des Glaubens heller brennte. Dies ist eine kritische Stunde. Es geht nicht allein um das Geschick eines einzelnen Pfarrers, es geht um die Haltung des deutschen Staates gegenüber dem Christentum und der christlichen Ethik."[188] Bell protestierte auch schriftlich bei Rudolf Heß, erhielt aber von diesem die Antwort, „die Sache mit Niemöller gehe nur Deutschland und niemanden sonst etwas an".[189] Um den Pastor würden sich die Gerichte kümmern. Ein Artikel im „Svenska Dagbladet" stellte die

Frage, ob jetzt die Märtyrerzeit angebrochen sei: „Der Kirchenkampf in Deutschland hat jetzt wohl seinen entscheidenden Punkt erreicht. Pastor Niemöllers Verhaftung, lange erwartet, deutet darauf hin, daß man diesmal gewillt ist, den Weg bis zum Ende zu gehen. Der Widerstand der Kirche soll endgültig gebrochen werden. In dem allmächtigen Staat soll es keinen anderen menschlichen oder göttlichen Willen geben, als den des Führers."[190]

Am folgenden Sonntag predigt Otto Dibelius in Dahlem anstelle Niemöllers. Zahlreiche Geheimpolizisten sind in der Kirche. Obwohl er nur in seinem Schlussgebet kurz auf Niemöller zu sprechen kommt, wird Dibelius zehn Tage später von der Gestapo verhaftet.[191] Andere Pfarrer treten für ihn ein und übernehmen ihrerseits Gottesdienste in Dahlem, darunter Wilhelm Niemöller und der junge Helmut Gollwitzer (1908–1993), der später im Auftrag der Bekenntnisgemeinde Niemöllers Konfirmanden übernimmt. Der preußische Bruderrat erlässt eine Kanzelabkündigung, die an vielen Orten als Solidaritätserklärung für Niemöller verlesen wird: „Wir bezeugen, daß es Pfarrer Niemöller wie allen übrigen um ihres kirchlichen Dienstes willen verhafteten Pfarrern und Gemeindegliedern um die Ehre Gottes in unserem Volk und den Gehorsam gegen Gottes Wort geht. Wo es darum geht, ist das Gewissen eines Christenmenschen gebunden … Die Verhaftung von Pfarrer Niemöller trifft die ganze evangelische Christenheit in Deutschland. Mit ihm ist die Kirche des Evangeliums in Deutschland vor die Schranken der Gerichte gefordert. Angesichts dieser Entwicklung ist unser Herz von tiefster Sorge um unser Volk erfüllt. Wir beugen uns unter die gewaltige Hand Gottes und bitten ihn mit den Worten der ersten Christenheit: ‚Gib deinen Knechten mit aller Freudigkeit zu reden dein Wort.'"[192]

Die Bekennende Kirche verstand demnach Niemöllers Verhaftung als symbolische Handlung: Mit ihr werde die Kirche des Evangeliums vor die Gerichte gefordert. Diese Sicht wurde auch im Ausland geteilt. Niemöller wurde von einer Woge von Sympathie- und Solidaritätskundgebungen getragen. Wahrscheinlich haben die guten Kontakte der BK zur Ökumene dazu beigetragen, Niemöllers Leben zu retten.[193] Dietrich Bonhoeffer widmete ihm 1937 sein Buch „Nachfolge": „Martin Niemöller als brüderlicher Dank: Ein Buch, das er selbst besser schreiben könnte als der Verfasser". Das Eden Theological Seminary in Webster Groves, Missouri/USA, hatte schon 1936

Niemöllers Einsatz im Kirchenkampf durch die Verleihung der Ehrendoktorwürde gewürdigt. „Wie 1947 in den Nürnberger Prozessen bekannt wurde, erwog Joseph Goebbels, Niemöller während seiner Haft in Moabit umbringen zu lassen. Daß er den Plan verwarf, dürfte mit der großen Popularität zusammenhängen, die der Häftling zu diesem Zeitpunkt bereits im Ausland genoß."[194] Seine Familie und ihre Freunde, die Dahlemer Gemeinde und andere Gemeinden der BK in ganz Deutschland sowie die Ökumene umgaben den Gefangenen und traten in Fürbitten, mit Briefen und Bittgesuchen für ihn ein. Eine Solidaritätskarte mit seinem Bild wird verbreitet, mit einem typischen Niemöller-Wort als Unterschrift: „Wir haben nicht zu fragen, wieviel wir uns zutrauen; sondern wir werden gefragt, ob wir Gottes Wort zutrauen, daß es Gottes Wort ist und tut, was es sagt! Martin Niemöller."

Währenddessen musste Niemöller als Gefangener Nr. 1325 sich in Moabit in einer 2,5 Meter langen Zelle einrichten. Sie hatte ein Fenster; das Inventar bestand aus Tisch, Hocker und einer hölzernen Schlafpritsche, die an die Wand geklappt werden konnte. Es war verboten, sie tagsüber herunterzuklappen. Der Gefängnisarzt, als ‚Nichtarier' selbst gefährdet, setzt durch, dass Niemöller am Tag auf der Pritsche liegen darf, und verhilft ihm zu seiner ersten Brille. Alle zehn Tage darf Else ihren Mann mit einem der Kinder besuchen und 20 Minuten mit ihm sprechen. Ein Wärter bleibt dabei anwesend. Mancher Beamte gibt sich in Moabit als Mitglied der BK zu erkennen. Bei einem ihrer ersten Besuche ist Else über Niemöllers bleiches Aussehen und seine Haftbedingungen so schockiert, dass sie sich leidenschaftlich beschwert und – gegen 5 Mark pro Tag – erreicht, dass seine Essensrationen erhöht werden.[195]

Eine historisch nicht verbürgte, aber durchaus glaubwürdige Anekdote berichtet, der Gefängnispfarrer habe seinen verhafteten Kollegen beim ersten Besuch gefragt: „Mein Bruder, warum bist du im Gefängnis?" Niemöller, der an die vielen eingekerkerten Pfarrer dachte, soll verärgert zurückgefragt haben: „Mein Bruder, warum bist du *nicht* im Gefängnis?"[196]

Wie mag der Gefangene, aus allen bisherigen Aktivitäten herausgerissen, in der Isolation von Moabit – und später des KZ Sachsenhausen – die Welt wahrgenommen haben? Walter Jens stellte sich vor, Niemöller habe nun „jene Wirklichkeit" erfahren, „die, von ihm unbe-

merkt, in den Jahren nach 1933 Kommunisten und Sozialdemokraten
erfuhren". Er dachte an den Gefangenen Nummer 26679 – aber das
war dessen Nummer im KZ Dachau, in dem Niemöller *nicht* mehr in
strikter Vereinzelung inhaftiert war. Jens meint aber den „Schritt von
der Dahlemer Dorfkirche ins Gefängnis von Moabit". Er sieht Niemöller zusammen mit anderen vom NS-Regime Verfolgten: „Das war
nicht mehr der Pastor, der wie ein Kapitänleutnant sprach, preußisch,
mit Kommandoton, sondern der Bruder Carl von Ossietzkys, ein Bruder der Entwürdigten, die, ohne Schlips, ohne Hosenträger, zum Ge-
spött der Soldateska wurden, der Bruder der jüdischen Straßenkehrer
auf dem Boden, im Dreck, der Bruder all derer, denen die Welt von
Jahr zu Jahr kleiner wurde ..."[197]

Allmählich gewöhnte Niemöller sich an die Einzelhaft. Der ehemalige Offizier teilte seine Zeit genau ein. Jeden Tag darf er 20 Minuten spazieren gehen, weitere 20 Minuten reserviert er sich für
Gymnastik. Mit Briefen und Postkarten hält er Kontakt zur Außen-
welt, schreibt seinem Bruder Wilhelm, seinem alten Schulfreund,
dem BK-Pfarrer Ernst Königs, und seinen Anwälten, vor allem aber
seiner geliebten Frau Else. Nahezu täglich kam Post von ihr, was
ihm half, die physische Trennung auszuhalten. Ein Großteil des
Tages ist dem Studium der Bibel und den Beratungen mit den Anwälten gewidmet. Jeden Tag, so schrieb er am 2. August 1937, lerne
er ein Kirchenlied auswendig. „Die ersten Tage war es nicht ganz
einfach, aber seitdem ich Bibel und Gesangbuch habe, kaufe ich die
Zeit aus, und ich staune, wie sie dahinrennt."[198] In seiner insgesamt
achtjährigen Haftzeit wird Niemöller die Bibel fünfmal ganz durch-
lesen und das Gesangbuch weitgehend auswendig lernen.[199] Im selben Brief fügt er vielsagend hinzu: „Aber jetzt lerne ich spät aber
gründlich Geduld."

Bibel und Gesangbuch werden ihm zu Quellen geistlichen Widerstands; die Verbindungen nach draußen wirken als erfahrene Solidarität auf ihn zurück. So bereitet er sich auf seinen bevorstehenden
Prozess vor, den er – wie früher seine Seegefechte – möglichst offen-
siv führen will: „Die Herren (Verteidiger) dachten immer auf Mittel,
die Haft zu beenden. ... ich habe ihnen ... mal gründlich dargelegt,
daß für die Kirche und für mich der (Prozeß-)Termin das Wichtigste
ist. ... als Soldat weiß man, daß die Defensive, die nicht die Kraft hat,
sich zum Angriff zu entwickeln, bestenfalls zu einem Waffenstill-

stand, aber nicht zu einer Entscheidung kommt. Es ist wieder mal nicht von ungefähr, daß ich Soldat gewesen und geblieben bin."[200]

Niemöller sehnte sich mehr und mehr nach seiner Frau. Seine Hoffnung, Weihnachten 1937 bei seiner Familie verbringen zu können, erfüllte sich nicht. Er musste in Moabit bleiben. Dietrich Bonhoeffer ließ allen Mitgliedern der Familie Niemöller ein Weihnachtsgeschenk zukommen. Das tat er von da an Jahr für Jahr, bis er selbst verhaftet wurde. Er wird auch weiterhin Else jedes Jahr Geburtstags- und Ostergrüße schicken und sie daran erinnern, welches Beispiel ihr Mann anderen gibt. Anfangs darf Niemöller nach Belieben schreiben. Doch dann wird es dem zensierenden Untersuchungsrichter zu viel, und er gesteht ihm nur noch zwölf Karten am Tag zu. An Niemöllers 46. Geburtstag treffen 3000 Briefe und Glückwunschkarten im Zuchthaus ein. Bis zum Ende der Untersuchungshaft erreichen ihn mehr als 10.000 Briefe und Postkarten aus aller Welt.

Aus seinen eigenen Mitteilungen geht hervor, dass er seine Lage mit Heiterkeit und Ironie zu meistern sucht. Zwar schreibt er in einem Brief: „Ich lebe meinen Tag, und der wird mir niemals lang ..."[201] Andererseits zählt er die Tage und fühlt sich an sein U-Boot erinnert: „Ich bin jetzt schon so lange hier, wie 1917 meine Fahrt mit U 151 dauerte; nur habe ich diesmal keine 50000 Tonnen versenkt."[202] Er bleibt für seine Umwelt Motor und Mutmacher, mahnt immer wieder, der Müdigkeit keinen Raum zu geben, auch wenn die Nachrichten aus seiner Dahlemer Gemeinde ihn zeitweise niederdrücken. Im äußerlich aufgenötigten Stillgelegtsein sieht er für sich eine persönliche Chance. Zu Beginn der Karwoche 1938 schreibt Bonhoeffer an Else Niemöller: „Die Gedanken vieler Menschen, auch vieler junger Theologen, die an Ihrem Mann hängen, ... gehen zu Ihnen und Ihren Kindern." Er setzt hinzu: „Wohin man auch hinkommt, wird man nach Ihrem Mann gefragt."[203]

Im Januar 1938 wurde bekannt, dass Niemöller Anfang des nächsten Monats vor Gericht kommen sollte. In England riet George Bell, sich mit öffentlichen Kampagnen jetzt zurückzuhalten, um nicht durch politischen Druck dem Angeklagten mehr zu schaden als zu nützen. Der Versuch, die Teilnahme ausländischer Beobachter am Prozess zu erzwingen, schlug fehl: Keiner der vorgeschlagenen Kirchenvertreter wurde zugelassen.

4. Prozess vor dem Berliner Sondergericht und überraschender Freispruch (1938)

Die Anklageschrift gegen Niemöller, die Generalstaatsanwalt Thissen am 13. Juli 1937 dem Berliner Sondergericht II vorgelegt hatte, konzentrierte sich auf juristisch-staatspolitische Aspekte. Innerkirchliche Auseinandersetzungen wurden bewusst ausgeklammert. Auf 14 Seiten fasste die Staatsanwaltschaft das Ermittlungsergebnis zusammen, das sich auf Gestapoberichte, Zeugenaussagen und Verhöre des Angeklagten stützte. Sie warf Niemöller vor, dass er in Predigten und Vorträgen „in einer den öffentlichen Frieden gefährdenden Weise" Maßnahmen der Regierung kritisiert und „gehässige und hetzerische Äußerungen" über die Reichsminister Kerrl, Dr. Goebbels, Rust und Dr. Gürtner vorgetragen habe. So habe er z. B. den Reichskirchenminister Hanns Kerrl in seinem Vortrag „Die belagerte Gottesstadt" mit dem feindlichen Heerführer, dem assyrischen Großkönig Sanherib verglichen. Zu diesem Vortrag, den Niemöller an zahlreichen Orten Deutschlands gehalten hat, berichtet die Anklageschrift:

„Niemöller ging von der biblischen Erzählung der mißglückten Belagerung Jerusalems durch die Assyrer aus und deutete sie auf die kirchenpolitische Lage aus ... Die Anhänger der Bekennenden Kirche würden belagert, das Heer der Belagerer setze sich aus mannigfachen Streitkräften zusammen, den Deutschen Christen, den Deutschgläubigen und anderen. Der Feldherr der feindlichen Truppen sei Reichsminister Kerrl selbst. Man möchte ihn statt Minister für die kirchlichen Angelegenheiten besser Minister gegen die kirchlichen Angelegenheiten nennen. Seine Kriegsziele habe er ... klar zu erkennen gegeben. Er verfolge das Ziel, das Fundament der Kirche, welches in dem Glauben an Jesus Christus als den Sohn Gottes bestehe, zu zerstören, denn er habe diesen Glaubensgrundsatz als für den Bau der Kirche nebensächlich bezeichnet."[204]

Durch den Vergleich mit historischen Potentaten hatte Niemöller die NS-Führer geradezu karikiert. Er hatte so die herrschende Politik gegenüber der Kirche bloßgestellt und angegriffen. Indem er die staatliche Religionspolitik öffentlich kommentierte und über Maßregelungen und Verfolgungsmaßnahmen genau berichtete, machte er das öffentlich, worüber die gleichgeschalteten Medien nicht berichteten, und stellte in der BK eine kritische Öffentlichkeit her.

Drei Anwälte, RA Horst Holstein, Justizrat Willy Hahn und RA Hans Koch, hatten Niemöllers Verteidigungsschrift erstellt, zwei angesehene Rechtsgelehrte, Prof. Erik Wolf aus Freiburg im Breisgau und Graf zu Dohna aus Bonn, hatten Gutachten vorgelegt, prominente Persönlichkeiten – unter ihnen Generaloberst Freiherr von Hammerstein-Equord, Geheimrat Dr. Ferdinand Sauerbruch, Botschafter Ulrich von Hassell und Olga Rigele, eine Schwester Görings – brachten Leumundszeugnisse bei. Der Prozess war für die erste Augusthälfte 1937 geplant, wurde jedoch von den Behörden immer wieder verschoben, da die wohlfundierte Verteidigungsschrift die angestrebte Verurteilung des Angeklagten zu einer hohen Haftstrafe zweifelhaft erscheinen ließ. Sieben Monate muss Niemöller warten, bis die Hauptverhandlung vor dem Sondergericht des Landgerichts Berlin schließlich für den 7. Februar 1938 anberaumt wird.[205] Bis zum 2. März wird sich der Prozess hinziehen.

Ein Gerichtsbeamter bringt ihn in den Verhandlungsraum. Plötzlich fängt der Beamte an, ganz leise vor sich hinzureden, scheinbar unbeteiligt, als ob er zu sich selbst spräche, aber seine Worte sind offenkundig für Niemöller bestimmt. Der Mann in der grünen Uniform zitiert ein Stück aus der Bibel, einen Vers aus den Sprüchen Salomos: „Der Name des Herrn ist ein festes Schloß. Der Gerechte läuft dahin und wird beschirmt ..."[206] Niemöller, der fest an das Eingreifen Gottes in das Leben des Einzelnen glaubt, wird in dieser Begegnung kaum einen Zufall gesehen haben.

Rund 200 Menschen warteten auf Einlass in den Gerichtssaal. Der Zuhörerraum war schon vor Prozessbeginn überfüllt. Nach Verlesen der Anklageschrift schließt das Gericht auf Antrag des Staatsanwalts die Öffentlichkeit aus. Gegen seinen Protest lassen die Richter jedoch Vertreter der BK zu; am folgenden Tag schließen sie, durch das Justizministerium massiv unter Druck gesetzt, auch sie von der Teilnahme aus. Die Presse war schon zwei Tage zuvor von der Verhandlung ausgeschlossen worden. Nur Beobachter der Ministerien, der Reichswehr und der politischen Organisationen sowie Vertreter der staatlich anerkannten Kirchenbehörden durften teilnehmen.

Die Taktik der Verteidigung wird bereits in Niemöllers Ausführungen am zweiten Verhandlungstag deutlich.[207] Niemöller schilderte seinen Lebensweg vom „kaiserlichen Offizier" zum Pfarrer von Dahlem und unterstrich seine Einsatzbereitschaft für „Volk und Vaterland", seine Abneigung gegen „jede Art von Republik", die ihn schon 1924 die NSDAP habe wählen lassen. Die Anklage hatte ihn als Staatsfeind entlarven wollen. Niemöller dagegen argumentierte mit kirchenfreundlichen Kundgebungen der NSDAP und Hitlers These von der Unantastbarkeit religiöser Dogmen, um von diesem Ansatzpunkt aus zu zeigen, dass er den politischen Versprechen der Nationalsozialisten vertraut habe und durchaus die Möglichkeit eines Zusammengehens von evangelischer Kirche und NS-Staat sehe. Es seien Kräfte wie die DC, der Kirchenminister und die völkischen Ideologen, die er für die Umwandlung der kirchlichen Lehre verantwortlich mache.

Niemöller versuchte also, seine Übereinstimmung mit Hitler herauszustellen und zugleich diejenigen, mit denen die Kirche in Konflikt stand, von der Politik des ‚Führers' zu unterscheiden und zu trennen. Dabei ging er so weit zu behaupten, „die Juden seien ihm unsympathisch und fremd". Zugleich verwies er aber darauf, dass es der Kirche verwehrt sei, „die Taufe durch den Stammbaum auszuwechseln" und „Gott nach unserm Bilde, dem arischen Bilde, zu formen". Damit konzedierte er dem Staat ‚seine' Judenpolitik, nahm jedoch die Kirche davon aus.

In seinem Schlusswort am 16. Februar schilderte Niemöller seine Wirksamkeit in der BK. Da der Staat sich ja zur Unantastbarkeit religiöser Bekenntnisse und zum Christentum bekannt habe, sei es der BK nur darum gegangen, Angriffe auf den christlichen Glauben abzuwehren, die Gemeinden geistlich dafür zuzurüsten, kirchliche Ordnung und kirchliche Rechte zu erhalten. Auf diese Weise sollten christliche Glaubensüberzeugungen gegen säkulare Überfremdung und die vom Staat garantierte kirchliche Eigenständigkeit gegen äußere Angriffe verteidigt werden. Dazu habe er sich durch sein Ordinationsgelübde verpflichtet gesehen.

Niemöller behauptete, in seinen Predigten sei er niemals zum Angriff auf staatliche Institutionen übergegangen. Seine Loyalität gegenüber der Staatsführung sei freilich begrenzt durch den Gehorsam gegenüber Gottes Wort: „Hier hört die Totalität auf, hier hört die Totalität des Staates wie die Totalität des Menschen wie die Totalität der Welt auf, und Staat, Mensch und Welt bringen sich selbst um ihre eigentliche Bestimmung und ihr letztes Ziel, wenn sie hier die gezogene Grenze nicht anerkennen, wenn sie hier nicht mit uns bekennen, daß der Mensch nicht vom Brot allein lebt, und irgendwo findet sich das Wort des Herrn Christus bestätigt, daß das Wort Gottes das Salz der Erde ist."[208]

In Barmen hatte die BK 1934 die falsche Lehre verworfen, „als könne ein Staat die einzige und ‚totale' Ordnung menschlichen Lebens werden" (These V). Übereinstimmend damit hält Niemöller fest, dass der Glaube, der Jesus Christus als den Herrn anerkennt, *jedem* menschlichen, also auch jedem politischen Totalitätsanspruch eine Grenze setzt. In diesem Sinn konnte er nach 1933 auch in seinen Dahlemer Predigten von den „Grenzen alles staatlichen Vermögens" sprechen.[209] Spätestens seit November 1936 wusste er allerdings, „daß diese Grenzziehung von der weltlichen Gewalt nicht anerkannt wird, ... sondern daß sie Anspruch erhebt auf unsere Ueberzeugung und auf unsere Seele und damit auf den ganzen ungeteilten Menschen".[210] Es ging daher in seinen Predigten, Vorträgen und Katechismusstunden (‚Offenen Abenden') nicht nur um eine Verteidigung christlicher Glaubensüberzeugungen. Niemöller hatte in ihnen vielmehr die ideologischen Grundlagen und die politische Praxis des NS-Staates angegriffen, und die auf dem Kurs der ‚Dahlemiten' konsequent weitergehende Bekennende Kirche hatte diese Kritik in der von ihm mitgetragenen Denkschrift der 2. Vorläufigen Kirchenleitung (VKL) an Hitler ganz offiziell geübt. Insofern muss man seine Loyalitätsbekundungen gegenüber Führer und Staat während des Prozesses in erheblichem Maß der Situation des Angeklagten zuschreiben, der mit Schutzbehauptungen den Vorwurf, er sei ein Staatsfeind, zu entkräften versucht. Vor der Inhaftierung hat er Streitpunkte im Verhältnis von Kirche und Staat mutig und deutlich benannt.

Im Nachhinein kann freilich der Eindruck entstehen, dass Niemöller Anfang 1938 in seiner Sicht des Judentums und seinem Treuebekenntnis zum ‚Führer' noch dem Geist seiner Zeit verhaftet war und sich über die prinzipielle Unvereinbarkeit von Christentum und Nationalsozialismus täuschte. Er selbst hat dies nach 1945 erkannt und offen eingestanden, dass er bis zu seiner Verhaftung kein politischer Widerstandskämpfer gewesen sei.

Die Plädoyers der Verteidiger hoben die Kontinuität in Niemöllers Entwicklung und die Geschlossenheit seiner Persönlichkeit hervor. Sie machten deutlich, dass er sich durch seine patriotische Gesinnung wie auch seine Tätigkeit in der evangelischen Kirche bei vielen Deutschen hohe Anerkennung erworben hatte. 42 namhafte und glaubwürdige Entlastungszeugen bekräftigen dies mit ihren Aussagen. Der berühmte Chirurg Dr. Sauerbruch schließt couragiert mit den Worten: „Wollte Gott, wir hätten in Deutschland noch mehr solche Pfarrer!"[211]

Das Verhalten des Angeklagten, seiner Verteidiger und seiner Entlastungszeugen machte auf die Richter Eindruck. Und nicht nur auf sie. Auch der SS-Obersturmführer Dr. Matthäus (seit 1933: Matthes) Ziegler, der als offizieller Beobachter und Berichterstatter Rosenbergs am Niemöller-Prozess teilnimmt, ist beeindruckt. Er kommt in seinem Bericht zu dem Schluss: „Hier wird ... ein Prozeß geführt, dem es an stichhaltigem Material mangelt. (...) Dieser Prozeß gehört zu dem Beschämendsten und Unwürdigsten, was ich jemals erlebt habe. Niemöller und die Verteidigung haben es erreicht, daß er, wird er verurteilt, nun als Märtyrer großen Stils dasteht. (...) Es kann und darf in Deutschland, um der germanischen Charakterwerte willen, keine solchen Prozesse geben. Hier regiert die nur kalte, schneidige Staatsmaschine, die das Volk und den Volksgenossen ... aus dem Auge verloren hat."[212]

Ziegler schilderte den Prozessverlauf mit unverhohlener Bewunderung für den Angeklagten, der ihm als „hervorragender Offizier" und nationalsozialistisch gesinnter, durchaus nicht „weltfremder" Pfarrer erscheint. Er unterstreicht, „daß N. sich für die lutherische ... Auffassung von Römer 13 einsetzte, wonach der Obrigkeit in jedem Falle Gehorsam zu leisten sei". Ziegler berichtet auch, der Staatsanwalt sei in einer Pause an ihn herangetreten und habe geäußert, er „benötige ... wirklich stichhaltiges Material gegen Niemöller und die B.K., das er vom Amt Rosenberg zu bekommen hoffe". Das habe ihm „schwer zu denken" gegeben. Nach seinem persönlichen Urteil sei „es eines großen Staates und Reiches unwürdig ..., mit Mitteln, wie sie bisher angewandt wurden, vorzugehen. Ich bin davon überzeugt, daß das Ausland von diesen Vorgängen Kenntnis erlangt." Angewidert und empört wendet sich Ziegler gegen einen Vertreter des Propagandaministeriums, der „die Auffassung vertritt, man hätte N. rechtzeitig ‚unschädlich' machen und ‚verschwinden' lassen sollen". Solchen Gedanken habe er wie der HJ-Vertreter widersprochen:

„Nach unserer Meinung sind das G.P.U.-Methoden. Hier spricht nicht mehr Deutschland."

Nach der Lektüre dieses Prozessberichts wusste Rosenberg, dass er seinen Kirchenreferenten nicht mehr zur Fortsetzung des Prozesses ab dem 19. Februar nach Moabit zu entsenden brauchte. Stattdessen zog er seinen Vertrauten Rudolf Heß, den Stellvertreter Hitlers, zu Rate. Ziegler erfuhr nur durch Hörensagen vom weiteren Prozessverlauf. Sein Bericht aber sollte nach dem Zusammenbruch des ‚Dritten Reiches' noch eine bewegte Rezeptions- und Wirkungsgeschichte haben.[213]

Hitlers Chefideologe Alfred Rosenberg verteidigte sich 1946 vor dem Nürnberger Militärtribunal, indem er sich u. a. auf den für Niemöller günstigen, Kerrl, Goebbels und die NS-Justiz dagegen diskreditierenden Bericht seines Mitarbeiters berief. Der ehemalige Student der evangelischen Theologie und Doktor der Philosophie Ziegler wurde, nach Abschluss seines Theologiestudiums und zwei Examina, im Dezember 1949 zum evangelischen Pfarrer ordiniert. Als Zieglers Prozessbericht 1956 in den Münchener „Vierteljahresheften für Zeitgeschichte" erschien, kam er den westdeutschen Niemöller-Gegnern gerade recht und der Wochenzeitung „Die Zeit" gelegen, die am 2. August 1956 einen Angriff auf Niemöller startete.[214] 2007 wurde der ‚Fall Ziegler' erneut, diesmal durch den Ev. Pressedienst und reißerische Zeitungsmeldungen (auch „Die Zeit" war wieder dabei), unter Berufung auf angeblich neue Forschungsergebnisse in die Öffentlichkeit gebracht: „Niemöller machte Nazi zum Pfarrer / Berliner Historiker veröffentlicht Recherchen über den berühmten Widerstandskämpfer / Rätsel um Beweggründe" lautete der Titel eines Berichts in der „Frankfurter Rundschau" vom 19. Februar 2007.[215] Die Meldungen vermittelten den Eindruck, Ziegler habe „bei seinem ersten Gespräch 1948 mit dem hessen-nassauischen Kirchenpräsidenten Martin Niemöller diesen ... korrumpieren und sich so über den langjährigen KZ-Häftling ein Pfarramt in der hessen-nassauischen Kirche erschleichen" wollen.[216] Ziegler war tatsächlich von 1949 bis 1976 als Pfarrer der EKHN tätig, was Kirchenleitung und Personalreferat – nicht etwa Niemöllers alleinige Entscheidung – ihm ermöglicht hatten. Seine Nazikarriere hatte er verschwiegen.

Nach den Aussagen der Entlastungszeugen ließen sich die Bestimmungen des ‚Heimtückegesetzes' kaum mehr auf Niemöller anwenden. Die Anklage konzentrierte sich daher auf Vergehen gegen den ,Kanzelparagraphen'. Die Verteidigung konnte darlegen, dass Niemöller nicht staatliche Maßnahmen bekämpft, sondern nur die von der Verfassung verbürgten Rechte der Kirche verteidigt habe, die von staatlichen Instanzen verletzt worden seien. Die Staatsanwaltschaft beantragte, Niemöller zu einer Gefängnisstrafe von einem Jahr und zehn Monaten zu verurteilen, die Verteidiger dagegen plädierten für Freispruch.

Zur Urteilsverkündung am 2. März wird die Öffentlichkeit zugelassen. Else Niemöller, die von ihrer ältesten Tochter Brigitte begleitet wird, sitzt in der ersten Reihe. Kurz vor 12 Uhr betritt ihr Mann in dunklem Anzug und mit schwarzem Schlips den Saal. Das Gericht unter Vorsitz von Landgerichtsdirektor Robert Hoepke hatte den Angeklagten auffallend korrekt behandelt. Sein Urteil fiel erstaunlich milde aus: sieben Monate Festungshaft, eine ungewöhnliche und höchst ehrenhafte Strafe, sowie eine Geldstrafe von insgesamt 2000 Reichsmark. Festungshaft und die Geldstrafe von 500 Reichsmark seien „durch die erlittene Untersuchungshaft verbüßt".

Die 15-seitige Urteilsbegründung liest sich in Teilen wie eine Ehrenerklärung.[217] Zwar habe Niemöller die Kirchenausschüsse als staatliche Einrichtungen betrachtet und kritisiert und dadurch gelegentlich, ohne es zu wollen, zu einer „Gefährdung des öffentlichen Friedens" beigetragen. Seine Äußerungen ließen jedoch keine niedrige Gesinnung erkennen. Die Verhandlung habe „gezeigt, daß er ein Mann von unbedingter Wahrheitsliebe ist. Wenn eine so gekennzeichnete Persönlichkeit, die mit Hoch- und Landesverrat nicht das Mindeste gemein hat, mit den Gesetzen des Staates in Konflikt kommt, so müssen besonders geartete Umstände vorliegen." Der Angeklagte sei „in einen echt tragischen Konflikt geraten". Deswegen wurde die beantragte Gefängnisstrafe in Festungshaft abgemildert. Diese konnte gemäß § 20 StGB nur verhängt werden, „wenn die Tat sich nicht gegen das Wohl des Volkes gerichtet und der Täter ausschließlich aus ehrenhaften Beweggründen gehandelt hat". Die Richter müssen dafür ihren Preis bezahlen: Nur mit Mühe kann der Reichsjustizminister ihre Einlieferung ins KZ verhindern, doch er sperrt ihre Beförderung.

Aufgrund des Urteilsspruchs hätte Niemöller unmittelbar nach dem Prozess aus der Haft entlassen werden müssen. „Ein Ruhmesblatt in der Geschichte der Justiz im Dritten Reich", so nennt Hermann Ehlers, juristischer Berater der BK in Preußen, später den Niemöller-Prozess. Frau Niemöller, in Begleitung des schwedischen Gesandtschaftspfarrers Birger Forell, gratuliert ihrem Mann als Erste. Ein Wärter bringt ihn zurück in seine Zelle, wo er seinen Koffer packt. Vor dem Gefängnis warten Freunde und Anhänger auf seine Entlassung. Während in Dahlem die Familie noch auf die Heimkehr des Vaters wartet und alles für eine Erholungsreise an die Ostsee vorbereitet wird, führen zwei Gestapo-Beamte Niemöller durch einen Hintereingang ab und bringen ihn mit einem Wagen ins KZ Sachsenhausen bei Berlin.

Verschiedene Zeugen berichten übereinstimmend, dass Hitler selbst den Befehl zu dieser widerrechtlichen Verhaftung erlassen hatte. Dafür spricht schon, dass Niemöller im Lager als der erste „persönliche Gefangene des Führers" angesprochen wird. Oberregierungsrat Gisevius, ein gut informierter Freund der Familie, soll es vorhergesagt haben: „Er kommt nicht heraus!"[218] Hauptmann Fritz Wiedemann, Hitlers militärischer Adjutant, erklärte am 17. Januar 1939 im Gespräch mit Wilhelm Niemöller, indem er sich zur Wand umdrehte: „Da hinten sitzt einer, der ist *völlig* unzugänglich!"[219] Wiedemann berichtete später, dass Hitler nach der Unterrichtung über den Ausgang des Niemöller-Prozesses vor dem Sondergericht am 7. Februar 1938 ausgerufen hätte: „Der Niemöller kommt nie mehr in Freiheit." Die Bestätigung für Wiedemanns Erinnerung findet sich in dem Buch „Heeresadjutant bei Hitler 1938–1943. Aufzeichnungen des Majors (Gerhard) Engel".[220] Dort steht unter dem 17. Januar 1939:

> „Himmler war bei F (Führer) und hatte offensichtlich Pfarrer Niemöller in Oranienburg besucht. Erzählte, dass es ihm gut ginge und er Sonderbehandlung habe. Führer wurde äußerst scharf über die Person. Wenn einer Zeit seines Lebens aus der Verwahrung nicht mehr herauskäme, dann sei das dieser Geistliche. Er sei der typische Geist, der stets verneinte (*sic*), Oppositioneller aus Prinzip, nicht etwa aus Überzeugung, geschweige denn aus Glauben. Er kenne seine Ergebenheitsbekundungen noch ganz genau. Und was ist daraus geworden? Und nur weil er (Niemöller) nach der Machtübernahme nicht das geworden sei, was er sich erhofft habe. Jetzt hetze er gegen den Staat unter dem Deckmantel von Gottes Wort. Er (der

Führer) lasse auch nicht zu, dass er im Lager predige. Niemöller sei der typische Renegat mit dem Fanatismus eines Jesuiten. Er sei eine ausgesprochene Gefahr für die junge Generation. Da könne sich aus alter Marinetreue Raeder (der Großadmiral) noch so sehr für ihn einsetzen, er bliebe hart wie Eisen und würde N. nicht mehr in die Freiheit lassen. Himmler sagte noch, dass man seine Gefolgschaft unter den Pfarrern sehr genau kenne und überwache."[221]

5. Im KZ Sachsenhausen (1938–1941)

Die deutschen Zeitungen melden lediglich Niemöllers Verurteilung. Über seine erneute Verhaftung herrscht Schweigen. Doch bald dringt die Nachricht an die Öffentlichkeit. Aus dem Ausland kommen Proteste, zahlreiche Pfarrer der BK und Abordnungen aus den Gemeinden wenden sich mit Briefen und Petitionen an die Berliner Amtsstellen.

Niemöllers Status als ‚persönlicher Gefangener des Führers' war nicht definiert.[222] Er bedeutete Schutz, insofern der Gefangene nicht der Willkür des Lagerkommandanten ausgeliefert war. Entscheidungen über ihn wurden vom Sicherheitsdienst in Berlin gefällt. Die Zuständigen wussten nicht, wie Niemöller zu behandeln war, und niemand wagte es, bei Hitler nachzufragen. Diese Unsicherheit verschaffte ihm trotz Einzelhaft günstigere Bedingungen als seinen Mitgefangenen. Er bekam, allerdings nur gegen Entgelt, bessere Verpflegung; die Haare wurden ihm nicht kahlgeschnitten und er musste keine Sträflingskleidung tragen. Stattdessen bekam er eine alte Polizeiuniform mit schwarzer Hose und blauem Mannschaftsrock, auf der linken Brustseite das rote Stoffdreieck eines politischen Häftlings.

Im Zellenbau, dem von einer Mauer umgebenen Gefängnis des Lagers, wurde Niemöller konsequent isoliert. Eingeschlossen in seine Zelle, durfte er mit niemandem sprechen. Sie sollte in den nächsten drei Jahren seine Wohnung sein. Die Häftlinge im Zellenbau wurden „geschlagen, auf dem Bock gepeitscht, an den ‚Pfahl' gehängt, in Arrest gehalten, auf dem Boden der Zelle krummgeschlossen, so daß ihnen die geringste Bewegung unsägliche Schmerzen verursachte; sie wurden erschlagen, erschossen, erhängt und qualvoll erdrosselt". Ernst Eggert, ein Mitgefangener, berichtete 1951, Niemöller habe nichts sehen dürfen, aber aus nächster Nähe miterlebt, was geschah. Denn zu ihm drangen „die Geräusche und das Schreien und das Jammern, das Schlagen und das Martern an den armen Häftlingen, die geschlagen ... oder an die Fensterrahmen aufgehängt wurden".[223] Nach seiner Befreiung hat Martin Niemöller nur selten über diese Erfahrungen gesprochen. Im Rückblick äußerte er: „Und wenn man mich fragt: war es wirklich so schlimm? Dann kann ich nur sagen: Es war tausendmal schlimmer."[224]

Gleich zu Anfang seiner Haft muss er den Wärtern seinen persönlichen Besitz abliefern, Bibel, Gesangbuch, Ehering, Armbanduhr, die Briefe, die seine Frau ihm nach Moabit geschrieben hat. Auch die Hosenträger nimmt man ihm ab, „damit Sie sich nicht aufhängen". Später gestand Niemöller, dass er in dieser Nacht nicht schlafen konnte und nichts anderes tat, als mit Gott zu hadern. Dass man ihn nach dem Urteil, das ihm zunächst „besser als ein Freispruch" erschien, sofort wieder verhaftet hatte, war ein schwerer Schlag für ihn. Fast ein halbes Jahr brauchte er, um ihn zu verkraften.

Typisch für Niemöller ist die Szene, die sich am Morgen nach seiner Einlieferung abspielt. Der Lagerführer Baranowski erscheint in SS-Uniform, fragt ihn nach seinem Namen und ob er Wünsche habe. Niemöller beschwert sich, er wolle seine Bibel, die ihm weggenommen worden war, zurückhaben, „und zwar sofort". Der Kommandant reagiert auf den bestimmten Ton verunsichert. Er sucht das Gesicht zu wahren und zieht sich zurück auf die Behauptung, „ein so gefährliches Buch" sei im KZ nicht erlaubt. Aber dann lässt er die Bibel holen und händigt sie dem Häftling aus. Nach weniger als vierzehn Tagen hat Niemöller auch Ring, Uhr, Briefe und Gesangbuch wieder. So kann er die tröstliche Bibellese und das Auswendiglernen von Gesangbuchliedern fortsetzen. Am Karfreitag 1938 darf Kurt Scharf sogar mit Erlaubnis der Gestapo Niemöller in der sog. Sprechzelle des KZ das Abendmahl reichen. Außer dem Kommandanten sind zwei Gestapobeamte anwesend, die zu Beginn der Feier ihre Mützen abnehmen.[225]

Nach vier Wochen erhielt Else Niemöller den ersten Brief aus Sachsenhausen. Ihr Mann lebt, es scheint ihm erträglich zu gehen, so viel kann sie daraus entnehmen. Vier Wochen später dürfen sie sich zum ersten Mal wiedersehen. Zwei Gestapoleute haben ihn zum Polizeipräsidium am Alexanderplatz gebracht, wo auch die weiteren

Treffen stattfinden, immer im Beisein eines Wächters. Die Besuchszeit ist auf 30 Minuten begrenzt, kirchliche und politische Themen sind streng verboten. Manchmal sind die Besuche nicht leicht zu bewältigen, die seelische Belastung kaum zu ertragen, so dass es zu Gefühlsausbrüchen kommt oder ein Gespräch vorzeitig abgebrochen wird, weil er nichts zu sagen hat. Niemöller muss sich bemühen, nicht in Apathie und Mutlosigkeit zu versinken. Nach dem Krieg vertraut er seinem Freund Franz Hildebrandt an: „Ich habe mich die 8 Jahre schlecht und recht durchgeschlagen; es ging sehr auf und ab. Besonders die ersten 4 Jahre in strenger Einzelhaft waren fürchterlich und entnervend."[226]

Erst im Herbst 1938 bessert sich seine Verfassung. Dazu tragen nicht nur die Besuche von Angehörigen bei, sondern auch die vielen Briefe, die er alle 14 Tage zwischen den Besuchen nach Hause schreibt. Mit hunderten von Grüßen sucht er Verbindung zu Leuten aus der Gemeinde, Verwandten und Freunden zu halten. Gerade dieses weitverzweigte Netz von Beziehungen scheint ihn zu tragen.

Den tiefsten Punkt – die „Tieflademarke", wie er sich als ehemaliger Seemann ausdrückte – hatte er 1940 erreicht. Müde und resigniert sehnte er sogar den Tod herbei. Am 6. Mai schrieb er an seine Frau: „Ich danke Dir für alle Deine treue Liebe und Fürsorge, die mich jedesmal, wenn wir uns sehen, doch wieder aufrappelt und auch dieses Mal aufgerappelt hat … Dabei geht es mir körperlich ganz ordentlich; aber seelisch bedrückt mich die Sinnlosigkeit und Aussichtslosigkeit des gegenwärtigen Daseins." Und zwei Wochen später: „Seit Tagen liegt mir als ein rechter Trost der Vers im Sinn ‚Du kannst durch des Todes Türen / träumend führen / und machst uns auf einmal frei'. Wenn's nur so weit wäre!"[227]

Die Aufgaben, die Niemöllers Frau sich zumutete, darunter auch viele Besuche bei Kranken und Sterbenden, waren kaum zu bewältigen. Besuche und andere Dienste in der Gemeinde gehörten zwar ohnehin zu ihren Pflichten als Pfarrfrau. Doch inzwischen war Else Niemöller nicht mehr nur in die Berufstätigkeit ihres Mannes eingespannt, sondern verantwortlich für ein Pfarrhaus, das eine Anlaufstelle für die Gemeinde, Versammlungsort für theologische und kirchenpolitische Beratungen und seit 1933 Zentrum des Kirchenkampfes geworden war. Sie war eine Frau der BK geworden, die mit ihrem Mann den Weg in die kirchliche Opposition ging. Gemeinsam mit ihm hatte sie die Konsequenzen auf sich genommen: Hausdurchsuchungen, ständige Überwachung, Vernehmungen durch die Polizei. Nicht nur Martin Niemöller, die ganze Pfarrfamilie wurde als staatsfeindlich angesehen und permanent bespitzelt.

Als ihr Mann verhaftet wird, übernimmt Else zusätzliche Aufgaben. Sie wird zur Mittlerin zwischen ihrem inhaftierten Mann und den vielen Menschen, die an seinem Ergehen Anteil nehmen und Kontakt mit ihm halten wollen. Das beansprucht einen Großteil ihrer Zeit und Kraft. Wie die belastende Situation die Beziehung der Eheleute verändert und intensiviert, hat Leonore Siegele-Wenschkewitz anschaulich beschrieben: Es geht Else „darum, ihrem Mann auch geistlichen Trost, Unterstützung und Wegweisung durch Bibelworte zu geben. Diese Sprüche aus der Bibel ... machen ihm Mut, in ihrem Zuspruch kann er sich geborgen fühlen. Das Ehepaar weiß sich verbunden durch die gemeinsame Fürbitte." Die Eheleute „können sich in großer Zärtlichkeit und Innigkeit, mal auch burschikos sagen, was sie füreinander empfinden und was sie einander bedeuten. Die Rollen innerhalb ihrer Beziehung aber haben sich sehr gewandelt. Else ist mehr oder weniger alleinerziehende Mutter von sieben Kindern. Für das Hauswesen mitsamt den ins ganze Reich reichenden Kontakten übernimmt erst einmal sie die Verantwortung. Sie führt den amtlichen Briefwechsel mit hohen Funktionsträgern des NS-Staats. So schreibt sie zum Beispiel an den Reichsführer SS Himmler, um für ihren erkrankten Mann ärztliche Versorgung zu erwirken, oder später, um dafür zu sorgen, daß die Isolationshaft aufgehoben wird. Sie führt den Briefwechsel, als er sich zu Kriegsbeginn freiwillig zur Marine meldet. Sie muß zugleich in Dahlem Martin Niemöllers Entscheidung erklären und ihrem Mann die Reaktionen auf diesen Schritt von Seiten der Gemeinde vermitteln."[228]

Hanns Kerrl, seit 1935 erster und einziger Kirchenminister des ‚Dritten Reiches', setzte sich dafür ein, dass die Familie des Inhaftierten weiter im Dahlemer Pfarrhaus wohnen durfte. Er veranlasste auch, dass man, obwohl Niemöller seines Pfarramts enthoben war, seiner Familie 80 % seines Gehalts weiterzahlte. Aufgrund eines neuen Gesetzes wurde die Zahlung 1939 auf die Hälfte verringert.[229]

Der Gefangene Nr. 569 führte im KZ Sachsenhausen ein Einsiedlerdasein. An den täglichen Appellen muss er als Sonderhäftling nicht teilnehmen. Früher als andere wird er geweckt; von zwei be-

waffneten SS-Männern begleitet, muss er seine Spaziergänge allein
machen. Niemand darf von ihm wissen und mit ihm Kontakt aufnehmen. Als freier Mann erzählt er Jahre später in Philadelphia, wie er
dennoch Kontakt zu seiner Umwelt herstellte: „Ich war in Einzelhaft,
ich durfte mit niemand sprechen. Aber meine Zelle hatte ein Fenster,
und am zweiten Morgen nach meiner Einlieferung in Sachsenhausen
hörte ich draußen Schritte und immer wieder Schritte. Ich rückte
meinen Tisch an die Wand, stellte den Schemel darauf, kletterte hinauf und blickte hinaus. Da sah ich ungefähr fünfzehn Leute, einen
hinter dem anderen, die rund um den Rasen herum im Lagerhof
ihren Morgenspaziergang machten. Nun wußte ich, was ich zu tun
hatte. Schon am nächsten Morgen und von da ab jeden Morgen, kletterte ich auf meinen Schemel, wenn ich die Schritte drunten hörte,
und rief den Männern dort unten – gerade laut genug, daß sie es
hören konnten – ein Wort aus der Heiligen Schrift zu, manchmal aus
dem Alten, manchmal aus dem Neuen Testament. So hatte Hitler
etwas erreicht, was er bestimmt nicht wollte: Gottes Wort hatte auch
inmitten der Pforten der Hölle eine Stimme gefunden."[230]

Zu Kriegsbeginn sah Niemöller eine Chance, aus der Haft zu kommen. Am 7. September 1939 schrieb er an den Chef der Kriegsmarine,
Großadmiral Raeder, und meldete sich als Freiwilliger: „Ich bin 47
Jahre alt, körperlich und geistig unvermindert leistungsfähig und
bitte um irgendeine Verwendung im Kriegsdienst, für die man mich
geeignet hält."[231] Die Anregung zu diesem Schritt war aus der Dahlemer Gemeinde gekommen; gleichwohl löste die Nachricht dort einen
Schock aus. Als nach dem Krieg bekannt wird, dass Niemöller sich
freiwillig zum Kriegsdienst gemeldet hatte, nehmen viele ihm dies
übel. Er erklärt daraufhin, weshalb er diesen Weg in die Freiheit versucht hatte. Er habe gehofft, teilt er der amerikanischen Zeitung
„News-Week" mit, als Offizier seinen aktiven Widerstand gegen Hitler wieder aufnehmen zu können. An George Bell schreibt er, im September 1939 habe er nur zwei Möglichkeiten gesehen: „1. Sollte Hitler
den Krieg gewinnen, wäre Deutschland verloren, da Hitler die Seele
dieses Landes abgetötet hatte, lange bevor er sich als ein Massen-
mörder größten Stils entpuppte. 2. Sollte Hitler den Krieg verlieren,
wäre Deutschland verloren, weil die anderen Mächte uns vollkommen niedertrampeln und uns nicht noch einmal wie 1918 davonkom-
men lassen würden." Beide Alternativen waren für ihn schrecklich.

Daher habe er „weder als Christ noch als Deutscher" anders entscheiden können.[232] Hinzu kam der quälende Gedanke, dass seine Söhne an der Front kämpften oder im Begriff standen, Soldat zu werden. Da habe er nicht untätig in seiner Zelle bleiben wollen.[233] Das Gesuch wurde abgelehnt. Auch andere Bemühungen, Niemöllers Freilassung zu erwirken, blieben erfolglos. Else Niemöller bat Hitler, ihren Mann zum 20. Hochzeitstag freizulassen. Das Gesuch der Familie, Niemöller zur goldenen Hochzeit seiner Eltern auf freien Fuß zu setzen, wurde ebenfalls abgewiesen. So schrieb er anlässlich ihres Ehejubiläums an Heinrich und Paula Niemöller. In seinem Brief verglich er sich mit Johannes, dem auf die Insel Patmos Verbannten: „Je länger ich hier auf meinem Patmos bleibe, desto zweifelhafter wird die Aussicht, daß ich je in ein freies und aktives Dasein zurückkehren werde, und desto unscheinbarer und unwichtiger werden alle zweit- und drittrangigen Dinge, wenngleich sie sich von Zeit zu Zeit schmerzhaft in Erinnerung bringen, wenn es so ist wie in dem Lied von Luther: ,Sie mögen Leib, Hab und Gut, Ehre, Kind und Frau mir nehmen ...'"[234]

Im Herbst 1940 besucht ihn sein fast 80-jähriger Vater im Lager. Heinrich Niemöller darf eine halbe Stunde mit ihm sprechen. Beim Weggehen nimmt er den Sohn bei den Schultern und sagt zu ihm: „Mein lieber Junge, hab keine Angst! Die Eskimos in Nordkanada und die Bataks in Sumatra schicken dir ihre Grüße und lassen dir sagen, daß sie für dich beten."[235]

Im März 1941 geht es mit Vater Niemöller zu Ende. Zweimal beantragt die Mutter bei Himmler Hafturlaub für den Sohn, beim zweiten Mal erhält Martin die Erlaubnis, seinen Vater zu besuchen. Von Gestapo-Leuten eskortiert darf er nach Elberfeld fahren. Dieser Besuch bei dem sterbenden Vater ist eine der eindrücklichsten Erfahrungen während der Haftzeit: „Als mein Vater auf dem Sterbebett lag, durfte ich eine halbe Stunde zu ihm und wurde zu diesem Zweck nach Elberfeld gebracht. Es war am 17. März 1941 nach Einbruch der Dunkelheit, als ich in das Krankenzimmer geführt wurde. Der Gestapobeamte blieb an der Tür innerhalb des Zimmers zurück. Ich selber konnte vor Bewegung kaum sprechen, und dem Sterbenden wurde das Sprechen sichtlich schwer. Aber er kaufte die Zeit aus, wie er es sein ganzes Leben hindurch getan hatte, und ich war fast die ganze Zeit der Hörende. Mein Vater sprach von den Kindern und von meiner Frau, er sprach zu mir von meinem Los und vom Trost des Glaubens, er sprach von den Geschwistern und von unserer Mutter, alles so, wie es einem guten Hausvater ansteht, der sein Werk getan hat und abschließt. (...) Meine Hand lag in der seinen, als der Beamte zum Aufbruch mahnte."[236]

Der in den Jahren seiner Haft immer wieder aufkommenden Depression sucht Niemöller mit intensiver Lektüre zu begegnen. Er widmet sich der Lektüre theologischer Fachbücher, daneben liest er klassische und moderne Autoren von Homers „Ilias" bis zu Fritz Reuter und Wilhelm Busch. In seinen Briefen erwähnt Niemöller besonders häufig englische und amerikanische Schriftsteller von Scott und Dickens bis zu Dorothy Sayers und lässt sich sogar von Margret Mitchells Bestseller „Gone With the Wind" hinreißen. Während der fast acht Jahre im KZ wird Niemöller rund 500 englische Bücher lesen. Das ermöglicht ihm, die englische Sprache so flüssig und gewandt zu sprechen, dass er nach dem Krieg englische und amerikanische Zuhörer in Erstaunen versetzt.

Schon im Sommer 1938 haben ihm Unbekannte ein katholisches Messbuch geschickt. Niemöller fand es in seiner Zelle, ohne zu wissen, woher es kam. Jeden Morgen las er die Messe und staunte über den Reichtum an Gebeten und biblischen Lektionen. Nachdem er Hinweise auf Kardinal Newman und den Jesuiten Erich Przywara gefunden hatte, ließ er sich deren Werke kommen. Im Frühjahr 1939 besorgte seine Frau ihm das katholische Brevier. Messbuch, Brevier und Gebetsregeln halfen ihm, die Einzelhaft mit ihrer ständigen Einsamkeit, Ungewissheit und Todesfurcht durchzustehen.

Welche Not ihn quälte, hat Niemöller nach seiner Befreiung ausgesprochen: „Jahrelang in Einzelhaft eingesperrt ohne Gottesdienst und ohne Seelsorge, jahrelang von einem Tag zum anderen wartend auf die Befreiung oder das Ende, jahrelang auf dich selbst und deine kümmerliche geistliche Armut angewiesen."[237] Aus den lateinischen Messtexten vernahm er „das lebendige, fleischgewordene Wort Gottes in seiner tröstenden und stärkenden Objektivität".[238] Sein evangelisches Gesangbuch – die Ausgabe für Brandenburg und Pommern von 1931 – erschien ihm dagegen wie ein freireligiöses Liederbuch voller subjektiver, frommer Regungen. Der Protestantismus mit seiner Verstandestheologie und seiner Gefühlsreligion hatte in einer solchen Extremsituation wie der KZ-Haft anscheinend keinen Halt, keine formende

Kraft zu bieten. Daraus mag sich erklären, dass Niemöller sich an das Stundengebet, das „Common Prayer Book" und die „Nachfolge Christi" des Thomas von Kempen hielt, die ihm einen täglichen Rhythmus der Meditation gaben. Die Exerzitien, an denen die katholische Kirche reicher war als die evangelische, wurden ihm lebenswichtig.[239]

Im Februar 1941 taucht in der Öffentlichkeit das Gerücht von Niemöllers angeblicher Konversion auf.[240] Die geistig-seelische Krise, in der er sich um die Jahreswende 1940/41 befindet, ist aber spätestens seit Juli 1939 bereits akut. Das Thema eines möglichen Übertritts zur römisch-katholischen Kirche bestimmt die Jahre in Sachsenhausen. Das geht nicht nur aus Briefen, sondern auch aus umfangreichen Aufzeichnungen „Evangelisch oder Katholisch?" vom Frühjahr 1939 und „Gedanken über den Weg der christlichen Kirche" hervor, die Niemöller 1939/40 verfasst hat.[241] Eine wesentliche Ursache, weshalb Übertrittsgedanken bei ihm aufkamen, war seine ungeheure Enttäuschung über die evangelische Kirche im ersten Jahr seiner KZ-Haft.

Bei seinem Studium theologischer Literatur beschäftigte Niemöller die Frage, wie Kirche sein soll. Dieses Problem betraf ihn existentiell: Wie muss eine christliche Kirche sein, damit sie in der Welt wirklich Kirche ist? Wie hängen christliches Heil und das Handeln der Gläubigen miteinander zusammen?

Anders als früher fehlte ihm nun weitgehend der anregende und korrigierende Austausch mit anderen. Es blieb nur, in Briefen und in Gesprächen mit seiner Frau die bedrängenden Fragen mitzuteilen. Else Niemöller suchte Hilfe bei fachkundigen Freunden und führte mit ihrem Mann einen harten theologischen Briefwechsel, um ihn von seinem Weg abzubringen.

Niemöller sah die protestantische Theologie in einer Sackgasse. Sie sei in Schriftgelehrsamkeit versandet und habe die Verbindung mit der Bibel verloren. Das exklusive Schriftprinzip sei weder kirchlich noch biblisch. Es habe das evangelische Christentum zur Buchreligion gemacht. ‚Kirche' sei aber etwas grundsätzlich anderes. Im Vergleich der Gemeinden, wie sie das Neue Testament schildere, mit den ihm bekannten kirchlichen Verhältnissen kam Niemöller zu dem Schluss, dass seine Dahlemer Gemeinde dem Vorbild entspreche, aber nicht die Organisationsform der evangelischen Landeskirche. „Es gibt keine evangelische Kirche, ... es gibt nur eine protestantische Zweckgemeinschaft mit ständig wechselnden Interessen ..." Die Reformation habe „bestenfalls in Gemeinden, oft aber nur in Zirkeln und Häusern gelebt".[242] Allein die römisch-katholische Kirche erschien ihm als wirkliche Kirche Jesu Christi. Sie sichere „die Einheit der Gemeinde in Lehre und Leben", indem sie Gehorsam gegenüber Petrus und seinen Nachfolgern fordere.[243] Niemöller hält es für „gut biblisch, wenn sich die Kirche ,apostolisch' nennt und auf die wesenhafte Verbindung mit den Aposteln Wert legt bzw. mit Petrus als dem Primus apostolorum".[244]

Auf die „lebensgestaltende Kraft" des Glaubens kommt es Niemöller an. Als solche Kraft sei christlicher Glaube „nur in wenigen kleinen Kreisen der sog. evangelischen Christenheit vorhanden".[245] Der Glaube muss sich nach Überzeugung des Tatmenschen Niemöller im Handeln auswirken. Nach dem Neuen Testament sei „ein Glaube ohne Früchte eben kein rechtfertigender Glaube". Luthers „Lehre von der sola fides [Glauben allein]" wirft er vor, sie habe „eine Verantwortungslosigkeit gezeitigt, von der die Schrift nichts weiß".[246]

Zu einer Konversion kam es nicht. Etwa zur selben Zeit, als das Gerücht von einem bevorstehenden Übertritt zur römisch-katholischen Kirche sich in der Öffentlichkeit verbreitet, stellt Niemöller fest, er habe den rechten Zeitpunkt für einen solchen Schritt verpasst.[247] Resigniert schreibt er am 9. Februar 1941 an seine Frau: „Du verstehst mich also völlig falsch, wenn Du meinst, ich suche nach einem Ersatz für das, was die evangelische Kirche einmal war; ich suche die Kirche, nachdem mir deutlich geworden ist, daß sie im Protestantismus nicht ist und nicht gewesen ist."[248]

Im Juli 1941 muss Niemöller überraschend seine Sachen packen. Er wird von Sachsenhausen ins KZ Dachau verlegt.

6. Die Verbreitung der letzten 28 Dahlemer Predigten im In- und Ausland (seit 1938)

Noch einmal: Wie kam es dazu, dass ein nationalkonservativer Pastor wie Martin Niemöller, der seine patriotische Vergangenheit auch noch in einem Bestseller zum Besten gab, mehr und mehr zum Feind des Führers Adolf Hitler wurde, so dass dieser ihn verhaften und im Frühjahr 1938 als persönlichen Gefangenen ins Konzentrationslager Sachsenhausen bei Berlin bringen ließ?

Die Lektüre der Predigten aus der Dahlemer Zeit lässt eine zuneh-
mende Auseinandersetzung mit aktuellen kirchenpolitischen Ereignissen und der weltanschaulichen Propaganda des NS-Regimes erkennen. Niemöllers Einstellung gegenüber dem nationalsozialistischen Staat wandelte sich in dem Maße, in dem er erleben musste,
wie der öffentliche Einfluss der Kirchen und des Christentums insgesamt systematisch behindert und Schritt um Schritt zurückgedrängt
wurde. Gleichzeitig wurde er selbst als national unzuverlässig, ja als
Volksfeind attackiert. So gingen ihm allmählich die Augen dafür auf,
dass Christentum und Nation, dass evangelische Kirche und deutsches Vaterland doch nicht so selbstverständlich zusammengehörten,
wie er das bis dahin erlebt und geglaubt hatte. Das löste in ihm einen
schmerzhaften und langwierigen Lernprozess aus. Dabei hielt Niemöller an der Überzeugung fest, dass auf Dauer kein Volk bestehen
könne, das sich Gott und seinen Geboten widersetze.

Aus dieser Überzeugung heraus trug er 1936 eine Denkschrift der
Bekennenden Kirche an Hitler mit, worin sowohl gegen die nationalsozialistische Kirchenpolitik als auch gegen die innenpolitischen
Missstände im Reich protestiert wurde.[249] Hitler und seiner ganzen
Führung wurde vorgehalten, dass er nicht nur die Rechte der Kirche
systematisch verletze, sondern die Ordnung zerstöre und alle öffentlichen und feierlichen Zusagen im Hinblick auf ihr Wirken im Volk
gebrochen habe. Daraus müsse Unglück und Unheil für Deutschland
folgen. Davon war auch Niemöller zutiefst überzeugt. Als seine Pre-
digttätigkeit im Juni 1937 abbricht, weil die politische Gewalt ihn
mundtot machen will, verbreiten sich die Worte des Gefangenen in
Deutschland weiter im Untergrund und im Ausland durch zahlreiche
Publikationen.

Durch zwei Predigtbände, die 1937 in England und den USA er-
schienen, war Niemöller dort bereits vielen Lesern bekannt.[250] Diese
Editionen präsentierten ihn als einen Prediger, der sich wie Martin
Luther allein seinem an Gottes Wort gebundenen Gewissen verpflich-
tet fühlt und keinen anderen Gott anerkennt als den Gott Israels und
Vater Jesu Christi. Die Bekennende Kirche, so James Moffat in seinem
Vorwort, kämpfe gegen das völkisch-nationale Heidentum im NS-
Staat. Niemöller trete diesem Gegner allein mit der Predigt des Wor-
tes Gottes entgegen. Noch mehr tragen freilich die Druckausgaben
der letzten 28 Dahlemer Predigten dazu bei, dass der Name Martin

Niemöller in den Kirchen der westlichen Welt als Name eines mutigen Zeugen im Gedächtnis bleibt, mit dem sie sich in seinem Kämpfen und Beten verbunden wissen. Presseberichte und die Übersetzun-
gen der Predigten machen Niemöller weltweit zu einem Symbol des
kirchlichen Widerstands gegen den NS-Staat bzw. gegen Hitler.
Dass seine Dahlemer Predigten in Deutschland verbreitet wurden,
ist vor allem zwei jungen Frauen zu verdanken. Barbara Loewenberg
(1920–1989), die nach den NS-Rassegesetzen als „Halbjüdin" galt,
nahm bei Niemöller am Konfirmandenunterricht teil, nachdem der
für sie zuständige Gemeindepfarrer sie bereits konfirmiert hatte. Sie
fertigte in den Jahren 1935 bis 1937 stenografische Nachschriften von
insgesamt 58 Predigten Niemöllers an, darunter auch die letzten
28 Predigten.[251] Deren Text wurde auf DIN-A4-Blättern in hektogra-
phierter Form zusammengeheftet und in einem Einband aus gelbem
Karton illegal in den bekennenden Gemeinden verteilt. Karl Immer,
Pfarrer in Barmen-Gemarke, hatte zu der Sammlung ein Vorwort geschrieben. Der Umschlag aus gelbem Karton trug in griechischen
Großbuchstaben die Aufschrift *„Kyrios Iesous Christos"* (Herr ist Jesus
Christus), ein urchristliches Bekenntnis. Die griechische Sprache
tarnte den Inhalt und war nur Eingeweihten verständlich.

Die Niederländerin Hebe Kohlbrugge (geb. 1914) hatte eine Ausbildung als ‚Pfarrgehilfin' am Burckhardthaus in Berlin-Dahlem gemacht und war durch Niemöllers Gemeindeabende zur Bekennenden
Kirche gekommen. 1938 fuhr sie in der Mark Brandenburg im Auto
von Otto Dibelius von einem BK-Pfarrer zum anderen, um ihnen die
Ausgabe der letzten Dahlemer Predigten zu bringen. Das war äußerst
riskant. Wenig später wurde die junge Frau von der Gestapo verhaftet
und kam nur durch eine Intervention des niederländischen Botschaf-
ters wieder auf freien Fuß. Sie verließ Deutschland und war in Holland im kirchlichen Widerstand tätig, bis sie 1944 verhaftet wurde.
Die Nazis deportierten sie ins KZ Ravensbrück, wo sie überlebte.

Die Predigtsammlung *„Kyrios Iesous Christos"* gelangte auf geheimen Wegen ins benachbarte Ausland. 1939 brachte das Schweizeri-
sche Evangelische Hilfswerk sie unter dem Titel „Dennoch getrost"
heraus, im selben Jahr erschienen die Predigten in niederländischer,
dänischer, norwegischer und schwedischer Übersetzung. Die größte
öffentliche Resonanz fand indessen die US-amerikanische Ausgabe,
die 1941 in New York unter dem publikumswirksamen Titel „God is

My Fuehrer" erschien, versehen mit einem Vorwort von Thomas Mann. Der Verleger hatte die Idee, den berühmten deutschen Schriftsteller um ein Vorwort zu Niemöllers Predigten zu bitten. Wahrscheinlich erhielt Mann die Schweizer Druckausgabe zugesandt und vertiefte sich alsbald in die Lektüre. Das Vorwort entstand an zwei Julitagen des Jahres 1941.

Thomas Mann kannte sicher das Foto von Niemöller, das nach dessen Verhaftung im Juli 1937 mit der Unterschrift „Pastor Niemöller der Führer der kirchlichen Opposition in Deutschland verhaftet" in mehreren ausländischen Zeitungen erschienen war. Und Anfang März 1938 hatte er aus der Zeitung vom Urteilsspruch des „Volksgerichtshofs" (wie er irrtümlich in seinem Text schrieb) gegen Niemöller erfahren. Aus späteren Äußerungen des Autors lässt sich entnehmen, dass die „ungeheuer mutige Zeugenschaft" Niemöllers starken Eindruck auf ihn gemacht hatte. In seinem Vorwort schildert er den Kampf der Kontrahenten – der „tapfere Bekenner Gottes" und sein Widersacher, der „große Herr Hitler" – mit solcher leidenschaftlicher Parteinahme, dass es den Leser in Empörung gegen das Unrecht, das Niemöller angetan wurde, versetzen und zur lebhaften Teilnahme an seinem Schicksal bewegen muss.[252] Ein Mitstreiter Niemöllers in der Friedensarbeit nach 1945 hielt dieses Vorwort für „die beste Charakterisierung" der Predigten seines Freundes.[253]

In rascher Folge kamen weitere Ausgaben in Holland, Dänemark, Norwegen (alle 1939), Schweden (1940) und England (1941) heraus. Die Vorworte zu den fremdsprachigen Predigteditionen präsentieren die letzten 28 Dahlemer Predigten als Zeugnisse des Kampfes der BK gegen völkisch-nationales Heidentum und gegen die nationalsozialistische Weltanschauung. Niemöller wird als Prediger auf den Spuren Martin Luthers wahrgenommen, seine Predigten erscheinen, je mehr man sie zum Kontext des NS-Staates in Beziehung setzt, als Dokumente politischer Opposition. Vor allem in England und den USA gilt Niemöller als Exponent eines politischen Widerstands. In der deutschen BK und in jenen Ländern, die unmittelbar von der nationalsozialistischen Expansions- und Eroberungspolitik bedroht waren, wurde dagegen stets herausgestellt, dass Niemöller nichts anderes getan habe, als das Evangelium von Jesus Christus zu predigen und mit Leib und Leben dafür einzustehen.

Erklärtes Ziel der Predigteditionen war es, den Namen Martin Niemöller im Gedächtnis der Leser und im Bewusstsein der Öffentlichkeit wachzuhalten. Diesem Ziel dienten auch biographische Darstellungen, die im Ausland nach Niemöllers illegaler Verbringung in das
KZ Sachsenhausen erschienen. Sie ergänzten seine Autobiographie,
die in England (1936) und den USA (1937) erschienen war. In der
Schweiz kam schon 1938 die anonyme Schrift „Martin Niemöller und
sein Bekenntnis" heraus, die in hektographierten Abschriften auch
illegal in Deutschland verbreitet wurde; 1939 folgten die englische
und die französische Übersetzung. Verfasser der Schrift war Franz
Hildebrandt. Populäre Biographien kamen hinzu: in Schweden das
Buch des Publizisten Kurt Singer, „Martin Niemöller. Prästen i kon-
centrationslägret" (Stockholm 1939), in den USA von Basil Miller
„Martin Niemoeller. Hero of the concentration camp" (Grand Rapids
1942). Der Autor, Pfarrer der Nazarenerkirche (*Church of the Naza-
rene*), wurde US-amerikanischen Lesern durch zahlreiche Bücher
zu christlichen Glaubensgestalten und missionarischen Themen bekannt. Kann die informative Schrift von Hildebrandt die hohe Au-
thentizität eines Insider-Berichts aus erster Hand für sich beanspruchen, so sind die Darstellungen von Kurt Singer und Basil Miller eher
dem Genre der *Human interest story* zuzurechnen, die bei ihren Lesern emotionale Anteilnahme erzeugen will. Mit den Tatsachen
wurde dabei mitunter freizügiger umgegangen.

7. „Ein Held von beinahe mythischer Statur" – Niemöller als Objekt der Phantasie

Manchmal treibt die Geschichte des Pastors Niemöller, wie sie in den
internationalen Medien dargestellt wird, merkwürdige Blüten: Beispiele dafür sind der Fall Leo Stein und Kurt Singer sowie der Roman
„Le Tombeau des amants inconnus" (New York 1941) von Claire Goll
(1890–1977).

Unter dem Pseudonym Leo Stein erschienen 1941 in mehreren US-
amerikanischen Zeitschriften Berichte über Niemöller, die vorgaben,
authentische Äußerungen von ihm zu zitieren. So habe Niemöller
u. a. erklärt: „Whoever is an anti-Semite and persecutes the Jews can
never be a real Christian. Hitler is the true anti-Christ." In einem

Buch mit dem reißerischen Titel „I was in Hell with Niemoeller"
(1942) teilte Stein wenig später Begegnungen und Gespräche mit, die
er im KZ mit Niemöller geführt haben wollte. Thomas Mann hielt sie,
wenn man dem Werbetext des Verlags glauben darf, für echt. Sowohl
die Artikel wie das Buch des rätselhaften Autors, der deutsch-jüdi-
scher Rechtsanwalt zu sein behauptete, sind als Fiktionen einzuschät-
zen.[254] Sie beeinflussen aber bis heute das Bild von Niemöller in den
USA, wo ,Dr. Stein' als historisch zuverlässiger Zeuge zitiert wird.
Mehrere Indizien deuten darauf hin, dass der 1940 vor den Nazis aus
Europa nach New York geflüchtete Journalist Kurt Deutsch alias Singer an der Abfassung des Buches von Stein beteiligt war. Er könnte
sogar selbst dieses Buch geschrieben haben. Singer hatte, wie schon
erwähnt, 1939 in Schweden eine Niemöller-Biographie veröffentlicht,
die wie Steins Bericht frei erfundene Begebenheiten und Phantasien
als verbürgte Tatsachen ausgibt. Beide stellen Niemöller als christlichen Glaubenshelden im Kampf gegen das Böse dar. Solche mythi-
sche Überhöhung und Glorifizierung Niemöllers war in jenen Kriegs-
jahren für die Publizistik der westlichen Welt typisch.[255]
Der Roman der deutsch-französischen jüdischen Autorin Claire
Goll erzählt in Briefen von der Liebe eines Pfarrers der BK zu einer
französischen Schauspielerin. Für den Protagonisten des Romans
Jean M. soll angeblich Martin Niemöller Vorbild gewesen sein, behauptete die Schriftstellerin später. Sie schickte ihm ihren Roman,
erhielt aber keine Antwort. Darauf telefonierte sie mit ihm. Niemöllers Stimme erschreckte sie so sehr, dass sie danach behauptete: Diesen Mann habe sie nicht dargestellt! Seine Stimme am Telefon sei so
hart und unnahbar gewesen![256]
Am Roman lässt sich schwer nachweisen, was die Autorin von den
damals in den USA verbreiteten Nachrichten über Niemöller in ihre
fiktive Geschichte der Liebenden aufgenommen haben könnte.
Außer der Tatsache, dass Jean wiederholt verhaftet und zuletzt ins
KZ gebracht wurde, sind konkrete Bezüge zu Niemöllers Schicksal
kaum zu ermitteln. Einige Kostproben aus dem Roman müssen genügen:[257] Nach einer Predigt über das Wort „Die Liebe hört niemals
auf" (das die anscheinend bibelunkundige Autorin Petrus zuschreibt)
wird Jean wegen Übertretung des Kanzelverbots verhaftet. Er wird
angeklagt, weil er eine neue Reformation (!) angestrebt und Geld für
die ,Kasse der verfolgten Brüder' (Pfarrernotbund?) gesammelt habe.

Außerdem soll Jean nach dem Zerbrechen von Altarkerzen ausgerufen haben: „Wenn die Kirche sich nicht an Gottes Wort hält, wird sie wie diese Kerzen zerbrechen!" Seine Konfirmanden lehrte er: „Es gibt weder Juden noch Protestanten, sondern nur Menschen." Seine Geliebte Viola begeht aus Verzweiflung Suizid, nachdem sie in einer Zeitung die falsche Nachricht gelesen hat, Jean sei auf der Flucht getötet worden.

Es kann sein, dass Claire Goll vor Beendigung ihres Romans in der Zeitung eine Notiz fand, die fälschlich Niemöllers Erschießung bei einem Fluchtversuch meldete. Ihr Liebesroman belegt jedenfalls, dass das Schicksal des Inhaftierten nicht nur zu sachlicher und engagierter Berichterstattung anregte, sondern auch den Stoff bot für abenteuerliche Projektionen einer kreativen Phantasie. James Bentley verweist auf „die emotionsgeladene Atmosphäre jener Zeit", in der es „fast unmöglich [war], in Niemöller *nicht* einen Helden von beinahe mythischer Statur zu sehen".[258]

8. Im KZ Dachau (1941–1945)

Im Juli 1941 wurde Niemöller nach Dachau bei München gebracht.[259] Hatte er in den vier Jahren Einzelhaft in Sachsenhausen nur wenige Möglichkeiten, mit anderen Häftlingen Kontakt aufzunehmen, so verbesserten sich nun seine Lebensumstände. Im Sonderbau des KZ Dachau, der prominente Gefangene aus 22 Nationen beherbergte, hatte jeder seine eigene Schlafzelle, teilte aber mit anderen den Ess- und Wohnraum.

Aus seinen Briefen wusste die Gestapo von seinen Konversionsabsichten. Wahrscheinlich nahm sie an, die kirchliche Opposition ließe sich zerschlagen, wenn ihre Symbolfigur, der berühmte Pastor Niemöller, sich von seiner Kirche abkehren und Katholik werden würde. Deswegen wurde er auf höchsten Befehl in Dachau mit drei katholischen Theologen zusammengelegt: Es waren der Domkapitular und spätere Weihbischof Johannes Neuhäusler aus München, der Aachener Domkapitular Nikolaus Jansen und der Pfarrer Michael Höck aus Münster. Das dauernde Zusammensein mit ihnen sollte Niemöller den letzten Anstoß zur Konversion geben.

Doch der Plan scheitert. Else Niemöller findet ihren Mann schon bei ihrem ersten Besuch in Dachau deutlich verändert. Die unmittelbare Begegnung mit den katholischen Geistlichen, die intensiven Gespräche mit ihnen bewirken, dass Niemöller sich wieder seines evangelischen Glaubens vergewissert und auf dem Boden seiner Kirche steht. Nach kaum einem Monat erkennt er, dass „auch in der katholischen Kirche diese menschlichen Unzulänglichkeiten genau so schwer wiegen wie bei uns in der evangelischen Kirche".[260] Aus dem Messbuch und dem Brevier habe er, wie er später erklärt, den Eindruck bekommen, die anderen seien bessere Christen. Seine Kenntnis der katholischen Kirche habe nur auf Bücherwissen beruht: „Und wenn man das vergleicht ... mit einer Realität in der Evangelischen Kirche, von der ich nicht absehen konnte, dann heißt das, jede Kirche, deren Lehren man kennenlernt[,] ist besser als die Kirche, deren Praxis man kennenlernt." So sei er überzeugt gewesen, in der römisch-katholischen Kirche „geradezu ein Paradies" zu finden. Mit den römisch-katholischen Priestern wurde er „sehr gut Freund und auch christlicher Bruder". Aber durch die Gespräche mit ihnen sei ihm – so sagte er später – „der Sinn zurechtgerückt" worden, und er hörte auf, das Ideal der katholischen Kirche mit praktischen Erfahrungen in der eigenen Kirche zu vergleichen.[261]

Im Zusammenleben mit anderen gewinnt Niemöller seine seelische Ausgeglichenheit und körperliche Spannkraft zurück. Der Sonderhäftling Nr. 26679 lebt jetzt zwar unter erträglicheren Bedingungen. Aber jeden Tag hat er von seinem Zellenfenster aus den Galgen vor Augen. Die ‚Predigt' dieses Galgens begleitet seine Jahre in Dachau. Sie wird ihn auch in der wiedergewonnenen Freiheit begleiten, wie er seinen Zuhörern nach dem Krieg nicht müde wird zu sagen: „Ich habe damit gerechnet, daß auch ich eines Tags dort aufgehängt werden könnte. Ich habe dabei nur die eine Angst gehabt, ich könnte, wenn ich dort hinge, auf die Menschen, die mich zu Unrecht aufgehängt hätten, Gottes Gericht herabfordern und so im Unglauben sterben."[262]

Was der Galgen ihm ‚predige', hat Niemöller später in einer seiner Predigten ausgedrückt. Sie gewährt einen tiefen Einblick in seine Eigenart, das Evangelium geläutert durch die Erfahrung abgründiger Sinnlosigkeit zu verkünden. Der Galgen, sagt er, habe ihn viele Male gefragt:

„Was wird geschehen, wenn sie dich eines Tages aus dieser Zelle herausholen und stellen dich auf den Hocker unter diesen Galgen und legen dir die Schlinge um den Hals, und dann wird der Schemel weggezogen, und es ist aus mit dir? Wirst du dann mit der letzten Kraft deine Henker anbrüllen: ‚Ihr Verbrecher, wartet nur! Es ist noch ein Gott im Himmel, der wird es euch schon zeigen!‘ Und mit dieser Frage kam die andere: Wenn dort auf dem Hügel vor den Toren der Stadt Jerusalem der Mann aus Nazareth, als sie ihn dort an den Galgen nagelten, seine Henker und Mörder so angebrüllt hätte: ‚Ihr Verbrecher, wartet nur! Es ist noch ein Gott im Himmel, der wird es euch schon zeigen!‘ Wir wissen, was dann passiert wäre: Es wäre gar nichts passiert. Ein anständiger Mensch mehr wäre unrechtmäßiger Weise am Galgen hingerichtet worden wie Tausende vor ihm und Tausende nach ihm. Sonst wäre nichts geschehen. Es gäbe keinen Sohn Gottes, keinen, in dem Gott selber uns begegnet in seiner Güte, Geduld und Langmütigkeit; es gäbe keine Erlösung und keine Versöhnung und keine Vergebung und keine Gemeinde dieses Mannes von Nazareth und keine christliche Kirche. Seine Vergebung ist sein Gericht, und sein Gericht heißt Vergebung: ‚Vater, vergib ihnen!‘ Weil sein Gericht über seine Widersacher Vergebung heißt und weil er sich dazu bekennt, darum und nur darum sind wir hier, gibt es eine christliche Gemeinde, gibt es eine Christenheit, gibt es eine Frohe Botschaft, und da hören wir die wirkliche Bußpredigt, die christliche Bußpredigt."[263]

Mit seinen katholischen Mitgefangenen übt Niemöller in Dachau das gemeinsame Breviergebet. Täglich hält er ihnen eine Bibelstunde. Abends vor dem Kartenspiel liest er den Zellengenossen aus Werken von Gotthelf, Hesse, Bernhard Kellermann oder anderer Autoren vor. Ein Dachauer Mithäftling erinnert sich später daran, „mit welcher Fertigkeit Martin Niemöller die köstlichen Werke von Fritz Reuter ‚Ut mine Stromtid‘ und ‚Ut mine Festungstid‘ flüssig und dramatisch vorlesen konnte".[264] Er wird Niemöller im Rückblick als „sehr genau, sehr gründlich, oft kategorisch" kennzeichnen.[265] Anfangs führen die vier Theologen am späten Abend noch lange Diskussionen. Später sitzt Niemöller meist allein in seiner Zelle. Er schreibt Briefe, widmet sich englischer Lektüre und dem Legen von Patiencen und liest in der Bibel.

Auch während der Haft bleibt Niemöller Vorsitzender des Pfarrernotbundes. Die Preußische Bekenntnissynode wählt ihn noch im Oktober 1943 zum Vorsitzenden des Preußischen Bruderrates. Zeichen der Verbundenheit werden ihm zuteil, auch von katholischer Seite. Clemens August Graf von Galen, Bischof von Münster und später Kardinal, spricht in seiner Predigt vom 13. Juli 1941 rühmend von seinem Landsmann Niemöller, ohne dessen Namen zu nennen, für die Zuhörer jedoch eindeutig: „Der Name eines evangelischen Mannes, der im Weltkrieg als deutscher Offizier und Unterseebootskommandant sein Leben für Deutschland eingesetzt hat und nachher als evangelischer Pfarrer auch in Münster gewirkt hat und der jetzt schon seit Jahren seiner Freiheit beraubt ist, ist euch allen bekannt, und wir haben alle die größte Hochachtung vor der Tapferkeit und dem Bekennermut dieses edlen Mannes".[266]

Else Niemöller altert sichtlich in diesen Jahren. 1942 erkrankt sie für einige Wochen und muss ins Krankenhaus. Die ständige Sorge um ihren Mann, der Bombenkrieg und die beschwerlichen Reisen haben ihr viel abverlangt. Während er in Dachau erstaunlicherweise neue Widerstandskraft gewinnt – „Es ist einfach unvorstellbar, was für Kraft der Mann noch hat", schreibt sie nach einem Besuch bei ihm[267] –, wird sie bis an den Rand ihrer Kräfte beansprucht. Bis 1943 ist sie allein für das Dahlemer Pfarrhaus verantwortlich, unterstützt von ihrer Freundin und Hauswirtschafterin Dora Schulz. Freunde stehen ihr mit Rat und Tat zur Seite. Dachau ist 550 Kilometer weit von Berlin entfernt. Da bietet Albert Lempp, Inhaber des Münchener Christian Kaiser Verlags, ihr einen Teil seines Hauses in dem Dorf Leoni als Wohnung an. Im Spätsommer 1943 zog Else Niemöller mit ihren Kindern nach Leoni am Starnberger See, um ihren Mann künftig leichter besuchen zu können. Sie blieb für ihn auch in den Dachauer Jahren die wichtigste Bezugsperson.

Am 20. April 1945, ihrem 26. Hochzeitstag, besucht sie ihn zum letzten Mal im KZ. Die Russen sind bereits im Nordosten Berlins; von Westen her rücken die Amerikaner vor. Im Lager ist alles im Aufbruch begriffen. Was mit den Gefangenen geschehen würde, war unsicher. Zum Sprechen lassen die Wärter dem Ehepaar nicht viel Zeit. Schweren Herzens verlässt Else Niemöller das Lager, zumal sie den Eindruck hat, dass ihr Mann seine anfängliche Zuversicht verloren hat und wieder an einem Tiefpunkt angelangt ist.

Was Niemöller umtreibt: Die KZ-Häftlinge sollen verschleppt werden. Aber keiner von ihnen weiß, wohin. Auf seiner letzten Postkarte aus Dachau schreibt er an Else: „Liebste Frau! Die Verschleppung nach Süden beginnt. Unser Ziel wissen wir nicht. Bleib tapfer für die Kinder, und der treue Gott behüte Euch! In Seiner Heimat finden wir uns wieder, falls es auf dieser Erde nicht mehr sein soll. Innerlich bin ich ganz ruhig; ringsum ist eine fürchterliche Unruhe: Ipse faciet! Grüße die Freunde, küsse die Kinder. Ich bleibe dir dankbar für alles. Innigst und ewig Dein Martin."[268] Else Niemöller erhält die Karte elf Monate später in Büdingen.

Erst am 24. Juni 1945 werden die Eheleute sich wiedersehen. Zwei Schicksalsschläge hatten die Familie wenige Monate zuvor getroffen. Die jüngste Tochter Jutta erlag kurz nach Weihnachten 1944 ganz plötzlich einer Diphtherie. Am 28. Februar 1945 wurde der von Else besonders geliebte älteste Sohn Hans Jochen bei Stargard in Pommern von einer russischen Panzergranate tödlich getroffen.

Die Geburtsstunde des ökumenischen Niemöller in Dachau

1943 wurde den katholischen Priestern in Dachau eine leere Zelle zugewiesen, in der sie beten und Gottesdienste halten durften. Den sieben evangelischen Sonderhäftlingen verwehrte man diese Möglichkeit. Als man ihnen kurz vor Weihnachten 1944 sogar verbot, Weihnachtslieder zu singen, protestierte der Niederländer Dr. J. C. van Dijk, ehemals Kriegsminister seines Landes. Die Lagerverwaltung gab nach.

So durfte Niemöller zum Weihnachtsfest am 24. Dezember 1944 mit sechs Kameraden einen evangelischen Gottesdienst feiern. Als einziger Pfarrer hatte er den Gottesdienst zu leiten; den acht übrigen Sonderhäftlingen im Zellenbau, die römisch-katholisch waren, hatte man einen eigenen Gottesdienst erlaubt. Niemöllers Mitgefangene, denen er die Weihnachtsbotschaft verkündete, „waren ein englischer Oberst, ein holländischer Minister, zwei norwegische Reedereibesitzer, ein serbischer Diplomat und ein mazedonischer Journalist". So bildete sich eine Christengemeinde besonderer Art: „Da alle sechs Gemeindeglieder leidlich gut deutsch sprachen, machte die Verständigung keine großen Schwierigkeiten; ja, wir haben unsere deutschen Choräle mit einem Eifer und einer Freude gesungen, wie sie in nicht gar zu vielen Kirchengemeinden unserer Heimat anzutreffen sind.

Dabei war unsere Gemeinde fast ebenso reich an Konfessionen wie
an Nationen: Calvinisten, Lutheraner, Anglikaner und Griechisch-
Orthodoxe fanden sich hier zusammen, fast alle Einzelgänger, die
von ihrer kirchlichen Gemeinschaft ebenso abgeschnitten und getrennt waren wie von ihren Familien und Freunden. – Was blieb uns
anderes übrig, als nun, so gut wir es verstanden, die ‚una sancta' in
die Praxis umzusetzen und uns gemeinsam um Gottes Wort zu versammeln? Ja, was blieb uns anderes übrig, als auch miteinander das
Abendmahl unseres Herrn zu feiern?"[269]

Niemöller berichtet, wie er unmittelbar vorher noch gegrübelt
hatte, wie er als der einzige Deutsche seinen Mitchristen die Weihnachtsbotschaft verkündigen sollte. Der Gedanke bedrückte ihn, dass
sie allesamt Völkern angehörten, die alles Deutsche hassten und
keine Predigt von einem Deutschen hören wollten. Dann aber geschah etwas Bemerkenswertes: „Da klopfte es an meine Tür und her-
ein trat, von einem SS-Posten begleitet, der holländische Kriegsminister, ein alter Herr von über siebzig Jahren, und sagte mir: ‚Herr Pastor,
ich habe mit den anderen fünf Herren gesprochen, die mit mir heute
abend an Ihrem Gottesdienst teilnehmen werden, und wir alle haben
eine Bitte an Sie. Wir möchten Sie bitten, ob Sie nicht heute mit uns
das heilige Abendmahl feiern möchten?' Und so ist es geschehen: Ich,
der Deutsche, habe am Heiligen Abend nach meiner Predigt über die
Engelsbotschaft mit diesen sechs Angehörigen feindlicher Länder das
heilige Abendmahl gehalten: ‚Friede auf Erden für die Menschen des
Wohlgefallens!' Und es ist uns allen wohl bewußt geworden, daß der
Friede Gottes den Frieden unter uns Menschen schafft. Wir haben
dann noch einmal am Gründonnerstagabend in der gleichen Weise
uns am Tisch des Herrn gesammelt, ehe wir von Dachau nach Südtirol abtransportiert wurden ..."[270]

Der Heiligabendgottesdienst 1944 ist die Geburtsstunde des ökumenischen Niemöller.[271] Niemöller selbst hat das Ereignis in einem
Interview so gedeutet: „Die Ökumene ist mir im Konzentrationslager
begegnet und ein ganz wesentlicher Teil meines Pastorseins geworden, das heißt ein Bestandteil dessen, was ich als Christ in dieser Welt
zu tun habe und für meine Pflicht halte, es zu tun. Es war eine son-
derbare Geschichte im Grunde, es war mein Weihnachtserlebnis des
Jahres 1944. (...) Wir haben den ersten ökumenischen Gottesdienst
gehalten, denn das waren nun fünf verschiedene Nationen, die dort

zusammen mit einem Deutschen Gottesdienst hielten, und es waren ...
verschiedene Konfessionen, die miteinander das Heilige Abendmahl
feierten. Und von diesem Augenblick an bin ich Ökumeniker geworden, das heißt, mein Herz war irgendwo bei dieser Frage, wo ist bei
der großen Verschiedenheit der Kirchen doch die wirkliche Einheit
des Leibes christlich da[,] und wie bringen wir die so nach vorne, dass
sie wirksam wird."²⁷²

An Weihnachten 1944 war der erste Gottesdienst für die nichtka-
tholischen Sonderhäftlinge im KZ Dachau, dem noch fünf weitere
folgen sollten, der letzte am 2. April 1945 (Ostermontag).

Wer heute Niemöllers „Sechs Dachauer Predigten" liest, staunt wie
vor mehr als 60 Jahren sein Biograph Dietmar Schmidt über ihre Frische und Aktualität: „Sie sind sehr nüchtern, unsentimental, ohne
Ressentiments, aber auch ohne jedes Selbstmitleid."²⁷³ Sie bringen Bibelworte direkt mit der Situation der Gefangenen zusammen, mit
ihrem vergeblichen Warten, ihrem Untätigsein.

Niemöller spricht offen von seinen Anfechtungen. Er warnt davor,
dem „allzu menschlichen Empfinden nach[zu]geben, das uns einreden
will: Weil ich innerlich so arm und leer wie ein Bettler bin, der nichts
zu geben hat, darum kann ich mich nicht an Gott wenden; weil ich
nicht fromm, nicht gläubig, nicht gesammelt genug bin, darum kann
ich nicht zu ihm beten. – Ich weiß es aus der eigenen Erfahrung dieser
Jahre, wie uns gerade in unserer Lage mit ihrem eintönigen Einerlei,
mit ihrer Riesennot, die wie ein unabänderliches Verhängnis auf uns
lastet, mit ihrer scheinbaren Aussichtslosigkeit, solche Gedanken kommen und uns bedrängen, und wie sie an der Wurzel unseres Glaubens
nagen. – Da kommt es darauf an, daß wir uns – ich möchte sagen: täglich von neuem – auf das besinnen, was uns von diesem Jesus zu
Ohren gekommen ist, und daß wir dann mit unsrer Last zu ihm gehen
und in ‚getroster Verzweiflung', wie Martin Luther das genannt hat,
zu ihm schreien: ‚Du Sohn Davids, erbarme dich mein!'"²⁷⁴

Am Gründonnerstag kann Niemöller mit großer Freiheit den
Streit der Konfessionen um die Bedeutung des Abendmahls beiseite-
schieben, indem er erklärt, Jesus Christus habe uns keine Lehre über
sein heiliges Mahl hinterlassen. Das relativiere auch das Gewicht
klassischer innerprotestantischer Streitfragen: „Wie kann Brot und
Wein Leib und Blut Jesu Christi sein? – Die große Spaltung in der
Reformationskirche rührt großenteils von der verschiedenen Beant-

wortung dieser Frage her: Luther lehrte darin anders als Zwingli, und dieser wieder anders als Calvin, alle nur einig in der Ablehnung der mittelalterlichen Verwandlungslehre der römisch-katholischen Kirche. – Heute sind diese theologischen Differenzen schon so fein geworden, daß man ein überdurchschnittlich geschulter Philosoph sein muß, um sie in ihrer Verschiedenartigkeit noch zu erkennen. Und wenn von solcher Erkenntnis unsere Seligkeit abhinge, dann wäre das Himmelreich nur für gelehrte Denker zugänglich, was ja aber offensichtlich im Gegensatz zu Jesu eigener Auffassung und zu seinen eigenen Worten steht."[275]

9. Befreiung im letzten Augenblick (1945)

Am 24. April 1945 wurden 163 Sonderhäftlinge[276] aus dem KZ Dachau in offenen Lastwagen – nach anderen Zeugenaussagen waren es Omnibusse der Reichspost – abtransportiert, bewacht von schwerbewaffnetem Personal des SD und der Gestapo unter Führung eines SS-Obersturmbannführers Stiller.[277] Es waren Frauen und Kinder, die als Angehörige der ‚Sippenhaft' zum Opfer gefallen waren, und Männer, unter denen sich zahlreiche prominente Persönlichkeiten befanden wie der letzte österreichische Bundeskanzler Kurt von Schuschnigg, der französische Sozialistenführer Léon Blum, der frühere ungarische Ministerpräsident Nicholas Graf Kóllax, hohe Staatsbeamte und Offiziere verschiedener Nationen wie Colonel Best, der Chef des britischen Geheimdienstes auf dem Festland, Hjalmar Schacht, von 1934 bis 1939 Hitlers Wirtschaftsminister, die Generäle von Falkenhausen, Halder und Thomas, alle Mitwisser des 20. Juli 1944, und einige kirchliche Amtsträger, unter ihnen ‚der persönliche Gefangene des Führers', Martin Niemöller. Sein Nachbar bei der Fahrt war Oberst Bogislav von Bonin, der ins KZ kam, weil er einem sinnlosen Befehl Hitlers den Gehorsam verweigert hatte. Er trug als einziger Häftling eine Offiziersuniform.

Die Häftlinge wissen nicht, wohin sie verschleppt werden. Sie müssen mit dem Schlimmsten rechnen. Auf einer Insel am Inn sperrt man sie zwei Tage in ein verlassenes Arbeitslager ein. Niemöller macht Spaziergänge mit Hjalmar Schacht, der ihm seine Vorstellungen von einer europäischen Nachkriegswirtschaft erläutert.[278] Die

Fahrt ins Ungewisse geht weiter über den Brenner nach Innsbruck; frühmorgens gelangt der Konvoi ins Pustertal (Italien). Bei einer zufällig während der Nacht mitgehörten Unterhaltung wird bekannt, dass die Bewacher den Befehl Himmlers haben, die Häftlinge zu ‚liquidieren‘ und ihre Leichen in einem See zu versenken. Die Generäle beschließen, mit dem Generalstabschef der deutschen Truppen in Italien Kontakt aufzunehmen. Bonin gelingt es, heimlich zu entweichen und in dem Südtiroler Dorf Villabassa (Niederndorf) einen Trupp deutscher Offiziere dazu zu bewegen, die Verbindung zu General Röttiger herzustellen, den er persönlich kannte. Am Morgen des 30. April trifft Hauptmann Wichard von Alvensleben mit einer motorisierten Kompanie der Wehrmacht in Niederndorf ein. Er und seine Soldaten befreien die Gefangenen aus den Händen der Gestapo und unterstellen sie dem Schutz der deutschen Wehrmacht. Aber damit sind die Überlebenden von Dachau noch nicht in Sicherheit.

Von Alvensleben bringt die Gruppe am nächsten Tag auf verschneiten Wegen zum Hotel Pragser Wildsee hinauf.[279] Dort wollen sie die Ankunft der Amerikaner abwarten. Niemöller wohnt in Zimmer Nr. 231, sein Nachbar Johannes Neuhäusler hat Nr. 230.[280] Am 3./4. Mai erfolgt die Befreiung durch US-Truppen. Niemöller wird später erklären: „Hauptmann von Alvensleben hat durch sein Dazwischentreten dem gesamten Gefangenentransport das Leben gerettet."[281]

Die amerikanischen Soldaten halten die Befreiten tagelang im Hotel Pragser Wildsee fest und befragen sie nach ihren Erfahrungen im Dritten Reich. Dann bringen sie sie weiter in den Süden. In einer Wagenkolonne verlässt Niemöller das Hotel in Richtung Verona; von dort bringt ein Militärflugzeug ihn nach Neapel. Er gibt Interviews, bewegt sich unter amerikanischen Generälen und Offizieren. Sechs lange Wochen dauert seine Internierung in Süditalien. Die Rom-Korrespondentin des „Observer", Dorothy Thompson, beschreibt seine Erscheinung: „Jungenhaft schlank, drahtig, nervös, aber diszipliniert, strahlt er rundherum Schlichtheit und Bescheidenheit aus. Seine braunen Augen schauen einen unentwegt an, während er spricht, und wenn er lächelt, leuchten auf seinem Antlitz Freundlichkeit und Friedfertigkeit auf."[282]

Am 5. Juni 1945 teilt er der Presse in einem Interview mit, während des Krieges habe er sich freiwillig zur Marine gemeldet. Sein Widerstand gegen Hitler sei mehr religiös als politisch motiviert gewesen. Am meisten irritiert er seine Zuhörer mit der These, eine für das deutsche Volk geeignete Form von Demokratie sei noch nicht erfunden. Das Interview sorgt für einen Skandal, die US-amerikanische Militärzeitung „Stars and Stripes" reagiert auf Niemöllers deutschnationale Seite mit heftiger Kritik. Tatsächlich empfahl Niemöller, vorerst keine politischen Parteien nach der Art der Weimarer Republik in Deutschland zuzulassen. Demokratisches Bewusstsein entstünde nur auf lokaler Ebene in überschaubarem Rahmen, wo „die Leute die Personen, die sie wählen, auch wirklich kennen".[283] Im Übrigen brauche eine deutsche Demokratie eine starke Autorität als Haupt der Exekutive.

Die heftigen Irritationen auf das Interview werden nachvollziehbar, wenn man bedenkt, dass der Widerstand der BK gegen die Bewegung der DC und die Kirchenpolitik der Nazis „im Ausland häufig als politisch motivierter Widerstand gegen das NS-Regime überhaupt verstanden wurde".[284] Bei der US-Militärregierung galt Niemöller von da an als unverbesserlicher Nationalist. Überdies schienen Vorbehalte bestätigt, was die Eignung deutscher Kirchenführer für die Demokratie betraf. Willem A. Visser't Hooft, Generalsekretär des gerade im Aufbau befindlichen Ökumenischen Rates der Kirchen (ÖRK), hatte am 20. Juni gegenüber einem Mitglied der britischen *Control Commission for Germany* davon abgeraten, Niemöller ein Leitungsamt zu übertragen: „Pastor Niemoeller ... ought not to become the chief minister of the German Evangelical Church, as he was not a statesman."[285]

Karl Barth wird im Herbst 1945 für Niemöller in den „Basler Nachrichten" und im „Basler Kirchenboten" eintreten und dabei ein bemerkenswertes Porträt seines Freundes zeichnen: „Es gibt Menschen, über die man oft genug den Kopf schütteln kann und zu denen man dennoch hundertprozentiges Vertrauen hat – nicht mehr aber doch auch nicht weniger. Zu diesen Menschen gehört für mich Niemöller. (...) Er hat zu dem von ihm gesprochenen Wort ein Verhältnis, das dem höchst beunruhigend sein muß, der etwa nicht sieht, auf was er hinaus will, der ihn also an der falschen Stelle ernst und wieder an der falschen Stelle nicht ernst nimmt. Er kann sehr streng, diszipliniert und bestimmt auftreten und dann wieder – etwa wenn er, was öfters vorkommt, im Angriff oder in der Abwehr ist – Dinge von sich geben, wie die, die ihm einmal die Rüge eines Vorsitzenden eintru-

gen: ‚Bruder Niemöller, mußte das notwendig so gesagt werden?' (...)
Langweilig ist es nie um ihn herum, aber oft etwas gefährlich.
Und daß es ihm nicht um sich selbst, sondern um eine Sache geht, das
kann wohl auch dem nicht ganz entgehen, der nur oberflächlich mit
ihm in Berührung kommt. Doch ist es nicht immer leicht, die heftig
zugreifende, nervöse, gelegentlich herrische Person als Träger dieser
Sache gelten zu lassen. (...) Niemöller war und ist grundsätzlich
immer ‚in Fahrt'. Das muß man sehen, wenn man ihn verstehen –
und das muß man lieben, wenn man ihn lieben will."[286]

Über Paris wird Niemöller mit den anderen ehemaligen ‚Sonderhäftlingen' nach Frankfurt am Main gebracht. Die meisten dürfen
dann ihrer Wege gehen. Niemöller jedoch muss in ein Verhörzentrum
der Amerikaner in Wiesbaden. Seine Geduld und seine Kraft sind erschöpft. Mit einem dreitägigen Hungerstreik setzt er seine Freilassung und die Rückkehr zu seiner Familie nach Leoni am Starnberger
See durch. Zusammen mit Hans Asmussen fährt Niemöller von
Frankfurt in einem geliehenen Auto nach Bayern. Gegen Mitternacht
werden sie, unweit der Donau, von drei amerikanischen Soldaten an-
gehalten, die offenbar etwas betrunken sind, und müssen dem Ser-
geanten ihre Ausweise zeigen. Als dieser erkennt, mit wem er es zu
tun hat, versucht er seinen Männern zu erklären: „Do you know who
this man is? This man is Pastor Niemöller! Do you know, who Niemöller is? You don't know it? This man is a national hero!"[287]

IV. Prophetischer Prediger
des Evangeliums

1. Kein Neuanfang in Dahlem (1945–1948)

Nach seiner Befreiung hat Niemöller lange gehofft, auf seine alte Pfarrstelle in Dahlem zurückzukehren. Er hielt das noch im Frühjahr 1946 für möglich. „Bis auf weiteres ist nicht abzusehen, wann ich in meine Dahlemer Pfarrstelle zurückkehren kann", schrieb er im April in einem Brief, wies aber sogleich auf die praktische Schwierigkeit hin, dies mit seinem Dienst als Leiter des Außenamts der EKD zu verbinden, den er damals bereits übernommen hatte: „Für den Fall meiner endgültigen Rückkehr nach Dahlem würde ich durch meinen gesamtkirchlichen Auftrag derart in Anspruch genommen sein, dass ich ohne einen ständigen Stellvertreter, der für Predigt, Unterricht und Gemeindearbeit sorgt, auch dann nicht würde auskommen können."[288] Doch es gab noch andere Hindernisse.

Die äußeren Umstände erschwerten es Niemöller, seine Arbeit als stellvertretender Vorsitzender des Rates der EKD und im Kirchlichen Außenamt durchzuführen.[289] Es war schwierig, die Ratsmitglieder zu einer Sitzung zusammenzubringen. Denn Niemöller saß ohne Verbindung mit dem Vorsitzenden, Bischof Wurm, der sich in Stuttgart befand, und ohne Verbindung zur Kirchenkanzlei, die sich in Schwäbisch Gmünd niedergelassen hatte, weitab entfernt in Leoni. Er hatte keine ausreichende Wohnung, kein Sekretariat, keine wirkliche Verbindung mit anderen Stellen; seine Korrespondenz musste er selbst von Leoni aus erledigen.

Seine Stimmung bleibt bis Oktober 1945 niedergedrückt. Das liegt nicht nur daran, dass seine Wirksamkeit eingeengt und sein Gesundheitszustand unbefriedigend ist. Niemöller merkt auch, wie er keineswegs mit Begeisterung begrüßt wird, als er gemeinsam mit seiner Frau Else von Stuttgart aus am 21. Oktober 1945 zum ersten Mal nach Berlin kommt. Zwei Wochen bleibt er in Dahlem, um dort zu predigen. Acht Tage lang hält er jeden Tag die Abendandacht und am Sonntag einen Gottesdienst. In einem privaten Brief schreibt er: „Else und ich sind fest entschlossen[,] nach Dahlem zurückzukehren und unseren Dienst hier wiederaufzunehmen ... wir gehören hier hin ..."[290] Doch keiner von seinen Amtsbrüdern kommt, um ihn nach achtjähriger Haft zu begrüßen.[291] Seine Pfarrstelle ist inzwischen mit Albrecht Denstedt besetzt. Eberhard Röhricht, der zweite Kollege, hätte ihn nicht mit offenen Armen empfangen. Und mit dem dritten Pfarrer, dem Kirchenhistoriker Prof. Dr. Walter Dreß, für den Röhricht und der Kirchengemeinderat sich 1938 entschieden hatten, *wollte* er nicht zusammenarbeiten. Dibelius verspricht ihm, Denstedts Stelle für ihn wieder freizumachen, unternimmt aber nichts. In seinen Erinnerungen stellte Dibelius es später so dar, dass ‚alle' in Berlin auf Niemöller gewartet hätten: „Wir haben nie recht in Erfahrung bringen können, weshalb er nicht kam. Offenbar waren hier allerlei Mißverständnisse im Spiel. Wir haben nie danach geforscht." Für ihn, so erklärt er, „war es selbstverständlich, daß an die Spitze des Berliner Kirchenwesens kein anderer gehörte als Niemöller".[292] Ob er ihm wirklich den Vorsitz überlassen hätte, steht freilich dahin. „Dibelius scheint ... keinen Wert auf meine Rückkehr zu legen", vertraut Niemöller damals Franz Hildebrandt in einem Brief an.[293] Auch Jahrzehnte danach steht für ihn fest: „Dibelius wollte mich nicht zurückhaben ..."[294]

Bei der ersten Pfarrkonferenz in Berlin-Spandau wird Niemöller zwar freundlich begrüßt. Aber es ist kein Pfarrer, sondern ein Laie, der Bildhauer Wilhelm Groß, der spontan einen Lobgesang anstimmt.[295] Kurz, Niemöller gelingt es nicht, wieder in seiner alten Gemeinde Fuß zu fassen. Zwar hat die Berliner Provinzialsynode ihn noch im Oktober 1946 „einstimmig gebeten, nach Berlin zurückzukehren".[296] Sein Bruder Wilhelm hält ihm entgegen: „Deine Übersiedlung nach Berlin wird sicher die Möglichkeit eines Eingreifens im Rat und Bruderrat beeinträchtigen. Es mag die Frage sein, ob das kirchliche Schwergewicht in Zukunft im Osten oder im Westen liegt. Ich fürchte, daß Dein Gesamteinfluß schwächer wird, wenn Du nach Dahlem ziehst."[297] Wilhelm legt ihm nahe, in Westfalen eine Kirchenleitung aufzubauen. Einige Monate später gibt er überdies zu bedenken, „die Gemeindearbeit neben Röhricht" könnte Martin auffressen.[298]

Von einer Tätigkeit in der westfälischen Kirchenleitung will Niemöller aber nichts wissen, da er befürchtet, „die ständige Reibung mit den Restauratoren und Reaktionären" würde ihn „sehr schnell aufreiben".[299] Im selben Brief an Wilhelm vom Mai 1947 hält er, obwohl er inzwischen im hessischen Büdingen wohnt, einen Neuanfang in Dahlem immer noch für möglich.[300] Im Nachhinein erklärte er, in den ersten Monaten sei es ihm unmöglich gewesen, nach Dahlem zu kommen (die amerikanische Besatzungsmacht hatte ihm keine Fahrerlaubnis erteilt), später sei die Stelle schon besetzt gewesen. Am 22. Februar 1948 nimmt er endgültig Abschied.[301] Da hat er sich schon in Hessen eingerichtet und ist Kirchenpräsident der Evangelischen Kirche in Hessen und Nassau (EKHN). Wie er dort Wohnung und ein neues Amt fand, wird an anderer Stelle berichtet werden.

Verschiedene Faktoren, Interessen und Motive beeinflussen Niemöllers Weg in diesen ersten Nachkriegsjahren; innerhalb kurzer Zeit vollzieht sich die Neuordnung der kirchlichen und politischen Verhältnisse. Wir folgen der Chronologie und sehen zunächst, wie auf einer Kirchenkonferenz die entscheidenden Weichen für die künftige Evangelische Kirche in Deutschland gestellt werden. Erst danach soll auf Niemöllers Rolle beim Aufbau der EKHN eingegangen werden, von der aus sein Wirken dann immer weitere Kreise ziehen wird.

2. Streit um die Neuordnung der Kirche: die Konferenz von Treysa (1945)

Wie sah es aus in dem Land, in das Niemöller aus Gefangenschaft und Internierung heimkehrte?[302] Die Deutschen waren nach dem Krieg zunächst wenig daran interessiert, sich mit ihrer Vergangenheit auseinanderzusetzen. Tägliche Sorgen um den Lebensunterhalt, die Suche nach Angehörigen, Arbeit und Unterkunft standen im Vordergrund. Meinungsumfragen in der amerikanischen Besatzungszone zwischen November 1945 und August 1947 ergaben, dass etwa 50 % der Westdeutschen den Nationalsozialismus immer noch für eine gute Idee hielten, die man nur schlecht umgesetzt habe. Von den befragten Protestanten stimmten sogar 67 % dieser Ansicht zu.

Die Kirchen hatten den Zusammenbruch des ‚Dritten Reiches' überdauert. Diesen ‚amtlichen' Kirchen stand Niemöller mit Misstrauen gegenüber. In einem Memorandum vom Juli 1945 äußerte er: „Ich bin überzeugt, daß der Weg der Bekennenden Kirche die einzige Möglichkeit bietet, auf evangelisch-kirchlicher Seite zu einer wahrhaften Neugestaltung des geistlichen Lebens in unserem Volk zu führen."[303]

2. Streit um die Neuordnung der Kirche: die Konferenz von Treysa (1945)

Im Hauptquartier von Neapel hatte er sich gegenüber den Amerikanern bereits für die Neuwahl von Synoden ausgesprochen. Diese sollten dann die Säuberung der Kirchen von DC- und NSDAP-belasteten Pfarrern und kirchlichen Mitarbeitern regeln. Der Fachoffizier Marshall Knappen, der die Gespräche auswertete, anerkannte Niemöllers kirchliche Verdienste. Man solle ihn, empfahl er, zu kirchlichen Fragen hören. Offizielle Kontakte zur evangelischen Kirche sollten dagegen über die Bischöfe der Landeskirchen Bayern und Württemberg, Meiser und Wurm, abgewickelt werden. Die amerikanischen Dienststellen nahmen Knappens Warnung ernst. Sie rieten davon ab, „Niemöllers Wahl in ein hohes kirchliches Amt zu fördern. Er galt als deutschnational gesonnen und zu sehr politisch ambitioniert".[304] Die Autonomie der Kirchen blieb aber, einem Prinzip der amerikanischen Besatzungspolitik entsprechend, weitgehend unangetastet.

Niemöller hatte mittlerweile Zweifel, ob die evangelische Kirche aus sich selbst heraus zu einem Neubeginn fähig wäre. Er warnte den Alliierten Kontrollrat, Nichteinmischung begünstige die Neutralen, die noch gefährlicher seien als die nationalsozialistisch belasteten Amtsträger. Denn die Neutralen seien in führende Positionen der Kirche aufgerückt. Damit waren die Bischöfe Meiser und Wurm gemeint. Eine Erneuerung, so schloss Niemöller, könne nur von den Bruderräten ausgehen.

Unterdessen war die kirchenpolitische Entwicklung schon weitergegangen. In allen durch die DC zerstörten Landeskirchen hatten Vertreter der Bruderräte und der Mitte – jene Neutralen, die Niemöller im Kirchenkampf „wahnsinnig gehaßt" hatte[305] – provisorische Kirchenleitungen gebildet. Otto Dibelius mahnte, Niemöller überfordere mit seinem Anspruch die Bruderräte: „Die alleinige Verantwortung zu tragen, dazu ist der Kreis zu klein und hat viel zu wenig Persönlichkeiten mit geistlicher Führungsqualität."[306] Bei der Bruderratstagung in Frankfurt am Main nahm Niemöller dazu Stellung. Er fragte, „ob denn die BK überhaupt in der Lage sei, mit ihren eigenen Kräften die Leitung der Kirche zu übernehmen und zu bestreiten? Aber ich selber kann auf diese Frage keine klare Antwort finden, weil ich nun einmal für mehr als acht Jahre außerhalb des kirchlichen Geschehens habe stehen müssen. Ist es tatsächlich an dem, daß uns die persönlichen Kräfte für diese Aufgabe fehlen; sind wir wirklich so arm und schwach geworden, wie es die Äußerungen von Dibelius behaupten, daß wir gar nicht ohne Kompromiß – denn darum geht es doch – leben können? Ich glaube es nicht ... Aber einigermaßen zutreffend kann diese Frage nur hier, von Ihnen, meine Brüder, beantwortet werden ..."[307] Neben den Bruderräten bemühten sich weitere Kräfte um den kirchlichen Wiederaufbau. Die konfessionellen Lutheraner um den bayrischen Landesbischof Meiser wollten vor der Konstituierung der EKiD eine eigene lutherische Kirche schaffen. Dem widersetzte sich der württembergische Landesbischof Wurm, der möglichst viele Gruppen für sein Kirchliches Einigungswerk gewinnen wollte.

In einem Memorandum vom 20. Juli 1945 erinnerte Niemöller daran, dass die sogenannten ‚intakten' Landeskirchen von Bayern, Württemberg und Hannover, die der NS-Staat „äußerlich unangetastet" ließ, sich nach längerem Schwanken und Zögern darauf einließen, „mit den Nazi-Kirchen [die bei der BK als ‚zerstörte' Kirchen galten, MH] in einer Art von Waffenstillstand zu leben und immer wieder den Forderungen des Nazi-Regimes nachzugeben". Die ‚Neutralen' hätten sich aus Furcht vor Nachteilen gescheut, eine klare Stellung einzunehmen, mit dem Erfolg, „daß Hitler gegen die wirklichen Gegner seines Regimes in der Kirche verhältnismäßig ungehindert vorgehen konnte".[308] Kurz darauf trifft ihn die Einladung von Bischof Wurm zu einer Konferenz der Kirchenführer „wie ein Blitzschlag". Bisher sei er stets davon ausgegangen, „daß die Evangelische Kirche in Deutschland rechtmäßig nur durch die BK vertreten wird". Jetzt aber werde der Eindruck erweckt, als ob er bereit sei, über den Weg der Kirche mit den ‚Neutralen' oder gar mit Vertretern der Kerrl'schen Kirchenausschusspolitik wie Eugen Gerstenmaier zu beraten, was ihm „völlig unmöglich" erscheine.[309]

Wurm lädt die amtierenden Kirchenführer aus den Westzonen, kirchliche Schlüsselpersonen und eine Delegation des Reichsruderrats der BK für den 27. August 1945 ins nordhessische Treysa ein. 120 Personen, weit mehr als eingeladen, versammeln sich im Kirchsaal von Hephata. Niemöller trifft sich kurz vorher noch mit dem Reichsbruderrat in Frankfurt. Er drängt darauf, dass Karl Barth, der auf seinen Ruf hin aus Basel gekommen ist, die Delegierten der BK nach Treysa begleitet, wo die erste Aussprache der amtlichen Kirche stattfinden soll. In seinem Brief vom 2. August 1945 bittet er Barth um Hilfe, „den Wagen noch einmal aus dem Dreck zu ziehen", und benennt deutlich, was ihm die größte Sorge bereitet: „In der Kirche reißen alle die Leute die Ämter an sich, die 12 Jahre lang die Geschäfte der ,Obrigkeit' besorgt haben und es heute und morgen wieder tun werden. – Ich zweifele, ob das der Sinn des Kampfes der BK gewesen sein kann. Und den einen Versuch will ich doch noch machen, ob wir nicht mit Gottes Hilfe den Dingen noch eine andere Wendung geben können."[310]

Für Niemöller muss es enttäuschend gewesen sein, in Treysa wieder einem protestantischen Konfessionalismus zu begegnen, nachdem er die Barmer Synode 1934 und das gemeinsame Abendmahl in Dachau 1944 erlebt hat. Mit den alten Bekenntnissen der Reformation, davon ist er überzeugt, könne heute nicht die Einheit der Kirche begründet, sondern nur ihre Aufspaltung beschleunigt werden. Erst recht muss es seinen Widerspruch provozieren, dass die konfessionellen Lutheraner vor Beginn der Tagung erklären, sie hätten den Irrlehren der Zeit, besonders der Deutschen Christen, widerstanden.[311] Das von einer Kommission des Reichsbruderrats nach einem Entwurf von Hans Asmussen erarbeitete ,Wort an die Pfarrer', das ein klares Bekenntnis der Schuld des deutschen Volkes und ,unserer Schuld' enthält, wird in der Versammlung der ,Kirchenführer' keine Mehrheit finden.[312] Niemöller wird zu ihnen von der Schuld der Kirche sprechen und aus dieser Einsicht Folgerungen ziehen im Hinblick auf die Ordnung und die öffentliche Verantwortung der Kirche.

Die Repräsentanten der evangelischen Landeskirchen wollten nicht auf das Vergangene zurückschauen. Bei der Kirchenversammlung in Treysa ruft Niemöller daher zuerst die Kirche zur Buße. Er tut das, weil er weiß, dass eine echte Erneuerung der Kirche nicht durch reformerische Maßnahmen im Bereich des kirchlichen Lebens zu erreichen ist, sondern nur durch *Umkehr* zum Lebensgrund des Wortes Gottes, aus dem die Kirche lebt.[313] In der Sprache des Neuen Testaments heißt diese Umkehr μετάνοια, also grundlegender Sinneswandel, Wandel der Grundhaltung.

Niemöller sagte in Treysa: „Unsere heutige Situation ist ... nicht in erster Linie die Schuld unseres Volkes und der Nazis. Wie hätten sie den Weg gehen sollen, den sie nicht kannten! Sie haben doch einfach geglaubt, auf dem rechten Weg zu sein! – Nein, die eigentliche Schuld liegt auf der Kirche; denn sie allein wußte, daß der eingeschlagene Weg ins Verderben führte, und sie hat unser Volk nicht gewarnt, sie hat das geschehene Unrecht nicht aufgedeckt oder erst, wenn es zu spät war. Und hier trägt die Bekennende Kirche ein besonders großes Maß von Schuld; denn sie sah am klarsten, was vor sich ging und was sich entwickelte; sie hat sogar dazu gesprochen und ist dann doch müde geworden und hat sich vor Menschen mehr gefürchtet als vor dem lebendigen Gott. So ist die Katastrophe über uns alle hereingebrochen und hat uns mit in ihren Strudel gezogen. Wir aber, die Kirche, haben an unsere Brust zu schlagen und zu bekennen: meine Schuld, meine Schuld, meine übergroße Schuld! – Das haben wir heute unserem Volk und der Christenheit zu sagen, daß wir nicht als die Frommen und Gerechten vor ihnen stehen und zu ihnen kommen, daß wir vielmehr schuldig sind und versuchen wollen, in Zukunft unsere Pflicht recht zu erkennen und treu zu erfüllen. Wir haben jetzt nicht die Nazis anzuklagen, die finden schon ihre Kläger und Richter[,] wir haben allein uns selber anzuklagen und daraus die Folgerungen zu ziehen."[314]

Auf diese Weise rief Niemöller die Vertreter der evangelischen Landeskirchen in Treysa zur Buße auf. Was sollte in der Kirche geschehen? Niemöller sagt offen, woran ihm liegt: Wir „fragen nach der Erneuerung der Kirche, nach einer echten und ernsten Reformation".[315] Die Kirche erneuert sich nicht, wenn sie wieder eine „Behördenkirche" mit bischöflicher Leitung wird. „Wir wollen eine Kirche aus lebendigen Gemeinden, und daß die Kirche Gemeinde ist, soll auch in ihrem Aufbau und ihrer Organisation zum Ausdruck kommen",[316] sagt Niemöller und schließt: „Gott helfe uns zu einer entschlossenen Umkehr."[317]

Umzukehren, das hätte auch bedeutet, sich von der überkommenen Staatsgläubigkeit zu verabschieden. Dass diese Konsequenz nach dem Versagen der Kirche notwendig war, unterstrich Niemöller, als er von der Verantwortung der Kirche für andere sprach: „Aus einem falsch verstandenen Luthertum heraus haben wir gemeint, dem Staat gegenüber keine andere Verantwortung zu tragen, als daß wir ihm gehorchen und die Christenheit zum Gehorsam ermahnen und erziehen, solange der Staat keine offenbare Sünde von uns fordert. Diese Haltung ist falsch, und wir haben uns hier neu auf unseren Auftrag zu besinnen."[318]

Hier haben vermutlich die Gespräche mit Karl Barth einen Klärungsprozess bewirkt. Denn Barth hatte in Frankfurt die politische Verantwortung der Kirche hervorgehoben, die sich nicht auf die

Obrigkeit ‚abwälzen' lasse. Erstaunlich mutet Niemöllers Eintreten für die Demokratie dennoch an, hatte er doch in seinen Neapeler Gesprächen starke Vorbehalte geäußert. Zu beachten ist allerdings, dass er sich dort an die Amerikaner und die westliche Presse wandte, hier aber zu Repräsentanten der eigenen Kirche spricht: „Die Demokratie ... hat nun einmal mehr mit dem Christentum zu tun als irgendeine autoritäre Form der Staatsführung, die das Recht und die Freiheit für den einzelnen verneint."[319] Niemöller stellt zwar eine Verbindung her zwischen der geschichtlichen Wirksamkeit des Christentums und der Entwicklung zur Demokratie, die historisch so nicht nachweisbar ist. Seit Beginn der Neuzeit sind Demokratie und Menschenrechte in Europa überwiegend gegen den Widerstand der Kirchen vom Bürgertum durchgesetzt worden. Dennoch nimmt Niemöller in seiner Darlegung Argumente vorweg, die später von evangelischer Kirche und Theologie für die Demokratie und Menschenrechte ins Feld geführt werden.[320]

Christen, so argumentiert er, wissen von der Gottesebenbildlichkeit aller Menschen. Daher hätten sie eine andere Stellung zu ihren Mitmenschen: „wir wissen, daß sie gleich uns einen Anspruch auf Recht und Freiheit haben und daß sie darum niemals für uns und für andere zum Gegenstand der Ausbeutung werden sollten. Wenn in dieser Welt die christliche Kirche einen Platz hat und gehört wird, dann haben wir als Kirche ein Interesse und eine Aufgabe, daß den Menschen Recht und Freiheit auch im öffentlichen Leben gegeben werde. Deshalb ist uns aber die Staatsform ... nicht gleichgültig."[321]

Damit setzte Niemöller sich in Widerspruch zum traditionellen Nationalprotestantismus. Er mutete der Kirche zu, nicht nur um ihren Selbsterhalt besorgt zu sein, sondern durch ihre Umkehr, ihr Schuldbekenntnis und ihr gemeinsam zu sprechendes Wort dem Volk eine klare Wegweisung zu geben. Die Vertreter der lutherischen Landeskirchen waren jedoch stärker daran interessiert, das, was nach deutschem Staatskirchenrecht Kirche ist, wiederherzustellen. Sie wollten aus Niemöllers Sicht den kirchlichen Apparat funktionsfähig machen. Tatsächlich verständigte man sich auf einen Kirchenbund eigenständiger Landeskirchen. Es wurde ein Rat der EKiD mit 12 Personen gebildet. Bischof Wurm war Vorsitzender, Niemöller Leiter des Reichsbruderrats. Er erhielt das Kirchliche Außenamt der EKiD, das für die Beziehungen zur Ökumene zuständig war. Für den Sprecherausschuss des Rates von sieben Personen wurde keiner der drei Laien, Gustav Heinemann, Rudolf Smend und Peter Maier, bestimmt – eine deutliche „Entmündigung der Gemeinde".[322] Der eigenwillige Hans Asmussen als Leiter der Kirchenkanzlei wurde bald durch den Juristen Heinz Brunotte ersetzt. Otto Dibelius kehrte auf seine alte Stelle als Superintendent von Berlin und Brandenburg zurück und ernannte sich selbst zum Bischof.

Und Niemöller? Er wäre gern wieder auf eine Pfarrstelle gegangen, da er seinen eigentlichen Beruf darin sah, Gemeindepfarrer zu sein. Aber seine alte Stelle in Berlin-Dahlem war besetzt, und Dibelius wollte ihn in Berlin nicht haben. Niemöller hat Dibelius hoch geschätzt, ja verehrt. Beide verband die Liebe zu den Hohenzollern.[323] Aber für Niemöller war Dibelius ein Mann des 19. Jahrhunderts geblieben, der in seiner Leitung das alte Verständnis von Obrigkeit verkörperte.

Abb. 13: Die sieben Sprecher des neu berufenen Rates der EKiD bei der Kirchenkonferenz in Treysa: Der stellvertretende Ratsvorsitzende Martin Niemöller, Wilhelm Niesel, der Ratsvorsitzende Theophil Wurm, Hans Meiser, Heinrich Held, Hanns Lilje, Otto Dibelius.

Die Neugründung der Ev. Kirche in Deutschland war ohne ein offenes Bekenntnis kirchlicher Schuld erfolgt. Noch 30 Jahre danach bereute Niemöller, dass die ‚Barmenser‘ und ‚Dahlemiten‘ in Treysa nicht mit dem klaren Anspruch aufgetreten sind: „Wir sind die rechtmäßige Evangelische Kirche und nicht die Leute, die da mit Hitler und unter Hitlers Einfluß von den Linien der Kirche abgegangen sind. Ich glaube, daß es dann anders geworden wäre ... Ich bin damals nicht radikal genug gewesen ..."[324] Für die Bruderräte, das sah er freilich realistisch, wäre nur der Weg in die Freikirche gangbar gewesen, wenn sie sich nicht auf den Kompromiss von Treysa eingelassen hätten.[325]

Der neue Oldenburger Bischof Wilhelm Stählin sprach wohl für die meisten leitenden Vertreter der Landeskirchen wie des Lutherrates, wenn er in Treysa äußerte, „daß sich nun die bruderrätlich organisierte BK, nachdem sich ihre geschichtliche Aufgabe erfüllt hatte, ... auflösen würde".[326] Der Bruderrat war bereit, seine Leitungsfunktionen, die er vor 1945 kraft Notrechts ausgeübt hatte, der neuen legitimen Leitung der EKiD zu übertragen. Er wollte aber weiterhin das Erbe des Kirchenkampfes in der EKiD lebendig erhalten. Wie aus den Erläuterungen zur vorläufigen Ordnung der EKiD hervorgeht, geschah das Erste; das Zweite war für manche schwer begreiflich und sollte auch in den folgenden Jahren immer wieder auf Unverständnis stoßen.

Eine Reportage aus Treysa

Am Rande der Konferenz von Treysa gelang es einer Korrespondentin der US-Army, Niemöller und seine Frau zu interviewen. Sie schrieb über diese Begegnung in einem Bericht, der eigentlich ein politisches Thema behandelt: Wie müßte ein neuer ‚Führer‘ der Deutschen aussehen? Es müsste, schreibt sie, ein Mann sein, der für die Alliierten akzeptabel und zugleich für die Mehrheit der Deutschen hoch attraktiv ist. Ein in ihren Augen offenkundiger Kandidat für einen nationalen Führungsposten ist Martin Niemöller. Allem Anschein nach hat dieser nicht erkannt, wer ihn interviewte: Es war Erika Mann, die älteste Tochter des Schriftstellers Thomas Mann.

Ihr Bericht[327] ist deswegen interessant, weil er für amerikanische Leser Niemöller und die Vorgänge in Treysa aus der Sicht einer aufmerksamen Beobachterin darstellt. Erika Mann hat einen genauen

Blick für ihr Gegenüber: Er sei eine machtvolle Persönlichkeit, auf die man höre. Im Unterschied zu den meisten Delegierten, die wie Geistliche aussehen, erscheine Niemöller in einem schäbigen grauen Anzug, den er mit einer gewissen militärischen Eleganz trage, eher wie ein deutscher Marineoffizier auf Urlaub.

Die Evangelische Kirche in Deutschland habe kein vergleichbares Gegenstück in Amerika. Nach Niemöllers Aussage sei sie eine souveräne nationale Institution, die nicht auf rein religiöse Angelegenheiten reduziert werden könne. Sie habe vielmehr das Recht, das Leben der Nation wieder aufzubauen, in Kooperation mit dem Staat, nicht als dessen Dienerin. Niemöllers politische Haltung wird kritisch bewertet: Er übe beträchtlichen Einfluss über die ganze protestantische Geistlichkeit aus und durch sie über die Mehrheit seiner Landsleute, meint die Autorin. Der Geist eines unnachgiebigen Nationalismus, der von ihm ausstrahle, sei durch die Treysaer Konferenz hindurch deutlich zu spüren gewesen. Erika Mann bemerkt auch, wie aggressiv manche Reden in der Konferenz gewirkt hätten. Der Geist von Treysa habe keine völlige Zuversicht erzeugt, dass das Problem der deutschen Umerziehung (*re-education*) gelöst werde. „Der Held des Tages und Märtyrer von gestern, der tapfere, hartnäckige, begabte, militante, aufrichtige, leidenschaftliche und enorm deutsche Martin Niemöller hat sich niemals wirklich der Sache des Friedens oder der Demokratie gewidmet."[328] Seine eigenen Ambitionen seien sein streng gehütetes Geheimnis.

Erika Manns Artikel über „Religious Affairs in Germany" sollte im Herbst 1945 in der Zeitschrift „Liberty" erscheinen; aus unbekannten Gründen kam es nicht dazu.[329] Gleichwohl ist er ein sprechender Beleg dafür, wie kritisch Niemöllers politische Ansichten gerade in Kreisen US-amerikanischer Militärs bewertet wurden.

3. „Die deutsch-nationalen Töne wollen wir von jetzt an nicht mehr hören" (1945) – Als Bußprediger in Deutschland unterwegs (1945–1947)

Niemöllers Wirken als Bußprediger in den Jahren 1945 bis 1947 stieß bei vielen Deutschen auf Abwehr und Verhärtung. Er selbst hielt es rückblickend für vergeblich. Mit dem Abstand von sieben Jahrzehnten lässt sein Wirken sich frei von Ressentiments unter theologischen und sozialpsychologischen Aspekten analysieren. Buße tun heißt nach Luthers Lehre, die eigene Schuld erkennen und bekennen. Dies erfordert herzliche Reue (*contritio cordis*), Bitte um Gnade (*confessio*) und das Gelöbnis, sich zu bessern (*satisfactio*).[330] Die Schwierigkeit der Bußpredigt besteht darin, dass allein derjenige Gottes Gericht ankündigen kann, der es zuerst an sich selbst erfährt – andernfalls läuft der Prediger Gefahr, nur die anderen zu verurteilen. Niemöllers Beispiel zeigt, wie es aussieht, wenn ein Prediger sich zur Buße rufen lässt und darum auch andere zur Buße rufen kann. Der Eindruck, er habe erst nach 1945 als Bußprediger gewirkt, trifft übrigens nicht zu. Bereits in seiner Zeit als Dahlemer Pfarrer sind dafür Zeugnisse zu finden.

Niemöller kann insofern als prophetischer Prediger verstanden werden, als er den Menschen in allen Lebensverhältnissen – also auch in der Politik – mit dem Anspruch Gottes konfrontiert. Mit der Kategorie des Prophetischen lässt sich begreifen, welche Autorität der Prediger in Anspruch nimmt, wenn er Jesus Christus als den Herrn predigt, der „gegenwartsmächtig unser Leben regieren und gestalten [will]".[331] Ferner wird erhellt, in welcher Redeform er die politische Situation anspricht: Niemöllers Predigt erweist sich darin als prophetisch, dass sie „dem Menschen seine schuldhaften Verstrickungen neu vor Augen [führt] und [ihn] zur Buße [ruft]".[332]

Buße beginnt in der Kirche

Was Niemöller als neuen, so noch nicht gehörten Ton in die Konferenz von Treysa eingebracht hat, nämlich das Bekenntnis, die eigentliche Schuld liege bei der Kirche, entspricht seiner auch früher bekundeten Auffassung, dass wahre Umkehr in der Kirche beginnt. Genau dies predigte er schon im Kirchenkampf, z. B. am 21. November 1934 (Bußtag):

„Wenn wir heute Bußtag feiern mitten in dem Geschehen dieser letzten Wochen und Tage, mitten in dem Gericht, das über unsere evangelische Kirche dahingeht, dann wird allerdings dabei die Frage nach der Schuld, d. h. aber die Frage nach dem Urteil Gottes, das sich in diesem Geschehen ausspricht, lebendig. [...] Liebe Gemeinde, das ist von altersher und bis auf diesen Tag die Lieblingssünde der frommen und anständigen Leute gewesen, daß wir uns selbst zu Richtern machen und uns selber freisprechen, indem wir andere verurteilen oder feststellen, daß andere von Gott verurteilt sind. – Unsere alte Kirche hat in mannigfacher Hinsicht versagt – und Gott hat sein Gericht über sie kommen lassen. Daran ist kein Zweifel. Und die neue Kirche, die die alte zerbrochen und sich selbst an ihre Stelle gesetzt hat, hat ebenfalls versagt, und Gottes Gericht ist erschreckend schnell und plötzlich über sie hereingebrochen. Daran ist ebenfalls kein Zweifel. Und unsere Schlußfolgerung? Wir, die Gemeinde, wir, die wir Gottes Wort hören, wir stehen jetzt da als die Gerechtfertigten, als die, denen nun die Verheißung Gottes und die Zusage des Herrn Christus zu eigen gehört!? – ‚Nein, sondern so ihr euch nicht bessert, werdet ihr alle auch also umkommen!‘ – Wir haben es mit Gott zu tun. Der Blitz hat unser eigenes Haus getroffen, und wenn wir selber verschont geblieben sind, so sollen wir doch das eine aus diesem Gottesgericht vor unsern Augen herauslesen: ‚So ihr euch nicht bessert‘ – darum tut Buße, kehrt um!‘"[333]

Glaube als Umkehr zum Leben

In seinen Dahlemer Predigten zitiert Niemöller öfter die erste der 95 Thesen Martin Luthers gegen den Ablass: „Da unser Herr und Meister Jesus Christus spricht: Tut Buße! hat er gewollt, daß alles Leben der Gläubigen Buße sein soll."[334] Und er fügt hinzu: „Es gibt keinen Glauben ohne Buße, und es gibt keine Kirche ohne Buße."[335] Die Botschaft Jesu Christi, so Niemöller, konfrontiere die Kirche mit der Entscheidung Leben oder Tod. Im Glauben an den Herrn vollzieht sich Umkehr zum Leben, der Glaube *ist* Entscheidung für das Leben. Es sei „die Lieblingssünde der frommen und anständigen Leute", sich zu Richtern über andere zu erheben. Aber das Gericht kommt zuerst über die Kirche. Zu uns, die wir Gottes Wort hören, spreche Christus: „Wenn ihr euch nicht bessert, werdet ihr alle auch so umkommen!"

Nach 1945 war Niemöller einer der wenigen, der in Internierungslagern und Gefängnissen predigte. Immer wieder rief er seine Zuhörer zur Buße auf und sorgte damit für allgemeine Entrüstung. Die Frauen im Lager Ludwigsburg, die am 1. Juli 1946 in Niemöllers Predigt die ‚Botschaft Christi‘ gehört hatten: „Tut Buße, kehrt um, denn das Himmelreich ist nah herbeigekommen", entrüstete daran am meisten, „dass in ‚Pastor Niemöllers Rede' so wenig von ‚Gottes allverzeihender Liebe, ... seiner Güte und seinem Erbarmen' zu hören gewesen sei".[336] Katharina von Kellenbach kommentiert dazu treffend: Die „Botschaft göttlicher Vergebung und die kirchliche Aufnahmebereitschaft ohne Läuterung [passte] nahtlos in die Erwartung und Hoffnung der Täter, aus der Verantwortung für die Verwirklichung der Vision deutschen Herrenrassentums entlassen zu werden. Die so verstandene Sündenvergebung zementierte die Schlussstrichmentalität, die einen Neubeginn ohne Rückschau auf die vergangene Barbarei fabrizieren wollte."[337]

Buße: der einzige Weg ins Freie

Ein weiteres Beispiel ist der kurz danach gehaltene Stuttgarter Vortrag „Der Weg ins Freie".[338] Mit großer Klarheit spricht Niemöller darin seine Zuhörer auf ihre persönliche Verantwortung an, die Schuld des deutschen Volkes zu übernehmen. Nur dies sei der Weg, der ins Freie führe, während man unfrei bleibe, solange man selber mit der Schuld nichts zu tun haben wolle. Die Kraft dieses Vortrags rührt daher, dass Niemöller einprägsame Bilder gebraucht und mit einer geradezu beschwörenden Eindringlichkeit von der Erkenntnis seiner eigenen Schuld spricht. Dass er mit den anderen, die schuldig geworden sind, solidarisch ist, wird in einer Erzählung deutlich, die zugleich autobiographische und repräsentative Bedeutung hat. Niemöller erzählt, wie er nach seiner Befreiung ausgerechnet bei einem Besuch im KZ Dachau mit seiner Schuld konfrontiert wurde: dem „Steckbrief des lebendigen Gottes gegen Pastor Niemöller". Unerhört entschieden werden die Zuhörer zur Umkehr aufgefordert, d. h. auf ihre Verantwortung angesprochen, nun selber die Schuld ihres Volkes zu übernehmen. Niemöller gibt hier ein Beispiel für prophetische Bußpredigt, das in der neueren deutschen Predigtgeschichte seinesgleichen sucht.

Wie kaum ein anderer evangelischer Theologe hat Niemöller mit seinen Predigten nach dem Zweiten Weltkrieg versucht, das Beschweigen der Schuld aufzubrechen, dessen destruktive Wirkungen Gesine Schwan eindrücklich beschrieben hat: Beschwiegene Schuld „beschädigt das Selbstwertgefühl und Selbstvertrauen der Menschen.

Sie ‚amputiert' die Täter um wichtige Teile ihrer Persönlichkeit und führt in ihren persönlichen Beziehungen, insbesondere in den Familien, zu einer kalten, distanzierten und misstrauischen Atmosphäre. Sie beeinträchtigt oder blockiert die Möglichkeit der nachfolgenden Generationen, sich zu integralen Persönlichkeiten zu entwickeln, denen es gelänge, selbständig Verantwortung zu übernehmen, arbeits- wie liebesfähig zu werden und stabile persönliche Beziehungen einzugehen."[339]

Niemöller konnte von seiner eigenen Schuld sprechen und selber Umkehr vollziehen, weil er offenbar eine integrierte Persönlichkeit war und bis ins hohe Alter fähig blieb, sich neuen Erfahrungen und Einsichten zu öffnen. Seine Freiheit zum Eingeständnis erwuchs aus der reformatorischen Botschaft von der Rechtfertigung des Sünders, die alle frei macht, die sich als ‚Sünder' begreifen, d. h. als Menschen, die in Schuld verstrickt und mit Schuld beladen sind. Weil er dieser

Abb. 14: Martin Niemöller. Plastik von Wilhelm Groß, 1946.

Botschaft glaubte, konnte er sich selbst so begreifen und sie anderen predigen, indem er Sünde und Schuld in eigener Betroffenheit ganz direkt und konkret benannte.

Solche innere Stärke war jedoch selten. Die Abwehrhaltung der meisten Nachkriegsdeutschen ist als Realitätsflucht und emotionale Gleichgültigkeit beschrieben und als ‚Unfähigkeit zu trauern‘ begriffen worden.[340] Auf der Basis neuerer Einsichten wird man hinzufügen müssen: Die Menschen hatten kaum eine andere Wahl, sich anders zu verhalten.[341] Beim kollektiven Zusammenbruch war auch ihr Ich-Ideal zerbrochen. Niemöllers Ruf zur Buße traf also auf Traumatisierte, die sich selbst entwertet fühlten. Nur die wenigsten hatten eine reife Beziehung zu sich selbst und ihren Mitmenschen entwickelt. Bis sie dazu fähig waren, ihren Anteil an der deutschen Schuld zu erkennen, würde es Jahrzehnte dauern.

4. Stuttgarter Schuldbekenntnis (1945) und Darmstädter Wort (1947)

Bei der Tagung der amtierenden Kirchenführer aus den Westzonen in Treysa hatte Niemöller eine denkwürdige Rede gehalten, in der er im Gegensatz zu den konfessionellen Lutheranern mit Nachdruck auf die Schuld der Kirche wies. Es sei jetzt Aufgabe der Kirche, dem deutschen Volk durch ihr Schuldbekenntnis eine klare Wegweisung zu geben. Da zur zweiten Tagung der EKiD am 18. Oktober in Stuttgart überraschend eine Delegation des Ökumenischen Rates der Kirchen anreiste, sah man sich veranlasst, die Frage der deutschen Schuld auf die Tagesordnung zu setzen. Der Generalsekretär des ÖRK, Visser't Hooft, gab Dibelius schon im Vorfeld der Tagung zu verstehen, dass bei den europäischen Kirchen, deren Länder unter der deutschen Besatzung gelitten hatten, starke Reserven gegen die Wiederaufnahme von Beziehungen bestanden. Um der Verständigung willen sollte die BK sehr offen über die Unterlassungssünden des deutschen Volkes und der Kirche sprechen.

Den Ratsmitgliedern fiel ein solches Eingeständnis schwer. Sie verstanden sich, immer noch traditionell nationalprotestantisch, als Sachwalter ihres Volkes und befürchteten, ungünstigen Friedensverträgen der Sieger Vorschub zu leisten. Keinesfalls wollten sie dem Vorwurf einer deutschen Kollektivschuld nachgeben, wie er vor allem in der US-amerikanischen Öffentlichkeit erhoben wurde, seitdem die entsetzlichen Bilder aus den Konzentrationslagern bekannt geworden waren. Während ausländische Radiosendungen allen Deutschen Schuldanklagen vorhielten, trafen jeden Tag Nachrichten von der Vertreibung der deutschen Bevölkerung aus den Ostgebieten und vom Sudetenland ein. Das erzeugte bei vielen im deutschen Volk Trotz und verstärkte die Neigung, von eigener Schuld nur zu sprechen, wenn zugleich die Schuld der anderen zur Sprache kam. „Wir stehen vor der Schwierigkeit, daß niemand gerne einsieht und zugibt, daß er schuldig ist. Die evangelischen Kirchen werden es nicht schnell lernen, unserem Volke wirklich wahrscheinlich zu machen, warum und in welchem Maße es schuldig war und ist."[342] Ähnlich wie Hans Asmussen, der gegenüber dem Erzbischof von Canterbury als Anwalt seines Volkes auftrat, dachte die Mehrheit im Rat der EKiD: Die Not im eigenen Volk war ihr am nächsten.

Auf der Grundlage eines Entwurfs von Otto Dibelius rangen sich die Ratsmitglieder zu einer Erklärung durch, die zwei nicht genau aufeinander abgestimmte Aussagen über die deutsche Schuld machte.[343] Im ersten Satz, der auf Niemöllers Drängen hinzugefügt worden war, hieß es: „Durch uns ist unendliches Leid über viele Länder und Völker gebracht worden." Niemöller hat dieses Eingeständnis so verstanden, dass die Kirche mitschuldig war an der Entwicklung Deutschlands zum Nationalsozialismus und zum Krieg. In diesem Sinn hat er den Satz auch gepredigt.

Eine andere Formulierung lässt die BK als Vertreterin eines fortwährenden prinzipiellen Widerstands gegen Hitler und seine Gewaltherrschaft erscheinen, der letztlich aber nicht stark genug war: „Wohl haben wir lange Jahre hindurch im Namen Jesu Christi gegen den Geist gekämpft, der im nationalsozialistischen Gewaltregiment seinen furchtbaren Ausdruck gefunden hat; aber wir klagen uns an, daß wir nicht mutiger bekannt, nicht treuer gebetet, nicht fröhlicher geglaubt und nicht brennender geliebt haben."[344] Hier wird die Schuld der Kirche als Teilhabe an der allgemeinen sündhaften Schwäche der Menschen gedeutet. Kein Wort davon, dass man bis weit in die BK hinein den Geist des Nationalsozialismus jahrelang gutgeheißen und sich von ihm hatte mitreißen lassen. Kein Wort auch von der Schuld an den Juden.

Niemöller konnte mit diesem Teil der Erklärung nicht zufrieden sein. Durch die Formulierung ‚dass wir nicht mutiger bekannt‘ wird der Eindruck erweckt, alles wäre nicht passiert, wenn man ein bisschen mehr getan hätte. „Wir hätten was *anderes* tun müssen!" In Wahrheit hätte es heißen müssen: „Daß wir *nicht mutig* bekannt haben!"³⁴⁵ Eine weitere, von Niemöller bewirkte Änderung des von Dibelius erarbeiteten Entwurfs fällt erst bei genauerem Lesen auf. Aus dem Satz „Nun *ist* in unseren Kirchen *ein neuer Anfang gemacht*" von Dibelius wird: „Nun *soll* in unseren Kirchen *ein neuer Anfang gemacht werden*." Ein kleiner, inhaltlich jedoch schwerwiegender Unterschied: Der Neuanfang ist keine vollendete Tatsache, die die Kirche sich selbst attestieren kann, sondern steht noch aus und bevor!³⁴⁶

In der Öffentlichkeit löste das Stuttgarter Schuldbekenntnis einen Sturm der Entrüstung aus. Die Zeitungen behaupteten nämlich, die EKiD habe die deutsche Kriegsschuld eingestanden. Erst daraufhin erschien der Text im Wortlaut in der Presse. Der Rat der EKiD hatte nicht daran gedacht, die Erklärung den einzelnen Landeskirchen und Gemeinden zur Kenntnis zu geben. Manches deutet darauf hin, dass ihm nicht an einer breiteren Auseinandersetzung mit dem Problem der Schuld gelegen war.³⁴⁷ Im Nachrichtenblatt der EKiD wird der Text jedenfalls erst im Januar 1946 abgedruckt. Dr. Hanns Lilje, Oberlandeskirchenrat in Hannover, ließ als Flugblatt einen Brief verbreiten, in dem er erklärte: „Die erwähnte Erklärung ist keine politische, sondern eine kirchliche Erklärung. Sie ist übrigens niemals für die Öffentlichkeit bestimmt gewesen[,] und die ausländischen Kirchenführer haben uns ausdrücklich zugesichert, daß sie jeden politischen Mißbrauch der Erklärung in der Öffentlichkeit verhindern würden."³⁴⁸ Zeitungsleser sahen sich dagegen in dieselbe Situation wie nach dem Ersten Weltkrieg versetzt, in der die Siegermächte Deutschlands Alleinschuld am Krieg behauptet und damit die Reparationen und Einschränkungen begründet hatten, die der Versailler Vertrag 1919 dem Reich auferlegte. Daraus erklärt sich die Empörung, mit der die Erklärung abgelehnt wurde. Die Schuld liege bei den Mächtigen, die das Volk missbraucht hätten, vor allem aber bei den Siegermächten des Ersten Weltkriegs. Die Erklärung sei ‚servil‘ und würdelos: „Für jeden vaterländisch empfindenden Deutschen bedeutet die Entschließung einen Schlag ins Gesicht."³⁴⁹ Einmal öffentlich geworden, entfaltete die Schulderklärung ihre Wirkung, wenn auch ihre Botschaft unter diesen Umständen schwer zu vermitteln war.

Schon wenige Monate später, im Juli 1946, neigte die Mehrzahl der Delegierten des Reichsbruderrats zu der Auffassung, die Stuttgarter Schulderklärung müsse durch ein Wort des Trostes und der Vergebung ergänzt werden. Anfang November sandte Asmussen an den Ratsvorsitzenden der EKiD, Landesbischof Wurm, einen ausführlichen Bericht über die ‚Schuld der Anderen‘, der darauf abzielte, ein öffentliches ‚Bekenntnis unserer Not‘ abzulegen. Der Bericht und der beigefügte Brief zeigen, mit welchem Unbehagen auf lutherischer Seite das Schuldbekenntnis rezipiert wurde. Das Wort von Stuttgart, so Asmussen, könne nicht das letzte Wort sein. Auch die Besatzungsmächte seien schuldig geworden. Die Kirche dürfe von der Schuld der Anderen nicht schweigen. Denn das „Wort von der deutschen Schuld ist nun einmal nicht die ganze Wahrheit".[350]

Indessen zog Niemöller Ablehnung und Empörung auf sich, weil er durch das Land reiste und in Kirchen, Hörsälen und Gefangenenlagern die Kernbotschaft der Stuttgarter Schulderklärung predigte. Sein Ruf zur Umkehr setzte ganz persönlich an: „Ich bin schuldig, weil ich 1933 noch Hitler gewählt habe, weil ich geschwiegen habe, als man gleich in der ersten Zeit Scharen von aktiven Kommunisten ohne Prozeß- und Gerichtsverfahren verhaftete und einsperrte; ja, auch im KZ noch bin ich schuldig geworden, denn wenn all die Menschen ins Krematorium geschleift wurden, habe ich mich in die Ecke gedrückt und habe nichts dazu gesagt, habe nicht einmal dazu geschrien ...",[351] bekennt er im Januar 1946 in der Göttinger Jacobikirche. Seine Predigthörer von 1933/34 könnten ihm zu Recht vorhalten, er habe sie nicht davor gewarnt, sich der NSDAP oder der SS anzuschließen.

Entschieden wehrt Niemöller den Vorwurf ab, er predige die ‚Kollektivschuld‘ des deutschen Volkes. Eine Gemeinschaft hafte zwar für vorhandene Schuld und müsse sie in ihren Folgen tragen. Insofern müsse man von kollektiver Haftung reden. Es gebe aber kein Kollektivgewissen, das die Schuld erkennte und annähme, daher auch keine kollektive Schuld, sondern nur einzelne Gewissen. Jeder Einzelne müsse folglich für sich seine Schuld erkennen: „Man kann nur sagen: Meine Schuld ..."[352]

Niemöller beschreibt seinen Zuhörern den Augenblick, in dem ihm seine Schuld und sein Versagen bewusst wurden. Im Herbst 1945 besucht er mit seiner Frau Dachau, um ihr seine Zelle zu zeigen. Auf einem weiß gestrichenen Brett, das an einem Baum vor dem Krematorium hängt, lesen sie die Inschrift: „Hier wurden in den Jahren 1933 bis 1945 238756 Menschen verbrannt". Er fährt fort:

„Ich merkte, wie meine Frau zitterte, ich mußte sie stützen. Dabei lief es mir selbst heiß und kalt den Rücken herunter. Meine Frau erschrak vor der Zahl der Toten. Mich hat diese Zahl nicht umgeworfen. Wären es doppelt soviel gewesen, ich hätte es noch für möglich gehalten. Was mir die Fieberschauer über den Rücken trieb, waren die beiden anderen Zahlen: ‚1933 bis 1945' stand da geschrieben. Ich hätte was darum gegeben, wenn diese Zahlen da nicht gestanden hätten. Da fragte mich Gott – wie einst den ersten Menschen nach dem Sündenfall: Adam, Mensch, wo bist du gewesen von 1933 bis 1945? Ich wußte: Auf diese Frage weiß ich keine Antwort zu geben. Ich hatte wohl ein Alibi in der Tasche, meinen Ausweis als Konzentrationär von 1937 bis 1945. Aber was half mir dieses Alibi?! Gott fragte mich ja nicht, wo ich von 1937 bis 1945 gewesen war, sondern wo ich von 1933 bis 1937 war. Von 1933 bis 1937 hatte ich keine Antwort. Hätte ich vielleicht sagen sollen: Ich war ein tapferer Bekenntnispfarrer in jenen Jahren, ich habe ein Wort riskiert und schließlich Freiheit und Leben riskiert? Aber danach fragte mich Gott nicht. Gott fragte: Wo warst du von 1933 bis 1937, als hier Menschen verbrannt wurden? Das waren nicht meine christlichen Brüder, die dort verbrannt wurden, das waren Kommunisten, ernste Bibelforscher usw. Darum hatte ich mich nicht gekümmert. Ich konnte auch nicht sagen: Ich habe es nicht gewußt. Ich hatte es ja in der Zeitung gelesen, daß Hermann Göring schrieb: Die kommunistische Gefahr ist gebannt, die kommunistischen Führer sind hinter Schloß und Riegel, die übrigen Aktivisten hinter dem Stacheldraht der Konzentrationslager. Ich hatte mir wenig dabei gedacht. Soll ich meines Bruders Hüter sein, wenn mein Bruder ein Kommunist und Gottloser ist? Adam, wo warst du? Gott hätte weiter fragen können, und ich hätte ihm keine Antwort geben können. Er hatte mich mit seinem Steckbrief gefunden, und ich wußte es in jenem Augenblick: Jesus Christus spricht: Was du versäumt hast an einem dieser Geringsten, das hast du an mir versäumt."[353]

Solche persönlichen Schuldbekenntnisse sind für Niemöllers Predigten in den Jahren 1945 bis 1947 kennzeichnend. Sie beglaubigen, dass
der Prediger die Buße, zu der er seine Hörer aufruft, selbst vollzieht.
„Es ist mir", gesteht er am 7. März 1946 im Zürcher Großmünster,
„erst im Lauf des vergangenen Sommers deutlich geworden, dass ich
alles das, was in unserer Mitte geschehen ist an Unglück und Katast-
rophen und Heimsuchung und Strafe, erst einmal auf mich selber
würde beziehen müssen".[354]

Mit der Umkehr bei sich selber anfangen – das ist für ihn das Entscheidende. Er will mit seinen Ausführungen ganz bewusst einen
„Anstoß zum Denken"[355] geben und lässt sich nicht beirren, wenn er
damit auch Widerspruch, Missfallen und Unmut bis zur offenen Wut
hervorruft. Die Einstellung der jungen Deutschen, die ihm nicht zustimmen, kann Niemöller durchaus nachfühlen. Sein Verständnis begründet er mit einem Erlebnis aus der eigenen Studienzeit: „Als nach
dem ersten Weltkrieg in der Zionskirche in Bethel in einem Gottesdienst das Lied ,Gottlob, nun ist erschollen das edle Fried- und Freu-
denwort' gesungen und von Dr. Jäger gesagt wurde, daß wir, die
Christenheit in Deutschland, an diesem Krieg und seinem Ausgang
unser gerüttelt und geschüttelt Maß an Schuld haben, und das zu
einem Zeitpunkt, da der Versailler Vertrag eben unterzeichnet war, da
konnte ich nicht anders und ging hinaus."[356]

Niemöller verstand den „Stolz des anständigen Menschen", der sich
dagegen wehrt, dass seinem Volk nur noch Verbrechen angelastet
werden, deshalb so gut, weil er diesen „Stolz des Deutschen" selbst
geteilt und überwunden hatte: „Es ist für unseren Stolz *nichts* mehr
geblieben."[357] Doch viele Soldaten, die ihre besten Jahre auf dem
Schlachtfeld zugebracht und oft ihre Gesundheit verloren hatten,
fühlten sich als Verführte und Betrogene. Sie begriffen nicht, worin
ihre Schuld liegen sollte. „Es war wie ein Selbstschutz, um sich als
Angehöriger eines Volkes, das den Krieg ohnehin verloren hat, nicht
noch mehr abwerten zu müssen", meinte ein ehemaliger Soldat im
Rückblick.[358]

Wie kirchliche Würdenträger innerhalb der EKD über die Schuldbekenntnisse ihres Amtsbruders dachten, hat Karl Barth in einem
Brief an Martin Niemöller vom 29. Juni 1946 freimütig und mit lau-
nigem Humor ausgesprochen: „Die Art, wie man Dich in Berlin, in
Bayern, in Frankfurt, in Treysa und seither von Stuttgart und Umge-

bung aus in Ehren kalt zu stellen und unschädlich zu halten versucht hat, ist in der Tat verräterisch dafür, wie die Dinge in der EKD noch immer und nun auch aufs Neue stehen. Ich sehe auch das leise Lächeln, Achselzucken und Kopfschütteln, mit dem auch die uns Nahestehenden unter den letztes Jahr an die Macht Gekommenen so ganz behutsam ein wenig Distanz zwischen sich und Dich setzen. (...) Es ist klar wie die liebe Sonne, daß Du ihnen – und eben wirklich nicht nur Hans Meiser, sondern auch Hans Asmussen und wohl auch noch manchem anderen ekklesiastischen Hans bis zutiefst in die BK hinein – unheimlich und unbequem bist und daß es irgend eine Ecke in ihrer Seele gibt, in welcher sie wohl wünschten, es stünde zu Dachau oder anderwärts ein wunderschönes Gedächtniskirchlein, zu welchem sie alle Jahre einmal wallfahren und wo sie dann – Heiliger Martin, bitt für uns arme Sünder! – etliche Horen zu Deinen Ehren singen könnten, statt daß Du in Deinem so bedauerlich ramponierten Auto noch immer im Lande herum fährst und taktlose Dinge sagst, die sie dann mit ausbaden müssen. Vielleicht, lieber Martin, wären Du und ich auch so geworden, wenn uns der liebe Gott nicht in Gnaden davor bewahrt hätte, anders als ‚stellvertretend‘, wie Du so schön heißest, auf dem kirchenregimentlichen Schachbrett zum Zuge zu kommen."[359]

Schärfer als andere hat Niemöller die Wurzel des Unheils gesehen, das nicht erst 1945 begann. Schuld am gegenwärtigen Elend war eine Kirche, die schon 1918 keine Buße getan, sondern, als wäre nichts geschehen, in ihrem nationalistischen Traditionalismus weitergemacht hatte. Darin gehört er, wie Martin Greschat gezeigt hat, zu den „schärfsten Kritikern" seiner Kirche.[360] Mit seinen Predigten und Vorträgen wollte Niemöller jeden Einzelnen wieder zu verantwortlichem Handeln in der Gemeinschaft des Volkes zurückführen. Der ‚Weg ins Freie‘ schien ihm für die Deutschen nur möglich, wenn „im Leben unseres Volkes an die Stelle von Selbstsucht und Selbstbehauptung wieder eine echte Verantwortung, d. h. die Gemeinschaft" träte.[361] Wir alle, sagt er, müssen die Schuld bezahlen, die auf unserem Volk liegt. Christen sollten bereitwillig daran mitwirken, denn sie wüßten, dass sie sich von den schuldig gewordenen Brüdern nicht distanzieren könnten. „Die versäumte Verantwortung, die Verantwortung, die wir nicht haben sehen wollen ..., das ist es, was vor Gott wider uns zeugt und uns in seinen Augen unnütz macht, daß er keinen anderen

Raum dafür hat als die Verdammnis und die Hölle."[362] Es gebe keinen anderen Weg, um dem zu entgehen, als seine Schuld vor Gott *und* den Menschen zu bekennen. Das Bekenntnis müsse auch „vor den Menschen" stattfinden, „nicht nur vor Gott".[363]

Überwiegend stieß Niemöller mit diesem Ruf zur Umkehr auf Ablehnung. Im Frühjahr 1946 erscheint es ihm bereits so, als dringe die Verkündigung „nicht durch das dicke Fell des Herzens hindurch, nicht wirklich hindurch bis in die Seele, als predigten die Pastoren gegen eine Wand".[364] An Karl Barth schrieb er im Juni: „Meine Verkündigung ist all diese Monate darauf hinausgegangen, den Geist der Selbstrechtfertigung zu entthronen, der die menschliche Gemeinschaft in unserem Volke vollends aufgelöst hat ..." Mit Bezug auf die Entnazifizierung meinte er: „Jetzt wird die Selbstrechtfertigung zum Prinzip erhoben; jeder Mensch ist geradezu gesetzlich aufgefordert, sich selber reinzuwaschen und die Grenze zwischen sich und seinem Nächsten als eine Grenze zwischen Unschuldigen und Schuldigen aufzurichten ..."[365] 1947 stellte er resignierend fest: „Ich habe zwei Jahre nichts anderes getan, als den Menschen diese Schulderklärung zu predigen – leider ohne Erfolg."[366] Nichtsdestoweniger war er entschlossen, seine gesellschaftliche Verantwortung in Zukunft noch aufmerksamer wahrzunehmen und sich mit Staatsformen und Gesetzen nicht einfach abzufinden. Die Trennung von religiösem und politischem Bereich, die er früher selbst vertreten hatte, war überwunden.

Gustav Heinemann, damals Präses der gesamtdeutschen EKD-Synode, konstatierte 1950 mit Blick auf Stuttgart: „Dieses Bekenntnis ist, aufs Ganze gesehen, von unseren Gemeinden und unserem Volk nicht angenommen worden ... So wurde uns das in Hybris und Katastrophe, in Gericht und Gnade Erlebte aufs Ganze gesehen nicht ein Anlaß zur Umkehr und neuer Besinnung."[367] Zwölf Jahre nach Stuttgart urteilte Niemöller, die Erklärung habe für die Haltung der EKD „keine konstitutive, sondern lediglich eine deklamatorische Bedeutung" gehabt.[368] Für Otto Dibelius sah die Realität im Nachhinein offenbar anders aus. In einer Sendung des Süddeutschen Rundfunks erklärte er 1965: „Die große Mehrheit unseres Volkes hat auch nicht widersprochen, sie hat das Wort von Stuttgart schweigend anerkannt. Die Kirchen haben es einmütig bejaht. Und heute, nach 20 Jahren, hört man kaum irgendwo noch ein ablehnendes Wort."[369]

Niemöller stand nicht allein mit seiner Überzeugung, es hätte einer Erklärung bedurft, die genauer als das Wort von Stuttgart die Schuld der evangelischen Kirche benannte. Im Sinne einer deutlichen politischen Einmischung ist das sogenannte ‚Darmstädter Wort‘ zu verstehen, das eine Gruppe des Bruderrats der EKD im August 1947 im Darmstädter Elisabethenstift unter Niemöllers Mitwirkung verabschiedete.[370] Entwürfe dazu hatten außer ihm Karl Barth und Hans Joachim Iwand vorgelegt. Die ‚Kirchlich-Theologische Arbeitsgemeinschaft‘ (auch ‚Sozietät‘ genannt) mit ihrem Vorsitzenden Hermann Diem und die ‚Gesellschaft für Evangelische Theologie‘ hatten im Rahmen ihrer Jahrestagung in Bad Boll den Text bearbeitet; eine von Iwand geleitete Kommission in Darmstadt formulierte dann den endgültigen Text. Die Verfasser verstanden die Entschließung „zum politischen Weg unseres Volkes“ als Konsequenz aus der Barmer Theologischen Erklärung. In ihren sieben Thesen, die als Bekenntnissätze formuliert waren („Wir sind in die Irre gegangen ...“), benannten sie weit konkreter als das Stuttgarter Schuldbekenntnis Fehlentwicklungen im Protestantismus und in der deutschen Geschichte. In vier Punkten wurden 1. nationale Überheblichkeit (der „Traum einer besonderen deutschen Sendung“), 2. das „Bündnis der Kirche mit den das Alte und Herkömmliche konservierenden Mächten“, 3. die Verfälschung der christlichen Lehre „durch eine politische, soziale und wirtschaftliche Frontenbildung“ und 4. der mangelnde Einsatz „für die Sache der Armen und Entrechteten gemäß dem Evangelium“ bezeichnet.

In die Endfassung des Wortes ist weitgehend Niemöllers Entwurf eingegangen. Er war es, der in These 7 ausdrücklich auf die II. These der Barmer Erklärung Bezug nahm. Diese inhaltliche Entscheidung macht das Befreiende des Darmstädter Wortes aus. Die Vertreter der BK in der EKD beziehen sich somit in politischen Fragen nicht auf die V. Barmer These, die das Verhältnis von Kirche und Staat beschreibt, sondern auf diejenige These, mit der die Lehre von den zwei Reichen abgelehnt wird: „als gebe es Bereiche, unseres Lebens, in denen wir nicht Jesus Christus, sondern anderen Herren zu eigen wären“ (Barmen II).

Es war eine kleine Minderheit innerhalb der evangelischen Kirche und im Bruderrat, die das ‚Darmstädter Wort‘ vertrat. Die EKD hat es nie offiziell übernommen! Was die Verfasser verband, war das Bemühen, der Relativierung und faktischen Verharmlosung der

Stuttgarter Schulderklärung gemeinsam entgegenzutreten. Sie stießen damit bis in die Bruderschaften hinein überwiegend auf Widerstand. Besonders die Kritik an der falschen Front, die die Kirche gegen notwendige „Neuordnungen im gesellschaftlichen Leben" gebildet hatte, wurde von lutherischen Theologen wie Walter Künneth und Hans Asmussen als unerträgliche Zumutung empfunden. Abgewehrt wurde vor allem das politische Schuldbekenntnis, in das die Kritik einmündete: „Wir haben das Recht zur Revolution verneint, aber die Entwicklung zur absoluten Diktatur geduldet und gutgeheißen" (These 3).

Andererseits hat das ‚Darmstädter Wort' zusammen mit der Stuttgarter Erklärung weiter und tiefer gewirkt, als es zunächst scheint. Das Eingeständnis ihrer Schuld stellte für viele evangelische Christen, Männer und Frauen, „die entscheidende Wende in ihrem Leben, Denken und Handeln dar".[371] Es ermöglichte ihnen, gerade in ihrem politischen Wollen und Handeln bessere Wege zu suchen und zu gehen. Der überzeugte Protestant Gustav W. Heinemann, später (1969–1974) Bundespräsident, hat die von ihm mitunterzeichnete Stuttgarter Schulderklärung als den „Dreh- und Angelpunkt seiner politischen Anschauung" bezeichnet.[372] In seinen Reden wandte er sich, ganz im Sinne des Darmstädter Wortes, sowohl gegen eine angeblich ‚christliche' Front gegen den Osten wie gegen das deutsche Sendungsbewusstsein.[373] Auch die ‚Ostdenkschrift' der EKD über ‚Die Lage der Vertriebenen und das Verhältnis des deutschen Volkes zu seinen östlichen Nachbarn' vom Oktober 1965 war ein wichtiger Schritt auf der Linie, die das ‚Darmstädter Wort' gezogen hatte.

Ein Jahr nach der Gründung des Bundes der Evangelischen Kirchen in der DDR, im Juni 1970, stellte Bischof Albrecht Schönherr dieses Wort als theologische Wegweisung in den Mittelpunkt seines Synodalberichts. Seitdem haben sich Frauen und Männer der kirchlichen Opposition in Ost- und Westdeutschland immer wieder auf die sieben Darmstädter Thesen bezogen. Deren Anliegen verdeutlichte Hermann Diem 1970/72 in seiner Auslegung gegen die Neigung zu ‚unpolitischer' Predigt und die „politische Unbußfertigkeit in unserem Volke": Die „freimachende Kraft des Evangeliums, das wir verkündigen, will sich über unser privates Leben hinaus auf alle Gebiete unseres Daseins erstrecken ...".[374] Niemöllers Wirken für Versöhnung muss im Horizont dieser Einsicht verstanden werden.

5. Stellvertretender Ratsvorsitzender der EKD (1945–1949) und Präsident des Kirchlichen Außenamtes (1945–1956)

Bei der konstituierenden Tagung der EKiD in Treysa gehörten dem Rat durchweg Mitglieder der BK an. Ratsvorsitzender wurde Wurm. Sein Stellvertreter Niemöller wurde außerdem zum Leiter des Kirchlichen Außenamtes berufen; mit der Leitung der Kirchenkanzlei wurde der Lutheraner Hans Asmussen beauftragt. Es war klar, dass niemand anders als Niemöller die evangelische Kirche „in einem Ausland repräsentieren [konnte], das allem, was deutsch war, noch in bitterster Feindschaft gegenüber stand".[375] Die Leitung des Außenamtes der EKiD war ihm so wichtig, dass er nach seiner Berufung zum hessen-nassauischen Kirchenpräsidenten sogar bereit war, sein hessisches Amt wieder aufzugeben, falls der Rat organisatorische Änderungen für nötig gehalten hätte.[376]

Die Schulderklärung von Stuttgart zeigte, dass das Verhältnis des deutschen Protestantismus zur ökumenischen Bewegung sich tiefgreifend verändert hatte.[377] 1925 wurde erstmals eine deutsche Delegation nach Stockholm zur Weltkonferenz der Bewegung für Glauben und Kirchenverfassung (*Faith and Order*) entsandt. Zu den Delegierten gehörte Otto Dibelius. Er trat, gegen viele Widerstände im deutschen Protestantismus, für eine Organisation der christlichen Kirchen ein, die dem Frieden zwischen den Völkern dienen sollte. Während des Kirchenkampfes nahm Dibelius an ökumenischen Versammlungen teil. Er vermittelte 1937 den Kontakt zwischen George Bell, dem anglikanischen Bischof von Chichester, und Niemöller. Bell verfolgte aufmerksam die Entwicklung der BK. Er gehörte 1945 in Stuttgart der ökumenischen Delegation an.

Die Stuttgarter Erklärung zeigte in der ökumenischen Bewegung die erhoffte Wirkung: Sie öffnete der Ev. Kirche in Deutschland (EKiD) den Weg in den Kreis der Kirchen. Für Februar 1946 wurden Landesbischof Wurm als Ratsvorsitzender und Martin Niemöller als Leiter des Kirchlichen Außenamtes zur Tagung des Ökumenischen Rates nach Genf eingeladen. Niemöller berichtet davon: Er sei besorgt gewesen, ob die Delegierten aus den Nationen, die im Krieg unter den Deutschen gelitten hatten, in ihm „wirklich den christlichen Bruder erkennen (...). Bei der ersten öffentlichen Tagung, die an einem Mittwoch in Genf in einer Kirche stattfand, saßen die 50 Delegierten aus aller Welt in den vorderen Reihen und dahinter die ganze Genfer evangelische Gemeinde, die von der Sache Kenntnis bekommen hatte. Und hier wurden acht Berichte gegeben aus den Kirchen, die in den letzten zwölf Jahren, seitdem zum letzten Mal der Ausschuß des Weltbundes beieinander gewesen war, durch besondere Trübsal und Nöte hindurchgegangen waren. Da wurden Berichte gegeben von Mexiko, China, Japan, Dänemark, Norwegen, Holland, von Frankreich und Deutschland, immer 20 Minuten ...

Ich hatte Angst davor, was kommen würde, wenn der dänische Bischof, der holländische Professor und der französische Kirchenpräsident den Mund auftun würden. Wenn die nun anfangen, 20 Minuten zu reden. In 20 Minuten kann man viel sagen, wenn man anklagt, wenn man über die Gestapo erzählt und ihre Methoden, und man kann damit allerlei Eindrücke erwecken in einer Weltöffentlichkeit, die in 50 Personen vor einem sitzt. Und nun kam der Däne dran. Er trat auf die untere Stufe des Altars; er stieg gar nicht bis oben hin, und sagte: ,Meine verehrten Anwesenden, was ich zu sagen habe, sage ich in drei Sätzen: Erstens: die Evangelisch-lutherische Kirche in Dänemark hat die Zeit der Trübsal und der Verfolgung überstanden, und sie lebt. Zweitens: daß es so ist, verdanken wir nächst der gnädigen Fügung Gottes dem Vorbild und den Erfahrungen der Bekennenden Kirche in Deutschland. Drittens: hätten wir dieses Vorbild und die Erfahrungen nicht gehabt, dann würde ich jetzt hier nicht gestanden haben.' Sprach's und setzte sich auf seinen Platz, und mir rollte unverdientermaßen ein ganz großer Stein vom Herzen. Denn ich wußte: heute nachmittag werden wir aus Norwegen und aus Holland und aus Frankreich keine Anklagereden gegen das deutsche Volk ... zu hören bekommen ..."[378]

Für Niemöller wurde in Genf evident: „Hier ist die Gemeinschaft der begnadigten Sünder."[379] Der Däne, der sich so großherzig über die BK in Deutschland geäußert hatte, war Dr. Hans Fuglsang-Damgaard (1890–1979), Bischof von Kopenhagen. Er war es auch gewesen, der Niemöllers letzte 28 Dahlemer Predigten während des Krieges in einer dänischen Ausgabe herausgebracht hatte. Nicht nur sein Vorwort, sondern auch seine Lebenserinnerungen bezeugen, wie hoch er Niemöller geschätzt hat.[380]

Es machte Eindruck, dass Niemöller in der Kathedrale von Genf beim feierlichen Gottesdienst am Eröffnungsabend auf Französisch predigte. Die Übersetzerin seiner Predigt hatte zwei Stunden lang mit ihm die Aussprache geübt![381] Als er Monate später nach London kam, vermerkten die Hörer dort ähnlich positiv, dass er mit zupackender Stimme und voller Spannkraft fließend Englisch sprach.[382] In den kommenden Jahren wird er sich mehr und mehr in der Welt der Ökumene bewegen, so dass der Berliner Bischof Dibelius ihn als „Sonderbotschafter des deutschen Volkes" bezeichnen kann.[383]

Verantwortung für die Flüchtlinge

Nach dem Krieg strömten zehn Millionen Flüchtlinge aus den ehemaligen Ostgebieten nach Westdeutschland. Eine Million Volksdeutsche kam aus Osteuropa, wo in Jahrhunderten eine deutsche Kultur gewachsen war. Dieser Flüchtlingsstrom stellte Alliierte und Westdeutsche vor große menschliche Probleme. Elend und Leiden von Millionen von Menschen erregte das Gewissen der ganzen Welt. Niemöller hielt den Westdeutschen vor, das Flüchtlingsproblem zu billig zu lösen. Bei der Hamburger Konferenz, die der Ökumenische Rat der Kirchen (ÖRK) 1949 einberufen hatte, um das deutsche Flüchtlingsproblem zu untersuchen, sagte er: „Wir versuchten, für das Flüchtlingsproblem eine billige Lösung zu finden, und jetzt zeigt uns Gott, daß es keinen anderen Ausweg gibt als unsere Bereitschaft, den vollen Preis zu zahlen und den Flüchtling als unseren Bruder zu akzeptieren. Wir versuchten, mit ihnen wie mit Bürgern zweiter Klasse umzugehen, aber jetzt erkennen wir, daß es keine Lösung gibt, bis wir sie wie jeden anderen anständigen Bürger ansehen und für sie zahlen."[384]

Die Aufgabe, denen zu helfen, die an Leib und Leben in Not geraten waren, begriff Niemöller als die politische Verantwortung der Kirche und berief sich dafür auf das Beispiel des barmherzigen Samariters, der sich mit allen ihm verfügbaren Mitteln für den Hilfsbedürftigen einsetzt. Die Kirche habe für „den zeitlichen, vergänglichen Frieden zu sorgen, soweit und wo sie immer dazu Möglichkeiten hat, um der Liebe Christi willen".[385] Daher forderte Niemöller auch von seiner Kirche, für den sozialen Ausgleich zwischen Ost und West einzutreten. Der Gegensatz zwischen Ost und West gehe „mitten durch die Völker und ihre Menschen hindurch. (...) Hier sollte die Kirche darauf drängen, daß ein Höchstmaß sozialer Gerechtigkeit unverzüglich verwirklicht wird, ehe die Verbitterung und die Gleichgültigkeit irreparabel geworden sind."[386]

Zwei Jahre später lebten in der Bundesrepublik 8 Millionen Flüchtlinge und Heimatvertriebene. Die Zahl der Wohnungssuchenden lag noch weit höher bei etwa 15 Millionen. Schätzungsweise 4,8 Millionen Wohnungen für je 4 Personen wurden gebraucht.[387] Als Mitglied des ÖRK in Genf, als Mitglied des Rates der EKD, als Leiter ihres Kirchlichen Außenamtes, als Vorsitzender der Arbeitsgemeinschaft Christlicher Kirchen (ACK) und als Kirchenpräsident der EKHN nutzte Niemöller seine zahlreichen Verbindungen im In- und Ausland, um die sozialpolitische Aufgabe der Kirche zu erfüllen. Außerdem wurde auf seine Initiative hin mit Unterstützung durch das Evangelische Hilfswerk von dem Frankfurter Pfarrer Lic. D. Otto Fricke in Hessen-Nassau eine evangelische Baugemeinde-Bewegung ins Leben gerufen. „Die Baugemeinde ist der Zusammenschluß von wohnungs- und existenzsuchenden Heimatlosen zu einer festen Lebensgemeinschaft, der auch eine Rechtsgestalt gegeben wird. Ziel dieses Zusammenschlusses ist es, in gegenseitiger brüderlicher Hilfe Wohnungen zu bauen und Heimat für diese Lebensgemeinschaft zu errichten."[388] Der Plan, solche Baugemeinden zu errichten, entstand, nachdem die EKHN sich mit Erfolg für die Flüchtlingssiedlung Heilsberg bei Bad Vilbel eingesetzt und dort eine selbständige Kirchengemeinde gebildet hatte, in der Adolf Freudenberg als Pfarrer wirkte.

Kritik an der Entnazifizierung[389]

Schon in Neapel und Treysa hatte Niemöller für eine gründliche Selbstreinigung der Kirchen plädiert. Die westdeutschen Landeskirchen führten diese Säuberungen mehr oder weniger umfassend durch. In der hessischen Kirche, in deren Gebiet er seit November 1945 mit seiner Familie wohnte, entfernte die vorläufige Leitung 88 von 169, also mehr als 50 % der beanstandeten Kirchenbeamten und Pfarrer zeitweise oder auf Dauer aus dem Dienst.

Wie die Entnazifizierung durch die Siegermächte in Deutschland durchgeführt wurde, sah Niemöller jedoch mit Skepsis, und andere evangelische Kirchenführer dachten ähnlich wie er. Weithin betrachtete man die Entnazifizierung als Ausdruck eines Rache- und Vergeltungsdenkens der Sieger. Die unterschiedlichen Direktiven und ihre widersprüchliche Anwendung in den verschiedenen Besatzungszonen sorgten für Verwirrung. Auf schwere Bedenken stießen die pauschalen Maßnahmen: Funktionäre der Partei und ihrer Untergliederungen wurden konsequent verhaftet und in Internierungslager verbracht; in der amerikanischen Zone galt für alle Mitglieder von Partei und Gliederungen das Verbot jeder Berufsausübung außer „gewöhnlicher Arbeit", auch in der privaten Wirtschaft. Das führte zu Ungerechtigkeiten und erregte Verbitterung.

Die Aufgabe der Besatzungsmächte war insofern höchst kompliziert, als einerseits aktive Nazis aus Schlüsselstellungen entfernt werden mussten, um eine demokratische Entwicklung Deutschlands zu gewährleisten, andererseits aber ein Großteil früherer Parteimitglieder für den Neubeginn benötigt wurde. Diese waren also in absehbarer Zeit wieder gesellschaftlich zu integrieren. Wie ließen sich aus der Menge die Hauptschuldigen herauslesen und mit geeigneten Sanktionen belegen?

Im Januar 1946 stellte der Alliierte Kontrollrat einheitliche Richtlinien für ganz Deutschland auf. In der amerikanischen Zone übergab man die Durchführung der Entnazifizierungsverfahren im März an deutsche Ausschüsse, nachdem die Ministerpräsidenten der dortigen Länder das „Gesetz zur Befreiung von Nationalsozialismus und Militarismus" erlassen hatten. Nun war es Aufgabe von Spruchkammern, auf der Basis eines von der Besatzungsmacht ausgegebenen Fragebogens mit 131 Fragen, den jeder über 18-Jährige ausfüllen musste, über den Einzelnen zu entscheiden: War er als Hauptschuldiger, Belasteter, Minderbelasteter, Mitläufer oder Entlasteter einzustufen oder war er vom Gesetz nicht betroffen? Die Eingestuften hatten die Schuldvermutung zu entkräften, während in regulären Gerichtsverfahren die Beweislast bei der Anklagevertretung lag.

In der US-Zone bedeutete das: Von 13,5 Millionen durch Fragebogen Erfassten waren 9,5 Millionen „nicht betroffen", rund 3 Millionen Fälle waren von den Spruchkammern weiter zu bearbeiten. Der Rat der EKiD hielt das Verfahren für ungeeignet. Er sah darin eine Maßnahme, die „den niedrigen Instinkten des Neides und Hasses alle Tore" öffne und dem „eben begonnenen Wirken der Kirche im Sinne einer Verständigung und Befriedung im deutschen Volk und einer geistigen Erneuerung" entgegenstehe.[390] Am 2. Mai 1946 mahnte der Rat der EKiD in einer gemeinsam mit den Landeskirchen abgegebenen Erklärung, Gesichtspunkte der Parteizugehörigkeit oder die Einstufung ganzer Organisationen als verbrecherisch dürften nicht an die Stelle des Nachweises persönlicher Schuld treten. Der stellvertretende Chef der Militärregierung, General Lucius D. Clay, wies die Bedenken zurück. Er versicherte, es sei nicht vorgesehen, sich in den Wirkungskreis der Kirche einzumischen, und übergab den Schriftwechsel der Presse, so dass dort die kirchliche Eingabe wie auch Clays Antwort in vollem Wortlaut erschienen.

Niemöller kritisierte, dass Bagatellfälle bevorzugt erledigt, Verfahren gegen Schwerbelastete dagegen häufig hinausgezögert und verschleppt wurden. Bereits in einer Denkschrift vom November 1945 beanstandete er: „Die Folgen der Entnazifizierung treffen am schwersten die sogenannten ‚kleinen Leute', die nicht aus Überzeugung in die Partei eingetreten sind, sondern aus Sorge um ihren Arbeitsplatz oder ihr Geschäft."[391] Viele von diesen Leuten, so meinte er, seien keine überzeugten Nazis. Tatsächlich entwickelten die Kammern sich zu ‚Mitläuferfabriken', die in dem Ruf standen, ‚Persilscheine' auszustellen. Dagegen erhoben sich Proteste aus allen Bevölkerungskreisen.

1947 war Niemöller zum Kirchenpräsidenten der neugebildeten Ev. Kirche in Hessen und Nassau (EKHN) gewählt worden. In diesem Amt formulierte er eine Kanzelerklärung, die am 1. Februar 1948 verlesen wurde. Darin hieß es, die evangelische Kirche habe davor gewarnt, dass das Befreiungsgesetz „sehr leicht zur Unbußfertigkeit führen könne, weil hier ein großer Teil der Bevölkerung genötigt wird, sich selbst zu rechtfertigen und als unschuldig hinzustellen". Das Gesetz könne „sehr leicht zum Instrument der Vergeltung gemacht werden".[392] Genau dies sei geschehen: „Unser Volk ist nicht auf den Weg der Versöhnung geführt worden, sondern auf den Weg der Vergeltung, und die gesäte Saat neuen Hasses ist üppig aufgegangen ..." Die Erklärung schließt mit einem Boykottaufruf: „Wirkt an dieser Sache, die so viel Unrecht im Gefolge hat, nicht länger aus freien Stücken als öffentliche Kläger oder freiwillige Belastungszeugen mit! Oder ihr kommt in die Gefahr, das Amt der Versöhnung zu verraten, das euch aufgetragen ist."[393]

Schuldverdrängung wird man Niemöller dabei sicher nicht als Motiv unterstellen können. Der Prediger des Schuldbekenntnisses wollte Menschen zum freien Eingeständnis ihrer Schuld bewegen. Nachweisbare Verbrechen aus der Zeit des Nationalsozialismus sollten bestraft werden. Dafür hatte die evangelische Kirche sich eingesetzt. Aber sie sollte sich, Niemöller zufolge, nicht freiwillig daran beteiligen, neues Unrecht zu schaffen.

Dies klarzustellen war umso wichtiger, als Ende Juli 1947 die Nachricht durch die Presse ging, die hessische Sektion der Vereinigung der Verfolgten des Naziregimes (VVN) hätte Niemöller wegen seiner antisemitischen Haltung als Mitglied ausgeschlossen. Zur Begründung wurde von der VVN ein Briefwechsel zwischen Niemöller und Alfred Rosenberg angeführt, ferner Niemöllers Aussage vor dem Sondergericht in Moabit, er sei schon durch Familientradition Antisemit und habe seit den zwanziger Jahren eine positive Stellung zur NSDAP gehabt. Schließlich spreche auch gegen ihn, dass er sich nach Kriegsbeginn aus dem KZ – wenn auch erfolglos – zur Marine gemeldet habe. Katholische, protestantische und jüdische Geistliche hätten Niemöllers Ausschluss aus der VVN befürwortet.[394]

Diese Anschuldigungen blieben nicht unwidersprochen. Der BK-Pfarrer Kurt Essen beantragte, Niemöller in den Landesverband aufzunehmen, und brachte dafür mehrere Gründe vor: Niemöller sei von Hitler als „sein spezieller Feind" angesehen worden; er habe mit dem Pfarrernotbund gegen den Arierparagraphen in der evangelischen Kirche gekämpft; er sei „ein ganz bescheidener und anspruchsloser Mann" und „einer der bestgehaßten Leute", weil er in Reden und Predigten von der großen Schuld des deutschen Volkes spreche. „Damit kämpft er wie kaum ein anderer für die Verfolgten des Nazi-Regimes [und] ... gegen den sich neu entwickelnden Nationalismus."[395] Oswald Dobbeck warnte in der „Rheinpfalz" davor, den Feinden der Demokratie in die Hände zu arbeiten, indem man mit Niemöller „die besten deutschen Kräfte" zurückstoße, „die bereit sind, aus den Fehlern der Vergangenheit zu lernen".[396] Man müsse den Weg zu einer positiven Entnazifizierung finden.

Inzwischen war die US-amerikanische Regierung allerdings mehr daran interessiert, mit den Westdeutschen zusammenzuarbeiten, als die Entnazifizierung fortzusetzen. Sie beschloss, die Verfahren bis zum 8. Mai 1948 abzuschließen. Die meisten Schwerbelasteten wurden in die Kategorie der Mitläufer herabgestuft.

Für Personen, die seiner Ansicht nach zu Unrecht als Kriegsverbrecher angeklagt oder zu hart bestraft wurden, trat Niemöller als Fürsprecher ein, unter anderem für den SS-Offizier Kurt Gerstein, der den

Auftrag hatte, Zyklon B für die Tötung von Menschen in Lagern zu beschaffen. Gerstein, den er als Idealisten betrachtete, hatte die BK und das Ausland davon informiert, dass Juden in den Vernichtungslagern vergast wurden.[397] Als Kirchenpräsident der EKHN setzte Niemöller sich dafür ein, dass viele ehemals deutsch-christlich gesinnte Pfarrer in hessen-nassauischen Kirchengemeinden unterkamen. Das geschah jedoch nur nach Prüfung jedes Einzelfalls. Für das kirchliche Urteil über eine Wiederverwendung war, wie Niemöllers Stellvertreter Karl Herbert betont, „entscheidend, ob ein Pfarrer seine einstige Haltung als Irrweg bekannte und durch sein Verhalten in den späteren Jahren der NS-Zeit seine Umkehr unter Beweis gestellt hatte".[398]

Wie die Selbstreinigung der Kirche vom Nationalsozialismus in der EKHN gehandhabt wurde, lässt sich am Beispiel eines Pfarrers zeigen, der 1932 der NSDAP beigetreten und bis 1937 überzeugter Anhänger der DC gewesen war.[399] Von Mitte 1946 bis Ende 1949 hatte er sein Pfarramt niederlegen müssen, ein Spruchkammerverfahren hatte ihn als ‚Mitläufer' eingestuft. Der Spruch wurde aufgehoben, ein neues Verfahren reihte ihn unter die ‚Minderbelasteten' ein. Niemöller nahm sich zweieinhalb Stunden Zeit, um sich unabhängig von der staatlichen Entnazifizierung ein eigenes Urteil über den Betreffenden zu bilden. Nach seinem Eindruck besaß dieser Pfarrer nicht „im geringsten ein Empfinden dafür ..., was er angerichtet hat".[400] Der Mann, um den es ging, betrachtete den Kirchenpräsidenten von da an als seinen Hauptgegner. Es war der frühere Landesbischof der ‚gleichgeschalteten' Landeskirche Nassau-Hessen, Lic. Dr. Ernst Ludwig Dietrich, der sich durch eine rigide, die NS-Herrschaft stützende, kirchenzerstörende Amtsführung ausgezeichnet hatte. Nach einer Verhandlung vor dem Untersuchungsausschuss der Kirchensynode durfte Dietrich im Dezember 1949 auf seine Pfarrstelle an der Wiesbadener Marktkirche zurückkehren.

Auseinandersetzungen um das Kirchliche Außenamt

Niemöllers politisches Hervortreten wurde für den Rat der EKD in der Folge zunehmend zu einem Stein des Anstoßes. 1949 äußerte er sich gegenüber einer US-amerikanischen Journalistin zur Frage der deutschen Einheit, und die Presseschlagzeilen, die daraus eine Sensation machten (*Niemoeller for United Reich, even if it's red*), schlugen hohe Wellen. Seit dem Herbst 1950 engagierte er sich in der Frage der Wiederbewaffnung Westdeutschlands. Von da an gab es Stimmen, die Niemöller für ‚untragbar' erklärten: Man dürfe nicht hinnehmen, dass er als leitender Mann einer Landeskirche und obendrein einer wichtigen Dienststelle der EKD derart politisch aktiv werde. Andererseits scheute man davor zurück, direkt gegen ihn vorzugehen. Vielen war noch bewusst, dass der Name Niemöller in aller Welt für ‚das andere Deutschland' stand und Vertrauen erzeugte.

Die politischen Bedenken wurden durch strukturelle und konfessionelle Argumente verstärkt. Sowohl Niemöller als auch sein Stellvertreter im Außenamt, Vizepräsident Stratenwerth, kamen aus einer Kirche der Union. Die Vertreter der VELKD sahen das lutherische Interesse an deutschen Auslandsgemeinden vom Außenamt nicht hinreichend gewahrt, während man dort umgekehrt den Eindruck hatte, dass die VELKD mit ihrer Auslandsarbeit auch in Gemeinden aus den Unionskirchen lutherisches Bewusstsein wecken wollte. Forderungen der VELKD zielten darauf, in den Amtsstellen der EKD die bekenntnismäßige Gliederung der EKD deutlicher zu berücksichtigen. Nach Niemöllers Moskaureise, die in Westdeutschland viel Unwillen erregt hatte, erklärte Dibelius im März 1952 auf einer EKD-Ratssitzung es „für untragbar, daß ein politisch so hervortretendes Mitglied des Rates wie Niemöller weiterhin Leiter einer Dienststelle der EKD sei".[401] Bei der lutherischen Generalsynode vom April 1955 in Weimar übte der Hamburger Oberkirchenrat Herntrich – er hatte zuvor schon die Abwahl Heinemanns als Präses der EKD-Synode gefordert! – eine umfassende Kritik am Dienst des Kirchlichen Außenamts, die als offener Affront gegen Niemöller verstanden werden musste. Niemöller erklärte daraufhin sein vorläufiges Ausscheiden aus dem Rat der EKD und forderte, die erhobenen Vorwürfe öffentlich zurückzunehmen (was nicht geschah). Die weiteren Auseinandersetzungen um seine Tätigkeit in diesem Amt führten dazu, dass Niemöller seinen Sitz im Rat endgültig niederlegte.

Es trifft jedoch nicht zu, dass er von der Leitung des Kirchlichen Außenamtes zurückgetreten wäre. Vielmehr hatte der Rat am 8. Juni 1956 beschlossen, einen neuen Leiter zu berufen. Ein bereits ausgehandelter Kompromiss, das Referat für die gesamte Auslandsarbeit zu übernehmen, war durch vom Rat verabschiedete neue Richtlinien für Niemöller inakzeptabel geworden. Er war de facto als Leiter des

Außenamts abgesetzt. Karl Herbert bemerkt dazu, es sei nicht selten auch Niemöllers „spontane und rücksichtslos zupackende Art" gewesen, „die Anstoß erregte und es Andersdenkenden erleichterte, die Anliegen beiseite zu schieben, um die es ihm ging".[402] Für Niemöllers Haltung, die seine Freunde enttäuscht haben mag, war wohl entscheidend, dass der Rat nicht mit voller Offenheit agiert und die Gründe, die ihn veranlassten, einen Wechsel in der Leitung des Außenamts vorzunehmen, im Dunkeln gelassen hatte. In einem Brief an Dibelius vom 27. Mai 1955 beklagte er, „daß in dieser ganzen Angelegenheit, und zwar seit Jahren, nicht ehrlich gespielt wird".[403] Seine Vermutung, Dibelius habe die Vorwürfe gegen das Außenamt ausgenutzt, um ihn „aus dem Außenamt zu entfernen",[404] lässt sich in Anbetracht der Vorgeschichte kaum entkräften.

In wohlabgewogenen Worten dankte Dibelius ihm für „die sorgfältige und erfolgreiche Arbeit, die das Außenamt unter Ihrer Oberleitung in diesen elf Jahren geleistet hat". Er habe „persönlich schwer darunter gelitten, daß es zu einer Lösung dieses elfjährigen Arbeitsverhältnisses hat kommen müssen. Es hat das ... daran gelegen, daß zwischen Ihnen und der Mehrheit des Rates der Evangelischen Kirche in Deutschland das gegenseitige Vertrauen immer mehr schwand, was schließlich dazu führte, daß Sie Ihren Austritt aus dem Rat erklärten." Er hoffe aber, so Dibelius abschließend, „daß das Band der Gemeinschaft, das uns verbunden hat, nicht abreißen möchte".[405]

Niemöllers Verhältnis zu Bischof Dibelius

Wie Niemöller hatte Otto Dibelius (1880–1967), seit 1925 Generalsuperintendent der Kurmark, zunächst die Machtübernahme Adolf Hitlers begrüßt. Er äußerte seine Sympathie für die völkische Bewegung und machte keinen Hehl aus seinem Antisemitismus und seiner Gegnerschaft zur Sozialdemokratie. Nachdem die Deutschen Christen ihn aus dem Amt entfernt hatten, schloss er sich im Juli 1934 der Bekennenden Kirche an. Hatte Niemöller während des Kirchenkampfes noch Dibelius als Verbündeten gegen die Kirchenpolitik der Nationalsozialisten auf seiner Seite gehabt, so wurde Dibelius nach dem Krieg zu seinem Widersacher und Rivalen. Der ehemalige Superintendent von Berlin-Brandenburg hatte sich zum Bischof von Berlin ernannt, angeblich, weil dieser Titel für die russische Besatzungsmacht verständlicher war als der des Superintendenten, und in schwierigen Verhältnissen eine rasche Neuordnung der Evangelischen Kirche der Altpreußischen Union erreicht.[406] Für die evangelische Kirche in Berlin wurde er bis zum Mauerbau 1961 *die* Integrationsfigur, die ein polarisierender Charismatiker wie Niemöller schwerlich sein konnte. Er hatte aber auch dafür gesorgt, dass Niemöllers Pfarrstelle in Berlin-Dahlem bereits besetzt war, als dieser aus der KZ-Haft befreit wurde. Dibelius, nicht Niemöller, war zum Vorsitzenden des Rates der EKD gewählt worden und setzte sich in diesem Amt für eine evangelische Kirche ein, die nach außen, vor allem dem Staat gegenüber, einig und stark auftrat. Dabei ging Dibelius strategisch und mit diplomatischem Geschick vor. Als CDU-Mitglied war er von der Richtigkeit der Politik der Adenauer-Regierung überzeugt.

Ein Zeitungsbericht beschreibt nüchtern die Erscheinung des 66-Jährigen: „Er verbreitet eher die Atmosphäre eines Privatgelehrten als die eines kirchlichen Oberhirten. Exakt, rationell im Formulieren, knapp und kühl in der Gebärdensprache. Sein Äußeres – er hat eine frappierende Ähnlichkeit mit Lenin – unterstreicht diesen Eindruck: kleinwüchsig, agil, ein stark gewölbter charaktervoller Kopf, ein grauer, kleiner Spitzbart und ein durchdringender, klarer Blick. Sein Habit ist bürgerlich-schlicht, ohne eine Spur von Sakralem."[407]

Die Niederländerin Hebe Kohlbrugge, die mit hohem persönlichem Risiko im ‚Dritten Reich' Niemöllers Predigten verbreitet hatte, begegnete auf der ersten Konferenz des Weltkirchenrats 1948 in Amsterdam Martin Niemöller und Otto Dibelius. Unbefangen begrüßte sie die beiden Männer: „Guten Tag, Bruder Niemöller!" – „Guten Tag, Schwester Kohlbrugge!", kam die Antwort. „Guten Tag, Bruder Dibelius!" Worauf dieser mahnend den Zeigefinger hob: „Bischof, liebes Kind!"[408] Eine Anekdote, die viel über die unterschiedlichen Charaktere verrät.

Jahre danach wird Dibelius über Niemöller Sätze schreiben, die – eingedenk früherer Kontroversen über politische Konsequenzen der Verkündigung – von Wertschätzung, Respekt und Menschenkenntnis getragen sind: „Es war an ihm bis in seine alten Tage etwas Jungenhaftes – was ihm die Herzen der Jugend instinktiv gewann. Er sah sich in seinen Worten nicht vor, sondern sagte rund heraus, in der Regel aggressiv, was er dachte. Dabei traf er oft den Nagel auf den Kopf. Nur – Freunde machte er sich damit nicht! (...) Er fürchtete sich vor niemandem. Und vor dem, was in der Welt Ehre und Ansehen genoß, beugte er sich keinen Augenblick. Er legte sich mit allen an: mit Bundeskanzler Adenauer, mit dem amerikanischen General, der ihn und seine Mitgefangenen in Dachau befreit hatte, mit Gelehrten, Publizisten, Bischöfen. Wo er sich von jemandem gehemmt sah, da wurde er zum Angreifer. Im Angriff und im Widerspruch war er ganz er selbst", heißt es 1961 in Dibelius' Autobiographie.[409] Sechs Jahre später schreibt er zu Niemöllers 75. Geburtstag über den Jubilar: „Immer aber ging es ihm um das eine: um den Herrn Christus und sein Evangelium. Ging er auf die Kanzel, so hörte die Gemeinde gespannt auf sein Wort. Jedes Pathos liegt ihm fern. Durch seine schlichte und gerade Art nimmt er die Herzen gefangen. Jeder weiß: Der Mann steht zu jedem Wort, das er sagt! Er liebte es, in andere Kontinente zu reisen und dort zu evangelisieren – nichts Politisches, nichts Kirchenpolitisches zu sagen, sondern ganz einfach: Gottes Wort zu verkünden!"[410]

V. Kirchenpräsident der Ev. Kirche in Hessen und Nassau (EKHN)

1. Die Berufung zum Kirchenpräsidenten (1947)

In der kleinen Wohnung in Leoni am Starnberger See konnte Niemöller mit seiner Familie auf Dauer nicht bleiben. Schon bald tat sich für ihn die Möglichkeit einer Übersiedelung nach Hessen auf, wo das ihm persönlich verbundene Fürstenhaus Ysenburg-Büdingen der Familie eine 4-Zimmer-Wohnung im Büdinger Schloss anbot. Die freundliche Geste kam nicht von ungefähr: Niemöller hatte den Fürsten, ein altes Dahlemer Gemeindemitglied, 1935 kirchlich getraut und sich nach dem Krieg politisch für ihn verbürgt.[411] Ein Brief an Hans Asmussen vom Juni 1946 lässt erkennen, wie sehr Niemöller über die bisherige Entwicklung enttäuscht ist und wie unwahrscheinlich ihm inzwischen die Rückkehr nach Dahlem erscheint:

„Ich habe mir damals [bei der Wiederbegegnung in Frankfurt/Main, MH] das vor uns liegende Jahr wesentlich anders gedacht. Die erste große Enttäuschung waren die Zustände im Osten mit der Selbsternennung von Dibelius zum Bischof aller Reußen und der völligen praktischen Gleichgültigkeit der Brüder drüben in Bezug auf meine Heimkehr und Wiedereinschaltung. (...)
Wesentlich mehr hat es mich persönlich bewegt, dass ich in meiner bayerischen Notheimat jener ersten Monate vollkommen als nicht vorhanden betrachtet und behandelt wurde, sodass ich mich des Eindrucks nicht erwehren konnte ...[,] dass diese Leute, wenn sie sich über meine Befreiung überhaupt gefreut haben, sicher nur das eine Gebet im Blick auf mich gebetet haben: ‚Herr Gott, bewahre uns davor, dass dieser fatale Mensch zu uns zurückkehrt!' Das Verhalten der amtlichen bayerischen Kirche ist sich 12 Monate hindurch in dieser Grundhaltung treu geblieben, und so blieb mir nach einem Vierteljahr nichts anderes übrig, als den Wanderstab weiter zu setzen.
Da ich nach Berlin nicht zurück konnte (und nun wohl auch überhaupt nicht mehr zurück kann)[,] meinte ich, dass mir vielleicht in der

Abb. 15: Niemöller in Büdingen, 1946.

Bekennenden Kirche eine Aufgabe zufiele. Auch dieser Eindruck war eine Täuschung. Du weißt, dass ich mich in Treysa gegen meine bessere Überzeugung zum Eintritt in den Rat durch die Brüder habe breitschlagen lassen, nachdem ich bereits als Vorsitzender des Reichsbruderrates in Frankfurt ausgebootet war. Die Erfahrungen seit Treysa haben mir gezeigt, dass der ‚stellvertretende Vorsitzende im Rat‘ im Grunde nichts anderes bedeuten sollte, als mich auch von Seiten der EKiD auf ein totes Gleis zu schieben. Weder Wurm noch die Kanzlei haben je den geringsten Versuch gemacht, mich an der Arbeit der EKiD wirklich zu beteiligen (…) auch meine Beauftragung mit den Aufgaben des Kirchlichen Außenamtes und der ökumenischen Vertretung der EKiD ist bei jeder Gelegenheit und in erheblichem Umfange sabotiert worden, sodass ich mich fragen muss, ob nicht auch dieser Auftrag lediglich als eine Formsache angesehen wird."[412]

In den Landeskirchen, wo „überall eine kaum noch zu verbergende Politik der Restauration und Reaktion"[413] herrsche und die Gemeinde entmündigt sei, sieht Niemöller vorerst keine Zukunft für sich. Dabei hat die Einladung des Fürsten von Ysenburg-Büdingen ihm neue Möglichkeiten eröffnet. Endlich hat er ausreichend Raum für das Kirchliche Außenamt (das bald nach Frankfurt am Main verlegt wird) und die große Familie. Von Mitte November 1945 bis zum Mai 1948 wird er sich von Büdingen aus dem kirchlichen Wiederaufbau widmen. Mit den Seinen wird er Glied der hessischen Kirche und rückt in erreichbare Nähe. Neben den Predigten und Vorträgen, die er in ganz Deutschland hält, wird Niemöller zunehmend in hessen-nassauische Gemeinden geholt. Es ist wesentlich ihm zu verdanken, dass die lautstarke Polemik gegen das Stuttgarter Schuldbekenntnis hier ausbleibt. Im Februar 1946 beruft der Bruderrat ihn zum Synodalen der Landesbekenntnissynode, die die künftige Ordnung der Landeskirche vorbereiten soll; im April bittet man ihn einstimmig, den Vorsitz im Landesbruderrat zu übernehmen.

Nun war Niemöller an der laufenden Arbeit und den Bemühungen beteiligt, die Distanz vieler Pfarrer zur BK zu überwinden und auf der Basis der Barmer Theologischen Erklärung zu einer neuen Gemeinschaft zu finden. Ein Rundbrief des Landesbruderrats an sämtliche Pfarrer der Landeskirche rief unterschiedliche Reaktionen hervor. Die einen stimmten freudig zu, andere verhielten sich reserviert oder ablehnend. Die „Verdienste der BK in den Jahren des Abwehrkampfes" wurden nicht bestritten, doch man betonte, dieser Kampf sei „auch von weiten Kreisen außerhalb der BK geführt worden". Mit „kirchenpolitischen oder dogmatischen Auseinandersetzungen" sei den Gemeinden heute nicht gedient. Diese bräuchten eine Kirche, „die ihnen Stütze und Heimat bietet in den Drangsalen der Zeit".[414]

Die Zurückhaltung dürfte nicht nur in einer Besorgnis gegenüber dem Machtanspruch der BK, sondern auch in einem „Kulturprotestantismus und theologischen Liberalismus" begründet gewesen sein, der vor der „Bindung an konkrete Bekenntnisse" zurückscheute.[415] Die Landesbekenntnissynode bejahte die 1933 illegitim gebildete Landeskirche Nassau-Hessen als gegebenes rechtliches Faktum. Die drei vorläufigen Leitungen von Frankfurt, Hessen-Darmstadt und Nassau wurden anerkannt, nachdem Niemöller auf Treysa verwiesen hatte, wo alle EKD-Ratsmitglieder aus der BK stammten und Barmen und

Dahlem anerkannt hatten. Zu seiner Entscheidung, in der neuen Landeskirche zu bleiben und für ein Leitungsamt zur Verfügung zu stehen, mag das Schreiben beigetragen haben, in dem der Landesbruderrat ihm schon im Oktober 1945 mitgeteilt hatte, „daß alle Pfarrer und Gemeinden der Landeskirche Nassau-Hessen Ihre Berufung in das leitende Amt der nassauisch-hessischen Kirche begrüßen würden", verbunden mit der Bitte, sich bis zum Zustandekommen der Landessynode für dieses Amt bereitzuhalten.[416] Dass es bis dahin noch zwei Jahre dauern würde, ahnte zu diesem Zeitpunkt niemand.

Die im oberhessischen Friedberg neu konstituierte Synode der Ev. Kirche in Hessen und Nassau (EKHN) wählte am 30. September 1947 Pfarrer Martin Niemöller als Kirchenpräsident in das leitende Amt der EKHN. Er übernahm dieses Amt nicht ohne Selbstzweifel: „ich traue meinen eigenen Gaben, gerade im Blick auf kirchenleitende Aufgaben, nur sehr bedingt; allerdings weiß ich mich von den Brüdern des Nassau-Hessischen Landesbruderrates in meinem Amt umgeben, getragen und unterstützt."[417] Mit dem neuen Leitungsamt verband sich auch eine Hoffnung: Niemöller hatte den Eindruck, das Kirchengebiet der EKHN würde ihm die einzige Chance bieten, „das Erbe der BK praktisch weiterzubilden und grundsätzlich zu wahren", wie er seiner früheren Dahlemer ‚Pfarrgehilfin' Hermine Hermes anvertraute.[418]

Vor der Wahl hatten einige lutherische Synodale die Einführung des Bischofstitels gefordert. Aber Niemöller hielt ihnen entgegen: „Der Bischof verleitet ja doch dazu, daß wir alle (...) zu der Auffassung kommen: Der Bischof ist derjenige Theologe in der Kirche, aus dem der Geist Gottes am deutlichsten spricht! (...) Meine Erfahrung mit der Bischofsgeschichte in Deutschland ist nun einmal nicht die, daß sie ein stärkeres Gewicht hätten als das, was Gott durch Jesus und den Heiligen Geist in den Jahren des Leidens und der Verfolgung den Gemeinden geschenkt hat. Da haben wir es doch gemerkt, daß es um den Herrn Christus mit seiner lebendigen Gegenwart geht und daß er sich nicht an den Bischof bindet. Auch da, wo die Bischöfe abfallen, auch da, wo die Pastoren abfallen oder verhaftet werden, sorgt er dafür, daß das Wort und das Sakrament verwaltet werden und nicht unter den Tisch fallen. Das Amt ist da, der Herr Christus sorgt schon dafür, daß das Amt da ist. (...) Deshalb sehen Sie auch nicht, daß ich mir das Bischofskreuz umhänge, weil ich nicht den Eindruck erwecken möchte: Hier kommt ein Mann, der weiß von dem Herrn Christus etwas mehr als unser Herr Pastor."[419] Niemöller verstand Kirchenleitung ganz im Sinne Luthers und Bonhoeffers, wenn er die Annahme, Menschen könnten „das Leben der Kirche erhalten", zurückwies: Wer anfange, sich Gedanken und Pläne dafür zurechtzulegen, sei schon auf dem falschen Weg. Die evangelische Christenheit habe zu lernen, dass die Kirche „nicht sich selbst leitet, sondern sich ernstlich unter die Leitung des Herrn Christus stellt, nicht nur die Gemeinden, sondern auch die Kirchenleitung ..."[420] Das war die entscheidende, im Kirchenkampf gewonnene Erkenntnis, aus der Niemöller folgerte: „wir werden immer danach trachten müssen, daß unser Kirchenregiment darauf bedacht ist, diesem Kirchenregiment Jesu Christi Raum zu schaffen."[421]

2. Erster im Leitungskollegium, aber kein Bischof (1947–1964)

Bei den vorangegangenen Beratungen über die neue Kirchenordnung hatte Niemöller darauf Wert gelegt, dass der Entwurf kein monarchisches, sondern ein brüderliches Bischofsamt vorsah, das gemeinsam von sieben Pröpsten nach Art der einstigen hessen-darmstädtischen Superintendenten wahrgenommen werden sollte. Dieses Gremium wurde als ‚Leitendes Geistliches Amt' (LGA) bezeichnet – eine unter den evangelischen Landeskirchen nach 1945 einzigartige Konstruktion. Er sei einverstanden, erklärte Niemöller vor der Synode, wenn die Mitglieder des LGA Bischöfe genannt würden. „Aber nennen Sie nicht die einen Pröpste und mich Bischof und erwecken Sie nicht den Eindruck, als wäre der Bischof mehr als ein bloßer Propst."[422] Darin kommt noch einmal Niemöllers starke Abneigung gegen eine hierarchische Bischofskirche zum Ausdruck. Woran ihm lag, war ein bruderrätliches Leitungsamt, dessen Inhaber – im Unterschied zu den Pfarrern – auf Zeit gewählt wurden.

Jahre später erklärte er der Kirchensynode: „das Leitende Geistliche Amt ist ein Team, die Kirchenleitung hat als Team gearbeitet, das heißt, wir haben praktisch eigentlich nie abgestimmt in den 17 Jahren, als ich Kirchenpräsident war. (Das Protokoll vermerkt: *Zurufe und Heiterkeit*) Hoffentlich haben Sie jetzt genug gelacht, denn ich muß dazu sagen, ich bin in keiner Weise und normalerweise mit meiner Ansicht durchgekommen! Das gehört nämlich auch zum Team, daß man ein Team *führt* und nicht mit seiner Meinung dabei durchkommt, weil man merkt, es ist nicht so weit! Bei Abstimmungen bin ich auch überstimmt worden ..."[423]

„Der Kirchenpräsident ist an die Beschlüsse der Kirchensynode gebunden, er ist für seine Amtsführung der Kirchensynode verantwortlich" lautet ein wichtiger Satz in der Verfassung der jungen EKHN. Niemöller kennzeichnet sie gern als die am meisten demokratisch verfasste Landeskirche im deutschen Protestantismus nach 1945. Damit ist der Aufbau der Kirche von den Ortsgemeinden gemeint. Sie zu stärken sieht der Kirchenpräsident als eine seiner Hauptaufgaben. In der Kirchensynode, die zu zwei Dritteln aus Delegierten der Gemeinden besteht, wird Präses Dr. Hans Wilhelmi für Niemöller während seiner ganzen Amtszeit, vor allem aber in den Diskussionen Ende der 1950er Jahre über die Beurteilung von Massenvernichtungsmitteln, ein starker Widerpart sein.

Von einigen Aufgaben, die Niemöller nach dem Krieg zu bewältigen hatte, war bereits die Rede: das Flüchtlingsproblem und die willkürlichen Methoden der Entnazifizierung. Sie forderten die evangelische Kirche zum Handeln heraus, weil die ganze Bevölkerung – nicht nur der evangelische Teil – unmittelbar davon betroffen war. Kaum ein Vierteljahr nach seinem Amtsantritt unterzeichnete er eine Erklärung der Kirchenleitung, die am ‚Befreiungsgesetz' Kritik übte und den Pfarrern die weitere Mitarbeit in Spruchkammern untersagte. Die hessische Landesregierung, die US-Militärregierung und die Linksparteien wiesen die Kritik als Einmischung in staatliche Angelegenheiten empört zurück. Bei der großen Mehrheit der Deutschen jedoch fand Niemöller, der als Urheber der Erklärung angesehen wurde, den Presseberichten zufolge herzliche Zustimmung.

Nach wie vor reiste er unermüdlich in viele Staaten der Erde. Als erster Deutscher durfte er nach Kriegsende öffentlich in Norwegen, Dänemark und Schweden, in den Niederlanden, in England, Irland und Schottland reden. 1946/47 reiste er zusammen mit seiner Frau als ‚Botschafter des besseren Deutschland' für ein halbes Jahr durch die USA, im August 1949 trat er eine dreimonatige Evangelisationsreise nach Australien und Neuseeland an. 1950 kam er nach Südamerika. Seine umstrittenste Reise führte ihn im Januar 1952 für eine Woche nach Moskau. So war es kaum verwunderlich, dass man ihm in der EKHN seine häufige Abwesenheit vorhielt.

Dieser Vorwurf ist verständlich und dennoch ungerecht, wenn man sich anschaut, mit welcher Hingabe und Ausdauer der Kirchenpräsident Niemöller sich bemühte, die Gemeinden durch Verkündigung zu stärken. Über den Prediger Niemöller schreibt sein Bruder Wilhelm: „Das Wort von der Versöhnung ist das entscheidende Wort. Das zieht sich wie ein Faden durch all die Tausende von Reden und Predigten hindurch, die seither wieder gehalten wurden. Es war genau wie bei unserem Vater. Kein Dörflein in Westfalen und im Hessenland bekam eine abschlägige Antwort, wenn er zum Dienst gerufen wurde. Er kam, und er hatte etwas zu bringen, kein Larifari und keine ‚Kunstrede‘, keine philosophisch verbrämte ‚Theologie‘ und keine schöne Rhetorik. Er kam mit der Botschaft des Erlösers: ‚Lasset euch versöhnen‘.“[424]

Beim Wiesbadener Gedenkgottesdienst wird Karl Herbert, lange vertrauter Mitarbeiter des Kirchenpräsidenten Niemöller, über ihn sagen: „Er hat dieser Kirche ... seine ganze Kraft gegeben, und zwar oft in einer uns tief beschämenden Treue im Kleinen: Es bat keine Gemeinde vergeblich um eine Predigt und kein Pfarrer um ein seelsorgerliches Gespräch, das er brauchte.“[425] Niemöller habe seine Kirche geliebt, aber er habe auch an ihr gelitten. Es sei „nicht zu übersehen, daß Niemöller sich in dieser seiner Kirche oft und vielleicht zunehmend einsam gefühlt, daß er mit harten Urteilen über die Haltung der amtlichen Kirche in den letzten Jahrzehnten nicht gespart, ja daß er gelegentlich gesagt hat, er habe an der Kirche mehr gelitten als am ganzen Nationalsozialismus“.[426]

In seinen ersten Jahren als Kirchenpräsident wurde Niemöller bei der Erledigung seiner vielfältigen Aufgaben von Dr. jur. Franz Beyer unterstützt. Beyer, den er aus seiner Marinezeit kannte, war im Krieg General der Infanterie gewesen und nun als Privatsekretär des Kirchenpräsidenten tätig. Anschaulich beschreibt er, wie Niemöller den politischen Auftrag der Kirche wahrnahm: „Bei ihm laufen tagtäglich hunderte von Zuschriften ein – an besonderen Tagen bis zu 250 –, die um Rat und Hilfe in politischen Dingen bitten, klingelt fast ununterbrochen sein Telefon mit Anrufen von politischen Rat und Hilfe Suchender, füllt sich sein Zimmer mit Menschen, die, aus West und Ost und aus dem Ausland gekommen, seine Ansicht zu den politischen

Tagesfragen und zu politischen Grundsätzen erbitten, um an ihr eigene Gedanken zu prüfen und zu klären, gehen so viel Bitten um Abhaltung von Predigten und Vorträgen, Versammlungen und Diskussionen ein, daß sein Terminkalender auf Monate hinaus mehr als besetzt ist."[427]

Es war demnach so, dass Niemöller sich auf Anfragen und Bitten anderer hin zu politischen Fragen äußerte, nicht aus einem Antrieb, Politik zu machen. Sein Anliegen war, wie er selbst sagte, „dem einzelnen in den Lebensfragen seines Volkes und seines eigenen Seins zu einer Entscheidung aus der Verantwortung vor Gott [zu] verhelfen".[428]

Am 30. Mai 1948 wurde die Neueinweihung der Frankfurter Paulskirche mit einem Gottesdienst begangen. Die Dreikönigskantorei unter der Leitung von Kurt Thomas sang einen Choralsatz von Johann Sebastian Bach.[429] In seiner Predigt geht Niemöller darauf ein, dass die Paulskirche nicht wieder als Gemeindekirche errichtet worden sei, sondern „damit hier höchst weltliche, politische Aufgaben

Abb. 16: Das Wohnhaus des Kirchenpräsidenten in der Brentanostraße 3, Wiesbaden. Niemöller wohnte hier von 1947 bis 1984.

unseres Volkes verhandelt werden könnten".[430] In der Geschichte der Deutschen sei diese Kirche „zu einem politischen Symbol geworden". Der Prediger nimmt dies zum Anlass, eine Klärung des Verhältnisses von Kirche und Politik zu entwickeln. Die Kirche werde immer von der Welt angefeindet. Sie müsse aber der Versuchung widerstehen, sich in ein Leben frommer Innerlichkeit zurückzuziehen. Vielmehr habe die Kirche „der Welt gegenüber einen Auftrag wahrzunehmen", den sie selber nicht begrenzen dürfe. Wie Christus es nicht nur mit den guten Menschen zu tun hatte, sondern sich dem ganzen Volk zuwandte und keinen von seiner Gemeinschaft und Hilfe ausschloss, so soll auch die Kirche im Glauben an ihn sein. So wird seine Gemeinde „eine Macht und Kraft im Zusammenleben der Menschen". Die Gemeinde Jesu Christi habe den Menschen die Verantwortung für den Bruder und die Freiheit der Kinder Gottes zu bezeugen. Sie soll mahnen und warnen, raten und helfen, aber keine Machtansprüche erheben. Niemöller bittet die Gemeinde, „in brüderlicher Solidarität" auch derer „fürbittend zu gedenken", die in dieser Kirche weltliche, politische Aufgaben verhandeln werden.

Zu diesem Zeitpunkt hatte das gespaltene Deutschland gerade in verschiedenen Feiern an die gescheiterte Revolution von 1848 erinnert. In Berlin wurde in Kundgebungen an getrennten Orten der Gefallenen des 18. März gedacht. Zwei Monate später, am 18. Mai 1948, kam es erneut zu getrennten Veranstaltungen. Die zentrale Gedenkfeier der drei Westzonen anlässlich der Eröffnung der Deutschen Nationalversammlung vor 100 Jahren fand in Frankfurt am Main am historischen Ort der Paulskirche statt. Die durch Bombenangriffe der Alliierten im März 1944 schwer zerstörte Kirche war, vor allem dank der Initiative des Frankfurter Oberbürgermeisters Walter Kolb, rechtzeitig wiederaufgebaut worden. Die Festrede bei der Kundgebung hielt der Dramatiker Fritz von Unruh, der seit 1933 im Exil gelebt hatte.[431] Während die Spaltung Deutschlands und Berlins sich immer deutlicher abzeichnete, nimmt Niemöller die historische Stunde als Chance der Verkündigung wahr. Er stellt heraus, dass die Kirche Jesu Christi einen Auftrag an die Politik hat und dass Christen der Welt auch hier „seinen Dienst zu bringen haben als den Dienst seiner unverdienten Liebe, von der wir selber leben".

Von daher erschließt sich, dass Niemöller sich nicht von politischen Interessen und Zielen, sondern von seinem Gewissen getrieben fühlte, das an das Wort Jesu Christi gebunden war.[432] Mochte die Öffentlichkeit ihn auch als ‚Politiker‘ wahrnehmen, ihm ging es stets – auch in politischen Fragen – um das christliche Zeugnis. Hierin lag die treibende Kraft, die den ‚persönlichen Gefangenen des Führers‘ zum Widersacher Adenauers und Gegner der westdeutschen Wiederbewaffnung werden ließ, zum Warner vor der Westoption, die die deutsche Teilung besiegelte, und darum zum Brückenbauer nach dem Osten, ohne etwa dessen Parteigänger zu werden, zum leidenschaftlichen Kämpfer gegen atomare Massenvernichtungsmittel und zum radikalen Pazifisten.

Für viele bedeutete dies freilich, dass Niemöller damit die Kirche politisierte. In der Synode der EKHN gingen wiederholt die Wogen besonders hoch, wenn er zu einer politischen Frage Stellung genommen und den wunden Punkt getroffen hatte. In der Debatte um die Remilitarisierung musste die Synode zuletzt anerkennen, dass der Kirchenpräsident „eine für unser Volk lebenswichtige Frage" zur Diskussion gestellt hatte, „an der kein Christ vorübergehen kann". Der Synodalbeschluss bestätigte jedem Christen „die Freiheit und das Recht, zu Fragen des öffentlichen Lebens Stellung zu nehmen".[433] Dieses Kennzeichen hat die EKHN Martin Niemöller zu verdanken. Er hat ‚seine‘ Kirche gezwungen, sich mit gesellschaftlichen und politischen Problemen auseinanderzusetzen. Auf die Dauer wurde das manchen zu viel. So wurde er 1958 vor seiner dritten und letzten Amtszeit nur noch mit knapper Mehrheit wiedergewählt.

So zugespitzt Niemöller sich äußerte, wenn er lebenswichtige Fragen des Volkes berührt sah („sonst hört's ja keiner"), so beharrlich rang er dann darum, seinen Kontrahenten zu überzeugen. Er brauchte den Widerspruch und suchte darum die Auseinandersetzung. Dies kennzeichnet auch die heftigen Debatten, die er mit Präses Wilhelmi bei der Kirchensynode führte. Sowohl seine erste Reise nach Moskau (1952) wie sein Aufruf zur Bundestagswahl (1953), die Rede bei der Frankfurter Kundgebung ‚Kampf dem Atomtod‘ (1958) und die Kasseler Rede (1959) lösten jeweils intensive und teilweise harte Kontroversen aus. Bemerkenswert ist, dass beide Kontrahenten, so unterschiedlich ihre Ansichten bezüglich Politik und Militär waren, zwischen Person und Sache zu unterscheiden wussten. Wie Wolfgang Lück gezeigt hat, legte Wilhelmi Wert darauf, die Kritik auf Sachfragen zu lenken, um eine faire Auseinandersetzung zu ermöglichen.

Beide, Niemöller und Wilhelmi, hielten ihre Maxime durch, zwischen Person und Sache zu unterscheiden. Beide „hielten persönliche Kontakte". Es gab Einladungen der Ehepaare untereinander. Als Frau Wilhelmi 1960 starb, hielt wie selbstverständlich Niemöller die Trauerfeier". In der Öffentlichkeit habe man das nicht immer wahrgenommen. Vielleicht, so vermutet Lück, sei es einfach „nur schwer vorstellbar, dass Menschen wirklich Person und Sache so trennen können, dass sie einander persönlich akzeptieren, auch wenn sie einander in der Öffentlichkeit sachlich hart attackieren".434 Sicher war in diesem Fall auch die Bekennende Kirche ein wichtiges Bindeglied: Beide Männer waren Mitglieder der BK.

Niemöllers Korrespondenz aus seinen Dienstjahren als Kirchenpräsident enthält auch seltsame Zeugnisse der Mitteilungswut, die Wichtigtuer, Psychopathen und Verwirrte dazu treibt, sich mit ihren Anliegen an bekannte Persönlichkeiten zu wenden. Im Nachhinein kann man nur darüber staunen, mit welcher Geduld er auch auf solche Schreiben eingeht. Einem Pfarrer antwortet er auf dessen Zusendung:

„Sehr geehrter Herr Doktor! Sie schicken mir eine Drucksache zu: ‚Die Kirche und die Affen'. Offensichtlich zielt Ihr Traktat darauf hinaus, dass Sie es für notwendig halten zu predigen, dass der Mensch nicht von dem Affen abstammt. Sie schreiben dazu: ‚Wenn die Affengeschichten des Dr. Jacob wahr sind – was predigen wir dann eigentlich noch? Wer soll dann noch Verstand in unserer Predigt finden?' Hierzu kann ich nur sagen: Geben Sie möglichst schnell das Predigen auf, denn wenn Ihre Predigt an den Affen hängt bzw. an ihrem Infragekommen als Urväter der Menschheit, dann haben Sie noch nie richtig gepredigt. Ich denke, dass uns das Neue Testament Aufschluss genügend gibt. Und mit Ihren Affengeschichten kriegen Sie bestimmt auch nicht mehr als 1 % Gemeindeglieder in die Kirche. Am Schluss Ihrer Drucksache schreiben Sie: ‚Zum drittenmal geht dieser Brief nun hinaus, da die Nachfrage so stark ist.' Ich möchte nur bemerken, dass diese Nachfrage jedenfalls von mir nicht erfolgt ist. Hochachtungsvoll Niemöller."435

Zuvor hat Niemöller sich bemüht, in Berlin Näheres über den Adressaten in Erfahrung zu bringen. Dieser hatte 1949 ohne Erfolg versucht, sich an der Kirchlichen Hochschule für das Fach Altes Testament zu habilitieren. Die beiden Gutachter hatten ihn als für eine wissenschaftliche Laufbahn ungeeignet eingeschätzt. Kurt Scharf, bei dem Niemöller Auskünfte eingeholt hatte, hielt den Autor der erwähnten Drucksache für psychisch krank und von einem Hang zur Sektiererei beherrscht.

In seinem Beruf als Marineoffizier, meinte Niemöller rückblickend, habe er gelernt, „erst einmal alle Dinge ins Praktische zu übersetzen". Das habe ihn vor einem prinzipiellen Denken bewahrt, für das kirchliche Funktionsträger besonders anfällig seien: „Mit prinzipiellen Fragen, die im Alltag belanglos werden, habe ich mich nie in meinem Leben abgegeben. Deshalb bin ich auch nicht Theologe geworden."[436] Die Redakteure von „Christ und Welt", denen Niemöller freimütig seine Haltung erläutert, haben Mühe, ihn zu verstehen. Für sie ist er ein „Mann, der in kein Schema paßt, der so ganz anders ist, der, nur von seiner Spontaneität getrieben, seinen Weg geht, und sei dieser auch noch so eingleisig. Die Leidenschaft zum Engagement verführt ihn immer wieder zur radikalen Opposition, die oft auch seinen Freunden unverständlich bleibt." Wer den Bericht über dieses Gespräch unbefangen liest, gewinnt einen anderen Eindruck: Dieser Mann handelt nicht einfach spontan. Er hat Grundsätze und Überzeugungen, denen er treu bleibt, und verfolgt mit starkem Willen bestimmte Ziele.

„Sie werden sich wundern [...], wie wenig sich ändert, wenn ein anderer Kirchenpräsident auf den Stuhl sich setzt, auf dem ich als Vorsitzender der Kirchenleitung und des Leitenden Geistlichen Amtes und der Kirchenverwaltung in diesen ganzen Jahren gesessen habe!" So äußerte sich Martin Niemöller 1964, am Ende seiner Amtszeit als Kirchenpräsident der EKHN, vor der Kirchensynode.[437] Auch wenn er damit nicht Recht behielt – denn in den folgenden Jahrzehnten änderte sich in Kirche und Gesellschaft viel! –, gibt es heute gute Gründe, zu fragen, was er dieser Kirche als Erbschaft und bleibende Herausforderung hinterlassen hat.

Die Kirchenordnung der EKHN aus Niemöllers Sicht

Niemöller hat die Kirchenordnung der EKHN von 1949 und den Weg der hessen-nassauischen Kirche maßgebend geprägt. Was zeichnet die Ordnung der EKHN nach seinem Verständnis aus?

In einem Vortrag am 18. September 1957 bei der Akademietagung der Kirchenjuristen in Tutzing berichtete Martin Niemöller über „Haupttypen heutiger deutscher Kirchenverfassungen: Ev. Kirche in Hessen und Nassau".[438] Dort erklärte er: „Man lebt vielfach in der Vorstellung, in den ‚zerstörten' Kirchen hätte nach 1945 einfach eine ‚Machtübernahme' durch die BK stattgefunden und die neuen KOen [= Kirchenordnungen, MH] ... wären dementsprechend eindeutige Produkte der BK und ihrer Erfahrungen bzw. Grundsätze" (338). Niemöller bestreitet, dass dies für die EKHN zutrifft, und verweist darauf, dass in den kirchlichen Gremien die Vertreter der BK sich mit anderen Gruppen auseinandergesetzt hätten (ebd.). Der Grundartikel mache, in sachlicher Übereinstimmung mit der 3. These von Barmen, deutlich, dass die Kirche *auch mit ihrer Ordnung* Jesus Christus als den Herrn bezeugen will (339). Die KO fängt mit einem Abschnitt über die Kirchengemeinde an, „weil in der einzelnen Gemeinde das, was die ‚Kirche' ist, am deutlichsten in die Erscheinung tritt ..." (340).

Niemöller sieht gerade in der Gesamtkirche „die Gefahr, eine Einheit durch hierarchische Machtansprüche zu erzwingen und aufrechtzuerhalten ..." (344). Die Ordnung der Kirche sei dagegen keine Sicherung, denn es könne sich „auch eine bürokratische Hierarchie entwickeln" (ebd.). Das LGA habe keine rechtlichen Befugnisse (345), könne also nur durch das freie Wort überzeugen. „Die geistliche Leitung ist ... nach bruderrätlichem Vorbild geordnet, allerdings mit dem Unterschied der fehlenden Rechtskompetenzen" (ebd.). Das LGA sei zu verstehen als „ein Protest gegen die reine Verwaltungskirche und ein Protest gegen jede hierarchische Ordnung, die Pfarrer und Gemeinden ... zu Befehlsempfängern macht" (346).

Der Kirchenpräsident habe „wenig eigene Entscheidungsbefugnis" (345). „Er ist ... der Koordinator für die Exekutive und die geistliche Leitung, die notwendige Brücke zwischen Ordnung und Botschaft (um mit Barmen III zu reden)" (345/346). 1964 erläuterte Niemöller im Rückblick sein Verständnis dieses Amtes und betonte dessen *pastoralen* Charakter: „Als man mich seinerzeit in diese Position [des Kirchenpräsidenten, MH] berief, da habe ich einmal gesagt: Ich verstehe unter einem Kirchenpräsidenten nicht einen Bischof – den Bischof haben wir in unserem Leitenden Geistlichen Amt, den bischöflichen Bruderrat für unsere Kirche –, aber der leitende Mann innerhalb der Kirchenleitung, der Kirchenverwaltung und des Leitenden Geistlichen Amtes, dessen Hauptaufgabe ist so etwas wie Schäferhund-sein, dafür sorgen, daß alles wirklich beieinanderbleibt und nicht auseinanderläuft! Und diese Aufgabe ist schwer genug und füllt ein Menschenleben schon aus."[439]

Zusammenfassend würdigt Niemöller in seinem Tutzinger Vortrag die KO der EKHN: Sie versucht, „kirchliches Recht und kirchliche Ordnung bewusst in den Dienst des der Kirche gegebenen Auftrags zu stellen" (346). Das heißt, es könne keine absolut richtige KO geben. Wohl aber müsse jede KO vom Auftrag der Kirche her gestaltet werden (ebd.). „Jede Hierarchie – ob bischöflichen, bürokratischen ... oder auch synodalen Charakters – hindert diesen Auftrag der Kirche, weil sie das Evangelium zum Gesetz verkehrt ..." (346/347). „Die Ordnung hat, wenn sie rechte Ordnung ist, dem Evangelium zu dienen. Das ist oberster Gesichtspunkt für uns gewesen" (347). „Es wird sehr darauf ankommen, *was* wir unter Evangelium verstehen, wenn wir Kirche ordnen, ob also z. B. Jesus Christus das eine Wort Gottes ist ..., oder ob etwa das Wort der Kirche eine – auch nur entsprechende – Rücksicht für sich fordert" (ebd.).

Es verdient Beachtung, wie nachdrücklich Niemöller unterstreicht, dass das Leitende Geistliche Amt einen Hirten- und Wächterdienst für die Gemeinden und Pfarrer ausübt. Nicht ein Einzelner, sondern ein Gremium von Pfarrpersonen sollte dieses Amt innehaben. Deutlich stellt die KO von 1949 heraus: Es gibt nur *ein* geistliches Amt, das Pfarramt. „Der Kirchenpräsident, die Pröpste und die Oberkirchenräte der Verwaltung behalten deswegen die Amtsbezeichnung ‚Pfarrer' bei, neben die die Bezeichnung ihres besonderen Auftrages in der Kirche tritt. Also: Kirchenpräsident Pfarrer ..., Propst Pfarrer ..., Oberkirchenrat Pfarrer ..."[440]

Heute wird Niemöllers Interpretation der Kirchenverfassung auf der ganzen Linie kritisiert. Noch immer bzw. wieder einmal mehr wird der Vorwurf erhoben, es sei von Niemöller in den Anfängen der EKHN eine kirchen- und theologiepolitische ‚Machtübernahme' der BK und ihrer durch den Barthianismus geprägten ‚Pastorentheologie betrieben worden.[441] Ob die vorliegenden Quellen dieses kirchenhistorische Urteil belegen, muss hier offenbleiben. Gewiss ist heute nicht mehr zu befürchten, dass ein wie auch immer definierter Barthianismus die EKHN dominieren könnte. Ein akutes Problem dürfte eher das funktionale Kirchenverständnis sein, das Kirche einseitig an gesellschaftlichen Erwartungen und Bedürfnissen ausrichtet, sowie der schleichende Verlust an erfahrungsbezogener Theologie und biblisch fundierter theologischer Sprache, die es wagt, Zeitgenossen mit der *Fremdheit* der christlichen Botschaft zu konfrontieren.

Dass die Ordnung der Kirche *Zeugnischarakter* habe, erscheint manchen als fragwürdige kirchentheoretische Verallgemeinerung eines allenfalls in der Situation des Kirchenkampfes plausiblen, heute jedoch für eine Volkskirche in der pluralistischen Gesellschaft untauglichen Bekenntnissatzes. Auch das LGA wird als überholtes Relikt angesehen: Warum ein kollegiales Bischofsamt und nicht ein Bischof mit deutlich mehr Entscheidungsbefugnissen an der Spitze? Dazu ist zu sagen: Ordnung und Leitungsstrukturen der Kirche sind nur dann ‚richtige‘ Ordnung, wenn durch das Dasein und Wirken der kirchlichen Institutionen und Ämter die Wahrheit des Evangeliums bezeugt wird.[442] Sie können nach evangelischem Verständnis weder aus kirchlichen Traditionen noch aus kulturellen, politischen und sozialen Zeitströmungen abgeleitet werden. In dieser Erkenntnis liegt die bleibende Bedeutung von Barmen III: „Die christliche Kirche ist die Gemeinde von Brüdern, in der Jesus Christus in Wort und Sakrament durch den Heiligen Geist als der Herr gegenwärtig handelt. Sie hat mit ihrem Glauben wie mit ihrem Gehorsam, mit ihrer Botschaft wie mit ihrer Ordnung mitten in der Welt der Sünde als die Kirche der begnadigten Sünder zu bezeugen, dass sie allein sein Eigentum ist, allein von seinem Trost und von seiner Weisung in Erwartung seiner Erscheinung lebt und leben möchte.“

Betrachtet man Barmen lediglich als kirchengeschichtliches Ereignis, wie es sich gerade bei Theologen des konfessionellen Luthertums eingebürgert hat,[443] wird seine Bedeutung als Bekenntnis relativiert. So kann nicht gesehen werden, dass mit der Ordnung der Kirche zu jeder Zeit neu auf dem Spiel steht, was Kirche ist und wofür Kirche steht. „Die für die Gestaltung der Kirchenordnung wesentliche Frage ist heute dieselbe wie 1947: Welche Form der Kirchenleitung fördert die lautere Wortverkündigung und die stiftungsgemäße Sakramentsverwaltung mit den Kräften und Mitteln, die der Herr der Kirche ihr zur Verfügung stellt?“[444] Hierbei hat die Frage nach dem Bischoftitel sekundäre Bedeutung. Wichtiger ist, ob kirchliche Leitungsämter so strukturiert sind, dass deutlich wird, dass sie wie alle kirchliche Ordnung um der Verkündigung willen wahrgenommen werden. Ein

Kirchenpräsident, der sein Amt im Sinne Niemöllers als *primus inter pastores* ausübte, könnte für die EKHN auch heute gut sein.

In der seit den 1990er Jahren geführten Kirchenreform-Diskussion mutet Niemöllers Position, in der einzelnen Gemeinde trete Kirche am deutlichsten in Erscheinung, überholt, mindestens aber revisionsbedürftig an. Konzeptionen, die ‚Gemeinde' nur noch als eine von mehreren gleichrangigen Formen von Kirche gelten lassen und ‚kirchlichen Orten' gleichstellen, finden mehr Zustimmung, weil sie den soziokulturellen Bedingungen kirchlicher Arbeit anscheinend besser Rechnung tragen. Es bleibt aber die Frage, ob hier der reformatorische Begriff von Gemeinde, der auf das Geschehen von Wortverkündigung und Sakramentsverwaltung im Gottesdienst bezogen ist, überhaupt noch ernst genommen oder nicht vielmehr aufgelöst wird.

Niemöller hat diesen Gemeindebegriff ursprünglich gegen eine Kirche und ein Kirchenregiment geltend gemacht, die unter dem bestimmenden Einfluss des NS-Staates standen. Die gemeinsame Aufgabe von Pfarrern und Laien bestand nach seiner Ansicht in der „Sammlung der Christen unter den Christen, der Gemeinde in der Gemeinde, der Kirche in der Kirche. Nicht Organisation, nicht Sekte! Sondern um Gottes Wort gesammelte und im Gebet geeinte, lebendig zusammengehörende Gruppen, die einmal berufen sein könnten, eine neue Kirche zu tragen, falls sie nach Gottes Willen erwachen und erstehen sollte. [...] Als neue Kirche aber wird die Kirche einmal nur leben und wirken können, wenn sie Gemeinde ist!"[445]

Heute müsste von Niemöller her betont werden, dass eine Kirche, die nicht in lebendigen Gemeinden *kenntlich* wird, sich in einem diffusen Pluralismus verliert. Denn längst gibt es eine Hierarchie der Professionellen, die mit ihren an Leitbildern aus der Wirtschaft und empirisch messbaren Erfolgen ausgerichteten Kirchenkonzepten und ihrer nichttheologischen Expertensprache die Gemeinden bzw. die kirchlichen Laien entmündigen.

Frauen im Pfarramt

Im Lauf der Amtszeit Niemöllers verschafften sich Frauen endgültig den Zugang zu dem bis dahin nur Männern vorbehaltenen Pfarrberuf. Durften ordinierte Theologinnen zunächst nur Schulpfarrstellen oder Stellen in der Alten- und Krankenseelsorge übernehmen, so konnten sie seit den 1960er Jahren in der evangelischen Kirche auch Gemeindepfarrerinnen werden. Das war eine Konsequenz aus Erfahrungen der Bekennenden Kirche, worauf Niemöller aufmerksam machte, als er 1962 von der Zeitschrift „Quick" zum Thema befragt wurde: „Solange die Frage der Pastorin eine theoretische Frage war, bin ich dieser Frage mit viel Mißtrauen begegnet. Im Kirchenkampf zur Nazizeit waren wir in der Bekennenden Kirche dankbar dafür, daß sich junge Theologinnen zum Dienst meldeten und sich mit weiblich entschiedenem Einsatz zur Verfügung stellten. So ist für mich die Pfarrerin, der weibliche Gemeindepastor, seit 1945 in gar keiner Weise mehr ein Problem. Ich habe noch von keiner Gemeinde gehört, die eine Pfarrerin bekam und nicht nach wenigen Monaten dafür dankbar und darüber beglückt gewesen war."[446]

Eine der ersten Pfarrerinnen in der EKHN war Therese von Helmolt (1902–1967). Seit 1962 im oberhessischen Ilbeshausen tätig, brachte sie ihre Dankbarkeit gegenüber Niemöller in einem Brief zum Ausdruck: „Ihnen aber, lieber sehr verehrter Herr Kirchenpräsident, möchte ich noch einmal von ganzem Herzen dafür danken, daß Sie den Anstoß gegeben haben, auch Frauen den Zugang ins volle Pfarramt zu ermöglichen."[447] Niemöller hatte ihr durch seine Fürsprache den Weg ins Pfarramt geöffnet und damit einen lange gehegten Wunsch erfüllt. Die Stationen waren für eine evangelische Theologin jener Zeit typisch: nach dem Krieg 13 Jahre Krankenhaus- und Flüchtlingsseelsorge in Landshut/Bayern, danach Religionsunterricht in Hessen, bevor sie schließlich zur Pfarrerin im kirchlichen Hilfsdienst ernannt wurde.

Das Interview mit Günter Gaus

Im vorletzten Jahr seiner Amtszeit als Kirchenpräsident wird Niemöller von Günter Gaus zu einem Fernsehgespräch in dessen Reihe „Zur Person" eingeladen. Dieses im Oktober 1963 aufgezeichnete Gespräch gehört zu den Sternstunden der Intelligenz im Fernsehen. Es dokumentiert eine heute seltene Gesprächskultur, die sich dadurch auszeichnet, dass der Interviewer präzise fragt, aufmerksam zuhört, im Übrigen aber sich ganz zurücknimmt, um dem Gesprächspartner Gelegenheit zu geben, sich zu äußern. Was der gedruckte Text des Gesprächs nicht verrät, zeigt die Kamera: Niemöllers hochgradige

Anspannung, seine wache Nervosität. Ständig ist er in Bewegung. Man sieht einen Mann, der, obschon er seine Zigarre raucht – was heute kein Fernsehstudio mehr erlauben würde –, doch jeden Augenblick auf dem Sprung ist und jede Frage sofort beantwortet. Er spricht sachlich, im Tonfall eines westfälischen Pastors, aber ohne pastorale Salbung. Denkwürdig ist dieses Interview aber vor allem aus inhaltlichen Gründen. Es macht nämlich so konzentriert wie kaum ein anderes Zeitdokument Niemöllers Weg vom Marineoffizier zum christlich motivierten Friedenskämpfer nachvollziehbar. Dass und weshalb sich auf diesem Weg sein geistiger Standort, seine „Einstellung zum Krieg und zum Soldatenberuf radikal geändert hat",[448] wird hier begreiflich.

3. Vorzeitiger Rücktritt vom Amt des Kirchenpräsidenten (1964) und Auszug aus der Kirchensynode

Die Arbeitstage des Kirchenpräsidenten sind lang; für ein Privatleben bleibt wenig Zeit. Schon frühmorgens kommt Niemöller, dem Bericht eines Zeitzeugen zufolge, zum Aktenstudium in die Kirchenverwaltung, um danach die zuständigen Oberkirchenräte ,zum Rapport' antreten zu lassen.[449] So ist er über aktuelle Vorgänge auf dem Laufenden. Nach den Aufgaben im Darmstädter Landeskirchenamt ist Niemöller abends gewöhnlich zu Vorträgen in Kirchengemeinden eingeladen. Bleibt er zuhause, empfängt er Freunde und Gesprächspartner aus Kirche, Politik und Gesellschaft oder beantwortet die viele Post, die ihn täglich erreicht. Sonntags ist er unterwegs, um irgendwo im Kirchengebiet der Landeskirche oder anderswo zu predigen. Nicht selten übernimmt er auch Trauungen und Taufen; die Namen seiner Patenkinder füllen eine ganze Seite.

Vor dem Schlafengehen notiert er häufig die wichtigsten Ereignisse oder Begegnungen in sein Tagebuch. Aus manchen Eintragungen geht hervor, dass das unruhige Leben für seine Frau immer anstrengender wird. Die vielen Reisen zehren an ihren Kraftreserven, ihr Gesundheitszustand verschlechtert sich mehr und mehr. Seit 1959 muss Niemöller gewusst haben, dass sie krank war. Else Niemöller litt an der Parkinson-Krankheit.

3. Vorzeitiger Rücktritt vom Amt des Kirchenpräsidenten (1964)

Am 6. August 1961 bricht die Familie, begleitet von Enkelsohn Martin und der seit 1936 im Haus tätigen Wirtschafterin, zu einer Urlaubsreise nach Dänemark auf. Hinter der deutsch-dänischen Grenze endet die Fahrt. Niemöller verliert die Kontrolle über seinen Wagen und verunglückt. Else Niemöller und Dora Schulz kommen bei dem Unfall ums Leben. Martin Niemöller überlebt schwerverletzt, sein Enkel kommt mit kleineren Verletzungen davon. Am 14. August findet in der Lutherkirche in Wiesbaden der Trauergottesdienst für die beiden Frauen statt, Helmut Gollwitzer hält die Traueransprache.[450] Das Begräbnis erfolgt auf dem Wiesbadener Südfriedhof. In einem Brief schreibt Niemöller zwei Monate später: „Ich bin nun über den Schock hinweg und habe mich innerlich mit dem Ruf, der mich wieder in dieses Leben und seine Aufgaben hineinstellt, abgefunden. Daß es ohne meine Frau gehen muß und daß auch die Dora jeden Tag irgendwie im Hause fehlt, bleibt immer aufs Neue schwer."[451]

Danach hat Niemöller nie über den Unfalltod seiner Frau gesprochen. Er hatte im Glauben Trost gefunden. Wie er seine persönliche Schuld verarbeitet hat, wissen wir nicht. Der seinem Temperament entsprechend leidenschaftliche Autofahrer, der Journalisten einmal gestanden hatte, er wünsche sich einen Porschewagen, hatte sich immer mit einem Volkswagen begnügt. Nach dem Unfall setzte er sich nie wieder ans Steuer. Bei allen künftigen Autofahrten ließ er sich von anderen chauffieren.

Zwei Jahre vor Ablauf seiner achtjährigen Amtszeit legte Niemöller unerwartet das Amt des hessen-nassauischen Kirchenpräsidenten nieder. Ein Artikel des Magazins „Der Spiegel" kommentierte: „Wenn Niemöller am Jahresende aus dem Amt scheidet, wird Oberkirchenrat Wolfgang Sucker die Nachfolge antreten, ein Theologieprofessor ‚rechts von der Mitte' („Frankfurter Allgemeine"), aber ‚durchaus keine hessische Version eines Dibelius' („Frankfurter Rundschau"). Ihm sagt man nach, woran es Niemöller stets mangelte: diplomatisches Geschick". Nach Einschätzung des „Spiegel"-Autors war Niemöller „vielen Mitbrüdern unbequem geworden, ein Prophet ohne Echo".[452]

Vermutungen wurden angestellt über seine möglichen Motive. War er nach 17 Jahren amtsmüde geworden? Bei seiner letzten Wiederwahl 1958 war die notwendige absolute Mehrheit nur um 1 Stimme überschritten worden. Hat ihm dienstlicher Ärger zugesetzt? Haben Querelen um seine Person ihm den Entschluss erleichtert? Macht ihm der Tod seiner Frau zu schaffen? Dass er in seinem Stellvertreter Wolfgang Sucker einen Mann hat, der als qualifizierter Nachfolger zur Verfügung steht, mag bei seinen Erwägungen auch eine Rolle gespielt haben. Schließlich war der beinahe 70-Jährige im November 1961 bei der Weltkirchenkonferenz in Neu-Delhi zu einem der sechs Präsidenten des Ökumenischen Rats der Kirchen in Genf gewählt worden. Dieser Vertrauensbeweis wird zwar in seiner Landeskirche weithin mit Freude registriert. Aber in der hessen-nassauischen Kirchensynode äußern sich auch kritische Stimmen zu Niemöllers häufiger Abwesenheit wegen ökumenischer Aufgaben. Das veranlasst ihn, „daran zu erinnern, daß er seine erste Berufung vor 17 Jahren ‚nur unter der Bedingung angenommen habe, daß dadurch meine ökumenische Verantwortung und Tätigkeit nicht eingeschränkt wird'".[453] Die Grenzen seiner Belastbarkeit sind, wie er gelegentlich selber in Briefen einräumt, längst erreicht.

Womöglich waren es all diese Beweggründe zusammen, die ihn dazu brachten, vorzeitig seinen Rücktritt zu erklären.[454] Das bedeutete jedoch nicht, dass er seine Aktivitäten deutlich einschränkte. Er unternahm nach wie vor zahlreiche Reisen, blieb berufenes Mitglied der

Abb. 17: Niemöller in Flensburg, 1964.

Kirchensynode und gehörte als hessen-nassauischer Delegierter weiterhin der EKD-Synode an. Die Kirchensynode der EKHN verlässt er 1968 mit einem für ihn typischen Eklat. Anlass für Niemöllers vehementen Protest war eine geplante Verfassungsänderung. Ein „Theologischer Arbeitskreis" wollte in die Kirche Bewegung bringen. Ihr Sprecher Manfred Kühn stellte den Antrag, Mitgliedern der Kirchenleitung nur noch dann die Teilnahme an Sitzungen der Synodalausschüsse zu erlauben, wenn man sie ausdrücklich eingeladen hatte.[455] Daraufhin erklärte Niemöller seinen Austritt aus der Synode. In einer persönlichen Erklärung betonte er, parlamentarische Prinzipien dieser Art seien auf eine kirchliche Versammlung nicht anwendbar. Es dürfe in der Kirche keine Beschränkung der Möglichkeit geben, „einander auf unser Christsein und unsere Stellung vor Gott und dem Herrn Jesus Christus" anzusprechen.[456] Niemöllers Nachfolger Wolfgang Sucker stimmte zu. Auch er hielt es für unmöglich, die Kirche „nach staatlichem Muster" zu begreifen. Man müsse zwischen einer staatlichen und einer synodalen Ordnung unterscheiden. In der Kirche sei allein die letztere maßgeblich.[457]

Was Niemöller aufbrachte, war die Tatsache, dass die synodale ‚Opposition' durch ihren Antrag „Mißtrauen zu einem gefährlichen Faktor kirchlicher Ordnung gemacht" hatte. Für ihn war dieses Vorgehen unchristlich. „Wer die Kirche nach demokratischen Grundsätzen organisieren will, der will nicht eine Gemeinde Jesu Christi in Form bringen, sondern eine gesellschaftliche Größe. (...) dann braucht es keine Kirche mehr ...“[458] Eine solche Reform erschien Niemöller derart bedenklich, dass er mehrfach seinen Widerspruch vorbrachte. In einem Zeitungsartikel „Zur Frage der ‚Demokratie in der Kirche'" räumte er ein, dass in den evangelischen Kirchen, trotz des nach 1945 erfolgten Abbaus traditioneller Autoritätsverhältnisse, immer noch „solche reformbedürftigen Bestandteile und Einrichtungen" vorhanden seien. Eine ‚heilige' Ordnung der Kirche dürfe es nicht geben. Andererseits könne man ‚weltliche' Ordnungen nicht einfach kopieren. Es sei „letztlich sinnlos, wenn man z. B. die Synode zum Parlament machen will". Denn die Kirche habe „einen Herrn, dem sie mit allem, was sie ist und tut, verantwortlich zu folgen und zu dienen berufen ist".[459] Auch bei der Gedächtnisfeier für seinen plötzlich verstorbenen Nachfolger Wolfgang Sucker wandte

Niemöller sich dagegen, „die Kirche als rein menschliche Organisation" zu behandeln, „als ob wir aus der Kirche machen sollten und dürften, was uns als Menschen demokratisch am zweckmäßigsten erscheint". Bei allen derartigen Reformvorschlägen habe er nie das für ihn maßgebende Argument gehört: „So würde es nämlich dem Geiste Jesu von Nazareth besser entsprechen, als es der gegenwärtige Zustand tut."[460]

Es gelang zwar, Niemöller zu beruhigen und noch einmal zur Rückkehr in die Kirchensynode zu bewegen, zumal er sich nach dem unerwarteten Tod seines Nachfolgers Sucker verpflichtet fühlte, dessen Stimme zu übernehmen.[461] Aber 1970 verabschiedete er sich, diesmal definitiv, mit einem Votum, in dem er sich als christlicher Pazifist unzweideutig gegen Gewaltanwendung aussprach und zugleich den Synodalbeschluss verteidigte, 100.000 DM zur Unterstützung des Anti-Rassismus-Programms an den ÖRK zu geben. Man könne denen, die sich in einer Gewaltsituation befinden, nicht verbieten, sich zu wehren, und müsse den Unterdrückten humanitäre Hilfe anbieten. Mit Bezug auf die Schwarzen in Südafrika sagte er: „Diese Liebe, die schulden wir ihnen, auch wenn sie in ihrer Verzweiflung zu den Waffen greifen ..."[462] Der Beschluss rief in der Öffentlichkeit heftige Reaktionen hervor und wurde in der konservativen Presse als Ausdruck der Unterstützung revolutionärer Gewalt dargestellt.

4. Die EKHN – eine „Niemöller-Kirche"?

Während seiner Amtszeit – und gelegentlich auch danach – wurde die hessen-nassauische Landeskirche immer wieder als ,Niemöller-Kirche' kritisiert. Niemöller mochte diese Wortverbindung nicht. Sein zweiter Nachfolger Helmut Hild sah in ihr bestätigt, wie stark das Bild der EKHN von ihrem ersten Kirchenpräsidenten geprägt war,[463] und betrachtete ,Niemöller-Kirche' als Ehrentitel.[464]

Es geht maßgeblich auf Niemöller zurück, dass die EKHN in besonderer Weise auf das synodale Prinzip setzt. Eine wichtige Lehre aus den Erfahrungen der NS-Zeit ist: Niemand soll in seinem kirchlichen Amt zu viel Macht haben. Die Kirchenordnung der EKHN, so Niemöller 1954, bringe „die Pflichten und Rechte der Gemeinden und ihrer Glieder so stark wie nur möglich zur Geltung ..., so daß man unsere

Kirche wohl als die am meisten ‚demokratisch' verfaßte evangelische Landeskirche bezeichnen könnte".[465] Eine ‚Niemöller-Kirche' wurde die EKHN auch durch Niemöllers starke Impulse, mit der Christusbotschaft wirklich die heutige Welt und die Menschen von heute zu erreichen. „Es ist höchst bedenklich", erklärte er im Mai 1951 vor der Kirchensynode, „daß wir die eigentlichen Menschen unseres Jahrhunderts nicht mehr ansprechen können, den Arbeiter, den Ingenieur, den Wirtschaftler, sondern nur den kleinen Ausschnitt der immer noch bürgerlichen Menschen, die in einer längst nicht mehr bürgerlichen Welt übriggeblieben sind als Reste einer vergangenen oder doch zum mindesten jetzt definitiv im Vergehen begriffenen Zeit. Es ist gar nicht so bedenklich, daß nur fünf Prozent der angeblich evangelischen Menschen noch zur Kirche kommen; was bedenklich ist, das ist die Tatsache, daß diese fünf Prozent gar nicht die Menschen von heute sind, sondern die Menschen von gestern."[466] Ähnlich äußerte er sich gegenüber dem Nachrichtenmagazin „Der Spiegel": „Das ist meine Leidenschaft, ich will das Evangelium so verkündigen, daß der Mensch in seiner Gegenwart angesprochen wird, ich will als Prediger hineinreden in die konkrete Gegenwart des Menschen."[467]

Konträr zur öffentlichen Wahrnehmung seines Wirkens, die sich vor allem auf das Politische fixierte, hat Niemöller sich in erster Linie als Pastor verstanden. Wie in den Jahren 1931 bis 1937 in Berlin-Dahlem stellte er Predigt und Gemeinde in den Mittelpunkt seiner Arbeit. Als Kirchenpräsident hat er allein 331 Predigten ausgearbeitet. Von 1945 an bis zu seiner letzten Predigt 1981 in der Lutherkirche in Wiesbaden sind es insgesamt etwa 500 Predigten, die er gehalten hat, zahlreiche Predigten in englischer Sprache nicht mit eingerechnet. Nimmt man noch die mehr als 200 Predigten aus seiner Dahlemer Zeit hinzu, so wird deutlich, dass das Predigen das Herzstück seiner pastoralen Arbeit war.[468] Es verdient festgehalten zu werden, dass Niemöller in den Gemeinden der EKHN als Prediger weithin geschätzt wurde, obwohl seine politischen Äußerungen bei der kirchlichen Basis keineswegs große Zustimmung fanden. Bei der Pfarrerschaft dagegen und in Kreisen der eher kirchenfernen politischen Linken hatte gerade der radikaldemokratisch oppositionelle Niemöller viele Anhänger.[469]

Als prophetischer Prediger[470] und politisch wacher Evangelist kam er zu vielen Gemeinden seiner Landeskirche, die ihn um seinen

Dienst baten. Er hatte die Gabe, durch sein Wort Menschen aufzurütteln und mit einem tief beunruhigenden Anspruch zu konfrontieren. So wurde deutlich, dass Glauben etwas von militärischem Gehorsam hat.[471] Glauben heißt für Niemöller, einem Wort unmittelbar folgen. Seine Predigten wollen nichts anderes sein als ein christliches Zeugnis der Wahrheit, das im Geiste der Bergpredigt zum Gehorsam gegen Gott herausfordert.

Die Kirche, heißt es in einem Vortrag von 1965, habe das prophetische Wort zu verkündigen, „in dem die Herrschaft Jesu Christi über alle Bereiche des menschlichen Lebens in Erinnerung [gebracht wird]". Niemöller war sich im Klaren, dass nur derjenige dieses prophetische Wort sprechen könne, „der es zuvor als Wort des Herrn vernommen hat, und zwar als das Wort, das heute bezeugt sein will". An einzelnen prophetischen Zeugen fehle es nicht, es fehle aber „an dem Echo auf ihr Wort an die Welt innerhalb der Christenheit selbst".[472]

Vor diesem Hintergrund muss Niemöllers Wirken als ein Aufruf, ein Appell an die Kirche und die christlichen Gemeinden begriffen werden, auf Jesus Christus als das entscheidende Wort Gottes zu hören und es der Welt prophetisch zu bezeugen. Dies erfordert freilich *mündige* Christen und christliche Gemeinden, die *im Glauben sprachfähig* sind, denn nur sie können ihre Mission als Zeugen wahrnehmen. „Der heute allein mögliche, wirkliche Missionar", so Niemöller 1964 vor der Kirchensynode, „das ist der Christ, der in seinem säkularen Beruf und unter seinen dort lebenden und arbeitenden Genossen, Kameraden und Kollegen in seiner und damit auch ihrer Sprache Zeugnis lebt und Zeugnis ablegt von der mitmenschlichen Liebeshingabe Jesu (...) Den glaubenden Nicht-Pfarrer, den Laien, dafür zuzurüsten, das ist die große und wichtige Aufgabe des Pfarrers (...) Wenn diese Aufgabe keine Erfüllung findet, dann werden alle Öffentlichkeitsbestrebungen, mögen sie technisch noch so vollkommen gehandhabt werden, nicht mehr sein können als Propaganda für eine angeblich – und nur angeblich – christliche Weltanschauung ..."[473]

Wir würden dies heute nicht so männerzentriert, sondern in einer inklusiven Sprache formulieren und hätten womöglich Schwierigkeiten, wie Niemöller unbefangen von ‚Mission' und ‚Laien' zu sprechen. Das ändert jedoch nichts an der Aktualität seiner Einsicht. Die wichtigste Aufgabe der Kirche ist für Niemöller offenbar *das gelebte Zeugnis für die, die Christus nicht kennen.* Dabei setzt er weniger auf mediale Kommunikation als vielmehr auf die Überzeugungskraft der persönlichen Begegnung: „Wir brauchen den christlichen Laien und sein Glaubenszeugnis. Einige unter ihnen mögen auch die Stelle eines Pfarrers einnehmen und mit einiger Regelmäßigkeit der Gemeinde das Wort verkündigen – als Prediger oder auch als Lektoren –; in der Hinsicht könnte bei uns noch allerlei geschehen und getan werden! (*Beifall*) Aber wichtiger ist das andere, das Zeugnis im Alltag an die Leute, die Christus nicht kennen, sondern nur das Zerrbild, das Christentum heißt! (*Beifall*)".[474]

Als erste Landeskirche in der EKD stellte die EKHN 1970 ihre Pfarrerinnen den Pfarrern rechtlich gleich – auch darin erwies sie sich als ‚Niemöller-Kirche'.

In einem Fernsehinterview mit Werner Hess 1972 sagte Niemöller mit Blick auf die Organisation der Kirche: „Ich glaube, daß der gegenwärtige Trend, die Kirche durch Strukturveränderung wieder zu reformieren, zu kurz geschlossen ist und daß es zunächst mal darum geht, daß wir wieder das wollen, was der Herr Jesus Christus mit seiner Kirche, mit seiner Jüngerschaft eigentlich gewollt hat – nämlich, daß wir als Kirche mit diesem Zeugnis von Jesus Christus der Welt den Dienst tun, den wir ihr tun sollen."[475] Mit seinen kritischen Voten zu Kirchenreformen, die die Kirche nach ‚weltlichen' Mustern demokratisieren wollen, ohne nach dem Willen des Herrn der Kirche zu fragen, hat Niemöller sich in der EKHN nicht durchgesetzt. Sein langjähriger Stellvertreter Karl Herbert (1907–1995) konnte im Rückblick die kritische Frage nicht unterdrücken, „ob nicht unter dem Stichwort ‚Demokratisierung' und der damit intendierten Abkehr von vermeintlicher ‚Hierarchie' und ‚autoritärer Struktur' eine Preisgabe wesentlicher Elemente des Grundkonzepts der Kirchenordnung der EKHN eingeleitet wurde, was sich in der Gesetzgebung Anfang der 70er Jahre zeigen sollte".[476]

Die Tendenz, die Kirchenordnung so zu ändern, dass das Parochialsystem nicht mehr „das alles beherrschende Strukturprinzip der Kirche"[477] darstellt und die funktionalen Dienste stärker repräsentiert werden, machte sich in Strukturreformen der 1990er Jahre bemerkbar. Das Selbstverständnis der Kirche, erklärte eine Kommission damals, lasse sich wegen des ‚Differenzierungsschubs' der modernen

Gesellschaft nicht mehr einheitlich formulieren.[478] Heute ist die EKHN eine Gremienkirche. Das LGA als Ausdruck des für Niemöller so wichtigen kollegialen Bischofsamtes wurde 2010 abgeschafft.

5. Verlegenheit mit dem Erbe von Barmen 1934

Nach 1945 erklärte Niemöller mehrfach, der einzige Glaubenssatz, den er als Dogma für sich anerkenne, sei die erste These der Barmer Theologischen Erklärung: „Jesus Christus, wie er uns in der Heiligen Schrift bezeugt wird, ist das eine Wort Gottes, das wir zu hören, dem wir im Leben und im Sterben zu vertrauen und zu gehorchen haben." Das müsse „vor allem andern" von der Kirche erwartet werden, dass sie dieses eine Wort verkündige, „das in Jesus Christus Fleisch geworden ist".[479]

Worin er die Aktualität Barmens sah, hat Niemöller 1974 so beschrieben: Das kirchliche Christentum sei nach dem Ersten Weltkrieg vom Erbe des 19. Jahrhunderts bestimmt gewesen, ein ‚Christentum ohne Christus', das nach dem biblisch bezeugten Jesus Christus nicht fragte. Christlicher Glaube sei „zu einer bloßen Weltanschauung" versandet gewesen. Als diese Sinnentleerung im ‚Dritten Reich' offenbar wurde, hätten sich christliche ‚Bruderschaften' gebildet. Aus ihnen seien diejenigen gekommen, die 1934 in Barmen die Deutsche Ev. Kirche „als wirkliche christliche Kirche, d. h. als lebendige Gemeinde Jesu Christi" wiederherzustellen suchten. Das Wunder von Barmen bestand für Niemöller in der Erkenntnis: „Wir haben – bei all unseren Verschiedenheiten und Differenzen – eben doch nur einen ... Herrn, ohne den wir nichts sind und nichts vermögen!" Das sei im Grunde selbstverständlich für alle, die Jesus Christus als ihren lebendigen Herrn kennen. „Aber wir haben um diese Selbstverständlichkeit so viel Gebüsch und Hecken, so viel ‚Dogmen' und ‚Lehren' herumwachsen lassen, und sogar gepflanzt, daß es einen ‚Propheten' braucht, um sie wieder freizulegen."[480]

Niemöller hat Barmen folglich als eine Bewegung zur Wiederherstellung von Kirche, nämlich als Gemeinde Jesu Christi, verstanden. Nur um dieses Selbstverständliche ging es dort, das in der Hauptsache von zwei ‚Propheten' freigelegt worden sei: dem lutherischen Pfarrer Hans Asmussen und dem reformierten Theologen Karl Barth.

Man muss heute ausdrücklich benennen, was Niemöller damit im Sinne von Barmen neu als Aufgabe in Erinnerung rief: die *geistliche Erneuerung des Pfarrerstandes* und den *Aufbau bekennender Gemeinde* als eines geistlichen Organismus.[481] Das heißt, die Pfarrer haben sich gegenseitig für ihren geistlichen Dienst zu stärken und theologisch zu schulen, um in Fragen der Lehre weitgehende Übereinstimmung zu erzielen. Sie sind planmäßig für den Gemeindedienst auszubilden. „Die Gemeinden", so hieß es in Barmen, „haben wieder zu lernen, daß der sonntägliche Gottesdienst im Mittelpunkt des Gemeindelebens steht."[482] In dieser Hinsicht bleibt Barmen eine Provokation für die ‚Volkskirche'. Die große Mehrheit ihrer Mitglieder hält den Gottesdienst für ihren Glauben für unwichtig.

6. Konflikte mit ‚Bekenntnistreuen' und moderner Theologie

Im April 1937 hatte Niemöller in einer Predigt gesagt: „Es wird uns heute von allen möglichen Seiten zugemutet, von diesem Wort, das Gott zu uns Menschen spricht, zu lassen, von diesem Wort, dass der lebendige Gott es mit den Sündern hält und dass es diesem lebendigen Gott gefallen hat, seinen Sohn ausgerechnet im jüdischen Volk Mensch werden zu lassen; wir wissen ja, wie groß der Anstoß und das Ärgernis ist. Wir wissen, wie gerade um dieses Wortes willen heute das Leiden über die Gemeinde Jesu Christi kommt. [...] (Aber) wir sollen und müssen hindurch, wir sollen und müssen es jetzt wieder lernen, dass Gottes Wort ungebunden bleiben will, damit es uns losbinden kann; dass Gottes Wort ungeschoren bleiben will, damit es uns retten kann. Es gibt *kein anderes* Evangelium. Das ist gewisslich wahr!"[483]

Mehr als 30 Jahre später wird Niemöller sich energisch von der Gruppe „Kein anderes Evangelium!" abgrenzen, die er auf dem Holzweg sieht, wenn sie fordert, ein Christ müsse an die Bibel glauben. Sein entscheidendes Argument hält genau jenes Bekenntnis fest, zu dem schon der Prediger in der Zeit des Kirchenkampfes aufrief. Die Bibel, so hält er jetzt der ‚Bekenntnisbewegung' entgegen, sei nicht selbst das Wort Gottes, sie bezeuge vielmehr, dass Jesus – und nur er – das an uns gerichtete Wort Gottes sei: „Wir glauben der Bibel, dass sie Jesus als den Christus bezeugt; aber der Glaube an die Bibel kann niemals den Glauben an Jesus Christus ersetzen. Die Bibel ist ein Buch, Jesus ist eine Person. Der Glaube an die Bibel ist meine Überzeugung; und ich kann sie jederzeit ändern, ohne damit jemand wehe zu tun. Jesus ist eine Person; der Glaube an ihn ist ein persönliches Verhältnis, das ich zwar nicht machen, wohl aber zerstören kann."[484]

Im Streit um Rudolf Bultmanns Konzept der Entmythologisierung biblischer Texte hat Niemöller schon Anfang der 1950er Jahre die Freiheit historisch-kritischer Bibelwissenschaft verteidigt. Der lutherische Theologe Bultmann (1884–1976) wollte die Botschaft von Kreuz und Auferstehung Jesu Christi aus der Begriffs- und Vorstellungswelt der Antike und ihrem mythologisch geprägten Weltbild in das Denken des Menschen der Gegenwart übersetzen, indem er sie als für seine Existenz bedeutsamen Aufruf zur Entscheidung des Glaubens interpretierte. Seine Thesen zur Entmythologisierung der neutestamentlichen Verkündigung wurden in der EKHN von Anfang an lebhaft diskutiert.[485]

Die Auseinandersetzung mit ihnen begann mit einer gemeinsamen Theologen-Tagung der EKHN und der EKKW in Bad Orb im Januar/Februar 1949, bei der Bultmann selbst referierte. Bereits die Ankündigung seines Referats hatte in kirchlichen Kreisen heftige Entrüstung hervorgerufen. Es folgten eine vom Propst für Nord-Nassau, Pfarrer Karl Herbert, ausgearbeitete Stellungnahme des LGA vom November 1950 und eine Debatte der ersten Kirchensynode auf ihrer Tagung im Mai 1951. Dort resümierte Herbert, es sei ihm durch die Beschäftigung mit Bultmann deutlich geworden, „daß die Heilige Schrift [...] uns die Botschaft von Jesus Christus sagt in [...] einem Denk- und Ausdrucksmaterial, das aus der Sprache und aus der religiösen Vorstellungswelt der damaligen Zeit stammt". Bultmann versuche nur, die Botschaft von Christus „aus dieser Ausdrucksweise der mythologischen Begriffe seiner Zeit zu übertragen in die Denkweise des Menschen unserer Tage". Denn man könne „dem Menschen unserer Zeit nicht zumuten: Wenn du an Jesus Christus glauben willst, dann heißt das, du mußt jetzt jede einzelne Vorstellung des Neuen Testamentes unterschreiben ..." Vielmehr versuche man ihm die Botschaft von Christus mit eigenen zeitgemäßen Worten zu sagen. Das sei „ein volksmissionarisches Anliegen, wenn man es recht verstehen wollte".[486]

Die hessen-nassauische Kirche war von der Sache betroffen, weil Bultmann ihrem Prüfungsamt angehörte. Kirchenpräsident Niemöller trat für den umstrittenen Theologen ein. Im Bericht der Kirchenleitung erklärte er, „daß es hier und da in den Gemeinden eine merkliche Unruhe über den Fall Bultmann gibt, eine Unruhe, die zum Teil jedenfalls auf eine sehr bedauerliche Berichterstattung in kirchlichen bzw. christlichen Blättern zurückgeht, eine Berichterstattung, deren Schärfe im Urteil bzw. im Verurteilen manchmal im umgekehrten Verhältnis zu der erkennbaren Sachkenntnis steht. Die Kirchenleitung hat sich jedenfalls dadurch nicht veranlaßt gesehen, Herrn Professor D. Bultmann von der Berufung in das Prüfungsamt auszuschließen, was von verschiedenen Seiten gefordert war."[487] Nach mehrstündiger Debatte stimmte die Synode einer Entschließung ihres Theologischen Ausschusses zu: Bei allem Verständnis für die Sorge von Gemeindegliedern müsse „das Bemühen Professor Bultmanns, die biblische Botschaft von Jesus Christus aus der Sprache ihrer Zeit in die Sprache unserer Zeit zu übertragen, als berechtigt anerkannt werden ... So gewiß das Wort in Jesus Christus Fleisch geworden ist, kann dieses Bemühen keiner ernsten Theologie und Predigt erspart werden ... Das bedeutet nicht, daß die Bultmannsche Methode und ihre Ergebnisse für die Kirche verbindlich wären und nicht ernsthafte Einwände gegen sie erhoben werden könnten. Die Evangelische Kirche darf um der Wahrheit willen die theologische Diskussion darüber nicht abschneiden."[488]

Dieser Beschluss und das weitere Bemühen, Verständnis für historisch-kritische Fragen der Bibelinterpretation zu wecken, mögen, wie Karl Herbert annimmt, dazu beigetragen haben, „daß in der EKHN die Gegensätze in dieser Frage nicht solche Ausmaße und Schärfe annahmen wie in manchen anderen Kirchen".[489] Im Konflikt zwischen ‚Bekenntnistreuen' oder ‚Evangelikalen' und ‚moderner Theologie' konnte Niemöller gelassen darauf vertrauen, dass jede Theologie vorläufig ist und daher einmal überwunden wird. Ihre Überwindung könne aber nur geschehen, indem man den „Weg durch sie hindurch und über sie hinaus" gehe.[490] Der biblizistische ‚Glaube an die Bibel', der eine bestimmte Interpretation absolut setzt, konnte für ihn ebensowenig letzte Gültigkeit beanspruchen wie ein über sich selbst unaufgeklärter Wissenschaftsglaube, der ein bestimmtes theologisches Konzept absolut setzt.

7. „Antisemitismus ist Antichristentum" (1957) – Unterwegs zu einem neuen Verhältnis zum Judentum

Wer nach Martin Niemöllers Verhältnis zum Judentum fragt und seine Äußerungen vor und nach 1945 vergleicht, nimmt teil an einem Lernprozess. Zu sehen ist, wie sich Niemöllers konservativ lutherische Haltung zum Judentum von völkisch-antijüdischen Denkmustern emanzipierte und zu entschiedener Gegnerschaft gegenüber dem Antisemitismus wie jeder rassistischen Ideologie wandelte.[491]

Unter „Antijudaismus" wird heute die religiös motivierte Ablehnung der Juden und ihrer Glaubenstraditionen verstanden. Diese Form der Judenfeindschaft hat sich bereits im frühen Christentum ausgebreitet und durchzieht die christliche Theologie bis zur Neuzeit. Auch im Protestantismus hat der Judenhass tiefe Wurzeln, die bis zum späten Martin Luther zurückreichen. Strittig ist heute jedoch, ob sich eine jahrhundertelange Judenfeindschaft der evangelischen Kirche wirkungsgeschichtlich von Luthers antijüdischen Spätschriften herleitet oder ob diese in keiner Auswahlausgabe seiner Werke auftauchten und in keinem protestantischen Haushalt gelesen wurden, bis die Nationalsozialisten die Christen an dieses vergessene Erbe erinnerten.[492] Für letztere Annahme spricht Hitlers Beschwerde, „dass die Kirchen den Deutschen den wahren, den antisemitischen Luther vorenthalten hätten",[493] und die Tatsache, dass erst in nationalsozialistischen Schulbüchern Auszüge aus Luthers Pamphlet „Von den Jüden und iren Lügen" (1543) gedruckt wurden.[494] War Luthers Einstellung zu Juden auch schon vor dem ‚Dritten Reich' bekannt, so konnte sie doch erst nach dem Aufkommen von Antisemitismus und Nationalismus zu furchtbarer Wirkung gelangen.

Unter den deutschen Protestanten zur Zeit des wilhelminischen Kaiserreichs und nach 1918 gab es keine prominente Stimme, die sich für eine freundliche Haltung gegenüber den Juden ausgesprochen hätte. Der Widerstand der Bekennenden Kirche gegen die Kirchenpolitik des NS-Staates entzündete sich zwar an der Einführung des sogenannten ‚Arierparagraphen' in die Kirche, die als bekenntniswidriger Akt verurteilt wurde, weil sie das Wesen der Kirche Jesu Christi als Gemeinschaft der Heiligen verneinte. Für diese Haltung „blieben die am 2. November 1933 veröffentlichten ‚Sätze zur Arierfrage in der Kirche' von Martin Niemöller weithin bestimmend".[495] Doch auch in der Bekennenden Kirche gab es, wie Wolfgang Gerlach gezeigt hat, keine Proteste gegen die Judenverfolgung.[496] Man wird daher dem englischen Historiker John S. Conway zustimmen müssen: „Es gibt keinen Beweis, dass die Mehrheit evangelischer Kirchenmänner, sogar diejenigen, die am meisten gegen die Rasselehren der Nazis waren, ernstlich die Grundsätze der traditionellen christlichen Lehre neu durchdacht hatten, nämlich dass die Juden kollektiv für den Tod Jesu verantwortlich wären, dass sie sich kollektiv geweigert hätten, ihn als ihren Messias zu begrüßen und dass sie folglich in ihrem Bundesverhältnis zu Gott durch die Kirche ersetzt worden wären."[497]

Bei seinen Gemeindeabenden hat Niemöller regelmäßig lange Texte aus dem Alten Testament besprochen und dabei die Aktualität ihres Zeugnisses von dem *einen* Gott für die gegenwärtige Situation in Deutschland herausgestellt. Eine Zeitzeugin berichtet von ihrer Erfahrung im Jahr 1936, dass das Alte Testament in diesen Gemeindeabenden als verpflichtende Botschaft für „heute" verständlich wurde, so dass man es z. B. als Unmöglichkeit erkannte, auf einem kirchlichen Haus wie dem Burckhardthaus in Berlin die Hakenkreuzfahne aufzuziehen.[498] Aus der Dahlemer Zeit sind lediglich acht alttestamentliche Predigten erhalten, für die vor allem Psalmen- und Prophetentexte (Jesaja) ausgewählt wurden.[499] Am häufigsten werden Verse aus den Psalmen behandelt. Das erklärt sich daraus, dass Niemöller die Psalmen besonders wertschätzte, waren sie für ihn doch „Gebete, die unser Herr und Heiland gekannt und geliebt hat".[500]

In einem Vortrag hat Niemöller sich 1936 mit der Frage beschäftigt, welche Bedeutung das Alte Testament für die christliche Kirche habe.[501] Sein Ausgangspunkt ist die Annahme, das AT sei aus dem Besitz des Volkes Israel in den Besitz der christlichen Gemeinde übergegangen. Damit wird ausgeschlossen, dass die Juden post Christum natum noch ein Recht haben, sich auf dieses Buch zu berufen. Denn ihnen fehlt der Schlüssel, der ihnen allererst den Sinn des AT als Wort Gottes und Christuszeugnis erschließt. Diese Hermeneutik ist für Niemöllers Zugang zum AT maßgebend.

Vier seiner Dahlemer Predigten aus den Jahren 1933 bis 1935 weisen antijudaistische Tendenzen auf.[502] Von entscheidender Bedeutung für eine sachgemäße historische und theologische Einschätzung ist, ob Niemöller seine Sicht des Judentums nach 1945 korrigiert oder unverändert an ihr festgehalten hat.

Anders als z. B. der Tübinger Neutestamentler Gerhard Kittel (1888–1948)[503] und sein ehemaliger Assistent, der spätere Jenaer Neutestamentler Walter Grundmann (1906–1976), hat Niemöller den Antisemitismus Hitlers niemals verteidigt oder sich zu eigen gemacht. Grundmann, seit 1930 Mitglied der NSDAP, seit 1933 Mitglied der DC, trat für eine „Entjudung des religiösen Lebens" und die „Ausschaltung des Judentums" ein. Er leitete 1939 bis 1945 das „Institut zur Erforschung und Beseitigung des jüdischen Einflusses auf das deutsche kirchliche Leben".[504]

Nach Leonore Siegele-Wenschkewitz[505] gehörte der christlich-sozial und deutschnational orientierte Niemöller „zu denen, für die Antisemitismus ein kultureller Code war". Zugleich waren Karl Barth und Dietrich Bonhoeffer seine Mentoren in der theologischen Beurteilung der „Judenfrage". Deshalb konnte er im September 1933 die Einführung des Arierparagraphen in der Kirche als eine „Verletzung des Bekenntnisses" zu Jesus Christus, d. h. als Häresie, beurteilen. Niemöller sah zu dieser Zeit noch die „Lösung" der „Judenfrage" im Übertritt jüdischer Menschen zum Christentum. Er befürwortete die Judenmission und die Taufe jüdischer Menschen. Ein aktiver Widerstand um *aller* notleidenden Juden willen, wie Bonhoeffer ihn als ethisch geboten ansah, kam für Niemöller nicht in Betracht. „Judentum als Glaubensweise eigener Dignität und Tradition anzuerkennen, blieb ihm verstellt", urteilt Siegele-Wenschkewitz.

Antisemitismus war für Niemöller *schon vor 1945* gleichbedeutend mit Antichristentum. Ein Antisemit konnte nach seiner Überzeugung kein Christ sein. Schon in einer – zunächst geheim gehaltenen, dann in der ausländischen Presse publizierten – Denkschrift an Hitler vom 28. Mai 1936, die Niemöller mitunterzeichnet hatte, hatte der radikale Flügel der Bekennenden Kirche erklärt: „wenn dem Christen im Rahmen der nationalsozialistischen Weltanschauung ein Antisemitismus aufgedrängt wird, der zum Juden*haß* verpflichtet, so steht für ihn dagegen das christliche Gebot der Nächstenliebe".[506]

Nach Kriegsende sprach Niemöller offen und unumwunden von seiner persönlichen Schuld und der Schuld der Christen in Deutschland an den Verbrechen gegen die Juden. Auf Einladung der Evangelischen Studentengemeinschaft Erlangen sagte er am 22. Januar 1946 in der Neustädter Kirche vor etwa 1200 Studenten: „Ich begegnete einem Juden, der alles verloren hatte, Eltern und Geschwister, und der

allein von seiner Familie übriggeblieben war. Ich konnte nicht anders,
ich musste zu ihm sagen: ‚Lieber Bruder, Mensch und Jude, bevor du
etwas sagst, sage ich dir: Ich bekenne mich schuldig, und bitte dich:
Vergib mir und meinem Volk diese Schuld."[507] Mit Blick auf seine
Hörer fügt Niemöller hinzu: „Nur so kann die Botschaft [von Jesus
Christus, MH] wieder wirken und neues Leben schaffen." Im KZ habe
er gesehen, wie man Juden misshandelte. Er gesteht: Da „habe ich
selbst nicht mehr gewagt, meinen Mund aufzutun".

Im März 1946 erklärte er im Züricher Großmünster: „Der Herr
Christus fragt seine Jünger, seine Kirche, er fragt uns, mich, ob ich
wirklich ohne Schuld bin an dem, was an Greueln passiert ist in unserer Mitte, und ich kann nicht mit reinem Gewissen antworten: Ja,
Herr, ich bin ohne Schuld (...). Es könnte wohl sein, dass die Christenheit in Deutschland eine grössere Verantwortung vor Gott trägt als
die Nationalsozialisten, die SS und die Gestapo. Wir hätten den Herrn
Jesus Christus erkennen müssen in dem Bruder, der litt oder verfolgt
wurde, ob er nun ein Kommunist war oder ein Jude. Und wir haben
ihn nicht erkannt! – Wussten die andern überhaupt etwas davon,
dass sie in ihren Mitmenschen Christus hätten schauen sollen? Sind
wir nicht viel schuldiger, wir Christen, bin ich nicht viel schuldiger
als mancher, der seine Hände in Blut gebadet hat?"[508]

Mehrfach hat Niemöller sich so geäußert.[509] Er betonte das eigene
Versagen, in den verfolgten Juden *nicht den Herrn Christus erkannt* zu
haben. Darin bestand für ihn die eigentliche Schuld der Christen in
Deutschland, die er 1953 auf dem Hamburger Kirchentag benannte:
„Die Juden, die angeblich nicht zu unserem Volke gehörten, waren
gleichwohl diejenigen, für die wir in erster Linie verantwortlich
waren, als sie den Nächsten brauchten ..."[510] Gemeinsam mit Wilhelm
Niesel arbeitete Niemöller 1946 im Auftrag des Rates der EKD einen
Entwurf für ein „Wort an die Gemeinden" aus, den der Rat jedoch
nicht annahm. Darin wurde zur Schuldfrage unmissverständlich
Stellung genommen:

> „Als 1933 die Kommunisten verfolgt wurden, dachten wir nicht
> daran, daß da Jesus selber unsere Hilfe begehrte; sondern wir spra-
> chen: ‚Ich kenne den Menschen nicht.' (Matth 26,72) Als 1938 die
> jüdischen Geschäfte zertrümmert, die Synagogen verbrannt und die
> Juden nach und nach verschleppt wurden, bis sie ganz verschwun-

den waren, bekümmerten wir uns wieder nicht um alle die furchtbare menschliche Not, die Jesus Christus vor uns ausbreitete. Wir
Christen waren in unserem Volke nicht das Salz, das wir nach dem
Willen unseres Herrn sein sollen. So konnte es dahin kommen, daß
von uns Deutschen gegen sechs Millionen Juden und Judenchristen
umgebracht wurden, Männer und Frauen, Greise und Kinder, von
allem anderen zu schweigen, was wir anderen Völkern genommen
haben an Menschenleben und anderen Gütern."[511]

Die Ablehnung dieses Entwurfs durch den Rat der EKD hängt sicher
damit zusammen, dass hier deutlich die Ermordung von Juden und
Judenchristen als (Mit-)Schuld der Kirche benannt wurde, was beun-
ruhigende Rückfragen an die Ekklesiologie provozierte. Der von Hans
Asmussen erstellte Alternativentwurf erwähnt den Massenmord an
den Juden mit keinem Wort.[512]

In dem Heidelberger Vortrag „Nationalismus – Antisemitismus als
Schuld der Kirche"[513] von 1957 erkennt Niemöller den Antisemitismus
als Kehrseite des Nationalismus. Er sieht rückblickend, dass die Kirche sich in den Sog nationalistischer Hoffnungen habe hineinziehen
lassen und dadurch für den Judenhass anfällig geworden sei. Deswegen habe sie „dem Antisemitismus nicht eindeutig gewehrt, wie sie es
hätte tun müssen".[514] Der Antisemitismus sei aber im Grunde Antichristentum, er bedrohe die Kirche als Kirche. Wenn Niemöller nun
auf der Grundlage dieser Einsicht von der Aufgabe spricht, die frohe
Botschaft zu verkündigen, „dass Gott in dem Juden Jesus diesen
armen, elenden, einsamen und verlorenen Menschen liebt ...",[515] so
heißt das zunächst: Die Kirche hat den Juden zu bezeugen, dass Gott
sie als jüdische Menschen liebt. An ihrem Verhältnis zu den Juden
kommt heraus, ob sie verstanden hat, dass in Jesus der Mensch
schlechthin – also alle Menschen – seine ihm vor Gott eignende
Würde empfängt. Daraus folgert Niemöller nicht, Juden müssten zum
Christentum konvertieren, sondern die Kirche wird zur Wahrnehmung der Juden als von Gott geliebter Menschen und insofern zu
einem Christuszeugnis für die Juden herausgefordert.

Rückblickend äußerte Niemöller, er sei in einer Welt aufgewachsen, in der „ein mit Antisemitismus geschwängertes Klima
herrschte".[516] Auch in seinem Briefwechsel mit dem Gründer des jüdischen Dokumentationszentrums „Wiener Library", Dr. Alfred Wiener,

verweist er am 22. September 1956 auf seine „anti-semitische Vergangenheit und Tradition" sowie auf die Tatsache, dass sein Vater ein Anhänger des Sozialreformers und überzeugten Antisemiten Adolf Stoecker (1835–1909) gewesen sei. Dann fährt er fort: „Erst im Laufe der Jahre der Weimarer Republik, und dann allerdings schlagartig beim Aufkommen des Nationalsozialismus und seiner Machtergreifung habe ich über diese Dinge [...] anders zu denken angefangen. Ich bitte Sie nur das, was historisch in meinem Leben gewesen ist, auch als historisch zu nehmen, und es mir zu glauben, dass ich 1945 als ein völlig anderer aus meiner achtjährigen Gefangenschaft nach Hause zurückgekommen bin."[517]

Im Fernsehinterview mit Günter Gaus am 30. Oktober 1963 sprach Niemöller erneut von seiner eigenen Vergangenheit, ohne seine frühere Antipathie gegen Juden zu beschönigen. Dann erklärte er, zu welcher Sicht des Menschen er durch die Christuserkenntnis gelangte, die ihm erst im KZ aufgegangen war: In jedem Menschen, also auch in jedem Juden, habe er den Bruder sehen gelernt, für den Jesus Christus am Kreuz gelitten habe. Das schließe „jede Ablehnung und jedes Antiverhalten gegen eine Gruppe von Menschen irgendeiner Rasse, irgendeiner Religion, irgendeiner Hautfarbe einfach [aus]".[518] Damit übereinstimmend konnte Niemöller mit einem im christlich-jüdischen Gespräch engagierten Mann wie Rabbiner Dr. Robert Raphael Geis (1906–1972) in einem herzlichen, von gegenseitiger Wertschätzung bestimmten Kontakt stehen.[519] Das „Verhältnis mit der jüdischen Gemeinde", teilt er ihm im April 1955 mit, sei ihm „seit den unseligen Tagen des Dritten Reiches eine Herzens- und Gewissenssache".[520] Wenige Wochen zuvor hatte Niemöller an der Hildesheimer Studientagung des Deutschen Evangelischen Ausschusses für Dienst an Israel teilgenommen und dort über das Gebot der Nächstenliebe gesprochen.[521]

Im Unterschied zu anderen lutherischen Theologen, die nach 1945 an ihrer antijüdischen Denkweise festhielten, hat Niemöller über die Juden anders zu denken gelernt. Stellvertretend für sein Volk und für die Christen in Deutschland gestand er die Schuld an den Juden ein, während z. B. Hans Asmussen und Helmut Thielicke von der „Schuld der Anderen" sprachen.[522] Gerade das unumwundene Eingeständnis, dass er im ‚Dritten Reich' nicht für die verfolgten Juden die Stimme erhob, hat ihm in der angelsächsischen Welt, vor allem in den USA, hohe Achtung verschafft.[523] Die Einsicht, dass ein Christ kein Antisemit sein kann, ohne damit Jesus als den Christus zu verleugnen, hat Niemöller übereinstimmend mit Karl Barth gewonnen, lange bevor sich die EKD-Synode von Berlin-Weißensee (1950) und die römisch-katholische Kirche in *Nostra aetate* (1965) dazu verstanden, dies öffentlich zu erklären.[524] Er löste sich von antijüdischen Denkmustern und gelangte zu einer Christuserkenntnis, die anerkennt, dass Juden als Juden von Gott geliebte Menschen sind.

Niemöller und der Staat Israel

Seit den 1950er Jahren und verstärkt seit den frühen 1960er Jahren bemühte sich eine Reihe evangelischer Theologen und Laien um eine Erneuerung des christlich-jüdischen Verhältnisses – in der EKHN war schon 1952 von Adolf Freudenberg der Arbeitskreis Kirche und Israel gegründet worden. Sowohl in seiner Amtszeit als Kirchenpräsident wie auch danach vermied Niemöller es, sich öffentlich über den Staat Israel zu äußern, und ließ sich nicht zu proisraelischen Initiativen überreden.[525] In privaten Briefen äußerte er dagegen offen, wie er über Israel dachte. Der Staat Israel sei „eine Fehlkonstruktion im Ansatz gewesen", schrieb er 1956 an eine Friedensaktivistin. Er hoffe nur, dass das „Schicksal der Israelis, die sich in Palästina niedergelassen haben", nicht „ein Wiederaufleben des Antisemitismus in den alten europäischen oder europäisierten Völkern" zur Folge habe, sondern „eine Welle des Mitgefühls und der Hilfsbereitschaft". Niemöller rechnete „für die nächsten 15 bis 20 Jahre" damit, dass „es mit dem Staat Israel ein Ende nehmen" würde, da „die arabische Welt das künstlich geschaffene Volk der Israeli auf die Dauer nicht ertragen wird".[526]

Ähnlich äußerte er sich unmittelbar nach dem Sechstagekrieg im Juni 1967, was zu einem zeitweiligen Bruch der Freundschaft mit dem Ehepaar Freudenberg führte. In einem Brief an Elsa Freudenberg schrieb der ehemalige Kirchenpräsident: Wenn er Araber wäre, wäre er bestimmt Antisemit, „weil hier ein fremdes Volk auf meinem Boden einen Staat gegründet hat, den meine Väter seit 1200 Jahren bewohnt haben". Elsa Freudenberg reagierte fassungslos: Sie verstehe Niemöller nicht und könne „nicht glauben, daß Du ernstlich den Juden ihre Heimat bestreitest". Nach Niemöllers Überzeugung waren durch die jüngsten Ereignisse „die Feindschaft und der Haß der arabischen Welt gegen den Staat Israel ungeheuer verstärkt worden". Daher müsse man alles tun, „um zu einem friedlichen Nebeneinander und Miteinander im Nahen Osten zu helfen". Im Übrigen, so betonte er, habe er „den Staat Israel niemals mit der Heilsgeschichte Israels in Zusammenhang bringen können".[527] Indem er den jüdischen Staat als säkulares Gebilde betrachtete und sich weigerte, ihn in heilsgeschichtlichem Kontext zusammen mit dem biblischen Israel zu sehen, stellte Niemöller sich nicht nur außerhalb der damaligen Annäherungen von Juden und Christen, sondern betonte auch seine kritische Distanz gegenüber der zionistischen Rechtfertigung eines jüdischen Nationalstaats. Zionismus war für ihn „ein religiös verbrämter Nationalismus".[528] Einer solchen „Profanisierung der Geschichte Israels" wird heute in offiziellen Erklärungen einiger evangelischer Kirchen widersprochen.[529]

Über Niemöller hinaus: der Grundartikel der EKHN

Im Dezember 1991 hat die siebte Kirchensynode der Evangelischen Kirche in Hessen und Nassau (EKHN) den Grundartikel der Kirchenordnung um zwei Sätze erweitert: „Aus Blindheit und Schuld zur Umkehr gerufen, bezeugt sie [die EKHN] neu die bleibende Erwählung der Juden und Gottes Bund mit ihnen. Das Bekenntnis zu Jesus Christus schließt dieses Zeugnis ein."

Diese Erweiterung des Grundartikels durch Kirchengesetz vom 3. Dezember 1991 steht insofern in einer Kontinuität zu Niemöller, als sie nichts über ‚Israel' sagt. Der Begriff wurde vermieden, um irreführenden Assoziationen zum Staat Israel keinen Anhaltspunkt zu geben. Es wurde „kein politisches Glaubensbekenntnis" abgelegt.[530] Eine Diskontinuität ist dagegen mit Blick auf den Umgang mit der Kirchenordnung festzustellen. Die Erweiterung konnte nämlich in der eingangs zitierten Fassung erfolgen, weil der von Martin Niemöller vertretene Standpunkt der konstituierenden Synode 1947/49, eine Änderung des Grundartikels sei nur durch einmütige Entscheidung der Synode möglich, aufgegeben wurde. Man begnügte sich „mit einer für jede beliebige Änderung der Kirchenordnung notwendigen qualifizierten Mehrheit".[531]

Sicher hätte Niemöller dem Ruf zur Buße zugestimmt, der im ersten Satz der Erweiterung laut wird. Ob er auch ihrem zweiten Satz zugestimmt hätte? Das bleibt fraglich. In welchem Sinn das Bekenntnis zu Jesus Christus das Zeugnis der bleibenden Erwählung der Juden einschließt, hat die Synode nicht verbindlich klären können. Es bestand nicht einmal bei allen Klarheit, ob es sich um eine Ergänzung oder eine Änderung des Grundartikels handelte. Auch wenn man in Erwägung zieht, dass ein Bekenntnis nicht alle Fragen beantworten kann,[532] bleibt der Anspruch auf Einmütigkeit bestehen. Die EKHN hat in ihrer Ordnung eine Aussage von konfessorischem Rang über die Juden gemacht. Was genau sie damit bejaht und was sie verneint hat, müsste theologisch weiter bedacht und geklärt werden.[533]

VI. Niemöllers Weg zum radikalen Pazifisten

1. Reisender in Sachen Ökumene und Weltfrieden (1946–1965)

„Niemöllers eigentliches Erbe, in dem er lebte und das er seiner Kirche hinterließ", sei „die Wirklichkeit der Ökumene", meinte sein Stellvertreter im Amt des Kirchenpräsidenten der EKHN, Karl Herbert.[534] ,Seine' Kirche, die EKHN, war für ihn die Basis, von der aus er seine ökumenischen Kontakte unterhielt.

Die zu Niemöllers 70. Geburtstag erschienene Festschrift listet für die Zeit von 1946 bis 1961 eine enorme Zahl von Reisen und Begegnungen auf, die einem Außenpolitiker oder Sonderbotschafter der Vereinten Nationen Ehre machen würde. Im Februar 1946 nahm er erstmals an der Sitzung des Weltkirchenrates (World Council of Churches) in Genf teil. Von Dezember 1946 bis Mai 1947 unternahm Niemöller, begleitet von seiner Frau, seine erste Reise in die USA, um an vielen Orten des Landes Predigten und Vorträge zu halten.[535] Bis zum März 1947 sprach er in 51 Städten vor Massenversammlungen,[536] am Ende würden es mehr als 60 sein. Bis 1960 werden zehn weitere Reisen allein in die USA folgen. Er besucht Norwegen, Dänemark und Schweden; seit 1948 kommt er jedes Jahr mehrere Male nach England; im August nimmt er an der ersten Weltkirchenkonferenz in Amsterdam teil. Aus Indien kehrt er 1953 mit der Einsicht zurück, dass Gandhi die Lehre Jesu Christi in der Bergpredigt gelebt habe und „Gott durch Gandhi die Christenheit zur Buße ruft".[537]

Dabei war es für Niemöller von großem Nutzen, dass er in den Jahren seiner KZ-Haft die englische Sprache meistern gelernt hatte. Hier wurde „der ökumenische Niemöller" geboren. „Ganz gewiß war er mit dem Frühjahr 1938 (dem Beginn seiner KZ-Haft, MH) in den Augen der Welt eine ökumenische Gestalt. Er war zu einem Symbol der erneuerten Kraft des christlichen Glaubens in Europa geworden."[538] Dieses Ansehen hat Niemöller bei seinen Reisen auf allen Kontinenten genutzt, um seine Botschaft des Friedens und der Versöhnung zu verbreiten. Sie verschafften ihm den unschätzbaren Vorteil, über aktuelle kirchliche und politische Fragen stets aus erster Hand und damit meist besser als seine deutschen Gesprächspartner informiert zu sein, die auf die Berichterstattung in den Medien angewiesen waren.

Was treibt ihn zu seinem ökumenischen Wirken? Bei seiner zweiten Russlandreise erzählte Niemöller im April 1961 in Leningrad seinen russisch-orthodoxen Gastgebern, er sei immer wieder von drei Alpträumen verfolgt worden: 1. Er müsse nochmals das Abitur machen. 2. Er liege mit seinem U-Boot auf dem Meeresgrund und mühe sich vergeblich, wieder nach oben zu kommen. Im dritten Alptraum hörte er die Stimme Gottes, die sich an Hitler richtete: „Warum hast du das getan?" Darauf antwortete dieser: „Mir hat ja niemand das Evangelium gesagt."[539] Auch auf dem Dortmunder Kirchentag 1963, in Australien und in den USA sprach er von diesem Traum, der ihn offenbar am stärksten beunruhigte: „Er habe in der Ewigkeit vor Gottes Richtstuhl gestanden. Gott habe an ihm vorbei in eine Ecke des himmlischen Raumes, in die er nicht habe blicken können, gefragt: ‚Ist Dir das Evangelium, Dir persönlich, verlockend entgegengehalten worden?' Da habe Hitlers Stimme geantwortet: ‚Nein.'"[540]

Man hat vermutet, Niemöller sei als Zeuge seines Herrn bis ans Ende der Erde gereist, damit keiner der Mächtigen sagen könnte, ihm sei nicht das Evangelium verkündigt worden. Kurt Scharf trifft wohl den wesentlichen Punkt, wenn er schreibt: „Er, der prophetische Ankläger gegen die Verbrechen im Dritten Reich, fühlte Schuld, weil er den Machthabern die frohe, rettende Nachricht vom Heiland aller Menschen vorenthalten habe, als verlockende Botschaft vorenthalten habe, als rettende Botschaft auch in den Bereich der politischen Macht hinein, als Angebot der Rettung aus ihren Zwängen."[541] Das Gefühl, seiner Verantwortung als Verkündiger des Evangeliums nicht nachgekommen zu sein, muss Niemöller seit seiner Befreiung und dem Wiedersehen mit seiner Familie angetrieben haben, denn jener Alptraum verfolgte ihn seit dem Frühsommer 1945.[542] Die Traumszene gab ihm zu erkennen, dass auch jener „Unmensch", der sich als Feind der Kirche und Feind Jesu Christi erwiesen hatte, ihn etwas anging.

Das eigentliche Motiv seiner ökumenischen Tätigkeit wird in dem bereits zitierten Vortrag „Das Zeugnis des prophetischen Wortes an die Welt" (1965) erkennbar. Niemöller hebt darin hervor, das Wort

Abb. 18: Eintrittskarte zur Tribüne auf dem Roten Platz in Moskau am Internationalen Tag der Arbeit, 1961. Die Karte war nur in Verbindung mit dem Personalausweis gültig.

Gottes, das in Jesus ‚Fleisch‘ wurde, müsse *der ganzen Welt*, der gesamten Menschheit weitergesagt werden: ‚Gehet hin in alle Welt und predigt das Evangelium aller Kreatur!‘"[543] Zu diesem Auftrag erklärt er: „Als Kirche und Gemeinde und Nachfolger Jesu können und dürfen wir hier keine eigenmächtigen Begrenzungen und Einschränkungen vornehmen oder dulden, als ob es Bereiche unseres menschlichen Daseins gäbe, in denen dies Wort, der lebendige Herr, nicht gehört zu werden braucht, weil er dort nicht ‚zuständig‘ wäre".[544] Ein prophetisches Wort, d.h. ein Wort dieses Herrn *für heute*, können Christen nach Niemöllers Ansicht der Welt nur dann bezeugen, wenn sie sich von „alt-ererbten Anschauungen" und dem „ererbten Denkschema" befreien lassen. Beides verhindert, Jesu Wort zu bezeugen, wenn es dem Urteil der Vernunft widerspricht bzw. seine Befolgung nur unter Leiden möglich ist.[545]

Es war dieses Zeugnis, durch das Niemöller in der Ökumene überzeugte. Zum 70. Geburtstag schrieb Cecil Northcott über ihn, es sei Niemöllers Amt, der englischsprechenden Welt die Seele Deutschlands zu erklären.[546] Sein Kennzeichen sei Laizität. Er scheine so durch und durch nichtklerikal zu sein, dass er sogar bei öffentlichen Ansprachen im Anzug eines Laien auftrete. Besser als die meisten deutschen Kirchenführer habe er verstanden, welche Bedeutung die Meinung des gewöhnlichen Laien außerhalb Deutschlands hat und dass der Ausdruck „the Germans" immer noch eine Menge tiefen Hasses und Misstrauens heraufbeschwört. Um den Geist des Krieges auszutreiben, gebe es für Niemöller nur den pazifistischen Weg. Er sei ein ausgemachter Nonkonformist, bereit, dem Staat zu trotzen und sogar den Autoritäten der Kirche zu trotzen. Seine ökumenische Rolle sei die eines Propheten der Versöhnung zwischen den Kirchen und Nationen. Politik sei für ihn Politik im prophetischen Sinn von Gehorsam gegenüber dem Wort Gottes, wie der Prophet es sieht.

2. Niemöllers Bemühen um die deutsche Einheit und sein Kampf gegen die Militarisierung Westdeutschlands (1946–1959)

Ein Jahr nach seiner Rückkehr nach Hause gestand Niemöller in einem Brief seine Erschöpfung: „Ich fühle mich ... nun ziemlich am Ende ... Meine Kraft ist so gut wie verbraucht und ich habe weder daheim noch draußen das Verständnis für die von mir vertretene Sache gefunden. Die EKD ist auf dem Wege der Restauration, anscheinend unaufhaltsam; die ausländische Christenheit geht diesen Weg kritiklos mit; ihr fehlt ja auch leider noch die Erfahrung, die wir durch bittere Jahre haben machen müssen. Die junge Generation läuft den Leuten um Marahrens und Meiser nach, und die älteren aus den letzten 10 Jahren verspinnen sich in irgendwelche Romantik. (...) Zur Zeit habe ich noch die Hoffnung, daß wir wenigstens im Raum Nassau-Hessen zu einer Neuordnung der Kirche kommen, die in etwa die Folgerungen aus den Erkenntnissen der vergangenen Jahre zieht, aber die Einflüsse aus den umgebenden Kirchengebieten machen die Sache zusehends schwer."[547]

Mit seiner Einschätzung der kirchlichen Lage behält Niemöller recht: Die EKD setzt sich mit ihrer restaurativen Kirchenpolitik durch. Zu stark ist der Einfluss der lutherischen Landeskirchen und ihrer ‚Kirchenführer'. 1947 wird Niemöller zum Kirchenpräsidenten der EKHN gewählt. Im Januar 1949 wählt die erste Synode der EKD in Bethel nach längeren personalpolitischen Debatten Otto Dibelius zum Ratsvorsitzenden und, auf Drängen der Lutheraner, Hanns Lilje zu seinem Stellvertreter. Bei den Bruderräten wurde dieses Ergebnis als „eine große Niederlage der BK" und für Niemöller persönlich „eine große Demütigung" empfunden.[548] Doch Niemöller überließ sich, trotz menschlicher Enttäuschung, nicht der Resignation. Er wolle mit allen Kräften der BK auch künftig am Aufbau der Kirche mitarbeiten. Vor der Wahl Liljes hatte er klargestellt, dass er zwar bereit sei, im Rat mitzuarbeiten, nicht aber „vor der Öffentlichkeit in Deutschland oder vor der Öffentlichkeit in der Weltchristenheit irgendeine Verantwortung für die EKD im Namen des Rates und der kirchlichen Gruppierungen und der Leitung, die Sie geschaffen haben, zu tragen".[549] Er blieb Ratsmitglied und Leiter des Kirchlichen Außenamts. Das Ergebnis von Bethel verschaffte ihm letztlich mehr Freiheit, das christliche Zeugnis in der Welt wahrzunehmen.

Vor allem in den ersten zehn Jahren nach Kriegsende bemüht er sich, seine Sorgen über die Teilung Deutschlands im In- und Ausland zu vermitteln und das Ziel der Wiedervereinigung des deutschen Volkes im allgemeinen Bewusstsein wachzuhalten.[550] Zwei Jahre nach seiner Wahl zum Kirchenpräsidenten erregt er die Gemüter mit seinen Äußerungen zur Frage der deutschen Einheit.

Das Higgins-Interview

In einem Interview mit Marguerite Higgins vom „New York Herald Tribune" vom 14. Dezember 1949 verweist er darauf, dass von der Teilung Deutschlands der Katholizismus profitiert. Nur 10 % der deutschen Katholiken, aber 47 % aller evangelischen Deutschen leben hinter dem ‚Eisernen Vorhang'. Die gerade sich konstituierende Bundesrepublik nennt er ein Gebilde, das „in Rom gezeugt und in Washington geboren sei".[551] Wenn der westdeutsche Staat fortbestehe, bedeute das „den Tod des Protestantismus auf dem Kontinent". Die Wahlen zum Bundestag bezeichnet Niemöller als unehrlich, denn niemand sei gefragt worden, ob er einen westdeutschen Staat wolle. Deswegen habe er sich auch nicht daran beteiligt. Nach seiner Überzeugung müsste Deutschland eine Brücke zwischen West und Ost sein und dürfte sich keinem der beiden großen Machtblöcke USA und Sowjetunion anschließen. Um die Gefahr eines neuen Krieges zu bannen, schlug Niemöller die Wiedervereinigung Deutschlands unter einer neutralen UN-Besatzung vor.

Diese Äußerungen riefen bei Politikern und Theologen einen Sturm der Entrüstung hervor. Dabei konnte niemand bestreiten, dass Niemöller Recht hatte, wenn er die Spaltung Deutschlands als durch die Besatzungsmächte verursacht ansah. Ebensowenig ließ sich sein vor allem an die Adresse der USA gerichteter Hinweis auf die Verteilung der Konfessionen entkräften.

Gegenüber dem „Wiesbadener Tagblatt" erklärte er dazu im Februar 1950: „Weil es mir um den Frieden geht, deshalb habe ich auch auf die konfessionelle Seite dieser ganzen Situation hingewiesen (...). Die Wiedervereinigung des Deutschen Volkes ist eine unabdingbare Voraussetzung für einen dauerhaften konfessionellen Frieden; das ist mir aus vielen hundert Zuschriften während der letzten zwei Monate bestätigt worden. Denn es ist einfach eine Tatsache, daß die evangelische Bevölkerung Deutschlands unter der gegenwärtigen Teilung ungleich stärker leidet als die katholische."[552] An seinen Freund Gustav Heinemann schrieb er: „Es wird keinen Frieden von Dauer geben, solange das deutsche Volk keinen Frieden bekommt. [...] Es wird keinen Frieden auf Dauer in Deutschland geben, solange die Aufteilung des deutschen Volkes auf zwei einander widerstrebende Machtgruppen andauert."[553]

Die Annahme, dass der politische Katholizismus in Westdeutschland davon profitierte, dass hier 90 % der deutschen Katholiken lebten, war keineswegs unbegründet. Im Gegenteil bewies Niemöller damit Verständnis für konfessionelle und landsmannschaftliche Größen in der deutschen Geschichte. In der Gründung der Bundesrepublik sah er einen Schlag des politischen Katholizismus gegen das mehrheitlich evangelische, preußisch-deutsche Reich, in dem er aufgewachsen war. Die neue Verfassung, meinte er später, sei auch nicht von Preußen ausgearbeitet worden: „das waren Menschen aus dem Rheinland und eben die Siegermächte ..."[554] Aus diesem nationalprotestantischen Bewusstsein verweigerte er dem Grundgesetz seine Zustimmung.

Den von Bundeskanzler Dr. Adenauer erhobenen Vorwurf, er gefährde den konfessionellen Frieden, weist Niemöller entschieden zurück: Er habe sich, mehr als andere evangelische Kirchenführer in

Deutschland, um ein gutes brüderliches Verhältnis zu seinen katholischen Kollegen bemüht. „Die katholischen Flüchtlinge, die nach Hessen und Nassau gekommen sind, genießen Gastrecht für ihre Gottesdienste in unseren evangelischen Kirchen, wo sie noch keine eigenen Gotteshäuser haben; und in nicht wenigen Fällen habe ich selbst unsere evangelischen Gemeinden dazu willig gemacht."[555]

Niemöller hatte angenommen, die US-amerikanische Journalistin würde über das Gespräch, das sie mit ihm in seiner Wiesbadener Wohnung geführt hatte, nichts veröffentlichen. Das war sicher naiv. Hier wie noch öfter in den Nachkriegsjahren muss Niemöller die Erfahrung machen, dass seine Äußerungen aus dem Zusammenhang der Rede herausgerissen und in einer sinnentstellenden, die Intention des Sprechers verzerrenden Weise wiedergegeben werden. Öffentliche Vorwürfe, Richtigstellungen und Interpretationen erzeugten ein widersprüchliches Bild. Was Niemöller tatsächlich meinte, darüber gaben erst nachträgliche Äußerungen Auskunft.

Seine Sorge um den Frieden, das wichtigste Motiv, das ihn zu jenem Gespräch bewegt hatte, war im Zeitungsbericht überhaupt nicht zum Vorschein gekommen. Marguerite Higgins stellte ihn, wie es den Regeln der Ost-West-Konfrontation entsprach, als Vertreter einer prokommunistischen Haltung dar. Da nützte es nichts, wenn Niemöller später versicherte, er wohne weit lieber auf dieser Seite des Eisernen Vorhangs als auf jener, und beklagte, keine Zeitung berichte davon. Er wusste aus Reisen in die östliche Besatzungszone, „daß da drüben Menschen leben, denen von dem, was ein menschliches Leben lebenswert macht, Stück um Stück genommen wird bis zur völligen Aufspaltung der Persönlichkeit".[556]

In der aufgeheizten politischen Atmosphäre der Zeit wurde Niemöller im Westen als Agent der Sowjets und Propagandist eines totalitären Systems beschimpft, sein Vorschlag zur Lösung des deutschen Problems als unrealistisch abgetan. Es schien, als täusche er sich darüber, dass die Deutschen keineswegs so konsequent für die Einheit eintraten wie er. Doch er sah durchaus, wie rasch sich die beiden Hälften Deutschlands auseinanderlebten. „In Berlin ist das besonders deutlich, so daß man kaum auf einen Menschen stößt, der nicht längst optiert hätte: die einen identifizieren sich mit Amerika, die anderen mit der Sowjetunion; aber man sieht keine Möglichkeit mehr für ein eigenes deutsches Wollen und Wirken".[557] Niemöller dachte noch immer nationalprotestantisch, wenn ihm die Einheit von Volk und Staat als höherer Wille galt, weil „Gott uns als Deutsche geschaffen hat und leben lassen will".[558] Auf dieser Grundlage fühlte er sich für das Schicksal der Ostdeutschen verantwortlich: „Diese zwanzig oder einundzwanzig Millionen Menschen hinter dem Eisernen Vorhang haben in der ganzen Welt niemand, der sich um sie kümmert. Sie haben in der ganzen Welt keinen Nächsten. Die Russen legen keinen Wert darauf, ob diese zwanzig Millionen zu Grunde gehen. Auch den Polen ist es gänzlich egal und ebenso den Tschechen. Die Menschen in der Ostzone haben eben keinen Nächsten, auch nicht in der übrigen Welt. (...) Entweder sind wir – die 42 oder 43 Millionen in Westdeutschland – die Nächsten für diese 20 oder 21 Millionen hinter dem Eisernen Vorhang, oder sie haben überhaupt keinen Nächsten."[559]

Die durch das Higgins-Interview ausgelösten Berichte und Zuschriften, die Niemöller erreichten, füllen allein sieben Aktenordner. Waren es zuerst überwiegend ablehnende Zuschriften mit persönlichen Vorwürfen, so erhielt er bis zum Frühjahr 1950 mehr und mehr sachliche Zustimmung.[560] Kaum bemerkt wurde in der Aufregung über das Interview, dass Niemöller dem getrennten Gebilde eines westdeutschen Staates nur eine Lebensdauer von wenigen Jahrzehnten vorhersagte. Wie hätte er wohl den Fall der Berliner Mauer im November 1989 kommentiert?

Man wird Matthias Benads Einschätzung zustimmen müssen, dass Niemöller die grundlegenden Verschiebungen wahrnahm, die „sich durch die Gründung der Bundesrepublik ... gegenüber dem preußisch-deutschen Reich ergaben: Das Machtzentrum lag nun nicht mehr im Nordosten, sondern in den Industriegebieten im Westen Deutschlands". Die von den Siegermächten verordnete Parteiendemokratie, zunächst unter Adenauers autoritärer Führung, fand auf Dauer Zustimmung. „Erstmals setzte sich in der deutschen Geschichte die Westorientierung durch. Der Einfluß der alten protestantischen Eliten Preußens war weitgehend verloren gegangen. Ihnen waren durch die Vertreibung aus den Ostgebieten und die Enteignung des Großgrundbesitzes in der Sowjetzone die ökonomischen Grundlagen entzogen worden. Die hervorragende Rolle des Militärs für das Selbstverständnis des Staates war gebrochen ... Mit der Gründung der Bundesrepublik fiel erstmals katholischen Kräften die tragende politische

Rolle zu. Daraus ergaben sich aber keineswegs die Spannungen zur anderen Konfession, die Niemöller voraussagte. Vielmehr gelang es der staatstragenden Partei Adenauers, die konservativ-christlichen Kräfte von Katholiken und Protestanten zu vereinigen."[561]

Die Reise nach Moskau

Für große öffentliche Aufregung sorgte Niemöllers Moskaureise im Januar 1952. Wie kam es dazu? Der Ökumenische Rat der Kirchen (ÖRK) suchte schon unmittelbar nach dem Krieg, mit der Russisch-Orthodoxen Kirche in Verbindung zu treten. Trotz anfänglicher Rückschläge arbeitete die Theologin Dr. Hildegard Schaeder in dem von Niemöller geleiteten Kirchlichen Außenamt der EKD weiter daran, Kontakte zur Russisch-Orthodoxen Kirche vorzubereiten. Ein zunächst geplanter Besuch des Erzbischofs Sergius A.P. Struve bei Niemöller im Januar 1950 kam jedoch nicht zustande. Beim Referenten der Berliner Stelle der Kirchenkanzlei der EKD, Kirchenrat Lic. Rose, ging stattdessen am 14. Juni 1951 eine Einladung des Metropoliten Nikolai ein. Bischof Dibelius, damals Vorsitzender des Rates der EKD, beantwortete diese Einladung am 2. August 1951 mit einem Schreiben an den Moskauer Patriarchen Alexej. Er äußerte den Wunsch, Kontakte zu den in der Sowjetunion tätigen Facharbeitern aus Deutschland aufnehmen und etwas für ihre kirchliche Versorgung tun zu können. Zu der beabsichtigen Reise des Kirchenrats Lic. Rose kam es nicht. Im Dezember 1951 ergab sich aber die Möglichkeit für den Besuch eines deutschen Kirchenvertreters in Moskau. Am 17. Dezember 1951 wurde Niemöller zu einem solchen Besuch eingeladen.

Das Einladungsschreiben löste schnelle und intensive Gesprächskontakte aus. Niemöller bereitete alsbald sehr konkret „und in beinahe konspirativer Form"[562] die Reise vor. Um Weihnachten 1951 wurde die Einladung seinem engeren Freundeskreis bekannt. Am Wochenende vor dem Abflug beriet sich Niemöller zusammen mit Freunden aus der BK, um sich auf die Gespräche in Moskau vorzubereiten.

Das Bild der westdeutschen Öffentlichkeit von der Sowjetunion war in der Stalin-Zeit von Misstrauen und der antikommunistischen Propaganda des Kalten Krieges bestimmt. Es war aber auch bekannt, dass bei den Russen von der EKD und dem ÖRK ebenfalls durch die

Presse und „feindselige Erklärungen des Moskauer Patriarchats" (H. Gollwitzer) ein verzerrtes Bild verbreitet wurde, dem man entgegentreten musste. Die westlichen Kirchen und die Ökumene erschienen darin abhängig von Kapitalisten, Dibelius wurde als Neofaschist dargestellt. In einem beschwörenden Brief mahnte Gollwitzer, Niemöller sollte dieses Feindbild richtigstellen. Er sollte den sowjetischen Machthabern zu verstehen geben, dass ihren Friedensbeteuerungen auch Friedenstaten folgen müssten. Unerlässlich sei daher, sie „um Freilassung der Gefangenen und Barmherzigkeit gegenüber den Verurteilten" zu bitten.[563]

In der Öffentlichkeit wurde die bevorstehende Reise als „dramatische Sensation" bezeichnet. Dass Niemöller als erste prominente deutsche Persönlichkeit, die hohe kirchliche Ämter innehatte, die Sowjetunion besuchen wollte, wurde vom Rat der EKD mit deutlicher Reserve aufgenommen. Die weltliche Presse reagierte auf die Nachricht mit emotionalen, z. T. hämischen Kommentaren: Niemöller sei ein gutgläubiger Wallfahrer, der sich von den Sowjets benutzen lasse und zu glauben scheine, dass irgendwo im Osten eine Kirche stehe.[564] Er müsse sich orientieren über die politischen Verfolgungen der Christen aller Konfessionen in der sowjetischen Welt. Damit evozierte der Kommentator das damals verbreitete Bild von einer Kirche, die in der UdSSR nur im Untergrund existieren könne. Was viele Deutsche nicht wissen konnten: Das Bild entsprach nicht der Realität. Hildegard Schaeder hatte sich als erste westdeutsche Theologin von diesem Bild freigemacht,[565] und Niemöllers Erfahrungen in Moskau sollten bestätigen, dass Kirche hier durchaus lebendig und nicht zu unterdrücken war.

Freilich wurden auch von ‚kirchlicher Prominenz' noch vor der Reise heftige Angriffe gegen Niemöller bekannt. Prof. Dr. Helmut Thielicke wandte sich am 3. Januar 1952 in einem offenen Brief an Bischof Dibelius und beklagte, die Leitung der EKD erhebe keinen Einspruch dagegen, dass ein Mann wie Niemöller, „der in den letzten Jahren immer wieder verwirrt und verwirrend gehandelt hat",[566] mit dem heikelsten aller Probleme, nämlich der Entschärfung des Ost-West-Konflikts und der Hilfe für „unsere Gefangenen in Rußland", befasst werde. Dibelius solidarisierte sich mit Niemöller, indem er ebenfalls mit einem offenen Brief antwortete: Es sei erfreulich, dass Niemöller die Gelegenheit erhalte, den Moskauer Patriarchen selbst zu sprechen; erst seine Gegner hätten die Reise zu einem politischen Schritt gemacht.

Ganz anders äußerte sich Dibelius jedoch in einem Schreiben an Niemöllers guten Freund George Bell, den Lordbischof von Chichester: Er hätte, wenn Niemöller ihn gefragt hätte, ihm von dem Besuch abgeraten. Denn was immer Niemöller tue, bringe nur Ärger und Schwierigkeiten. Die eine Seite stimme leidenschaftlich zu, die andere lehne ebenso leidenschaftlich ab. „Die Situation in Deutschland ist so schwierig, daß ich meine, es wäre viel besser gewesen, wenn diese neue Spaltung nicht eingetreten wäre ..."[567] Dibelius rechnete damit, dass eine Mehrheit in der evangelischen Kirche die Aufstellung einer westdeutschen Verteidigungsarmee befürworten würde, und sah Niemöllers entschiedenen Widerstand voraus. Gerade dies machte den Besuch in Moskau in seinen Augen besonders störend.

Im November 1952 unternahm auch Dibelius, begleitet von den Bischöfen Hahn und Lilje, als Ratsvorsitzender der EKD eine Reise nach Moskau. Bei einer Pressekonferenz in Köln betonte er wie bereits zuvor, im Unterschied zu Niemöller reise er auf „offizielle Einladung" und habe seine Begleiter frei wählen können. Dass er auf Protest hin erklärte, er habe von „offizieller Deputation" gesprochen, machte die Sache nicht besser.[568] Niemöller sah sich durch solche Darstellungen auf seine Kosten zu einer Stellungnahme veranlasst: „1. Die Einladung an Bischof Dibelius sei von genau der gleichen Stelle ergangen, von der auch er seine Einladung erhalten habe. 2. Bischof Dibelius habe über die mit seinem Russland-Besuch verbundenen Absichten nichts anderes ausgesagt, als was auch er selbst vor Antritt seiner Reise nach Moskau gesagt habe. 3. Die Reise von Bischof Dibelius beruhe auf einer Einladung, die ohne seinen (Niemöllers) Besuch in Moskau im Januar dieses Jahres nicht erfolgt wäre. 4. Es sei ein nutzloses Beginnen, wenn man heute in politisch interessierten Kreisen versuche, in dieser Angelegenheit zwischen (...) Dibelius und [ihn] (...) einen Keil zu treiben."[569]

Mit Wohlwollen wurde sein Besuch nur im Kreis der Ökumene gesehen. Sprecher der politischen Parteien, darunter auch Bundeskanzler Adenauer, lehnten Niemöllers Initiative ab oder sahen darin einen heimtückischen Anschlag auf die Regierung, was Gustav Heinemann veranlasste, die Erklärungen westdeutscher Politiker als „faschistische Diffamierungen" zu bezeichnen. In dieser aufgeladenen Atmosphäre reiste Niemöller nach Moskau, begleitet von seiner Tochter Hertha als Dolmetscherin.

Die Frage nach den deutschen Kriegsgefangenen und den nach Kriegsende in der Sowjetunion zwangsverpflichteten Facharbeitern spielte in den Gesprächen eine herausragende Rolle. Niemöller hatte darum gebeten, als Seelsorger auch deutsche Kriegsgefangene besuchen zu können. Diese Bitte wurde abgelehnt. Anders als der deutsche Bundeskanzler bei seinem späteren Besuch konnte er den Russen keine Gegenleistung anbieten, sondern sie nur darum bitten, gegenüber den Gefangenen Menschlichkeit zu beweisen. Die kritischen Fragen der Presse nach Niemöllers Rückkehr verraten, wie skeptisch man dem Unternehmen gegenüberstand und wie schwer es in den Denkschablonen der damaligen Zeit fiel, sich vorzustellen, dass ein westdeutscher Kirchenmann nach Moskau reist, um dort die ökumenischen Beziehungen zur Christenheit in der Sowjetunion zu erörtern.

Sowohl das Gespräch, das Niemöller im Hessischen Rundfunk mit Pfarrer Werner Hess führen konnte, wie auch die Berichte, die er den Mitarbeitern des Kirchlichen Außenamtes und der Kirchensynode der EKHN von seinen Reiseeindrücken gab, machen deutlich, dass für ihn „die brüderliche Begegnung in Christus" von allen Erfahrungen in Moskau die größte Bedeutung hatte. Nicht das politische System, sondern die russischen Menschen und besonders die Christen in Russland und ihre Gottesdienste beeindruckten ihn am meisten. Nach seinen Begegnungen mit russischen Gemeinden war er fest davon überzeugt, dass die Kirchen in Russland sich als christliche Kirchen verstanden und keine Propagandainstrumente des Bolschewismus waren. Es schien ihm, dass die Russen „mit anderen Tiefendimensionen leben als wir Abendländer".[570] Das Sowjetsystem habe sich auf den slawischen Menschen mit seiner Gemütstiefe und Empfänglichkeit eingestellt. Kirche und Kultur (Musik, Theater, Literatur) wirkten nach seiner Auffassung als Gegengewichte gegen die von den Sowjets adaptierte Rationalisierung der Gesellschaft, die der östliche Mensch benötige, „um das technisierte Dasein zu ertragen".[571] Bei einem Festgottesdienst sei Niemöller, so berichtet Schaeder, die heilige Wandlung von Brot und Wein, die der Patriarch vom Heiligen Geist erbat, als Höhepunkt der ganzen ostkirchlichen Liturgie aufgegangen. Er habe das Geschehen unmittelbar wahrnehmen können,

da der Patriarch ihn hinter die mit drei Türen versehene Bilderwand
(Ikonostase) in den Altarraum zu den zelebrierenden Priestern hinzu-
gebeten hatte.

Vor der hessen-nassauischen Kirchensynode, der er besonders aus-
führlich berichtete, charakterisierte er den russischen Menschen als
einen Fremden, der niemandes Zeitgenosse ist, sondern an der
Schwelle der Ewigkeit steht und darin viel abgründiger sei als die
Deutschen und erst recht die rationalisierten Westeuropäer. Dieser
Mensch lasse sich nicht rationalisieren, man könne ihm seine Seele
nicht aberziehen, auch wenn man das im marxistischen Sowjetsystem vorhatte. Er brauche Nahrung für die Seele, daher sein Hunger
nach Theater, Oper, Konzert, Ausstellungen, und im Gottesdienst
wolle er für seine Seele und für seinen Verstand etwas haben. Deswegen werde in der russisch-orthodoxen Kirche auch gepredigt. Ähnlich
schilderte er dem Magazin „Der Spiegel" (16.1.1952), wie er den Russen und das christliche Leben in Russland erlebt hatte.

Niemöller war von der mitternächtlichen Liturgie tief beeindruckt.
Das ist umso erstaunlicher, als er, wie er selbst zugab, wenig „Sinn für
liturgische Bewegungen" hatte und überzeugt war, „daß in Deutschland die Kirche von der Seelsorge und von der Verkündigung her reformiert werden muß. In der russischen Christenheit aber ist mir
deutlich geworden, daß hier auch das symbolische Geschehen und
Handeln in der Liturgie eine große Rolle spielt."[572] Mit seinem theologischen Freund und Wegbegleiter Karl Barth teilte Niemöller eine typisch protestantische reservierte Haltung gegenüber Liturgie, weil
diese im protestantischen Bewusstsein – zumal in seiner liberalen
Landeskirche EKHN – gewöhnlich als bloße Formsache behandelt
wird. Wichtiger erscheint die Predigt, die sich an den Verstand der
Hörer wendet. In den russisch-orthodoxen Gottesdiensten aber war
ihm die Liturgie als etwas Lebendiges, Beseeltes begegnet, dem Menschen sich mit Leib und Seele hingeben können.

Zum anderen bestätigt Niemöllers Einschätzung des russischen
Menschen und der begrenzten Möglichkeiten des Sowjetstaates, ihn
zu rationalisieren und weltanschaulich umzuformen, in verblüffen-
dem Maße die Darstellung, die 15 Jahre zuvor der deutsche Kulturphilosoph Walter Schubart von der ,Seele des Ostens' präsentiert
hat.[573] Schubart sah bereits, dass der russische Mensch die marxisti-
sche Weltanschauung wie eine Religion aufnimmt, und wies auf die

einseitig rationale, auf Macht ausgerichtete Einstellung des ,prome-
theischen' Westeuropäers hin. Der Bolschewismus, der den Russen
versachliche, stand für Schubart in tiefem Widerspruch zum russischen ,Seelenmenschentum'.

Niemöllers Bemühen um ein besseres Verständnis zwischen dem
deutschen Protestantismus und der russischen Orthodoxie trug
Früchte. Seit 1959 führt die russisch-orthodoxe Kirche bilaterale Gespräche mit der EKD. Im Juli 1961 fasste das Lokalkonzil der russisch-
orthodoxen Kirche den Beschluss zum Eintritt in den Weltrat der Kirchen, und im Dezember 1961 wurde die russisch-orthodoxe Kirche
auf der dritten Vollversammlung des ÖRK in Neu-Delhi in den ÖRK
aufgenommen. Diese Mitgliedschaft ist jedoch nicht frei von Spannungen. Aus russisch-orthodoxer Sicht erscheinen inzwischen, wie
die Panorthodoxe Konferenz 1998 in Thessaloniki zeigte, die Struktur des ÖRK und das, was man als „protestantischen Ökumenismus"
bezeichnet, als radikal reformbedürftig. Als Stein des Anstoßes wird
vor allem die im ÖRK dominante „protestantische Ekklesiologie"
wahrgenommen.[574]

Streit um die Wiederbewaffnung

In Niemöllers Augen hatte die Gründung der Bundesrepublik die Teilung Deutschlands vertieft.[575] Als die hessen-nassauischen Pröpste zur
ersten Bundestagswahl gehen, um ihre Stimme abzugeben, nimmt er
nicht daran teil. Danach sagt er ihnen: „Wenn Sie heute zu unserer
Verfassung mit ja gestimmt haben, dann haben Sie die Teilung
Deutschlands gewählt. Denn nach dieser Verfassung werden die Russen jetzt auch eine Abstimmung deklarieren in ihrem Besatzungsge-
biet, denn die dürfen ja heute nicht mitwählen. Und dann kriegen wir
die Teilung Deutschlands."[576] Nachrichten über eine Wiederbewaffnung forderten erst recht seinen Widerspruch heraus. Mit Recht
konnte er im Rückblick erklären: „Die Trennung Deutschlands wurde
der Anfang der Friedensarbeit."[577]

Der Koreakrieg hatte einen weltweiten Rüstungsboom ausgelöst.
Unter dem Eindruck dieses Krieges und irreführender Vergleiche
mit der Situation in Mitteleuropa war die Furcht der Westdeutschen
vor dem Kommunismus ins Maßlose gewachsen. Bundeskanzler
Adenauer sprach schon im August 1950 gegenüber der „New York

Times" von der Notwendigkeit starker deutscher Verteidigungs-
kräfte, um die Eingliederung der Bundesrepublik in den Westen vo-
ranzubringen. Der Rat der EKD äußerte sich dazu Ende August noch
kritisch: „Einer Remilitarisierung Deutschlands können wir nicht
das Wort reden, weder was den Osten noch was den Westen an-
langt." Die Kirche könne nur darum bitten, „dem heillosen Wettrüs-
ten ein Ende zu machen".[578]

Bald danach übergab Adenauer ohne vorherige Beratung im Kabi-
nett den Westalliierten ein ‚Memorandum über die deutsche Sicherheit'. Durch Berichte aus dem Ausland wurde bekannt, dass er darin
einen Wehrbeitrag der Bundesrepublik zur Verteidigung Westeuro-
pas angeboten hatte. Innenminister Dr. Heinemann beanstandete, es
sei nicht vertretbar, dass das deutsche Volk erst über das Ausland von
der Bereitschaft seiner Regierung erfahre, sich an einer Streitmacht
zu beteiligen. Das Bundeskanzleramt ließ dementieren: Es sei nichts
Wesentliches geschehen. Heinemann trat am 9. Oktober 1950 von seinem Amt zurück. Erst 1965 gab Adenauer in einem Fernsehinterview
zu, er habe den Wehrbeitrag angeboten; der volle Wortlaut des Me-
morandums wurde erst 1977 (!) bekannt.

Für Heinemann bedeutete die Aufstellung deutscher Truppen nach
außen hin eine Provokation der Sowjetunion und erhöhte Kriegsge-
fahr, nach innen eine Gefahr für den sozialen Aufbau und eine Stärkung antidemokratischer Tendenzen. Aus christlicher Verantwortung
hatten Politiker sich seiner Ansicht nach zu fragen, ob es Gottes Wille
sei, so bald nach dem Krieg wieder zu den Waffen zu greifen. Nach
Adenauers Überzeugung stand das westliche Deutschland in einer
weltgeschichtlichen Situation vor der Wahl zwischen Gut und Böse,
Freiheit, Menschenwürde, christlich-abendländischem Denken auf
der einen Seite, dem antichristlichen Geist der Finsternis und der
Sklaverei auf der anderen Seite. In dieser Situation konnte es nur eine
Entscheidung geben, um der sowjet-russischen Herrschaft zu entgehen. Kritische Fragen waren hier nicht vorgesehen. Heinemann war
für den Bundeskanzler ein „schwärmerischer Pazifist".

Trotz offizieller Abwiegelung begannen Vorbereitungen zu einer
deutschen Wiederaufrüstung. Unter Niemöllers Leitung verabschiedete der Bruderrat am 29. September 1950 eine Erklärung, die sich
konkret gegen die Schaffung einer deutschen Wehrmacht wandte. In
ihr hieß es: „Unser eigentlicher Feind ist heute die Angst ... Sie ver-

führt uns dazu, immer nur auf den vermutlichen Feind und Angreifer zu blicken ... So verschwenden wir die Reste unserer Kraft in Rüstungsaufgaben, die uns doch keine Sicherheit schaffen ..."[579] Kurz danach, in einem offenen Brief an Adenauer vom 4. Oktober 1950, ging Niemöller noch weiter. Er sprach deutlich den Verdacht aus und kündigte Konsequenzen an:

„Trotz aller gegenteiligen Zeitungsnachrichten wird die Remilitarisierung Westdeutschlands ... mit allen Mitteln betrieben. Hohe Offiziere werden eingestellt, Organisationsstäbe zur Aufstellung deutscher Einheiten innerhalb einer europäischen Armee sind ab 1. Oktober d.J. tätig, Rüstungsaufträge an die deutsche Industrie sind erteilt. Es erhält sich hartnäckig die Behauptung, daß zwischen dem Bundeskanzler ... und Herrn McCloy und vielleicht auch dem Britischen Hohen Kommissar Abmachungen bestehen, wonach alsbald eine ganze Anzahl deutscher Divisionen aufzustellen ist (...).
Die EKD hat keinen Zweifel gelassen, daß sie einer Remilitarisierung nicht das Wort reden könne – weder im Osten noch im Westen. Darüber hinaus werden sich evangelische Christen jeder Remilitarisierung praktisch widersetzen ... Und wenn ihnen durch eine Verfassungsänderung dieses Recht wirklich entzogen werden sollte, so werden wir uns wieder einmal darauf berufen müssen, daß man Gott mehr gehorchen muß als den Menschen.
Vor den Augen und Ohren des gesamten deutschen Volkes bitte ich Sie, Herr Bundeskanzler, in dieser entscheidenden Stunde nicht vollendete Tatsachen zu schaffen ohne eine vorherige, echte Befragung der Bevölkerung des Bundesgebietes. Wenn diese Befragung auf Grund der Bundesverfassung nicht als Volksabstimmung geschehen kann, so müßten Neuwahlen vorgenommen werden."[580]

Die Politik der Wiederbewaffnung, so Niemöller weiter, sei nicht demokratisch legitimiert. Sollte der gegenwärtige Bundestag in dieser Frage positiv entscheiden, „so käme dies einem Volksbetrug gleich, da kein deutscher Wähler bei der Wahl im Sommer 1949 die Absicht gehabt hat, dem Deutschen Bund die Vollmacht zu einer Kriegsrüstung oder Kriegsbeteiligung zu geben".[581]

Niemöllers Alarmruf erregte Adenauer so sehr, dass er von glattem Landesverrat sprach und seine Vorwürfe für frei erfunden erklärte.

Hinsichtlich der konkreten Rüstungsvorbereitungen war Niemöller wohl falsch informiert worden. Aber am Angebot an die Westmächte konnte kein Zweifel mehr bestehen. Innerhalb der EKD, wo viele mit dem Kurs Adenauers einverstanden waren, distanzierten sich die Landeskirchen von Bayern und Hannover von Niemöllers Stellungnahme. Mochte dieser auch in der weiteren Debatte warnen, die Remilitarisierung im Westen werde die Aufstellung einer Armee im Osten nach sich ziehen, und betonen, eine Verteidigungslinie gegen die Rote Armee liege zwar im Interesse der USA, nicht aber Deutschlands, so monierte die Kritik, wie sie von Erwin Wilkens von der Evangelisch-lutherischen Landeskirche Hannovers vorgebracht wurde, hier werde eine „situationsbedingte, subjektive politische These als absolut gültiges und verbindliches Glaubensurteil" ausgegeben. Nach Luthers Lehre von den beiden Regimenten werde damit die Grenze zwischen Kirche und Politik überschritten: „die Entscheidung über zweckmäßige Mittel und Wege der Politik bleibt den verantwortlichen Politikern überlassen".[582]

Auf Antrag der lutherischen Bischöfe wurde schließlich eine Sondersitzung der Kirchenkonferenz und des Rates der EKD am 17. November 1950 in Berlin-Spandau einberufen. In einer gemeinsamen Entschließung erklärte der Rat, „daß die Gemeinschaft im Glauben nicht die Einheitlichkeit der politischen Urteile einschließt. Auch die Frage, ob eine wie immer geartete Wiederaufrüstung unvermeidlich sei, kann im Glauben verschieden beantwortet werden." Die Verantwortlichen wurden ermahnt, diese Frage „nicht gegen den Willen des Volkes zu entscheiden ..."[583] Diese Erklärung, die in der Kirche mit Erleichterung aufgenommen wurde, vermied zwar den Bruch, zahlte dafür aber einen hohen Preis. Der Rat gab es erstmals, gegen bisherige Aussagen, auf, ein gemeinsames Zeugnis zur Wiederbewaffnung zu formulieren. Die Frage könne „im Glauben verschieden beantwortet werden" lautete die Formel, die im Grunde nur das faktisch Gegebene feststellte. Sie machte es denen, die bisher Vorbehalte gegen die Wiederbewaffnung hatten, leichter, das zu bejahen, was nun offizielle Regierungspolitik geworden war, und förderte den Stimmungswandel in der Bevölkerung.

Konnte die Lage Westdeutschlands auch unterschiedlich beurteilt werden, so war Niemöllers Einschätzung doch in einer Hinsicht unwidersprechlich: Westintegration und nationale Einheit waren nicht

gleichzeitig zu haben. Der Kanzler, der zielstrebig auf das Erste zu-
steuerte, legte damit bewusst das Zweite auf Eis. Die Westdeutschen
waren in zunehmendem Maß bereit, ihm zuzustimmen. Niemöller
argumentierte, dass die Deutschen im Osten den Preis für Adenauers
‚christliche‘ Politik zu zahlen hätten. Die Kirche und die Christen hätten nicht das Recht, die dort lebenden 17 Millionen im Stich zu lassen. Diese Aussage wird zu einem Leitmotiv seiner Predigten und
Vorträge. Gern veranschaulicht er sie im Bild der Kirche bzw. des einzelnen Christen als barmherziger Samariter der Ostdeutschen.

Bei einem Besuch am 16. November 1950 in seiner alten Dahlemer
Gemeinde spricht Niemöller im überfüllten Kirchsaal von den Deutschen in der Ostzone. Sie hätten „keinen Nächsten in der Welt, wenn
wir im Westen Deutschlands es nicht sind". Der Vortrag wird wiederholt durch Zwischenrufe gestört. Mehrere Zeitungen berichten, un-
unterbrochene Protestrufe aus dem Zuhörerkreis hätten Niemöller
genötigt, seinen Vortrag nach 45 Minuten abzubrechen. Die Schlagzeilen erwecken den Eindruck, dem Redner sei aus dem Auditorium
– der „Wiesbadener Kurier" erwähnt „ungefähr tausend Hörer" – eine
Welle der Ablehnung entgegengeschlagen: „Heftige Proteste gegen
Niemöller" (Frankfurter Rundschau), „Niemöller kann nicht weiter-
sprechen" (FAZ), „Niemöller wurde unterbrochen" (Wiesbadener Tagblatt), „Kirchenpräsident findet kein Gehör: Tumult in Dahlemer Gemeinde über Niemöller" (Wiesbadener Kurier) lauten einige Schlagzeilen. Das Evangelische Pfarramt Berlin-Dahlem übersendet
daraufhin eine Richtigstellung, die der Presse übergeben wird. Ihr
zufolge „versuchte ein CDU-Mitglied, ein Katholik, durch Zwischenrufe Unruhe zu schaffen. Die Gemeinde begegnete diesem Störungs-
versuch mit dem Gesang des Chorals ‚Erhalt uns, Herr, bei Deinem
Wort‘, um alsdann in größter Ruhe und Aufmerksamkeit den Vortrag bis zu Ende anzuhören."[584] Die Berichte hatten den einzelnen
Störer suggestiv zu einer unbestimmten Menge aufgebauscht; dass
es sich um ein ortsbekanntes CDU-Mitglied handelte, war verschwiegen worden. Zahlreiche ähnliche Beispiele tendenziöser Berichterstattung ließen sich beibringen.

Niemöller soll dazu geäußert haben, „man dürfe heute der Presse
ebensowenig glauben wie im Endstadium des Dritten Reiches".[585] Sicher hatte er Recht, wenn er feststellte: „Nur ein kleiner Teil meiner
Predigten, Vorträge und Reden ist von mir schriftlich aufgezeichnet.

Die Erfahrung hat mir gezeigt, daß die spätere Wiedergabe durch die Presse in sehr vielen Fällen lückenhaft oder sogar ausgesprochen falsch ist."[586]

Wie Niemöllers Auftreten auf einen unvoreingenommenen Beobachter wirkte, ist einem Zeitungsbericht über die Predigt zu entnehmen, die er im April 1952 in der Heilbronner Wichern-Kirche hielt: „Pastor Niemöller, ein schmaler, ebenso asketisch wie urban wirkender Mann mit einer klaren und tiefen, sehr männlichen Stimme, mag in seiner Predigt (denn das war es) viele, die um einer Sensation willen gekommen waren, enttäuscht haben. Ihm ging es nicht darum, ein Rezept politischer Art zu geben, denn er hatte seine Worte absolut ausgerichtet auf das Gewissen des Christen an sich, ihn allein sprach er an und gab zu verstehen, daß der christliche Weg allein derjenige sei, der aus dem Chaos der Erde führen könnte.' Christus sei „für das Heil aller gestorben ... Hiervon kann man keinen Menschen ausnehmen, gerade das galt es Niemöller zu beweisen. ‚Wenn dieser Eine nicht auch für Stalin gestorben ist, wie könnte er dann für Martin Niemöller gestorben sein' rief er aus." Auf dieser Grundlage habe er die Zuhörer gewarnt, „unsere Hand der Wiederbewaffnung zu leihen". Der Berichterstatter bemerkte abschließend: „Hier also sprach kein Politiker, sondern ein Christ!"[587]

Wandte Niemöller sich mit Vernunftargumenten, biblischen Appellen und nationalprotestantischen Deutungsmustern gegen Wiederbewaffnung und Westintegration, so nutzte der Bundeskanzler Elemente der christlichen Tradition, um sie als Bausteine eines schwarz-weiß gezeichneten Weltbildes zu verwenden und damit konservativ-kirchliche Kreise für seine Politik zu gewinnen. An den Evangelischen Kirchentag in Stuttgart, der sich im Juli 1950 u. a. mit der Frage beschäftigte: „Was geht den Christen die Politik an?", richtete er ein Grußtelegramm. Die Gegenwart, so hieß es dort, fordere „ein mutiges Bekenntnis zu den hohen Werten des Christentums und Kampf zur siegreichen Überwindung der uns vom Materialismus drohenden Gefahren. Es geht in Wahrheit um den Bestand des christlichen Abendlandes. (...) Wenn alle Christen zusammenstehen, sind wir unbesiegbar."[588] Dieses Telegramm habe tiefes Ärgernis verursacht, weil es, wie Heinemann bemerkte, „kurz und bündig den Kirchentag für die westliche Blockbildung gegen den Osten" beanspruche.[589]

Weihnachten 1952 war ein neutrales, geeintes Deutschland noch vorstellbar, obwohl die Bonner Regierung bereits einen Vertrag über die Europäische Verteidigungsgemeinschaft unterzeichnet hatte. Der Bundeskanzler erklärte dem Volk in seiner Ansprache, jetzt stehe Deutschland vor einer Entscheidung: „Soll es entschlossen und dem Guten vertrauend eintreten in den Bund zum Schutze des Friedens, dessen Tore sich ihm geöffnet haben, oder soll es zögernd und zaudernd, voll ewiger Unzufriedenheit, ohne innere Größe und Kraft in Untätigkeit und Passivität verharren? ... Wählen wir den Weg, der zum Lichte führt, zum Frieden führt, oder wählen wir den Weg in das Dunkel einer friedlosen Zukunft?"[590] Hier diente die christliche Botschaft als Stütze des eigenen politischen Konzepts; sie wurde eingebaut in eine Weltanschauung, mit der das Abendland gegen den Bolschewismus antrat. Niemöller kritisierte, mit einer solchen Argumentation werde das Christentum auf dieselbe Ebene wie die Heilslehre des Kommunismus gestellt. Übereinstimmend mit Heinemann, der sich mit Bezug auf Adenauer dagegen verwahrt hatte, das Evangelium zur Ideologie zu machen, wandte er sich gegen das „C" im Namen der Unionsparteien: „Die Kirche des Evangeliums darf sich nicht mit irgendeinem System oder Programm identifizieren, weder mit einem ‚christlichen' Kapitalismus noch mit einem ‚christlichen' Sozialismus; denn das hieße: das Gesetz an die Stelle des Evangeliums setzen, und das wäre unter allen großen Täuschungen die größte und verhängnisvollste."[591] Heinemann – er trat 1952 aus der CDU aus – sprach später von „dieser sich christlich nennenden Partei",[592] Niemöller bestritt, dass es eine ‚christliche' Politik und ‚christliche' Parteien überhaupt geben könne.

Im Juli 1953 bekräftigte Niemöller seine Haltung in einem Wahlaufruf vor den Bundestagswahlen. Dem bisherigen Bundestag warf er vor, er habe der Regierung eine Politik ermöglicht, „die an der Meinung des Volkes achtlos vorüberging, eine Befragung des Volkes ... ablehnte, die Aufklärung des Volkes durch Presse und Rundfunk verhinderte und ihre Gegner als getarnte Kommunisten diffamierte". Es gebe aber Millionen Deutscher „im Gebiet der Bundesrepublik, die überzeugt sind, daß unser deutsches Volk nur leben kann, wenn es sich nicht in den tödlichen Gegensatz zwischen Ost und West hineinziehen läßt und nach West und Ost Frieden hat".[593] Auf diese Erklärung hin berief der Synodalvorstand der Kirchensynode der EKHN eine außerordentliche Tagung ein. Sie wurde damit begründet, dass Niemöller „Unruhe in den Gemeinden gestiftet habe". Dahinter stand die Sorge, der Kirchenpräsident habe durch seine Äußerungen den „politische[n] Kampf in die Kirche hineingetragen und die parteipolitische Neutralität der Kirche in der Meinung der Öffentlichkeit dadurch gefährdet".[594] Bei der Kirchensynode fand Niemöller für seinen Aufruf, gegen die Regierung Adenauer zu stimmen, keine Mehrheit.[595] Die Synode kam zu dem Schluss, der Kirchenpräsident habe zweifellos das Recht, sich zu politischen Fragen zu äußern. Allerdings sollte er in der Form Zurückhaltung üben, unnötige Schärfen vermeiden und brüderlichen Rat einholen.

Festzuhalten bleibt: Adenauer hat sich letztlich mit seiner Politik gegen alle Warnungen und Proteste durchgesetzt.[596] Im März 1952 hatten die Sowjets noch den Westmächten die Möglichkeit gesamtdeutscher Wahlen eröffnet. Das Angebot wurde von Adenauer ohne ernsthafte Prüfung für belanglos erklärt. Am 6. Mai 1955 trat die Bundesrepublik formell der NATO bei. Der Bundeskanzler hatte bei seinem Vorgehen den Wandel der öffentlichen Meinung einkalkuliert. Im Oktober 1950 sprachen sich in Westdeutschland 43 % der Befragten für die Aufstellung von Truppen aus; nur geringfügig mehr, nämlich 45 %, waren dagegen. Im Jahr zuvor hatten sich nur 26 % dafür ausgesprochen, aber noch 62 % dagegen. Die Entwicklung im Osten beeinflusste diesen Umschwung. Die sowjetische Militäradministration unterstützte die SED und schränkte die Arbeit anderer Parteien, der Verbände und der Kirchen ein. Flüchtlinge vermittelten ihre negativen Erfahrungen mit der Ostzone in die Bundesrepublik. Das alles trug in Berlin zu einem besonders krassen Meinungsumschwung bei. Während Niemöller erwartete, dass die EKD ihre Stimme für die Einheit erheben würde, wollte und konnte die EKD diese Rolle nicht übernehmen. Der Mehrheit der westdeutschen Wähler war, wie sich bei den nächsten Wahlen zeigte, an einer Fürsprecherrolle der evangelischen Kirche oder kirchenleitender Persönlichkeiten nicht gelegen. Nachträglich stimmten sie Adenauer zu und bekundeten durch ihr Ja, dass durch die Westbindung gesicherte Freiheiten und wirtschaftliche Erfolge Vorrang hatten gegenüber einer ungewissen Zukunft als geeinte Nation.

Niemöller war es mit seinem ‚Notschrei' des offenen Briefes an Adenauer darum gegangen, eine Katastrophe zu verhindern und die

Tragweite der Frage der Wiederbewaffnung offenkundig zu machen. Dabei unterschied er durchaus zwischen Glauben und politischem Tun. Dem Bruderrat der EKD erklärte er Anfang 1952: „Unsere ethischen und also auch unsere politischen Urteile sind relativ und irrtumsfähig ... Wir können dem anderen nicht sagen: ‚So spricht der Herr!', sondern nur: ‚So meine ich'; aber: ... auch wo wir nicht sagen können: ‚So spricht der Herr!', müssen wir zur Entscheidung und zum Tun aufrufen."[597]

Im selben Jahr 1952 macht Niemöller in einem Vortrag in Genf deutlich, wie Glaube und politische Entscheidung für ihn zusammenhingen: „Sie erwarten ... von mir eine Erklärung darüber, weshalb ich mich als Mann der Kirche seit über zwei Jahren mit lauter Stimme in meiner Heimat zu einer so hochpolitischen Frage, wie es die Wiederbewaffnung in Westdeutschland ist, geäußert habe." Dahinter stehe weder „eine grundsätzlich pazifistische Einstellung" noch „ein nationalistisches Interesse an der Wiedervereinigung des deutschen Volkes". „Wenn ich mich gegen die Bewaffnung deutscher Menschen – übrigens in West und Ost – so nachdrücklich und anhaltend ausgesprochen habe, dann deshalb und deshalb allein, weil ich an die Menschen denke ... Ich habe ein unruhiges Gewissen ... im Blick auf jene 18 Millionen deutscher Menschen, die hinter dem sogenannten Eisernen Vorhang ihrem Schicksal überlassen sind und die seit sieben Jahren die ganze Last tragen und bezahlen müssen. Und leider werden sie auch im Falle einer Wiederbewaffnung in Deutschland die eigentliche und größere Last zu tragen bekommen. Einer muß wohl davon sprechen, wenn sich sonst niemand zum Mund der Stummen macht; einer muß wohl warnen, solange die Entscheidung noch nicht gefallen ist. Das habe ich getan, und das halte ich bis zu dieser Stunde für meine Christenpflicht ... Und einen zweiten Grund für meine Haltung darf ich auch noch anführen ... Es ist die Sorge darum, daß wir wieder einmal in die Versuchung geführt werden ..., daß wir in das furchtbare Freund-Feind-Denken zurückfallen und es wieder als selbstverständlich betrachten, daß es dem Feinde gegenüber nichts anderes als das Schwert gäbe ... Dies sind die beiden Fragen, in denen ich mich ... als Christ ... nach meiner politischen Verantwortung gefragt sehe ... Ich bin nicht des Glaubens, daß unsere christliche Verantwortung dadurch geringer wird, daß wir sie anderen überlassen!"[598]

In Westdeutschland wurde es Niemöller besonders verübelt, dass er angeblich erklärt hatte, das deutsche Volk wolle lieber geeint unter einer kommunistischen Diktatur leben als in zwei Staaten getrennt. Seitdem musste er sich im Westen immer wieder gefallen lassen, als Kommunist oder Kommunistenfreund beschimpft zu werden. In Wahrheit begegnete er jedoch allen weltanschaulich oder ideologisch gebundenen politischen Parteien und Machtblöcken mit einem grundsätzlichen Vorbehalt. Die Behauptung, die Kirche müsse zugrunde gehen, wenn sie eines Tages in einer bolschewistischen Welt aufwache, war für Niemöller eine „infame Irrlehre". Er wandte sich öffentlich „gegen die oft gehörte Behauptung, ein Krieg gegen den Bolschewismus sei notwendig, um das Christentum und die christliche Lehre zu retten. ... Den Kommunisten hat die Kirche vielmehr wie allen Menschen mit ihrer Botschaft zu dienen, während sie den Kommunismus als Heilslehre wie alle anderen Heilslehren ablehnt."[599]

3. Das Wiesbadener Gespräch und das Nein zum Atomkrieg (1954)

Im Streit um die deutsche Wiederbewaffnung war Niemöller noch kein prinzipieller Gegner kriegerischer Gewalt. Das sollte sich ändern, als über eine Atombewaffnung der Bundeswehr diskutiert wurde.

Am 1. November 1952 zündeten die USA im Pazifik eine Wasserstoffbombe; die Sowjetunion zog ein Jahr später nach. Das veranlasste den damaligen Papst Pius XII., von den Großmächten öffentlich die Ächtung aller Atomwaffen zu fordern. In seiner Osteransprache vom 18. April 1954 fragte er: „Wie lange noch wollen sich die Menschen dem heilbringenden Licht der Auferstehung entziehen und stattdessen Sicherheit von den todbringenden Blitzen der neuen Kriegsmittel erwarten? ... Mit Atombomben und Atomstrahlen kann man keinen Krieg führen." Einige Monate später erklärte er, dass der Einsatz von ABC-Waffen, die zur „Vernichtung allen Menschenlebens innerhalb des Aktionsbereichs" führen, „aus keinem Grunde erlaubt" sei (30.9.1954).[600] Der 91-jährige Martin Niemöller erinnerte sich, der Papst (irrtümlich nannte er Paul VI.) habe ein Rundschreiben herausgegeben, in dem er erklärte, „die Wasserstoffbombe wäre die größte Gefahr, die die Menschheit über sich selber brächte, und die Kirche müßte absolut dagegen stehen".[601] Der Rat der EKD hatte 1954 seine „schwere Sorge" geäußert, sah sich aber „nicht in der Lage", eine Erklärung gegen die Wasserstoffbombe abzugeben. Doch Niemöller beharrte als Ratsmitglied darauf, es sei an der Zeit, dass die evangelische Kirche etwas ethisch Klärendes dazu sage, und bestand auf Informationen aus erster Hand. Er wirkte auf den Ratsvorsitzenden Dibelius ein, einmal während der Tagung der Max-Planck-Gesellschaft mit dem Nobelpreisträger Otto Hahn zu sprechen, der in Dahlem Niemöllers Gemeindeglied gewesen und ihm von daher bekannt war.

Am 6. Juni 1954 machten sich drei führende Männer der evangelischen Kirche auf den Weg zum Hotel „Nassauer Hof" in Wiesbaden. Es waren der Ratsvorsitzende der EKD Otto Dibelius, der Bonner Theologieprofessor Helmut Gollwitzer und der Initiator des Treffens, der hessen-nassauische Kirchenpräsident Martin Niemöller. Sie trafen mit drei Naturwissenschaftlern zusammen, den Atomphysikern Werner Heisenberg, Carl Friedrich von Weizsäcker und Otto Hahn. Alle drei traten 1957 als Mitunterzeichner des ‚Göttinger Manifests' hervor, in dem achtzehn Atomwissenschaftler sich gegen die militärische und zivile Verwendung der Atomkraft aussprachen.

Wie Niemöller sich später erinnerte, spielte sich das Gespräch im Wesentlichen zwischen Hahn und ihm ab.

„Dibelius war sehr vorsichtig, ja nicht irgendwo einen Finger reinzustecken. Hahn sagte, ‚für die Wissenschaft ist es kein Problem mehr, einen Apparat zu konstruieren, mit dem man alle Lebewesen auf der Oberfläche dieses Globus verschwinden lassen kann oder sterben lassen kann.' Und, na ja, darauf gab's ein großes Schweigen und ich sagte, ‚um Gottes willen, Herr Hahn, was wäre passiert, wenn der Adolf Hitler so einen Apparat gehabt hätte?' Hahn antwortete nicht, Weizsäcker guckte auf die Seite und Heisenberg sagte, ‚ach, Herr Pastor oder Herr Präsident, oder was ich damals war, dann brauchten wir uns heute darüber den Kopf nicht mehr zu zerbrechen.' Das war für mich dann der Punkt, ob Pazifismus das richtige wäre oder nicht das richtige wäre, oder einfach zwingend ist – damit bin ich Pazifist geworden und Pazifist geblieben und habe gesagt, wer heutzutage von Krieg redet, wo es, ich weiß nicht wie viele Staaten in der Welt gibt, die in der Lage sind, diesen Apparat zu machen und hochgehen zu lassen, da kann ich bloß sagen, Krieg ist also nicht bloß nach unserer christlichen Lehre, sondern ist überhaupt gegen alle Menschenwürde, die Verneinung aller Menschenwürde und absolut unmenschlich, die totale Absage an Gott und die totale Absage an den Menschen. Das geht nicht, dazu kann man bloß bedingungslos Nein sagen."[602]

In einem früheren Interview hatte Niemöller sich ähnlich geäußert, jedoch hinzugefügt, nach dem ihn tief bewegenden Gespräch mit Hahn, das ihm mehrere schlaflose Nächte bereitete, habe er sich überlegt: „Was heißt das nun eigentlich? Und als Theologe und Christ habe ich mich dadurch bewegen lassen, das ganze Neue Testament noch einmal mit einer Frage im Kopf zu lesen, mit der ich es noch nie gelesen hatte, nämlich: Wie steht eigentlich die Heilsbotschaft des Neuen Testamentes zu der Gewaltanwendung von Menschen gegen Menschen? bzw. zum Gebot ‚Du sollst nicht töten?' usw." Bei der Lektüre sei er zur Überzeugung gelangt, dass Gottes Macht Wirklichkeit wird „in dem *Kreuz Christi*, der sich selber opfert, aber *nicht* daran denkt, einen Feind etwa mit Gewalt zu überwinden. Gott überwindet seine Gegner *nicht* mit Gewalt, sondern mit seiner sich selbst aufopfernden Hingabe und Liebe."[603]

Es war also die Relektüre des Neuen Testament und die durch sie gewonnene theologische Erkenntnis von Gottes gewaltloser Feindesliebe, die Niemöller dazu brachte, radikaler Pazifist zu werden. Insofern trifft Matthias Schreibers Behauptung nicht zu, schöpfungstheologische Gründe hätten „den Pastor zum prinzipiellen Gegner der Atombombe" gemacht.[604] Hier muss der Kontext beachtet werden, in dem Niemöller jeweils argumentiert. Bei einer Kundgebung am 3. Juni 1958 auf dem Römerberg in Frankfurt am Main hatte er gesagt, wer sich an der Aufrüstung mit modernen Massenvernichtungsmitteln beteilige, sei „praktisch ein Atheist",[605] auch dann, wenn er sich Christ nenne. Der Präses der Kirchensynode der EKHN, Dr. Wilhelmi, der zugleich als Mitglied der CDU dem Deutschen Bundestag angehörte, empfand diesen Ausdruck als schwere Beleidigung und sorgte dafür, dass die nächste Synodaltagung sich mit Niemöllers Äußerungen befasste.

In der Aussprache der Kirchensynode der EKHN vom Dezember 1958 über die Streitfrage, ob ein Christ Atomwaffen als Abschreckungsmittel bejahen könne, hatte Niemöller zunächst klargestellt, dass eine Wahrheitsfrage nicht durch Mehrheitsbeschluss zu entscheiden sei. Sodann erklärte er, die Stellung der Kirche zum Krieg müsse jetzt eine fundamental andere sein als früher, weil das Jahr 1954 ein völliges Umdenken erfordere, und berief sich dafür auf das Urteil des Physikers Carl Friedrich von Weizsäcker (der bereits 1957 vor der Synode sprechen sollte, aber abgesagt hatte[606]): „Menschen haben sich immer umbringen können; Menschen haben immer Menschenleben vernichten können und haben es auch getan; eins haben sie nicht gekonnt, und das können sie seit 1954, nämlich: *das* Leben vernichten. Und seitdem Prof. Hahn in jenem Neujahrsartikel 1954/55 in der Frankfurter Allgemeinen Zeitung schrieb, daß man mit 10 Wasserstoffbomben mit Kobaltmantel alles animalische und menschliche Leben auf dem Globus zum Erliegen bringen könnte, seit diesem Augenblick sieht die Welt anders aus als die letzten 3 Millionen Jahre. Und deshalb geht es hier zunächst gar nicht um Krieg und Frieden. Die politische Frage läßt mich vollkommen kalt. Sondern die Frage heißt: (...) Haben wir Menschen eigentlich das Recht, Dinge zu tun und uns mit Dingen abzugeben, die dem Schöpfer das Zepter aus der Hand nehmen, indem sie das, was er geschaffen hat, vernichten, nämlich *das* Leben? Das ist eine religiöse, das ist eine dogmatische, das ist eine Frage der Verkündigung. – Ich bin seit 1954 theologisch etwas anderes, als was ich vorher war."[607]

Niemöller argumentiert gegenüber den Synodalen mit der Möglichkeit des Menschen, das Ungeheure zu tun und alles Leben auf der Erde auszulöschen. Für ihn ist die Frage, ob der Mensch das tun darf, nur mit einem klaren Nein zu beantworten: Es ist Gottlosigkeit und Sünde, es ist ein Verrat des Menschen und eine Lästerung der Güte Gottes, mit der nuklearen Zerstörung auch nur zu drohen. Das Argument zielt darauf, die Adressaten zur Erkenntnis der Wahrheit und zur Umkehr zu bewegen. Was Niemöller selbst dazu gebracht hatte, seine bisherige Haltung „grundlegend neu zu überdenken" und „mit neuer Aufmerksamkeit und mit neuer Gespanntheit auf das Wort zu hören, auf das Wort des Herrn Christus",[608] war die Erkenntnis, dass Christus ihm nicht erlaubt, mit Atomwaffen zu drohen oder sich verteidigen zu wollen. „Ich höre ... ein klares Nein und weiß mich verpflichtet, dieses klare Nein weiterzusagen, wem das gefällt oder nicht."⁶⁰⁹ Das schöpfungstheologische Argument begründet diese Haltung des Gehorsams Christi nicht, es *folgt* aus ihr und verdeutlicht, worum es geht.

In seinen öffentlichen Reden hat Niemöller immer wieder so argumentiert. Er wollte seine Hörer davon überzeugen, dass ein neues Zeitalter begonnen hatte, dem mit alten Begriffen und der traditionellen ‚Lehre vom gerechten Krieg' nicht mehr beizukommen war. „Seit 1954 können Menschen *das* Leben auf der Erdoberfläche umbringen. Das heißt, seit 1954 können die Menschen die Erde so machen, wie es in 1. Mose 1, Vers 1, geschrieben steht: Und die Erde war wüst und leer."⁶¹⁰ Die Klärung der Situation gehörte für ihn zur christlichen Verkündigung, die ohne Kompromisse Gottes Wahrheit zu verkündigen hat. Dafür konnte Niemöller sich auf einen Beschluss der Kirchenleitung vom 13. Mai 1957 berufen: „Es gehört zur Aufgabe der christlichen Verkündigung, alle Menschen davor zu warnen, daß sie durch Beteiligung an der Herstellung und Anwendung der modernen Massenvernichtungsmittel Gottes Gabe mißbrauchen, Gottes Güte lästern und Gottes Ebenbild verraten."⁶¹¹

Die EKD vermochte eine solche Warnung im Sinne Niemöllers, die Atomwaffen klar verurteilt hätte, nicht auszusprechen. Dibelius hatte im Entwurf zu einem Appell des Rates noch die Sorge bekundet, Atombomben könnten unkontrollierbare Zerstörungen bewirken, und im Namen der Christenheit „alle, denen hier Macht und Einfluß gegeben ist", dazu aufgerufen, „dieser Entwicklung Schranken zu setzen".⁶¹² Er sandte den Entwurf nicht nur an Lilje und Niemöller, sondern beauftragte den vom Rat benannten Physiker Pascual Jordan, als Sachverständiger die Erklärung zu begutachten und eventuelle Änderungen vorzuschlagen. Jordan antwortete in einem ausführlichen Brief, der die Aussagen von Dibelius korrigierte und die angesprochenen Gefahren als rein technische Probleme behandelte und konsequent verharmloste.⁶¹³ Als Niemöller den zweiten Entwurf erhielt, machte er seinem Zorn Luft: Er schrieb an Jordan, dieser verstünde überhaupt nichts von den Dingen. Gegenüber Dibelius monierte er, der vom Rat beschlossene Protest komme in der jetzt vorliegenden Erklärung nicht zum Ausdruck, und weigerte sich, seinen Namen unter einen Text zu setzen, den er für „gefährlich" und „absolut nichtssagend" hielt.⁶¹⁴ Die Erklärung wurde von Dibelius und Lilje unterzeichnet und der Presse übergeben.⁶¹⁵

Jordan, einer der Gründungsväter der Quantentheorie, war in politischer und wissenschaftsethischer Hinsicht einen anderen Weg gegangen als die Atomphysiker, mit denen Niemöller gesprochen hatte. Nach seiner Ansicht hatte der Papst in seiner Osterbotschaft 1954 maßlos übertrieben. Jordan verteidigte die Regierungspolitik und sprach den Verfassern des ‚Göttinger Manifests', die vor den Gefahren der Atomrüstung warnten, rundweg die politische Urteilsfähigkeit ab.[616] Im ‚Dritten Reich' Mitglied der NSDAP und der SA, setzte er sich von 1957 bis 1961 als Mitglied des Bundestages für die CDU für die atomare Bewaffnung der Bundesrepublik ein.

1957 begannen Frankreich und Großbritannien, eigene Atomstreitkräfte aufzubauen. In der Bundesrepublik setzte die SPD Anfang April 1957 mit einer großen Parlamentsanfrage die Debatte um eine Ausrüstung der Bundeswehr mit Atomwaffen in Gang. Der Bundestag erklärte zwar, zurzeit stehe eine atomare Bewaffnung der Bundeswehr nicht zur Entscheidung. Aber nach den Wahlen im September 1957 sprach manches dafür, dass weitere Schritte zur Atomrüstung unternommen wurden. Das veranlasste Mitglieder der SPD, des DGB und der FDP sowie Wissenschaftler, Schriftsteller und Persönlichkeiten der Kirche, Anfang März 1958 die Aktion ‚Kampf dem Atomtod' ins Leben zu rufen.[617]

Im Zusammenhang damit wird auch das ‚Wort an die Ökumene' verständlich, das von einer Gruppe evangelischer Christen am 28. Mai 1958 in Berlin in deutscher und englischer Sprache verabschiedet wurde.[618] Unterzeichner waren neben Niemöller, Gollwitzer und Heinemann mehrere ostdeutsche Theologen, darunter Propst Dr. Heinrich Grüber. In dieser Erklärung hieß es: „Wir Christen dürfen in dieser Sache weder mitmachen, noch uns auch nur neutral verhalten ..." Die Christen in Deutschland werden aufgefordert, „der atomaren Bewaffnung einer der bestehenden deutschen Armeen und der Errichtung von Raketenbasen auf deutschem Boden mit allem Nachdruck" zu widersprechen „und sich an solchen Unternehmungen nicht [zu] beteiligen". Die Verfasser verlangten im Hinblick auf Massenvernichtungsmittel „von jedem Christen eine klare, biblisch begründete Erkenntnis". Die innerkirchlichen Auseinandersetzungen hatten jedoch immer deutlicher gemacht, dass man vor allem über die politischen Konsequenzen aus solcher Erkenntnis kein Einverständnis erzielen konnte.

Freundschaft mit Albert Schweitzer

Zu Niemöllers Mitstreitern im Anti-Atom-Kampf gehören nicht nur
bedeutende evangelische Theologen aus dem Umkreis der BK wie
Karl Barth, Heinrich Vogel, Hans Joachim Iwand und Helmut Gollwitzer,[619] sondern auch der weltbekannte Friedensnobelpreisträger
und Arzt von Lambarene Albert Schweitzer (1875–1965), der seit
1954 deutlich vor der Gefahr der Atomrüstung gewarnt hatte. Im
rheinhessischen Nierstein hatte er 1948 Else Niemöller kennengelernt. Von ihr erfuhr er, dass ihr Mann ihm „freundlich gesinnt" sei,
was er wegen seiner „freisinnigen theologischen Anschauungen [...]
nicht als selbstverständlich vorauszusetzen gewagt hatte".[620] Am
12. April 1957 erschien die ‚Göttinger Erklärung' von 18 namhaften
Atomphysikern, die sich gegen eine nukleare Bewaffnung der Bundeswehr aussprachen und davor warnten, taktische Kernwaffen zu
verharmlosen. Kurz darauf, am 23. April, appellierte Schweitzer von
Oslo aus an die Völker, aus Ehrfurcht vor dem Leben alle Kernwaf-
fenversuche einzustellen.[621]

Im Frühjahr 1958 schrieb er an den Kirchenpräsidenten von Hessen und Nassau: „Lieber Herr Niemöller, wo stand Ihr Unterseeboot
im November 1917? Das Schiff, auf dem ich mit meiner Frau als Gefangener nach Europa befördert wurde, lag mit einem ganzen Konvoi
im Hafen von Dakar und wagte sich nicht heraus, weil ein deutsches
Unterseeboot davor läge. Nun habe ich vor längerer Zeit gelesen, daß
Ihr Boot zu jener Zeit in jenen Gewässern sein Wesen gehabt habe. Es
wäre mir interessant zu wissen, ob Sie mir wirklich einmal nach dem
Leben getrachtet haben, was ich Ihnen natürlich im voraus verzeihen
würde, christlicherweise. Ihr ergebener Albert Schweitzer."

Niemöller bestätigte: „Hochverehrter lieber Herr Professor, ich war
damals tatsächlich Erster Offizier auf U 151, und wir haben vor dem
Hafen von Dakar unser Wesen oder Unwesen gehabt. Es ist aber
nichts Ernsthaftes passiert bis auf eine Kanonenschießerei mit dem
Dampfer Rhone. Das Schiff war aber für uns viel zu schnell. In auf-
richtiger Verbundenheit Ihr Martin Niemöller."

Am 29. Mai 1958 antwortete Schweitzer: „Lieber Herr Niemöller,
Sie haben mir also tatsächlich aufgelauert und nach dem Leben ge-
trachtet. Wenn es Ihnen geglückt wäre, hätten Sie jetzt einen braven
Kumpan weniger im Anti-Atom-Kampf. Da es sich schon so gefügt

hat, wollen wir um so besser zusammenhalten. Ihr ergebener Albert Schweitzer."[622]

Die damit begonnene Korrespondenz reicht bis zum Dezember 1964.[623] Schweitzer erkannte in Niemöller einen „große[n] christliche[n] Kämpfer", der „in unserer Zeit den Jesus der Bergpredigt zu Worte kommen ließ und sich seinem Geiste unterwarf".[624] Obschon er Niemöller hoch achtete und sich mit ihm ‚In Freundschaft verbunden' fühlte, konnte er die Frage nicht unterdrücken, die auch Karl Barth bewegte, warum Niemöller nur um die Unabhängigkeit der Kirche gekämpft und mit der Bekennenden Kirche „sich nicht früher und eindeutiger gegen die Judenverfolgungen und andere inhumane Praktiken der Naziherrschaft, die der christlichen Ethik und allein schon dem menschlichen Empfinden zuwiderliefen, ausgesprochen hatte".[625]

In Verbindung mit einer Sitzung des Zentralkomitees des ÖRK in Namibia besuchte Niemöller vom 4. bis 8. Januar 1965 den ‚Urwalddoktor' kurz vor seinem 90. Geburtstag in Lambarene.[626] Niemöller und Schweitzer waren am gleichen Tag, einem 14. Januar, geboren. Zehn Tage nach Schweitzers Tod würdigte Niemöller den Verstorbenen in der Wiesbadener Bergkirche als „Bote[n] und Erstling einer

Abb. 19: Januar 1965 in Lambarene. Neben Niemöller Kirchenrat Walter Staats, Albert Schweitzer und Propst D. Heinrich Grüber.

neuen Zeit":[627] Das Licht dieses Mannes, der ihm ein Freund war, habe für eine Generation von Menschenkindern tröstende Hoffnung ausgestrahlt. Der Theologe Schweitzer habe überzeugend klargemacht, „daß christlicher Glaube mehr und noch etwas anderes ist als theologische Erkenntnis, um die es ihm auch weiterhin als um eine sehr ernste Sache zu tun blieb – daß Christentum ein Leben in der Nachfolge und nach dem Vorbild und Beispiel Jesu ist". Als Arzt im Spital von Lambarene gab Schweitzer „ein weithin sichtbares Beispiel davon, was Jesus meinte ..." Alle seine Talente habe er „im Dienste seines Auftraggebers und Herrn ... arbeiten lassen, ohne damit selber etwas werden zu wollen!"

4. Präsident der Deutschen Friedensgesellschaft (1957 ff.)

Niemöllers Kampf gegen die Wiederbewaffnung speiste sich nicht aus pazifistischen Beweggründen. Noch im November 1952 wies er die Annahme, seine Einstellung sei grundsätzlich pazifistisch, als „völlig irrige Vermutung" zurück.[628] Es war die Sorge um den protestantischen Teil Preußens, um die Menschen in Ostdeutschland, die ihn dazu veranlasste, praktisch Pazifist zu sein. Wie seine Mitstreiter Heinemann und Gollwitzer mühte er sich um die Einheit Deutschlands und lehnte deshalb eine Remilitarisierung ab. Niemöller hielt es jedoch damals noch für möglich, „daß solche Situationen eintreten könnten, wo man um der Liebe zu Christus, d. h. zu den Brüdern, willen auch in den Krieg willigen müßte".[629]

Unter dem Eindruck nuklearer Massenvernichtungsmittel hatte er sich 1954 zum radikalen Pazifisten gewandelt. Als solcher näherte er sich Positionen der 1947 in Hamburg gegründeten „Internationale der Kriegsgegner" (IdK), die einen weltanschaulichen Grundsatzpazifismus vertrat. 1958 bildeten IdK-Gruppen zusammen mit der Gruppe der Wehrdienstverweigerer (GdW) den Verband der Kriegsdienstverweigerer (VK). Im selben Jahr beteiligte Niemöller sich an der Kampagne „Kampf dem Atomtod" und nahm am ersten Ostermarsch in Aldermaston/England teil. Im Jahr 1957[630] wurde er zum Präsidenten der Deutschen Friedensgesellschaft (DFG) gewählt, 1958 wurde er auch Präsident der Internationale der Kriegsdienstgegner (IdK) und war – nach deren Zusammenschluss (IdK, 1968) mit dem „Verband der Kriegsdienstverweigerer" (VK, 1974) – ab 1974 Präsident der „Deutschen Friedensgesellschaft – Vereinigte KriegsdienstgegnerInnen" (DFG-VK). 1959 attackierte er in seiner berühmten Kasseler Rede die Ausbildung zum Soldaten als „Hohe Schule für Berufsverbrecher". Während des Vietnamkrieges reiste er 1967 nach Nordvietnam. Ab 1967 war er auch Ehrenpräsident des Weltfriedensrates.

Nach dem Abschluss des Militärseelsorgevertrags 1957 war es für Niemöller folgerichtig, sich nun erst recht für Kriegsdienstverweigerer einzusetzen, was ihn in engere Verbindung zum VK brachte. „Erst in den 60er Jahren weitete der VK seinen Arbeitsbereich auf friedenspolitische Aktionen aus: er beteiligte sich in starkem Maße an der Ostermarschbewegung, die aus einer Initiative von IdK- und VK-Mitgliedern entstanden war, bekämpfte aktiv die Notstandsgesetze und die US-Intervention in Vietnam und setzte sich für Abrüstung sowie die Anerkennung der Oder-Neiße-Grenze und für Verhandlungen mit der DDR ein. Die Praxis von VK und IdK war in den 60er Jahren weitgehend identisch (...). An der Gründung der Hilfsaktion Vietnam 1965 war sie mit der DFG entscheidend mitbeteiligt."[631]

Niemöller zeigte keine Scheu davor, auch mit Kommunisten zusammenzuarbeiten, was politische Gegner in Westdeutschland immer wieder monierten. Sie haben darauf hingewiesen, dass die ostdeutsche SED-Regierung Ende der 1970er und zu Beginn der 1980er Jahre verstärkt eine regierungskritische Friedensbewegung in der Bundesrepublik förderte. In der Zeitung „Die Welt" war 1999 zu lesen: „Eine Schlüsselrolle in dieser ‚zweiten' Friedensbewegung der Bundesrepublik spielte erneut der inzwischen pensionierte Martin Niemöller. In die meisten SED-nahen Friedensorganisationen war er fest eingebunden – so in die Deutsche Friedensgesellschaft, die im November 1974 mit der Vereinigung der Kriegsdienstgegner zur DFG/VK fusionierte und Niemöller zum Ehrenpräsidenten machte; Präsident der Friedensgesellschaft war er schon 1954 [richtig: 1957, MH] geworden. Aus Unterlagen des ZK-Apparates geht hervor, daß diese Organisation eng mit SED und DKP liiert war ... Ähnliches läßt sich auch für andere Organisationen und Initiativen sagen, an denen sich Niemöller an führender Stelle beteiligte – vom Komitee für Frieden, Abrüstung und Zusammenarbeit (KFAZ), das 1974 durch die DKP und andere kommunistische Organisationen gegründet wurde und dessen ‚Büro'

*Abb. 20: Niemöl-
ler spricht auf
dem „Krefelder
Forum", Novem-
ber 1980.*

Niemöller angehörte, bis zum Krefelder Appell, zu dessen ‚Vorberei-
tungs- und Leitungskreis' er 1980 zählte ..."[632]

Die neuere historische Forschung hat bestätigt, dass die erwähnten Organisationen materiell, personell und ideologisch eng mit der
DDR und der Sowjetunion verknüpft waren.[633] Umstritten ist jedoch
der Erfolg dieser Einflussnahme auf die in westdeutschen Protestbewegungen beteiligten Wissenschaftler, Schriftsteller, Künstler und
Kirchenleute. Niemöllers Kritiker konnten oder wollten nicht begreifen, dass er sich gegen den Missbrauch des Glaubens an Jesus Christus im Kalten Krieg als Waffe des ‚christlichen Abendlandes'
wehrte, wie er sich bereits gegen den Missbrauch des Glaubens
durch die Nazis gewehrt hatte. Deshalb kämpfte er gegen undiffe-
renziertes Freund-Feind-Denken und die Remilitarisierung der Bundesrepublik. Deshalb redete und verhandelte er, obwohl er selber
kein Kommunist war, auch mit Kommunisten in Moskau und Ost-
Berlin.[634] Die Gefahr, dabei propagandistisch vereinnahmt und von
falschen Friedensfreunden für ihre Zwecke ausgenutzt zu werden,
nahm er in Kauf.

5. Die Kasseler Rede (1959)

Am 25. Januar 1959 war Niemöller von der Gruppe ‚Christen gegen den Atomtod' eingeladen, um zum Thema „Christen und Atomgefahren" zu sprechen. Bei der Veranstaltung geschah, was niemand, auch Niemöller selbst nicht, vorhergesehen hatte: Sein Vorredner Prof. Dr. Walter Hagemann aus Münster (der ihn an diesem Abend bat, zuerst zu reden) hatte schon alles gesagt, was Niemöller sagen wollte. So entschloss dieser sich, seinen vorbereiteten Vortragstext beiseitezulegen und seinen Vortrag vor 1000 Zuhörern ohne Konzept aus dem Stegreif zu halten.[635] Das gelang ihm dank seiner Geistesgegenwart und Schlagfertigkeit. Die Kasseler Rede wurde zu einem „Dokument der ungebremsten Verve, für die Niemöller berühmt-berüchtigt war, und auch Ausweis seiner brillanten rhetorischen Fähigkeiten".[636]

Ohne Niemöllers Wissen wurde die Rede auf Tonband aufgezeichnet. Zwei Tage später verbreitet das Bonner Presseamt eine Erklärung des Verteidigungsministeriums. Niemöller soll nach Zeitungsberichten in seiner Kasseler Rede die Ausbildung zum Soldaten und zu militärischen Führungspositionen als eine „Hohe Schule für Berufsverbrecher" bezeichnet haben. Die Bundeswehr sei „durch diese beleidigenden und verleumderischen Äußerungen aus dem Munde eines evangelischen Geistlichen in hoher kirchlicher Position tief getroffen und empört", heißt es. „Die Soldaten der Bundeswehr lehnen es ab, sich in der Erfüllung ihrer Aufgaben, die sie ausschließlich in der Erhaltung des Friedens und der Freiheit sehen, als Berufsverbrecher diffamieren zu lassen. Sie erwarten, daß sich die Evangelische Kirche in Deutschland von diesen Äußerungen des Kirchenpräsidenten D. Martin Niemöller distanziert."[637] Auch strafrechtliche Folgen werden angekündigt.

Verteidigungsminister Dr. Franz Josef Strauß stellt als oberster Dienstherr der Bundeswehr noch am selben Tag bei der Staatsanwaltschaft Kassel Strafantrag gegen den Kirchenpräsidenten. Prompt lässt Niemöller verlautbaren, er verzichte darauf, gegen Strauß Strafanzeige wegen leichtfertiger Anschuldigung zu erstatten. Er nehme an, der Minister sei Opfer von Presseberichten geworden, die er nicht genügend geprüft habe. Die evangelischen Bischöfe distanzieren sich öffentlich von Niemöller. Was immer er gesagt habe, in jedem Fall, so der Ratsvorsitzende der EKD Bischof D. Dibelius, habe Niemöller als

Privatmann gesprochen und keine offizielle Stellungnahme der EKD vertreten. „Es ist sicher, daß kein verantwortliches Gremium der EKD den zitierten Satz vertritt oder auch nur entschuldigen würde." Das wird in Bonn beifällig aufgenommen. Auch der Landesbischof von Hannover und leitende Bischof der VELKD, D. Hanns Lilje, stimmt Dibelius zu.

Die Kirchlichen Bruderschaften mehrerer Landeskirchen, darunter auch Hessen-Nassau, widersprechen Dibelius in einem offenen Brief: Niemöllers Äußerungen seien als die eines Christen „in der Verantwortung vor seinem Herrn für die Menschen" zu betrachten, nicht seine bloße Privatmeinung. „Sie und wir alle, einschließlich der Institutionen der Evangelischen Kirche in Deutschland, hätten darum Veranlassung, erst einmal hinzuhören und zu prüfen, was Niemöller gesagt hat. Statt dessen distanzieren Sie sich voreilig und öffentlich", heißt es in dem Brief. „Hat das Ansinnen eines Ministers, der erst kürzlich die Kriegsdienstverweigerer als potentielle Kriegsverbrecher bezeichnete, genügt, um die gemeinsame christliche Verantwortung mit Ihrem Amtsbruder preiszugeben? Das ist umso unverständlicher, als wir und jeder Christ und Staatsbürger sehen, daß unsere Söhne und Konfirmanden in der Bundeswehr jeden Tag in die Situation kommen können, an den atomaren Massenvernichtungsmitteln ausgebildet zu werden. Ist das aber nicht eine Ausbildung zum Verbrechen?"[638]

Wieder einmal hat Niemöller einen neuralgischen Punkt berührt, und der Streit um seine angeblichen oder tatsächlichen Äußerungen – das Tonband, das die Rede im Wortlaut wiedergibt, wird erst einige Tage später bekannt – löst ein starkes Echo von Zeitungsartikeln und Leserbriefen aus. Die erstgenannten fallen überwiegend negativ aus, die zweiten sind in der Mehrheit zustimmend. Bundespräsident Theodor Heuss, ansonsten ein Mann der zurückhaltenden Worte, nimmt, ohne Niemöllers Namen zu nennen, im März 1959 in einer Rede vor Bundeswehroffizieren in Hamburg ungewohnt polemisch zu dem Fall Stellung: „Ihre Seele soll und muß frei sein, um mit gelassener Souveränität demagogischen Anwürfen – es hat eh und je in der Geschichte auch eine christlich eingekleidete Demagogie gegeben – zu begegnen, daß Ihr Tun, wenn es auch nicht unmittelbar als verbrecherisch angesprochen sein mag (...), so doch Ihr Arbeiten als Wegweisung zum Verbrechertum deklariert wird. Ich will darüber nicht breiter sprechen, denn Geschmack und Gewissen würden mich zwingen, über diesen Vorgang der letzten Wochen sehr, sehr scharfe Worte zu gebrauchen."[639]

Ein folgender Briefwechsel zwischen Bundespräsident und Kirchenpräsident bringt keine Klärung. Zwischen Heuss, dem Liberalen und Schüler Friedrich Naumanns, und dem Nonkonformisten Niemöller lagen Welten, wie dessen Biograph Dietmar Schmidt zutreffend bemerkte. Die Zeitungsberichte mögen dazu beigetragen haben, dass Heuss bei Niemöller nur Demagogie erkennen konnte. Inzwischen hatte Niemöller eine Abschrift seiner Rede gelesen und die Tonbandaufnahme gehört. Da er kein Manuskript vorlegen kann, wird das Tonband zu einem wichtigen Beweismittel. Niemöller berichtet später: „Und das konnte ich dann dem Staatsanwalt vorspielen und hatte meinen Freund-Feind, den Bundestagsabgeordneten der CDU, Wilhelmi ..., der Präses unserer Synode war, den hatte ich auch dabei, der hat's mitgehört und der sagte am Schluss: ja, das war eine Predigt. Alles was der Niemöller sagt, wird zur Predigt."[640]

Die Rede wird im Wortlaut gedruckt, 400.000 Exemplare werden verbreitet. Ende Mai 1959 schlägt die Staatsanwaltschaft das Ermittlungsverfahren nieder – was Niemöller bedauert. Gern hätte er die Chance genutzt, vor den Richtern und in Gegenwart des Anklägers seine Sicht der Dinge darzulegen. Der Frankfurter Staatsanwalt – es war Dr. Fritz Bauer, der zu jener Zeit den ersten Auschwitz-Prozess vorbereitete – stellt fest, dass Niemöller von vielen Menschen als führender Pazifist angesehen werde, der dazu berufen sei, sich zu Vorgängen des öffentlichen Lebens zu äußern. In Kassel habe er als Seelsorger und Präsident der Deutschen Friedensgesellschaft seiner Sorge um den Frieden Ausdruck gegeben; eine beleidigende Absicht sei nicht nachzuweisen.

Inzwischen konnte die Rede nachgelesen und im Zusammenhang beurteilt werden. Was hat Niemöller in Kassel gesagt? Sein provozierender Spitzensatz lautete: Im totalen Krieg sei „jedes Mittel ... recht, *catch as catch can.* Jedes Mittel, womit man seinen Gegner kleinkriegen kann, kann angewendet werden. Und darum ist heute die Ausbildung zum Soldaten, die Ausbildung der Kommandos im zweiten Weltkrieg, die Hohe Schule für Berufsverbrecher. Mütter und Väter sollen wissen, was sie tun, wenn sie ihren Sohn Soldat werden lassen. Sie lassen ihn zum Verbrecher ausbilden."[641]

Was die Rede im Ganzen so beeindruckend macht, ist aber nicht der herausgelöste Spitzensatz, sondern die Art und Weise, wie der Redner ein variiertes biblisches Leitwort mit einem Diskurs über das Verhältnis der Christen zum Krieg und einem persönlichen Glaubenszeugnis verbindet und zum Schluss den Hörern die Gewissensfrage stellt: „Wissen wir, was wir tun?"[642]

Das biblische Leitwort seines Vortrags hat Niemöller dem Wort Jesu am Kreuz entnommen: „Vater, vergib ihnen, denn sie wissen nicht, was sie tun" (Lk 23,34). Er wendet dieses Wort in eine positive Aussage und in eine Frage an die Hörer. Dann schildert er die Situation, indem er die traditionelle Lehre vom gerechten Krieg überprüft. Sie greife nicht mehr, weil keine neutrale Instanz da sei, um festzustellen, ob ein Krieg gerecht sei. Auch im Rückblick erweist sich ein solches Urteil als fragwürdig: „Keine Regierung hat seit 300 Jahren einen ungerechten Krieg geführt. Erst nach dem Kriege wurde festgestellt, daß der Besiegte natürlich im Unrecht war." Seit dem Ersten Weltkrieg werde nicht mehr nach den rechten, verhältnismäßigen Mitteln gefragt. Der Krieg sei ‚total' geworden, jedes Kriegsmittel erlaubt, um den Schwächeren umzubringen, denn die Ausrottung des Gegners sei nun das Kriegsziel. In diesem Kontext fällt der Ausdruck, der Niemöller beinahe einen Prozess eingebracht hätte: Die Ausbildung zum Soldaten sei „die Hohe Schule für Berufsverbrecher".

Sodann kritisiert Niemöller die Haltung der Kirche, die noch keine Konsequenzen daraus gezogen habe, dass die kirchliche Lehre vom Krieg „reine Theorie" und damit wertlos geworden sei. Die Christen in Deutschland hätten sich nach dem Zweiten Weltkrieg angewöhnt, hinzunehmen, was komme. An dieser Stelle ruft der Redner zur Umkehr und bekennt stellvertretend das allgemeine Versagen: „Meine Freunde, es ist wohl Zeit für uns Christenmenschen, daß wir uns wecken lassen. Denn in bezug auf den Krieg haben wir ... geschlafen." Sowohl die Weltkirchenkonferenz von Amsterdam als auch die Synode von Eisenach hätten nur wirkungslos ihre Ablehnung von Krieg und Gewalt bekundet.

Im nächsten Teil seines Vortrags beschreibt Niemöller die ungeheure Dynamik des Wettrüstens, in der die Großmächte mit ihrer Rüstungsindustrie befangen seien. Diese Aufrüstung könne nicht beendet werden, ohne dass die kapitalistische Industrie und das deutsche ‚Wirtschaftswunder' zusammenbrächen. Einmal erlangtes Wissen sei nicht wieder rückgängig zu machen. Selbst wenn alle vorhandenen Atomwaffen demontiert würden, bliebe die Bedrohung durch neue Bomben. Es nützt nichts, wenn Russen und Amerikaner sich einigen: „davon kommt die Menschheit nicht in Ordnung". Denn seit 1954 sei es möglich, das Leben als Ganzes zu vernichten. Ein „Gleichgewicht der Abschreckung" ändere nichts daran, alles weitere Rüsten sei „im Grunde ein Unsinn und ein Wahnsinn". Wasserstoffbomben seien keine ‚Waffen‘ mehr, mit denen man sich verteidigen könne. Seit solche Bomben in der Welt sind, sei nichts mehr wie zuvor. Der „Frieden ist kein Frieden mehr", und Krieg ist „kein Krieg mehr", sondern „Massenmord und Massenselbstmord".

Niemöllers Schlussfolgerung gewinnt nun dadurch an Überzeugungskraft, dass er von sich selbst spricht und die Hörer teilhaben lässt an seinen Irrtümern und seinen Einsichten. Er erreicht damit, dass andere sich mit ihm identifizieren und seinen Lernprozess mitvollziehen. So gesteht er, dass er 1914 als junger Berufsoffizier noch „mit Begeisterung" in den Krieg zog. Aber erst 1957 sei ihm „wirklich deutlich geworden", was sich 1954 verändert hatte. Es falle schwer, alte „Denkgewohnheiten abzulegen". Doch wenn man „nicht umlernen" und „die Wirklichkeit nicht sehen" wolle, werde es gefährlich. Niemöller bekennt, er habe vor zweieinhalb Jahren noch einmal gründlich das Neue Testament gelesen, um zu erfahren: Wie soll sich ein Mensch, wie soll sich ein Volk gegen seine Feinde wehren? Bisher habe er „als Nationalist und als Militarist ... ein gutes Gewissen" gehabt. Bei ihm, dem Theologen, habe es erst einen Schock gebraucht, damit er sich nicht mehr fragte: Was sagt der heilige Augustin? Was sagt der gute Vater Martin Luther?, sondern: Was sagt denn eigentlich Gott, der Vater Jesu Christi?

Es ist vor allem diese Frage und die von Niemöller gegebene Antwort, die bei den Hörern ähnlich wie beim Präses der EKHN-Synode den Eindruck entstehen lässt, eine Predigt zu hören. Die zuvor präsentierten Argumente hätte er in einer Predigt so nicht vorgetragen,[643] doch jetzt legt er die Botschaft Jesu aus und spricht autoritativ, wiederum in Form eines persönlichen Bekenntnisses, von der „Wahrheit Gottes, die uns in Jesus Christus vor die Augen gestellt ist". Jesus habe die Welt nicht mit Gewalt und mit Waffen, sondern „mit seiner vergebenden Liebe überwunden". Diese Wahrheit, erklärt Niemöller, haben wir verleugnet: „Wir haben tatsächlich so getan, als ob wir privatim Christen sein könnten und als ob wir dann in der Politik und im Völkerleben uns wie die Heiden und wie die Verbrecher benehmen dürften und müßten ..." In der Bergpredigt stehe aber nicht: „Selig sind die Starken und Gewaltigen, denn sie werden die Erde erobern." Es heiße vielmehr: „Selig sind, die auf Gewalt verzichten; nämlich die Sanftmütigen ..." Deswegen müsse jeder Mensch, der Gewalt anwende, sich dafür – *nicht* für die Verweigerung von Gewaltanwendung! – vor dem Herrn Jesus Christus verantworten.

Die Rede ruft die Hörer zur Selbstprüfung: „Wissen wir, was wir tun?" Dieser Aufruf wirkt deshalb so eindrücklich, weil Niemöller es nach einer sachkundigen Analyse der Weltsituation wagt, sein Bekenntnis *zu* Christus auf der Grundlage des biblischen Zeugnisses neu als Bekenntnis *von* Christus auszusprechen.[644] Er bekennt vor der Welt, was in einem neuen Hören auf das biblisch bezeugte Wort zu sagen ist. Auf dieses Wort ist im Zusammenhang von *heute* immer wieder neu zu hören. Genau dazu ruft die Rede auf. Sie bewegt die Hörer dazu, die Gegenwart im Licht der Christusbotschaft wahrzunehmen.

Niemöllers besondere Begabung, das zeigt die Kasseler Rede, lag im *gesprochenen* Wort, in der öffentlichen Rede, mit der er die aktuelle Lage treffsicher und präzis analysierte und so mit dem biblischen Zeugnis verknüpfte, dass es als Wort für die Zeit mitten in diese Lage hinein sprach und den Zeitgenossen einen neuen Horizont eröffnete. Die Wirkungsgeschichte der Rede zeigt aber auch, wie angreifbar er sich damit in einer vom Ost-West-Konflikt bestimmten Öffentlichkeit machte. Ein deutsches Nachrichtenmagazin stellte anlässlich der Kasseler Rede und des u. a. von Heinemann erhobenen Vorwurfs falscher Presse-Darstellungen das Problem der Niemöller-Rezeption aus seiner Sicht so dar:

> „Niemöllers sozialdemokratische Apologeten nehmen ... auf eine Reihe inzwischen schon Geschichte gewordener politischer Skandale Bezug, die alle mit Pressemeldungen über Niemöller-Äußerungen angefangen, den konformistischen Teil der westdeutschen Öffentlichkeit aufs tiefste schockiert und schließlich damit geendet hatten, daß Niemöller erklärte, er habe die betreffenden Äußerungen nicht oder doch nicht so getan. Wer wirklich recht hatte, die Presseleute mit ihren knalligen Zitaten oder der Kirchenpräsi-

dent mit seinem ‚Das habe ich nicht gesagt‘, ließ sich niemals völlig aufhellen.

Tatsache ist, daß sich aus den leidenschaftlichen Ausbrüchen des Cholerikers Niemöller unschwer plakative Sätze abziehen lassen, die als solche zwar korrekt referiert sein mögen, die jedoch zu dem Gesamtduktus seiner Ausführungen in Widerspruch stehen. Tatsache ist ebenso, daß Niemöller, der mit Luther neben dem Vornamen und der drastischen Sprache auch die kompromißlose Angriffslust gemein hat, sich zu den alten ständig neue Feinde schafft, die seine Blößen schadenfreudig ausnutzen. Er ist ein von Eitelkeit nicht ganz freier Mann, der das Gewissen der Bundesrepublik sein will und sich als lästiger Querulant wieder und wieder am Pranger wiederfindet."[645]

Dieses Bild des EKHN-Kirchenpräsidenten ist mit Spott und Häme gezeichnet, ein Bemühen, sein Anliegen zu verstehen, wird nicht erkennbar. Doch lässt sich schwer die Beobachtung entkräften, dass Niemöller nicht so wahrgenommen und verstanden wird, wie er verstanden werden will, weil er es der Presse mit seinen plakativen Sätzen leicht macht, knallige Zitate von ihm zu bringen.

6. Kämpfer für Frieden und Versöhnung (1949–1983)

Nach 1945 musste Niemöller mehrere Niederlagen nacheinander hinnehmen: die andauernde Teilung Deutschlands, die Wiederbewaffnung und den Militärseelsorgevertrag. Aber er ging unbeirrt seinen Weg weiter.[646] Was ihn darin bestärkte, war die Überzeugung, dass das ganze Leben der Christen sich nach den Worten Jesu, seinem Geist und Willen auszurichten habe – eine These, mit der er sich im Gegensatz zu allen Kirchenführern in Westdeutschland sah![647] Damit verband sich seine Hoffnung, dass Menschen – auch solche in Führungspositionen – lernfähig und lernbereit sind, die er in seiner Kasseler Rede sehr persönlich bekundet hatte: Wir „wollen darauf hoffen", sagte er dort, „daß auch die Leute, die uns augenblicklich führen, noch dazulernen können".[648] Er selbst schäme sich nicht, im Lauf seines Lebens seine Überzeugung geändert zu haben.

Wer mit Niemöller zu tun hatte, hätte seine Persönlichkeit vielleicht noch von einer ganz anderen Seite verstehen können, wenn ihm das Horoskop bekannt gewesen wäre, das Dr. Wilhelm Moufang 1951 über den prominenten Pastor erstellt hatte. Der erfahrene Heidelberger Astrologe ging von der Planetenkonstellation bei Niemöllers Geburtsstunde (am 14.1.1892 um 22.45 Uhr) aus.[649] Er bescheinigte ihm einen „bis zur Todesverachtung gehenden Mut", starkes „Selbst- und Gottvertrauen", „großen Unternehmungsgeist" und „Lauterkeit seines Charakters", erkannte aber auch die „Quelle drängender Leidenschaftlichkeit mit der Gefahr des Schwankens zwischen Extremen" und „konzentrierte Arbeitskraft", verbunden mit einer Neigung, sich streitbar für einseitige Auffassungen einzusetzen. Niemöllers „nervös-unruhige Gemütslage, die leicht zu unberechenbaren explosiven Äußerungen und Handlungen führen" könne, leitete der Astrologe vom „Quadrat Mond-Uranus" ab. Für den im Sternzeichen des Steinbocks Geborenen seien „große Aufgeschlossenheit eines aufrichtigen Gefühls" sowie „großer Ehrgeiz im Verfechten einer Sache wie überhaupt ein durchdringendes Denken" kennzeichnend. Auch wer nicht von einer Parallele zwischen der Geburtskonstellation und den Eigenschaften des betreffenden Menschen überzeugt ist, kann in diesem Horoskop ein treffendes Charakterbild Niemöllers erkennen.

Konservative Kritiker aus Kirche und Politik hielten ihm die Erfolglosigkeit seiner Bemühungen vor. So urteilte ein evangelischer Christ und CDU-Politiker über Niemöllers Engagement gegen Atomwaffen: „Die Debatte über die atomare Bewaffnung der Bundeswehr hat die schon gegen die Wiederbewaffnung Deutschlands überhaupt erhobenen Einwände mit Erbitterung wiederholt und vertieft. Aber auch der unermüdliche Einsatz Niemöllers hat diesen Einwänden weder im kirchlichen noch im politischen Bereich einen Erfolg gebracht. Die weltpolitische Realität und die effektive Unvergleichbarkeit der Bundesregierung mit dem Regime Hitlers, der von Moskau wenn nicht gebilligte, so doch geduldete Terror in der Zone und überhaupt die deutlich empfundene Bedrohung aus dem Osten haben Martin Niemöller jede Aussicht genommen, mit seinen politischen Vorstellungen diesseits und jenseits der deutschen Grenzen nennenswertes Verständnis zu finden."[650]

Im Grunde rechtfertigte Gerstenmaier damit nur die bestehenden Machtverhältnisse, denen die Mehrheit der westdeutschen Wähler zugestimmt hatte. Mit dieser Apologie verband sich in lutherischen Kreisen die Klage, Heinemann und Niemöller betrieben in der EKD

„die Politisierung der Kirche". Der Gruppe, die sich um sie gesammelt hatte, wurde vorgeworfen, sie habe sich „sehr prononciert an eine bestimmte Partei gebunden" (gemeint war die SPD).[651] Den Ursprung solcher Politisierung sah man in der Theologie Karl Barths. Es ist bezeichnend, dass derartige Vorwürfe nur gegen den ‚linken' Flügel in der EKD erhoben wurden und sich mit der aus dem Kaiserreich übernommenen kirchlichen Abwehrhaltung gegen die ‚gottlose' Sozialdemokratie verbanden.

Streit um die Militärseelsorge

Die führenden Kräfte der EKD verhielten sich konform mit der Regierung der Bundesrepublik. Das zeigte sich auch, als mit der allgemeinen Wehrpflicht die Frage der Militärseelsorge akut wurde.[652] Der CDU-Abgeordnete Theodor Blank hatte als Beauftragter von Bundeskanzler Adenauer schon im Sommer 1951 die EKD zu Verhandlungen über eine künftige Militärseelsorge angeregt; seit einem geheimen Beschluss vom März 1952 unterbreitete der Rat den staatlichen Stellen dazu Vorschläge. Es ist nicht bekannt, ob Niemöller, der sich zu jener Zeit in den USA aufhielt, von dem Beschluss erfahren hat. Als er im folgenden Jahr durch ein Protokoll des Rates davon erfuhr, widersprach er energisch: „Die evangelische Kirche hat sich mit derartigen Fragen so lange nicht zu beschäftigen, als es keine militärischen Verbände gibt, und solange es nicht einmal feststeht, ob militärische Verbände verfassungswidrig sind oder nicht."[653]

Bis Ende 1956 wurde jedoch von den westdeutschen Landeskirchen in Abstimmung mit der Bundesregierung ein Vertrag ausgearbeitet, der vorsah, hauptamtliche Militärseelsorger als Bundesbeamte anzustellen, und zugleich Freiheit von Lehre und Verkündigung zusagte. Erste Militärdekane und -pfarrer waren bereits angestellt, *bevor* der Vertrag abgeschlossen war. Bei den Beratungen mit dem designierten Militärbischof Kunst in Bonn machte die Kirchenleitung der EKHN ihre Zustimmung von drei Bedingungen abhängig: Es sollte keine Militärkirchengemeinden, keinen hauptamtlichen Militärbischof und keinen Bundesbeamtenstatus für Militärgeistliche geben. Die Militärseelsorge sollte in personalen Seelsorgebereichen ausgeübt werden. Die ersten beiden Punkte fanden Zustimmung. Die dritte Forderung, Militärgeistliche nicht als Bundesbeamte, sondern als kirchliche Beauftragte zu behandeln, wurde dagegen abgelehnt. Die Bundeswehr, so wurde argumentiert, könne nicht zulassen, dass Personen bei ihr tätig sind, auf die sie keinen dienstrechtlichen Einfluss habe. Innerhalb der EKD blieben nur die EKHN und die rheinische Landeskirche bei ihrer Auffassung.

Niemöller war nicht, wie ihm öfter unterstellt wurde, prinzipiell gegen die Militärseelsorge. Er trat aber für eine Anstellung der Militärseelsorger durch die Kirche ein, so wie die hessen-nassauische Kirchenleitung es erst kurz zuvor mit der hessischen Landesregierung für die Gefangenenseelsorge ausgehandelt hatte. Dann wurden Kirche und Öffentlichkeit überraschend vor vollendete Tatsachen gestellt: Bundeskanzler Adenauer und Verteidigungsminister Strauß auf der einen und Ratsvorsitzender Dibelius und der Leiter der EKD-Kirchenkanzlei Brunotte auf der anderen Seite hatten den Militärseelsorgevertrag noch *vor* der für März 1957 vorgesehenen gesamtdeutschen Synode unterzeichnet. Diese konnte nichts mehr ändern, sondern nur noch das Ganze annehmen oder ablehnen. Die Synode in Berlin-Spandau stimmte mit 91 Stimmen für den Vertrag, bei 19 Gegenstimmen und 5 Enthaltungen.

In einem Brief an den Präses protestierte Gollwitzer scharf dagegen, dass der Rat den Synodenbeschluss von 1956 missachtet hatte, in dieser Sache keine neuen Tatsachen zu schaffen. Die negativen Folgen der Vorgehensweise des Rates wurden alsbald spürbar. Ein Großteil der etwa 40 Synodalen aus Kirchen der DDR hatte dem Vertrag zugestimmt. Die DDR-Regierung betrachtete dies als Zustimmung zur NATO-Politik und zur Politik der Bonner Regierung. Sie sah mit dem Abkommen die ideologische Zurüstung und die Erhöhung der Kampfkraft der Bundeswehr durch die evangelische Kirche befürwortet. Synodale aus der DDR erschienen ihr als bereitwillige Partner Adenauers und seiner ‚Politik der Stärke‘. Sowohl der Ratsvorsitzende Dibelius, als Bischof für Berlin-Brandenburg zuständig, wie auch der Vertreter der EKD bei der Regierung in Ost-Berlin, Propst Grüber, sollten daraufhin in Verhandlungen mit Repräsentanten der DDR einen deutlich schwierigeren Stand haben. 1969 trennten sich die ostdeutschen Kirchen von der EKD und gründeten den Evangelischen Kirchenbund der DDR.

Mit dem Vertrag stellte sich das Problem, wie die künftigen Prediger und Seelsorger, die die Kirche in den Bereich des Militärs entsandte, sich verhalten sollten, wenn es um die Anwendung atomarer Waffen gehen würde. In der Synode von Berlin-Spandau nahm Niemöller im März 1957 diese Frage auf: „Haben wir ein Recht, dem für Atomwaffen auszubildenden Soldaten ein gutes Gewissen zu machen für das, was zu tun er sich anschickt? ... Ich habe mir immer die Frage vorgelegt, wenn damals am Ende des Krieges 1945 jener Flugzeugführer, der die Atombombe nach Hiroshima tragen sollte, zu mir gekommen wäre als zu seinem Feldprediger mit der Frage: Father, what shall I do? Was soll ich tun? Ich würde ihm sagen: Laß die Finger davon. Das heißt nicht, daß ich sage: *jeder* muß das sagen. Aber wer das verantworten will, dem Mann zu sagen, du tust da deinen Dienst am Nächsten, laß 30.000 oder 200.000 Menschen beim ersten Schuß umkommen und die ganze Sache zur Wüste werden und dann trage getrost die Flüche der vielleicht noch ungeborenen Kinder, die dir verdanken, daß sie als Krüppel geboren werden! – wer das kann, der tue es! Ich kann nur sagen, ich kann das nicht."[654]

Damit war die schwerste, im Grunde ausweglose Frage gestellt: „Ist die Militärseelsorge in einem mit atomaren Waffen ausgerüsteten Heer überhaupt möglich?"[655] Wie in den Debatten um die Wiederbewaffnung oder Wehrpflicht befand sich die evangelische Kirche wieder in einer Situation, in der die Gegensätze nicht zu überbrücken waren. Auf der einen Seite standen diejenigen, die wie Niemöller bedrängende Gewissensfragen stellten und auf eine verbindliche Antwort drangen, was ihnen den Verdacht der Schwärmerei eintrug, während auf der anderen Seite diejenigen sich sammelten, die mit den politischen Realitäten argumentierten. Sie beriefen sich auf die lutherische Lehrtradition, wonach ethische Fragen, die die weltliche Ordnung betreffen, keine Heilsbedeutung haben und daher nach Maßgabe der Vernunft zu entscheiden sind. Der Kirche sei aufgetragen, den Soldaten „auch in harten Fällen der Pflichtenkollision den Trost [des Evangeliums] zu geben".[656] Zur Lösung der Gewissensfrage, wie der Einzelne sich im Konfliktfall entscheiden sollte, bot die Kirche damit kaum eine Hilfe an.

Im Streit um die Militärseelsorge trat offen zutage, wie weit die Auffassungen darüber, wie das Verhältnis von Evangelium und politischem Handeln zu bestimmen sei, auseinandergingen.[657] Kreise der Kirchlichen Bruderschaften, die sich an Karl Barth orientierten, sahen beides in einem engen Zusammenhang und forderten daher

Gehorsam gegenüber der ‚Königsherrschaft Jesu Christi'. In der Atomrüstungsdebatte hielten sie ein eindeutiges christliches Bekenntnis für verpflichtend. Gegenüber der Synode erklärten sie: Zur Vorbereitung eines Atomkrieges sei ein vorbehaltloses Nein geboten. Atomrüstung sei als Sünde gegen Gott und den Nächsten zu verurteilen, ein gegenteiliger oder vermeintlich neutraler Standpunkt christlich nicht vertretbar. Die lutherischen Bischöfe vertraten dagegen die Position, es gehöre nicht zum Amt der Kirche, aus Gottes Wort verbindliche Anweisungen über die Durchführung der Abrüstung abzuleiten. Hans Asmussen hielt den ‚sogenannten Bruderschaften' sogar entgegen, man dürfe nicht übersehen, „daß die Atombombe eine Strafrute in der Hand Gottes ist. Wer sie abwenden will, muß, vor allem als Vertreter der Kirche, zur Buße rufen und zum Gebet."[658] Eine Stellungnahme der Bischöfe, wie die Atomwaffen von der menschlichen Vernunft her zu beurteilen seien, erfolgte nicht.

Das negative Echo auf ihre Thesen von 1957 brachte die Bruderschaften zu der Einsicht, dass sie wohl doch zu apodiktisch fordernd und zu wenig vom Evangelium her geredet hatten. Bei einer Tagung in Frankfurt am Main im Oktober 1958 erklärten sie unter Berufung auf die zweite Barmer These, das politische Dasein sei dem Anspruch des Glaubensgehorsams nicht entzogen. In Mitverantwortung für den Staat müssten Christen gegenüber den Trägern der Staatsgewalt bekennen, dass der Standpunkt der Neutralität in dieser Frage mit dem Bekenntnis zu Jesus Christus unvereinbar sei. Damit sind die Leitlinien umschrieben, an denen Niemöller sich in den folgenden Jahren in seiner Verkündigung und seinem politischen Engagement ausrichtete. In der EKD war man weder gewillt, auf die Frankfurter Erklärung noch auf das erwähnte ‚Wort an die Ökumene' näher einzugehen, das ost- und westdeutsche Christen mit Rücksicht auf die Synode der EKD erst im Mai 1958 veröffentlicht hatten.

Beistand für Kriegsdienstverweigerer

„Die Kirche ist hoffnungslos amerikanisiert und wird es eigentlich von Tag zu Tag mehr"[659] lautete Niemöllers lakonischer Kommentar zu einem die Frage der Kriegsdienstverweigerung betreffenden Antrag der EKHN im Rat der EKD. Drei Jahre zuvor hatte die EKD-Synode von Berlin-Weißensee zur Frage der Verweigerung grundsätzlich Stellung genommen. Sie erklärte: „Wer um des Gewissens willen den Kriegsdienst verweigert, soll der Fürsprache und der Fürbitte der Kirche gewiß sein."[660] Dies hatte sich auch der Rat der EKD im Dezember 1951 zu eigen gemacht: „Alle Menschen, die den Kriegsdienst aus Gewissensgründen verweigern, müssen geschützt werden und dürfen des Schutzes und der Fürsprache der Kirche gewiß sein." Als der Eintritt der Bundesrepublik in die NATO beschlossene Sache war, richtete die EKD 1955 die dringende Bitte an den Staat, „der konkreten Gewissensentscheidung im Einzelfall eines unlösbaren Gewissenskonflikts Raum zu geben".[661] Das mündliche Verfahren vor Prüfungsausschüssen erweckte freilich in der Praxis oft den Eindruck, hier werde versucht, über das Gewissen zu urteilen. Niemöller war über diese Praxis besorgt, weil er das Grundrecht der Freiheit von Gewissensentscheidungen verletzt sah: „unser Staat hat sich ... zum Richter über das Gewissen gemacht. Er stellt selber fest, ob eine angebliche Gewissensentscheidung echt ist oder nicht – eine Feststellung, die außerhalb aller menschlichen Möglichkeiten liegt; er schreibt sogar vor – und das liegt erst recht jenseits jeder menschlichen Zuständigkeit –, von welcher Autorität sich das Gewissen der Staatsbürger bestimmen lassen darf."[662]

1960 beschloss die Kirchensynode der EKHN, eine kirchliche Beratungsstelle für Kriegsdienstverweigerer einzurichten. Die Stelle sollte hauptamtlich besetzt sein, unter der Leitung des LGA arbeiten und die zum Beistand verpflichteten Gemeindepfarrer entlasten.[663] Im Oktober 1960 war Niemöller als Präsident der Deutschen Friedensgesellschaft (DFG) wiedergewählt worden. Im November erklärte er in Bielefeld, „er habe in den zurückliegenden Jahren wohl kein Telefongespräch geführt, das nicht abgehört worden sei".[664] Im Oktober 1965 wählt ihn der Bundeskongress des Deutschen Verbandes der Internationale der Kriegsgegner wieder zum Präsidenten.

Es war im Frühjahr 1975, als ein junger Kriegsdienstverweigerer sich in Heppenheim der Gewissensprüfung unterziehen musste. Bei der Anhörung erklärte er, warum er keinen Wehrdienst mit der Waffe leisten wollte. Er hatte sich Martin Niemöller als Beistand gewählt, der bei den Zuhörern im Saal saß. Der junge Mann zitierte in seinen Ausführungen aus Schriften und Reden Martin Niemöllers, doch damit kam er beim Vorsitzenden der Prüfungskommission schlecht an. „Das ist ein Kommunist. Auf den können Sie sich nicht

Abb. 21: Niemöller predigt in der Versöhnungskirche in Dachau (rechts: Kurt Scharf), 1967.

berufen", sagte er. Der Mann widersprach: Niemöller sei doch evangelischer Christ und Pfarrer, sogar hessen-nassauischer Kirchenpräsident gewesen. Aber der Vorsitzende wehrte ab. Das habe keine Bedeutung, Niemöller sei Kommunist. Während der Verhandlungspause stand Niemöller auf und ging nach vorn zu dem Vorsitzenden der Kommission. „Gestatten Sie, dass ich mich vorstelle. Mein Name ist Martin Niemöller." Der Vorsitzende reagierte überrascht: „Was, Sie sind Herr Niemöller? Ich hatte ja keine Ahnung ... Ich kannte Sie ja gar nicht." Darauf Niemöller: „Aber ich kenne *Sie*! Sie sind doch Mitglied der Kirchensynode!" Nach dem Wortwechsel meinte Niemöller zu dem jungen Mann: „Machen Sie sich keine Sorgen. Ich denke, Sie werden als Verweigerer anerkannt." Und genauso kam es.[665]

Heute können wir uns kaum vorstellen, dass Niemöller einmal von konservativen Kreisen und selbst von einem Kirchensynodalen derart geschmäht wurde. Im politischen Klima der Nachkriegsjahre, vor allem im ideologischen Ost-West-Konflikt, haben viele Westdeutsche in ihm den unverbesserlichen Linken, den lästigen Oppositionellen und Störenfried gesehen. Was seine Gegner so blindwütig machte, war ihr Antikommunismus, der jeden Dialog verhinderte. Niemöller sah in der Predigt der Kirchen Deutschlands diesen Antikommunismus als „die größte Gefahr dafür ..., daß die Botschaft des Evangeliums vergiftet werde".[666]

Aufregung um DKP-Pfarrer

In den 1970er Jahren war die EKD von einer Kontroverse über Pfarrer bewegt, die sich politisch betätigten, insbesondere über Pfarrer, die zugleich Mitglieder der Deutschen Kommunistischen Partei (DKP) waren. Am stärksten von dem Problem betroffen war die EKHN.[667] Kirchenpräsident Helmut Hild sah sich daher 1973 veranlasst, sich zum ,Rang des Politischen in der Kirche' zu äußern. Für ihn stand zweifelsfrei fest: „Ein materialistischer Atheismus und die Überzeugungen des christlichen Glaubens können nicht gleichzeitig vertreten werden. Darum drängt sich nach der Prüfung der Grundlagen der DKP und nach der Reaktion der Partei auf die Aufforderung zur Interpretation der ,Lehre von Marx, Engels und Lenin' der Schluß auf, daß – derzeit und unter den gegebenen Umständen – ein Theologe, der im Dienst der Kirche steht, nicht Mitglied der DKP sein kann."[668] Dies schien zunächst für Entscheidungen der Kirchenleitung eine ausreichende Basis zu sein.

Die Kirchensynode musste sich jedoch in ihrer Herbsttagung 1974 erneut mit dem Thema beschäftigen. Kurz zuvor hatten etwa 85 Personen, darunter zwei Pfarrer und 16 Vikare, in einem ,Wahlaufruf' für die hessische Landtagswahl am 27. Oktober 1974 die Wahl der DKP empfohlen. Sie sahen darin einen geeigneten Schritt, um gegen den Antikommunismus, den Einfluss der Großindustrie und das Vordringen der CDU vorzugehen. Die Wahlempfehlung durch junge Theologen der EKHN und die Diskussion um die Ordination von Pfarrvikaren, die der DKP angehörten, forderten die Kirchenleitung zum Handeln heraus. Sie reagierte mit einer scharfen Missbilligung und einer ,Erklärung zur Frage der Mitgliedschaft von Theologen in der DKP', die der Kirchenpräsident am 12. November 1974 der Synode vortrug.

In acht Fällen distanzierten sich die Betroffenen im persönlichen Gespräch von der atheistischen Begründung des Parteiprogramms.

Sie hielten jedoch an ihrer Mitgliedschaft fest, weil sie den Sozialismus als „die gerechteste und humanste Form gesellschaftlicher Strukturen" betrachteten.[669] Unter dieser Voraussetzung konnten sie in eine Stelle eingewiesen und ordiniert werden, falls der Kirchenvorstand zustimmte. Das geschah in fünf Fällen mit klaren Mehrheiten. Mit Rücksicht auf die Unruhe in Gemeinden und Öffentlichkeit sollten die Betroffenen in Zukunft jedoch stärker gedrängt werden, sich im Sinne der Unvereinbarkeitsfeststellung zu entscheiden. Die Aufnahme in den Dienst sei dann zunächst nur im Angestelltenverhältnis zu vollziehen. Ordination und Übernahme auf Lebenszeit müssten aufgeschoben und davon abhängig gemacht werden, ob die Betroffenen ihr Verhalten änderten.

Theologische Kritik am getroffenen Unvereinbarkeitsbeschluss, wie sie etwa Helmut Gollwitzer geübt hatte, und die Warnung der ‚Gesellschaft für Evangelische Theologie‘, die Unvereinbarkeit von kirchlichem Dienst und Zugehörigkeit zu bestimmten Parteien durch Kirchengesetz festzulegen, blieben bei weiteren Synodentagungen unbeachtet. Allerdings bemühte man sich in theologischen Gesprächen mit Seminarprofessoren und Pfarramtskandidaten um Klärung.

Anfang Dezember 1975 wies die Synode jedoch die Kirchenleitung an, „von der Ernennung von Pfarrvikaren, die der DKP angehören, zu Pfarrern auf Lebenszeit abzusehen". Eine administrative Regelung hatte sich gegen die seelsorgliche Vorgehensweise durchgesetzt. Ein inzwischen gebildetes Komitee ‚Freiheit für Wort und Dienst‘, dem auch drei Seminarprofessoren der EKHN angehörten, wandte sich daraufhin mit einer Presseerklärung an die Öffentlichkeit, die u. a. auch Martin Niemöller zugeschickt wurde. Der Verfasser, Prof. D. Walther Fürst, beurteilte den Synodenbeschluss als eine Entsprechung zu den „reaktionären Bestrebungen in der BRD, Berufsverbote allein auf Grund einer Mitgliedschaft in einer ‚verfassungsfeindlichen‘ Partei auszusprechen". Fürst verwies darauf, dass die Synode nicht nur den Appell des Kirchenpräsidenten vom November 1974, „der seelsorgerlichen Lösung den Vorrang vor der förmlichen zu geben", sondern auch die Voten von Kirchenleitung und LGA sowie der Gemeinden übergangen hatte. Die Kirchenleitung hatte festgestellt, dass es an der Pfarramtsführung der DKP-Pfarrer nichts zu beanstanden gab. Die Gemeinden hatten sich für ihre der DKP angehörenden Pfarrer ausgesprochen. „Daß die Betroffenen sich im Gewissen an Christus gebunden erklärten, hat die Synode überhaupt nicht interessiert", konstatiert Fürst, der darin ein „ungeistliche[s] Vorgehen der synodalen Mehrheit" erkennt. Der Vorstand des Komitees empfahl, die Unvereinbarkeitsfeststellung von 1974 als Fehlentscheidung zurückzunehmen.

Schon im Dezember 1974 hatte Fürst sich mit Thesen zur Sache an Niemöller gewandt und ihn um Zustimmung gebeten. Niemöller hatte zuvor an Hild und seinen Stellvertreter Helmut Spengler geschrieben, weil ihm „auf den ersten Blick deutlich war, daß die ganze Angelegenheit nicht nur theologisch schief ist, sondern auch kirchenpolitisch verderblich wirken muß". An die Adresse Walther Fürsts gewandt, fügt Niemöller hinzu: „Ich freue mich besonders, daß Sie einmal die ‚seelsorgliche' Seite für die ‚junge' oder jedenfalls jüngere Generation klar herausgehoben und zur wirklichen Klärung angemeldet haben: Was mich bei der ganzen Angelegenheit am tiefsten beunruhigt, ist der Eindruck, daß man in der heutigen ‚Kirche' den Menschen[,] und zwar gerade den christlichen Menschen als fix und fertig – und das heißt ja auf deutsch wohl als ‚unbekehrbar' versteht und verstanden haben will, als ob das Leben in ‚Positionen' bestünde und nicht in ‚Richtungen', in denen man sich bewegt. Kurzum, der Mensch wird wieder einmal als ‚fertig' betrachtet, und das im doppelten Sinn von ‚vollendet' und ‚erledigt'. – ‚Davor bewahre uns, lieber himmlischer Vater!'"[70]

Niemöller rechnete als Seelsorger damit, dass junge Menschen sich entwickeln. Er wusste aus Erfahrung und selbstkritischer Einsicht: Auch der ‚christliche Mensch' ist nicht ein für alle Mal fertig; es gibt im Glauben ein Wachsen und Reifen, es gibt Konversionen, bei denen die Richtung des Lebens sich ändert.

Beim Kirchentag in Düsseldorf hatte er 1973 zu der Frage nach dem Verhältnis von Kirche und DKP Stellung genommen. Ausgehend von dem Auftrag der Christen, „das Evangelium, die Frohe Botschaft, allen Menschen, d. h. der ganzen Welt zu bringen", sprach Niemöller von der sozialen Verpflichtung der Christen gegenüber den Mitmenschen, die die Kirche jahrhundertelang vernachlässigt habe. Er sei mit dem Alter mehr und mehr ‚Sozialist' geworden, weil ihm das immer deutlicher geworden sei. Am Kommunismus störe ihn nur, dass er sich an ein Programm binde. Aber er könne auch mit denen sprechen, die sich daran binden. Diese Menschen könnten Entscheidungen „im Geiste Jesu Christi" treffen, auch wenn sie von ihm nichts wüssten. „Also ist die Möglichkeit für das Gespräch zwischen Christen und Kommunisten von christlicher Seite auf gar keinen Fall von vornherein abzulehnen etwa auf Grund eines Programmes, von dem wir sagen, die und die Punkte passen mit unserer Nachfolge Jesu Christi, also mit unserem Glauben, ja nicht zusammen. Sondern wir haben immer wieder einen neuen Schritt an jedem Tag unseres Lebens zu tun und treffen bei dieser Wanderung auf Leute, die in der gleichen Richtung marschieren. Das sind die Leute, mit denen wir an dem Tage jedenfalls zusammenarbeiten."[671]

Am Ostermontag 1976 wurde Niemöller bei einer Diskussion gefragt, was er zu der Äußerung des EKD-Ratsvorsitzenden Helmut Claß meine, ein Pfarrer könne nicht Mitglied der DKP sein. Seine freimütige Antwort: „Ich halte das, was … der Ratsvorsitzende zu dieser Frage der DKP-Mitgliedschaft von Pfarrern gesagt hat, für das Reaktionärste, was mir überhaupt in den letzten zehn Jahren begegnet ist.

Ich kann hier nur sagen …, wäre ich noch Kirchenpräsident meiner Hessen-Nassauischen Kirche, dann würde ich in dieser ganzen Auseinandersetzung von heute erklären: Ich frage jeden Kandidaten, von dem ich weiß, man will ihn nicht ins Pfarramt lassen, weil er DKP-Mitglied ist: ‚Mein lieber Bruder, willst du Pfarrer werden, um Jesus Christus zu predigen, oder willst du Pfarrer werden, um die DKP zu propagieren? Wenn das letztere bei dir der Fall ist, dann kannst du mir gestohlen werden. Dann rate ich dir, gehe doch in die Partei und arbeite da, das Zeug hast du dazu. Und vielleicht kannst du mit deiner christlichen, unterschwelligen Überzeugung da auch noch einiges Gutes tun. Aber wenn du Jesus Christus predigen willst, herzlich willkommen!

Unser Herr Jesus Christus hat als Mensch in seinen irdischen Lebzeiten keinen Menschen abgelehnt, weil er irgendwo herkam oder irgendwo zugehörte."[672]

An diesem Votum ist klar zu erkennen, wie konsequent Niemöller seinem Glaubensgrundsatz treu blieb („Jesus Christus hat zu entscheiden über das, was ich tue"[673]) und wie unabhängig er dadurch in seinen Entscheidungen gegenüber ideologischen oder parteipolitischen Rücksichten blieb. In seiner Landeskirche, der EKHN, kamen die Kontroversen um die DKP-Pfarrer, denen nach dem Beschluss von 1975 eine Übernahme auf Lebenszeit verschlossen blieb, erst 1977 zum Abschluss. Die vier Pfarrvikare, über deren Weiterbeschäftigung damals zu entscheiden war, teilten im Juli der Kirchenleitung überraschend ihren Parteiaustritt mit. Ihr Schritt, so erklärten sie, sei notwendig gewesen, um konfliktfrei arbeiten und sich nicht unevangelisch durch ihre Arbeit rechtfertigen zu müssen. Aus ihrer Sicht war damit „die sachliche Auseinandersetzung über das Verhältnis von Kirche Jesu Christi und Sozialismus noch nicht beendet".[674] Doch der Stein des Anstoßes war beseitigt.

Kirchenpräsident Hild schätzte die Situation zutreffend ein, als er im Juni 1977 in der Kirche zwei Lager sah: „Ganz allgemein stand der Sorge, kirchliche Entscheidungen könnten in den Sog einer verbreiteten antikommunistischen Stimmung geraten, die Angst gegenüber, die Kirche könne kommunistisch unterwandert werden."[675] Die Frage, wie realistisch diese Angst angesichts der Zahl der betreffenden Fälle war, wurde nicht gestellt. Walther Fürst hatte wohl Recht, wenn er zu bedenken gab: Diejenigen, die dagegen kämpften, dass DKP-Mitglieder Pfarrer würden, machten „faktisch, ob sie es wollen oder nicht, den Anti-Kommunismus zur herrschenden Ideologie der Kirche. Der Anti-Kommunismus ist vorwiegend in der politischen Rechten der BRD beheimatet."[676] Die Kirche habe aber einen anderen Grundartikel als der Staat und dürfe sich daher mit keiner politischen Richtung identifizieren. Dem hätte Niemöller sicher zugestimmt.

Die – aus heutiger Sicht unverhältnismäßige – Aufregung um ein paar junge Theologen, die als Mitglieder einer legalen ‚linken' Partei Pfarrer werden wollten, war in beträchtlichem Maß durch die Umstände der Zeit bedingt. In den 1970er Jahren verübte die ‚Rote Armee Fraktion' (RAF) mehrere Terroranschläge, die im ‚Deutschen Herbst' 1977 die Bundesrepublik in einen Krisenzustand versetzten. Der linksextreme Terror und die Reaktionen des Staates (Anti-Terror-Gesetze) hatten gesellschaftspolitische Folgen. In dieser ohnehin schon aufgeheizten Situation wurde die kirchliche Kontroverse um DKP-Pfarrer von der Öffentlichkeit mit hohem Interesse beobachtet und kommentiert – was den Streit weiter anheizte.

Niemöller, die Parteien und die Demokratie

Wiederholt legten Freunde Niemöller nahe, einer Partei beizutreten oder neue Parteien zu gründen und Aufrufe politischer Gruppen zu unterstützen. Er selbst wollte davon nie etwas wissen. „Da ich als

Pfarrer Menschen der verschiedenen politischen Einstellung zu be-
treuen habe, glaube ich mich keiner politischen Partei oder bestimmten politischen Organisation anschließen zu dürfen, selbst wenn sich
ihre Ansichten durchaus mit den meinen decken. Überall da, wo aber
die Politik zum Schaden des armen, gehetzten Menschen unserer Zeit
getrieben wird, werde ich auch weiterhin in der Öffentlichkeit meine
Stimme als Mahner und Warner erheben, um dem einzelnen Menschen in den Lebensfragen seines Volkes, der Menschheit und seines
eigenen Seins zu einer Entscheidung aus der Verantwortung vor Gott
zu verhelfen."[677]

Mit dem Gedanken einer Parteiendemokratie habe er sich „nie be-
freunden können", meinte er im hohen Alter. „Demokratie ist bloß
möglich, so weit und wo der Bürger sich verantwortlich weiß für das,
worüber er mitbestimmen soll."[678] Mit seinen unkonventionellen Aktionen und seinen impulsiven, spontanen Stellungnahmen betrieb er in
der Bundesrepublik außerparlamentarische Opposition, lange bevor
der Begriff auf die Studentenbewegung übertragen wurde. Die drei im
Bundestag vertretenen Parteien erschienen in der zweiten Hälfte der
1960er Jahre vielen als ein geschlossenes Machtkartell. Die große Ko-
alition von SPD und Unionsparteien und die Notstandsgesetze bestä-
tigten diesen Eindruck. Niemöller protestierte gegen die politischen
Arrangements jener Jahre, indem er sich Protestbewegungen an-
schloss und an führender Stelle mit ihnen zusammenarbeitete. Er engagierte sich z. B. im Kuratorium ‚Notstand der Demokratie' gegen die
Notstandsgesetze, die die Kirchlichen Bruderschaften in der EKD
schon im Januar 1963 zum Protest herausgefordert hatten.[679]

In seiner weit in die Zukunft vorausweisenden ersten Botschaft als
Präsident der ‚Deutschen Friedensgesellschaft/Bund der Kriegsgegner' erklärte er, die durch Abschreckung bewirkte Angst allein
könne keinen ständigen Frieden schaffen. Eine überstaatliche Ordnung müsse gefördert werden, die Wahnsinnstaten einzelner Mächte
und Machthaber ausschließe: „Unsere Welt ist klein geworden; die
Zusammenarbeit aller Gutwilligen über die Grenzen hinweg ist eine
gebieterische Notwendigkeit."[680] Die Beteiligung an Ostermärschen
konnte er als Ausdruck „aufrichtige[r] und ehrliche[r] Demokratie"
verstehen.[681] Das Volk, so meinte er, müsse darüber aufgeklärt werden, dass alle Aufrüstung wertlos sei. Dazu brauche es eine auf Tatsachen gegründete öffentliche Meinung und Aktionen wie die Oster-

märsche, denn bisher „hatte das Volk bei den Dingen, die sein Leben oder Sterben angehen, nichts zu sagen".[682] Hier argumentiert Niemöller basisdemokratisch zugunsten einer unmittelbaren Beteiligung der Menschen an den sie betreffenden Entscheidungen. Mit seiner Beteiligung an direkten Friedensaktionen nahm er vorweg, was die 1968er-Bewegung als Revolte und Protest gegen die etablierten Mächte und Autoritäten der bürgerlichen Gesellschaft praktizierte.

Als die antiautoritäre Bewegung provokativ nach der Beteiligung der Eltern am NS-Regime fragte, gehörte Niemöller nicht zur angegriffenen Elterngeneration, die sich rechtfertigen musste. Er hatte sich seiner Verantwortung nicht entzogen, über seine eigene Schuld nicht geschwiegen, und was er in der Diktatur gewagt hatte, den offenen Protest gegen angemaßte, falsche Autoritäten, übte er erst recht in der Demokratie. „Als ehemaliger KZ-Häftling, Prediger der deutschen Schuld und notorischer Kritiker von Grundarrangements der westdeutschen Republik war er einer der ‚Großväter' der außerparlamentarischen Opposition", stellt Matthias Benad fest.[683]

1965 sprach Niemöller sich gegen die geplanten Notstandsgesetze aus: Sie würden gemacht, weil es noch nicht genug Mittel gebe, freie Meinungsäußerungen zu unterdrücken. In einem Aufsatz in der Zeitschrift „Stimme der Gemeinde" erklärte er, es sei „hohe Zeit, daß der Unterwanderung der Demokratie durch die angeblich ‚demokratischen' Parteien ein Riegel vorgeschoben wird".[684] Zur Bundestagswahl empfahl er, die Stimmzettel durch schriftliche Kommentare ungültig zu machen. Nur so könne man den politischen Machthabern zeigen, „daß wir den Frieden wollen und in dieser Hinsicht zu den heute wählbaren Parteien kein Vertrauen haben".[685]

Es war nicht nur diese Empfehlung, sondern auch Niemöllers negative Einschätzung des Ansehens Westdeutschlands in der Welt, die eine Lawine von zustimmenden und empört ablehnenden Reaktionen auslöste. Niemöller hatte geschrieben, niemand glaube an den Friedenswillen Westdeutschlands. Er habe in der Welt „keinerlei Vertrauen zu unserem Volke und seiner Regierung mehr feststellen können und infolgedessen auch keinerlei Neigung, als Freund und Bundesgenosse der Deutschen [d. h. der Westdeutschen, MH] zu gelten. Der einzige Staat, der es an allgemeiner Unbeliebtheit mit uns aufnehmen kann, ist die Südafrikanische Union (...). Daß eine Anerkennung der Verjährung von Naziverbrechen dies Mißtrauen gegen die bundesdeutsche Außenpolitik nur noch vertiefen kann, liegt auf der Hand."[686] Der westdeutsche Staat sei beinahe vollkommen isoliert.

Auch hier wies Niemöller vorausschauend auf ein Problem, über das die Politik erst viel später entschied. Über die Frage, ob NS-Verbrechen verjähren dürfen, gab es am 10. März eine mehrstündige Bundestagsdebatte. Am 23. März 1965 beschloss der Bundestag, den Beginn der Verjährungsfrist auf den 1. Januar 1950 festzulegen. Die strafrechtliche Ahndung für NS-Morde war damit nur bis zum Ende des Jahres 1969 möglich. Erst 1979 entschied der Bundestag, die Verjährung für Mord und Völkermord ganz aufzuheben.

Zu der Empfehlung, Stimmen ungültig zu machen, bemerkten Sprecher der drei im Bundestag vertretenen Parteien, der frühere Kirchenpräsident sei für seine extravaganten und extremen Ansichten bekannt. Der SPD-Vorsitzende Herbert Wehner attestierte Niemöller in der „Welt am Sonntag" „politische[n] Unverstand"; als Mensch sei er „nur noch zu bedauern". Der Landesbischof von Hannover, Dr. Hanns Lilje, bezeichnete Niemöllers „Aufruf ... zum Boykott der kommenden Bundestagswahlen als ein verfehltes Mittel für das Bestreben nach Frieden in der Welt".[687] Niemöller erwiderte mit einer Richtigstellung: „Die Äußerung am Schluß seines umstrittenen Aufsatzes sei gar nicht ein Aufruf zum Wahlboykott. Vielmehr werde in ihm zu einer möglichst hohen Wahlbeteiligung aufgefordert, allerdings mit dem Hinweis, ‚wenn man keine der bestehenden Parteien wählen kann, dann soll man dies unter Angabe der Gründe auf seinem Stimmzettel deutlich machen'."[688]

Seine Abneigung gegen die Parteien, die nicht einmal die Frage nach ihren Unterschieden zu beantworten wüssten, blieb unverändert. In einem Interview aus Anlass seines 85. Geburtstages erklärt er, die repräsentative Demokratie sei ihm zuwider. Die Wahlen in der Bundesrepublik seit 1949 hätten „sich niemals um die eigentlichen Lebensfragen unserer Nation und [des] Staatsvolkes gedreht".[689] Bedenken, er rufe mit seinen Äußerungen „den Beifall von der falschen Seite" hervor, beeindruckten Niemöller nicht; er war überzeugt, dass die „Zeit der politischen Parteien abgelaufen" war.[690] Statt einer Parteiendemokratie schwebte ihm ein nicht weiter ausgearbeitetes Modell mit partizipatorischen und basisdemokratischen Elementen vor: „Ich habe immer die Meinung vertreten, Demokratie ist bloß möglich, so weit und wo der Bürger sich verantwortlich weiß für das, worüber er mitbestimmen soll. Und das fängt im Dorf, in der Dorfgemeinschaft an, oder in der Kleinstadtgemeinschaft oder in der Teilgemeinschaft in einer Großstadt. Auch eine Großstadt ist heute schon nicht mehr demokratisch wirklich zu regieren, weil man dazu eben schon Zwischeninstanzen nötig hat ..."[691] Wie nun aber Demokratie in den Lebensverhältnissen der postindustriellen Gesellschaft beschaffen sein sollte, dazu wusste er keinen Rat.

Solidarität mit Vietnam

1965, ein Jahr nach der Intervention der USA in Vietnam, reiste Niemöller nach Südvietnam, im Jahr darauf sogar nach Nordvietnam, wo er in Hanoi mit Ho Chi Minh zusammentraf. Er berichtete von den Verwüstungen, die amerikanische Bombenabwürfe dort angerichtet hatten, und forderte deren Ende. In einem Interview wurde er im Januar 1967 gefragt, wie der Krieg in Vietnam beendet werden könne. Niemöller antwortete: „Ho Tschi Minh hat uns mit großer Deutlichkeit auf die Frage, wie denn die Sache zu Ende kommen könnte, erklärt: Die Amerikaner brauchen nur wegzugehen, dann ist Friede in Vietnam. Und solange diese Bedingung nicht erfüllt ist, also, solange amerikanische Bomben auf vietnamesischen Boden fallen, solange wird mit den Leuten nicht gesprochen. Die Vietnamesen haben allgemein die Überzeugung, was die Amerikaner bei uns machen, ist ein Kriegsverbrechen. Und daß sie das Kriegsverbrechen einstellen, dazu können wir sie auffordern, darüber können wir aber nicht mit ihnen verhandeln."[692]

Niemöller setzte sich für humanitäre Hilfsaktionen verschiedener Gruppen ein und arbeitete mit ökumenischen Kreisen in England, Deutschland und den amerikanischen Kirchen daran, der leidenden Bevölkerung in Nord- und Südvietnam zu helfen und Lösungen für die Krise aufzuzeigen. Er verwies darauf, dass die amerikanischen Kirchen mit Stellungnahmen ihrer Regierung gegenüber viel mutiger seien, „als wir das von Deutschland oder Europa her im allgemeinen sind". Ho Chi Minhs Vorstellung von der politischen Struktur eines künftigen Vietnam ziele darauf ab, „daß durch freie Wahlen in beiden Vietnams eine Situation geschaffen werden muß, auf deren Grundlage man über die Wiedervereinigung der beiden Teile des vietnamesischen Volkes und seines Staatswesens verhandeln kann".[693]

Die „Husumer Nachrichten" kommentierten das Interview mit dem Hinweis, es biete eine Darstellung der Verhältnisse in Vietnam, „die zum Teil beträchtlich von dem zumeist bei uns gezeichneten Bild abweicht".[694] Das bezog sich vor allem auf den Einfluss von Russen und Chinesen auf Ho Chi Minh, den Niemöller als gering bezeichnete. Die Nordvietnamesen und die Befreiungsfront, der der größere Teil der südvietnamesischen Bevölkerung angehöre, wollten einen Sozialismus entwickeln, aber man werde sich weder an das chinesische noch an das russische Modell gebunden fühlen.

Ein Vorfall im März 1970 zeigt, dass Niemöller auch gegenüber linken Gruppierungen in Deutschland eine Außenseiterposition wahrnahm.[695] Eine ‚Manifestation' der von ihm mitgetragenen ‚Initiative Vietnam-Solidarität' in der Frankfurter Paulskirche, zu der neben Ernst Bloch und Rolf Hochhuth auch Niemöller als Referent eingeladen ist, wird von radikalen Studenten gestört und schließlich gesprengt. Der Evangelische Pressedienst identifizierte die Studenten als Angehörige des Sozialistischen Deutschen Studentenbundes (SDS). Die Demonstranten fordern „statt des Geschwätzes eine Diskussion" und stürmen nach einem Handgemenge das Rednerpult. Niemöller hatte Gelächter und Pfiffe über sich ergehen lassen, dann brach er seine Rede ab. Berichten zufolge hatte er kurz zuvor die weltpolitische Situation visionär gedeutet: In zehn bis fünfzehn Jahren würden die Völker der ‚Dritten Welt' gegen die ‚weißen Völker' revoltieren. Den Demonstranten leuchtete diese Prophezeiung nicht ein. Befremdlich dürfte dabei auch gewirkt haben, dass Niemöller die christlichen Motive seines Redens und Denkens zu erkennen gab.

„Der Glaubende kämpft um Menschen"

Darin zeigt sich ein Problem, das viele Aktivitäten Niemöllers aufwerfen. Er tritt bei weltlichen Protestkundgebungen als Redner auf, beteiligt sich an Diskussionen und lässt sich für seine Friedensarbeit sogar mit Auszeichnungen aus der DDR und der Sowjetunion ehren, verschweigt aber seinen Zuhörern nie, dass er bekennender Christ ist. Das wirkte irritierend, ja anstößig. Auch wenn Niemöller immer wieder verständlich zu machen suchte, dass die Friedensarbeit der Kirche für ihn keine beliebige Sache, sondern „ein Akt des Gehorsams" war, auch wenn er erklärte: „Der erste und wichtigste Beitrag der Kirche für die Friedensarbeit bleibt die Verkündigung des Evangeliums",[696] so trat diese Motivation doch sowohl bei denen, die in ihm einen Bundesgenossen sahen, wie in der Öffentlichkeit hinter der Tatsache zurück, dass hier ein Kirchenmann sich mit Bewegungen solidarisierte, die mit Kirche (der ‚Amtskirche') wenig oder gar nichts verband. Wahrgenommen wurde der *Friedenskämpfer*, der sich mit Kommunisten und Atheisten verbündete, nicht der *Evangelist*, den die Botschaft von der Versöhnung bewegte und der die Kirche dazu bewegen wollte, diese Botschaft als ‚Gemeinde Jesu' zu leben.

Seine Aktivitäten als Friedenskämpfer erscheinen aber in einem anderen Licht, wenn man sie als Ausdruck einer Mission, eines christlichen Zeugnisses in der modernen Welt betrachtet. Hat Jesus nicht mit Zöllnern und Sündern gegessen (Lk 15,1)? Wurde Paulus nicht den Juden ein Jude und den Griechen ein Grieche, um möglichst viele zu gewinnen (1 Kor 9,18–23)? Von daher erhält der von bürgerlichen Pazifisten schon vor 1900 verwendete, in den 1920er Jahren vom Friedensbund Deutscher Katholiken (FDK) aufgenommene und ab 1949 vom kommunistischen Jugendverband der DDR (FDJ) instrumentalisierte Begriff des ‚Friedenskämpfers' durch Niemöller ein urchristliches, emanzipatorisches Profil.[697]

Niemöller orientiert sich an Paulus, wenn er sagt: Der „Glaubende kämpft in der Nachfolge Jesu Christi, und das heißt: Er kämpft um Menschen, er kämpft für Menschen, indem er ihnen als Bruder an die Seite tritt, wie Jesus das getan hat …"[698] Das ist eine Aussage über den Glaubenden und zugleich ein indirektes Selbstzeugnis. Prediger des Evangeliums, die ihre Mission ernst nehmen, können sich nicht in einen von der Welt unberührten heiligen Bezirk zurückziehen. Ihre Verkündigung wird politisch werden, d. h. sie wird, je mehr sie sich auf die konkrete Situation einlässt, „die Leidenschaften entfesseln und Gegensätze aufreißen".[699] Gerade dies bedeutet ein Ärgernis für alle, die sich eine ‚politisch abstinente' oder ‚unpolitische' Kirche und entsprechende Predigten wünschen.

Ein grundlegendes Argument, weshalb er sich als Christ verpflichtet fühlte, für den Frieden zu arbeiten, führt Niemöller 1980 in einem Vortrag über das Jesuswort „Selig sind die Friedensstifter …" (Mt 5,9) an: Christen können nie bloße Zuschauer sein, sie sind immer für ihre

Mitmenschen verantwortlich. „Wenn wir uns Christen nennen, haben wir ... alledem abzusagen, was unserm geschwisterlichen Miteinander-leben-Sollen hinderlich und abträglich ist, und alles zu unterstützen und zu fördern, was diesem Frieden ... dienen und aufhelfen kann. Wo immer es um dieses Miteinanderleben geht, können wir Christen nicht einfach denken: Das geht mich, das geht uns nichts an. Da gibt es keine unbeteiligte ‚Neutralität‘, in der wir nur noch die Rolle des Zuschauers zu spielen hätten (...); da geht es um Schwestern und Brüder, um Mit-Menschen, für die wir verantwortlich sind, daß sie und wir (mit ihnen) mitmenschlich leben können ...“[700]

Niemöller engagierte sich weiter in der Anti-Atom-Bewegung, sei es durch Mahnwachen und die Teilnahme an Ostermärschen, sei es durch Demonstrationen und Initiativen. 1972 gehörte er zu der Initiative, die die Einberufung einer Konferenz für Sicherheit und Zusammenarbeit (KSZE) forderte. 1974 beteiligte er sich an der Gründung des Komitees für Frieden, Abrüstung und Zusammenarbeit. Im Januar 1977 schenken ihm katholische und evangelische Freunde eine Stiftung, die seinen Namen trägt. Die Martin-Niemöller-Stiftung, die ihren Sitz in Wiesbaden hat, engagiert sich, ihrem Leitbild zufolge, für Demokratie, Frieden und soziale Gerechtigkeit. Mit ihren Aktivitäten will sie Niemöllers Erbe bewahren und weiterentwickeln.

Wie ernst es ihm war, ein bedrohtes Menschenleben zu retten, zeigte sich im selben Jahr: Der 85-Jährige war bereit, im Austausch gegen den von RAF-Terroristen entführten Arbeitgeberpräsidenten Hanns-Martin Schleyer elf freigepresste Häftlinge auf der Flugreise in ein Land ihrer Wahl zu begleiten.[701] Das brachte ihm, obwohl die Aktion nicht zustande kam, absurde Drohungen und Beschimpfungen als ‚Sympathisant‘ der Terroristen ein, so dass er seinen privaten Telefonanschluss sperren lassen musste.

1978 engagierte er sich gegen die Neutronenbombe, 1980 im ‚Krefelder Appell‘, der gegen die Stationierung von nuklearen Mittelstreckenraketen und Marschflugkörpern in der Bundesrepublik protestierte. An der großen Friedensdemonstration am 10. Oktober 1981 in Bonn kann er aus Gesundheitsgründen nicht teilnehmen. Aber er lässt seine Rede verlesen, in der er seine wichtigste Erkenntnis aus den Ostermärschen formuliert: „Wer heute glaubt, die eigene Sicherheit und den eigenen Wohlstand ohne Rücksicht auf das gemeinsame Schicksal mit allen anderen Menschen, Völkern und Rassen gewinnen oder erhalten zu können, wer sein Leben auf ein solches Ziel hin programmiert, der hat es schon verfehlt ...“[702] Kurz nach Niemöllers 92. Geburtstag wurde bekannt, dass in der geheimen Zersetzerdatei des Militärischen Abschirmdienstes (MAD) auch sein Name verzeichnet war – mit „so viele[n] Eintragungen, daß es nicht möglich war, sie hier wiederzugeben“, wie ein Nachrichtenmagazin berichtete.[703]

Im Rückblick auf seinen Weg durch das 20. Jahrhundert hat Martin Niemöller selber davon gesprochen, daß „der wesentliche Teil meines Lebens der Dienst für den Frieden, mein Einsatz für eine friedliche Welt gewesen ist“.[704] In seinem radikalen Pazifismus fühlte er sich zunehmend von der Gewaltlosigkeit der Quäker angezogen, deren freikirchliche Struktur obendrein seinem Kirchenverständnis entgegenkam. Schon 1956 hatte ihn bei einem Aufenthalt in den USA der Spielfilm „Friendly Persuasion“ beeindruckt. Der mit mehreren Preisen ausgezeichnete Film erzählt die Geschichte einer Quäkerfamilie in Indiana, die sich 1862 während des Bürgerkriegs ihre pazifistischen Grundsätze zu bewahren versucht.[705]

Kritik am bürgerlichen ‚Christentum‘

Niemöller machte sich keine Illusionen darüber, welche Rolle Christen in der Nachkriegsgesellschaft spielten. Das Christentum sei „bloss noch ein Name“, denn von den über 90 % der Bevölkerung, die einer christlichen Kirche angehörten, finde man sonntags nur 2 bis 3 % im Gottesdienst.[706] In einem Vortrag schätzte er 1957 zwar den Anteil der regelmäßigen Gottesdienstbesucher mit 5 bis 10 % etwas höher ein. Aber im Übrigen fiel seine Darstellung ernüchternd aus. Christliche Religion oder Ethik werde nicht mehr als etwas Grundlegendes, sondern nur noch als eine von mehreren Möglichkeiten angesehen. Die kirchliche Arbeit habe nur Menschen in den bürgerlichen Mittelschichten hinzugewonnen, nicht in der Arbeiterklasse. Das traditionelle Christentum sei für die westliche Lebensweise keine wirkliche Gefahr, sondern einfach ‚Religion‘, die helfe, gute und ruhige Bürger zu machen. Es schade keinem, es helfe auch keinem. Es sei „laut Jesus ... nichts als fromme Einbildung“.[707] Wie Niemöller 1964 in einem Vortrag vor der Frankfurter Gesellschaft für christlich-jüdische Zusammenarbeit sagte, war er dahin gekommen,

Christentum und Judentum als Glaubensbekenntnisse radikaler Minderheiten in der Gesellschaft zu betrachten.[708]

Das bürgerliche ‚Christentum' war für ihn eine höchst fragwürdige, kritische Größe, wie zwei Predigten belegen, die er im Abstand von mehr als 20 Jahren hielt. Am 16. Mai 1954 bekommen die Zuhörer – unter dem Leitwort des Sonntags Cantate: „Singet dem Herrn ein neues Lied; denn er tut Wunder!" – eine Rundfunkpredigt zu hören, die das in der westlichen Welt verbreitete „Reden vom Christentum" prophetisch als Ideologie entlarvt: Die „Sachwalter dieses heute empfohlenen Christentums" meinten damit weder die Lehre Jesu von Nazareth noch „das, was die Kirchen als Gottes Gebot verkündigen". Es geht uns, sagt der Prediger, „nicht besser als dem Doktor Faust ...: ‚Die Botschaft hör' ich wohl, allein mir fehlt der Glaube' oder wie dem unglückseligen Philosophen (d. h. Nietzsche, MH): ‚Die Christen müßten erlöster aussehen, wenn ich an ihr Christentum glauben sollte'. – Die Rede zieht nicht mehr; sie macht in Wahrheit nur den unmöglichen Versuch, unsern menschlichen Bankrott mit einem religiösen Mäntelchen zu verhüllen, unter dem wir unsere Daseinsangst und unsere Sorge um das, was kommt, verstecken möchten. (... [Absatz]) Das ganze Reden vom ‚Christentum' ist in Wahrheit ein Krampf; und wir fühlen uns unwillkürlich an das böse Wort erinnert, das die Religion schlechthin als ‚Opium fürs Volk' bezeichnete". Dieses ‚Christentum' sei bloß eine imaginäre Größe. Es gehe gar nicht um eine Lehre oder ein System oder ein Programm: „Hier ist eben die Person, hier ist Jesus Christus das, nein – *der* Entscheidende! (...) Es geht um ihn, ganz und gar um ihn selber, um ihn als den lebendigen, den auferstandenen, den allgegenwärtigen und allwirkenden Herrn ..." So gewinnt erst die Mahnung des biblischen Predigttextes ihren Sinn: „Halt im Gedächtnis *Jesum Christum*, der auferstanden ist von den Toten, aus dem Samen Davids, nach meinem Evangelium!" (2 Tim 2,8). Niemöller legt den Akzent auf die Gegenwart, genauer: auf die Präsenz des Auferstandenen. „Wir sind nicht die Erben eines großen Toten, die nun sein Erbe weiterzuentwickeln hätten, sondern er ist der lebendige Herr, der uns heute durch sein Wort führt und regiert wie er alle Seinen in der Vergangenheit geführt und regiert hat und in der Zukunft führen und regieren wird als der Lebendige, der allezeit gegenwärtig ist bei den Seinen ..."[709]

Wie Søren Kierkegaard im 19. Jahrhundert das offizielle ‚Christentum' angriff und in seinen erbaulichen Reden den Einzelnen in die ‚Gleichzeitigkeit' des Lebens mit Christus hineinrufen wollte (wovon Bonhoeffer sich in seinem Buch ‚Nachfolge' inspirieren ließ), so greift Niemöller in der zweiten Hälfte des 20. Jahrhunderts das von der säkularen westlichen Welt beschworene ‚Christentum' an als Relativierung der ‚Herrschaft Christi' durch fremde Herren und „Versuchung zum falschen Spiel".[710]

In der Predigt, die am 27. Juli 1975 im Rahmen der Evangelischen Morgenfeier des Hessischen Rundfunks übertragen wurde, unterzog Niemöller das etablierte Christentum und die Kirche von der Bergpredigt Jesu her einer fundamentalen Kritik: Sie seien „niemals über ihre Angst vor der Radikalität Jesu hinweggekommen (...) aus Sorge um die eigene Existenz, aus Selbsterhaltungstrieb ..." So habe man den Gegensatz zwischen der „herrschenden, angeblich ‚christlichen' Moral und der Verkündigung Jesu ... entschärft". Das sei aber heute nicht mehr überzeugend. „Was Jesus lehrt, das verträgt sich offensichtlich nicht mit dem, was uns unser eigenes Denken, unser angeblich ‚gesunder' Menschenverstand sagt. Den ‚Gott', in dessen Namen Jesus spricht, den kann und den darf es deshalb gar nicht ‚geben', der ist ‚tot', für den ist in unserm Denken, Rechnen und Planen schlechterdings kein Raum mehr, für den ist im Grunde niemals Raum gewesen ..." In der sogenannten ‚christlichen' Welt werde nirgendwo mehr im Ernst probiert, diesen Gott Jesu Christi „als bestimmenden ... Faktor in unser Denken, Rechnen und Planen" einzusetzen. Es mag noch einzelne Jesusjünger oder kleine Gruppen von Christen geben, räumt der Prediger ein, denen es mit dem ‚Christusbekenntnis' ernst sei: „In dir, Jesus von Nazareth, begegnet uns der lebendige Gott; du bist der Christus, das menschgewordene, an mich und uns persönlich gerichtete Wort des lebendigen Gottes, mein und unser Bruder und Herr! Aber für die ‚christliche Welt' ist das längst zur kultischen Sprache geworden, das gilt für den ‚Gottesdienst', das kann man dort hören, man kann das auch mitsprechen, aber für das wirkliche, praktische Leben hat es nun einmal keinerlei Bedeutung und nichts beizutragen."

Niemöllers sieht die Kirche – alles, was sich ‚christliche' Kirche nenne – mit einer desillusionierenden Nüchternheit: Sie habe sich mit der Bedeutungslosigkeit des Christusbekenntnisses in der ‚christlichen' Welt abgefunden. Auf die damals gerade aktuellen Ergebnisse der ersten soziologischen Untersuchung der Volkskirche („Wie stabil ist die Kirche?", 1974) gab Niemöller wenig. Schwerer wog für ihn der Anschein, „als hätte die Kirche von heute vergessen, daß sie einen Herrn hat, nach dem sie doch ihren Namen trägt, und daß dieser Herr lebt und so wenig tot ist, daß er vielmehr im Namen seines und unseres himmlischen Vaters dessen Herrschergewalt im Himmel und auf Erden verwaltet und ausübt, und daß dieser Kyrios und Herr eben jener Jesus von Nazareth ist, der in der ‚Bergpredigt' zu uns wie damals zu seinen Zeitgenossen spricht".

Niemöller rechnet noch mit einer ‚christlichen' Welt, in der kaum jemand Jesu Worte nicht zu hören bekommen hat. Heute, mehr als 40 Jahre danach, können wir nicht mehr derart ungebrochen eine allgemeine christliche Sozialisation voraussetzen. Allzu deutlich sind der kirchliche Traditionsabbruch und seine Folgen spürbar. Den neuralgischen Punkt, an dem sich die Beziehung zu Jesus entscheidet, trifft Niemöller jedoch präzis: „Mit dem Hören allein ... ist's nicht getan: Jesus will etwas von uns und mit uns, seinen Menschenbrüdern. Er fordert uns nämlich auf, uns nicht auf unsern ‚gesunden' Menschenverstand (oder was wir so nennen) zu verlassen, sondern das, was er uns sagt, nicht nur zu hören, sondern auch zu tun. Gerade das aber beurteilen wir selbst als töricht und tun es deshalb nicht, haben es deshalb niemals auch nur ehrlich versucht."[711]

Darin lehrt Niemöller im Grunde das, was Bonhoeffer in seinem Buch ‚Nachfolge' als „einfältigen wörtlichen Gehorsam" und „Bruch mit den Unmittelbarkeiten der Welt" bezeichnet hat. Der „einfältige Gehorsam" verlässt sich auf das Wort Jesu Christi, er glaubt *und* gehorcht; indem Jesus in die Nachfolge ruft, löst er den Menschen aus seiner Unmittelbarkeit zur Welt und „macht den Gerufenen zum Einzelnen".[712] Niemöller predigt, was Bonhoeffer in strenger Auslegung der Bergpredigt auf den Begriff gebracht hat. Er predigt (ausgehend von Mt 7,24–29) den *Ruf zur Nachfolge*, auf den es nur eine angemessene Antwort, die durch das Tun, gibt: „Jesus kennt nur eine einzige Möglichkeit: einfach hingehen und gehorchen."[713] Die Nagelprobe darauf, ob Jesus in Wahrheit verstanden wird, besteht für Niemöller denn auch im Umgang mit dem höchst ärgerlichen Jesuswort „Ihr könnt nicht Gott dienen und dem Mammon!" (Mt 6,24). Die Kirche habe noch nie vor dem Götzen der Geldherrschaft („Geld regiert die

Welt") gewarnt. Solches Verhalten, das Hören des Jesuswortes ohne das Tun, sei töricht. Jesus vergleiche es mit dem Bauen auf sandigem Untergrund. Zuletzt fragt Niemöller seine Zuhörer: „Auf was für einen Grund bauen wir als wahrhaft ‚kluge' Leute?"[714]

Es sind Predigten wie diese, mit denen Niemöller seine Zuhörer in Unruhe versetzt, weil er ihnen *alle* Sicherheiten entzieht, auf die sie bisher zu bauen gewohnt waren. Sie machen klar, was sein Kernsatz aus Dahlemer Zeiten bedeutet: „Das Evangelium ist Angriff". Gegen ein „philisterhaftes Privatchristentum" kämpfte er schon damals.[715]

7. Unruhiger Ruhestand – die letzten Jahre (1965–1984)

Noch bis Ende der 1970er Jahre führte Niemöller ein sehr aktives Leben. Er reiste immer noch viel, arbeitete für die Ökumene, trat bei Friedenskundgebungen als Redner in Erscheinung und führte eine ausgedehnte Korrespondenz. Auch der ‚Ruheständler' arbeitete von frühmorgens bis tief in die Nacht. Seine Energie war ungebrochen. Wer ihn in Wiesbaden besuchte, konnte bemerken, dass er zwei Treppenstufen auf einmal nahm, wenn er in sein Arbeitszimmer hinaufstieg. In kurzer Zeit arbeitet er Vorträge aus; Predigten zu schreiben ist dagegen eine mühevolle Arbeit. Anders als in seinen frühen Jahren schreibt er jetzt seine Vorträge meist mit der Hand, die Predigten werden auf einer alten Olivetti-Reiseschreibmaschine getippt.

1968 traf Niemöller in New York ein ehemaliges Glied seiner Dahlemer Gemeinde: Freifrau Sybille Augusta Sophia von Sell. Sie war die Tochter des Freiherrn Ulrich von Sell, einem Mitwisser des Attentats auf Hitler vom 20. Juli 1944. Am 25. Juli 1944 war er verhaftet worden. Im Dezember 1945 erfror er in einem russischen Lager. 1971 heiratete Niemöller die fast dreißig Jahre jüngere preußische Adlige. Für sie war er die seit Kindertagen bewunderte Vaterfigur. An seinem Lebensabend fand er in Sybille von Sell eine Frau, die ihn an zwei Lebensadern zurückführte: Preußen und Dahlem.[716]

Mehrfach trug man den Wunsch an ihn heran, er möge seine Memoiren schreiben. Auch seine zweite Ehefrau legte ihm dies nahe. Doch Niemöller wehrte ab: Sein Gedächtnis reiche zur „Wiederbelebung" seiner Tagebuchnotizen nicht mehr aus, und es gebe für ihn eine Menge zu tun, was er „sehr viel lieber tue als in der Vergangenheit herumzustöbern".[717]

Erfahrungen mit Musik

Eine Seite Niemöllers, die kaum je näher betrachtet wurde, ist sein Verhältnis zur Musik. Dabei begleitete Musik sein Leben nicht nur beiläufig.

Der Marineoffizier fand nichts dabei, dass die Besatzung seines U-Boots U 73, nachdem sie einen großen Tanker versenkt hatte, auf dem Grammophon das Deutschlandlied abspielte.[718] Als Landarbeiter erholte Niemöller sich jeden Sonntagnachmittag beim häuslichen Lesen und Musizieren.[719] Der Theologiestudent gehörte zu dem von Professor Smend geleiteten Akademischen Kirchenchor, „der bei den akademischen Gottesdiensten regelmäßig mitwirkte und beim Semesterschluß die Matthäuspassion von Schütz in der Erlöserkirche aufführte".[720] Das deutet auf eine gute Singstimme hin, denn die rein vokale Passionsmusik von Heinrich Schütz stellt an Chorsänger hohe Ansprüche. In den 1920er Jahren in Münster, erinnerte sich Jan Niemöller, habe der Vater hin und wieder mit der Mutter vierhändig Klavier gespielt.[721] Der Vater hatte in seiner Jugend Klavierunterricht erhalten.[722] „Er war ein fleißiger und guter Klavierspieler", bestätigt der älteste Sohn Heinz Hermann,[723] der auch zu berichten weiß, dass der Lieblingskomponist seines Vaters Joseph Haydn hieß – ein vielsagendes Detail.

Das Erinnerungsbuch „Vom U-Boot zur Kanzel" ist so erfolgreich, dass Niemöller sich von den Einkünften daraus nicht nur ein Auto, sondern im Juni 1936 auch einen Blüthner-Stutzflügel kaufen kann.[724] Sohn Jan berichtete später, der Vater habe das Piano-Geschäft in „Hochstimmung" verlassen. Er fand auch den Grund dafür: Am Tag vor dem Kauf hatte die vorläufige Leitung der evangelischen Kirche eine mutige Denkschrift an Hitler übergeben. Damit sei die Zeit des undeutlichen Redens beendet gewesen, die Missstände im NS-Staat wurden offen beim Namen genannt. Niemöller selbst nutzte den Flügel kaum, aber vier seiner Kinder erhielten an diesem Instrument Klavierunterricht. Er drängte auch darauf, dass sein Sohn Heinz Hermann bei dem Berliner Domorganisten Prof. Fritz Heitmann Orgelunterricht nahm.

Gemeinsamer Gesang von Kirchenliedern wurde schon im Elternhaus regelmäßig geübt. Auch im Dahlemer Pfarrhaus wird Kirchenmusik gepflegt. In der Zeit des Kirchenkampfes legte Niemöller Wert darauf, vor allem bewährte alte Lieder aus der Reformationszeit und dem 17. Jahrhundert im Gottesdienst singen zu lassen.[725] Verständlich wird seine Haltung durch das 1936 geschriebene Vorwort zu einem Büchlein über Lutherlieder. Darin beschreibt er das neue Singen der Bekennenden Kirche, in dem die alten Lieder neue, subversive Kraft gewannen: „Dies Singen selbst ist beides: Verkündigung des Wortes Gottes und Bekenntnis zum Wort Gottes. Und so singen wir wieder jene Lieder mit besonderer Freude, die von Hause aus Verkündigung und Bekenntnis sind: Luthers Lieder und überhaupt Lieder jener Zeit, da die Kirche genug und übergenug zu tun hatte, die großen Taten Gottes zu preisen."[726] Während seiner Jahre als KZ-Häftling lernte er nach eigener Aussage mehr als 300 Kirchenlieder auswendig.[727] Das erlaubte ihm später bei Gottesdiensten, die meisten Lieder ohne Gesangbuch mitzusingen. Er sang gern Choräle beim Autofahren,[728] liebte aber auch die ‚leichte Muse', d. h. Operetten und Musicals; letztere hatte er nach 1945 auf seinen Reisen mit Ehefrau Else in den USA kennengelernt. Noch im hohen Alter hörte er sich Schallplatten mit amerikanischer Unterhaltungsmusik an. Zu den Annehmlichkeiten, die die Amerikaner ihm nach seiner Befreiung in Neapel verschafften, gehörten Eintrittskarten für die Oper. So besuchte er drei Vorstellungen im Real Teatro di Carlo und hörte am 17. Mai 1945 in Puccinis „Tosca" den Startenor Beniamino Gigli singen.[729]

Als der hessen-nassauische Kirchenmusikdirektor Philipp Reich, damals noch ‚Landeskirchenmusikwart' genannt, 1947 in Frankfurt am Main seine Arbeit aufnahm, ließ Niemöller ihm völlig freie Hand: „Schaffen Sie was, dann kriegen Sie auch Geld!" Und Reich ‚schaffte' es, die Kirchenmusik in der Landeskirche neu aufzubauen. In den 1950er Jahren hat er den Kirchenpräsidenten immer wieder zu Kirchenmusiker-Tagungen in Arnoldshain und zu Wochenenden der Hessischen Kantorei eingeladen. Wenn Niemöller trotz vieler Termine einmal Zeit fand zu kommen, habe er gesagt: „Singen Sie mir etwas!", sich hingesetzt und zugehört.[730]

Mit leiser Wehmut schreibt der 81-Jährige an Reich: „In meinem Leben und in meinem Haus sind leider die Klänge der Kirchenmusik sehr selten geworden: Es gehört wohl zum ‚Altwerden' hinzu, daß es von Jahr zu Jahr stiller um mich herum wird und daß ich die liebe Musica Sacra mir in den Gottesdiensten ,holen' muß, zumal ich für die Musik im Radio und im Fernsehen kein rechtes Aufnahmeorgan mehr habe; und dennoch klingt die Kirchenmusik in meiner Erinnerung immer wieder einmal mit und auf!"[731] Reich gratuliert ihm zum 85. Geburtstag: „viele, viele Menschen, die als Lobsänger Gottes und als Seine Musikanten tätig sind und waren, haben Sie nicht vergessen, Sie selbst, verehrter Bruder Niemöller, und Ihr Wirken in unserer Kirche … Auch ich persönlich habe Ihnen für mehr zu danken, als Sie wissen können: Aufrichtung, Mut, Trost, Glaubensstärkung."[732]

Ende April 1962 fragte der weltberühmte russische Komponist Dmitri Schostakowitsch bei Niemöller an, ob er sich vom 9. bis 14. Juli an einem ,Weltkongress für allgemeine Abrüstung und Frieden' in Moskau beteiligen wollte. Er bat ihn, zusammen mit verschiedenen Kirchenvertretern mit moralischer Autorität (!) das Friedens- und Abrüstungsproblem zu erörtern. Niemöller erklärte sich am 8. Mai bereit, an den Besprechungen als Beobachter teilzunehmen. Die geplante Begegnung kam jedoch nicht zustande, da Niemöller sich durch vorhergehende Reisen „mit Arbeit daheim überlastet" sah. Eine neue achttägige Abwesenheit dürfe er sich nicht zumuten, schrieb er am 25. Juni an Schostakowitsch.[733]

Zu den Kuriosa in Niemöllers Leben gehört sicher sein Auftritt im Haus des Violinvirtuosen Yehudi Menuhin im schweizerischen Gstaad.[734] Ein im Sommer 1969 gedrehter Dokumentarfilm zeigt Niemöller als Zuhörer bei häuslichen Kammerkonzerten und bei Plaudereien mit so illustren Gästen wie dem Maler Oskar Kokoschka und dem Schauspieler Peter Ustinov. Der Regisseur Rolf Unkel (1912– 1990), Komponist zahlreicher Filmmusiken, hat wiederholt Filme über bedeutende Musikinterpreten gemacht wie z. B. über die Dirigenten Carl Schuricht, Ferenc Fricsay und Dimitri Mitropoulos. In seinem Film „Zuhause bei den Menuhins" steht die Musik im Mittelpunkt. Menuhin hatte Niemöller eingeladen; er soll sich „ganz besonders" auf die Bekanntschaft mit ihm gefreut haben. Dem Süddeutschen Rundfunk Stuttgart, der den Film produzierte, war Niemöllers Beteiligung immerhin so viel wert, dass man seine Flugkosten von New York nach Zürich und zurück, Reisespesen und ein Honorar in Höhe von 800 DM dafür zahlte.[735]

Bruderschaft aller Menschen

Nicht erst in der Nachkriegszeit, sondern bereits während des Zweiten Weltkriegs war Niemöller als Mann des kirchlichen Widerstands zur „Symbolfigur der deutschen Kirche"[736] in der Ökumene geworden. Kein anderer Mann der Evangelischen Kirche Deutschlands war bis ans Ende seines Lebens so sehr ‚homo oecumenicus‘ wie er. *The World is my Parish* – „die Welt ist meine Parochie": Gelegentlich zitierte Niemöller diesen Ausspruch John Wesleys, um den Radius seiner pastoralen Tätigkeit zu umschreiben.[737]

Von 1961 bis 1968 war Niemöller Co-Präsident des Weltkirchenrates (ÖRK), danach trat sein Wirken für die Ökumene hinter seinen Aktivitäten für den Frieden zurück. „Mit der Ökumene habe ich kaum noch unmittelbare Fühlung: seit 1968 bin ich nur ein einziges Mal in Genf gewesen", teilte er 1973 einem befreundeten Pfarrer mit.[738] Zwei Jahre später nahm er noch an der Vollversammlung des ÖRK in Nairobi teil.

„In dieser Generation", schrieb der englische Baptist Ernest A. Payne 1972 über ihn, „hat niemand größeren Mut und größere Beständigkeit bei der Verfolgung des Zieles einer Bruderschaft aller Menschen bewiesen ..."[739] Als Mitglied im Präsidium des Ökumenischen Rates der Kirchen prägte Niemöller dessen politische Theologie, wonach die Kirchen sich im Kampf für Gerechtigkeit und Freiheit zugunsten der Armen und Unterdrückten zu engagieren haben. Allein ihr prophetisches Zeugnis, meint er, könne die Christenheit in den Augen der Welt glaubwürdig machen. Für diese politische Theologie, die weithin inspiriert ist von den Schriften Karl Barths und Dietrich Bonhoeffers, hat Niemöller sich mit seinem Prestige als Figur von Weltrang und seiner Position im ÖRK mit unablässigem Eifer eingesetzt.[740]

Was verstand Niemöller unter Ökumene? Dazu äußert er sich in einem Brief: „Es gibt heute ja viele Leute, die ökumenisch sein wollen und unter Ökumene die Bruderschaft aller Religionen verstehen. Das ist nicht ‚christlich‘! Nach meiner Überzeugung ist christlich die Glaubenshaltung der Jünger-Gemeinde Jesu Christi, für die tatsächlich alle Menschen – gleich welcher Religion – zu Brüdern füreinander berufen und bestimmt sind."[741]

Was die „Einheit unter Christenmenschen" stiftete und die christlichen Kirchen miteinander verband, war für Niemöller der Glaube,

d. h. das persönliche Lebensverhältnis zu Jesus Christus: „Und der Glaube an ihn ist nicht Lehre. Lehre ist das, was wir denkend über unseren Glauben an ihn ... meinen aussagen zu müssen und aussagen zu können. Glaube ist Leben, Leben in seiner Nachfolge. Und da können verschiedene Lehrauffassungen nicht mehr trennen, sondern da wird die gelebte Einheit wirklich bei all unseren Verschiedenheiten. Im Glauben sind wir, sind die Kirchen, die wirklich den Christus Jesus meinen und ihm folgen, miteinander verbunden und nicht voneinander getrennt. Es geht nicht um eine einheitliche Organisation für alle die getrennten christlichen Kirchen. Das ist ziemlich gleichgültig. (...) Deshalb halte ich es für die uns heute wesentlich gestellte Aufgabe in der Ökumene, im Blick auf die gesamte Christenheit und die gesamte Weltmenschheit, daß wir im Geiste Jesu Glauben verstehen lernen als diese Art eines persönlichen Verhältnisses mit ihm." Dieses Glaubensverhältnis mit Jesus Christus, betont Niemöller, sei von Christen und christlichen Kirchen so zu leben, dass dadurch der Welt „zum rechten, menschlichen Leben, das Gottes Wohlgefallen hat", geholfen werde.[742]

Wie hoch Niemöller in der Ökumene geschätzt wurde, belegen die Beiträge, die in der zu seinem 70. Geburtstag erschienenen Festschrift gesammelt sind. Stellvertretend für viele sollen zwei Stimmen zitiert werden: die des tschechischen evangelischen Theologen Josef L. Hromádka (1889–1969) und die des methodistischen Pastors Philip Potter (1921–2015).

Josef L. Hromádka, Gründer der Christlichen Friedenskonferenz (1958), deren Präsident er für ein Jahrzehnt war, hob hervor, was im konfessionellen Luthertum in Deutschland sicher mit Erstaunen registriert wurde: „Martin Niemöller ist seinem Wesen und seiner geistigen Struktur nach ein lutherischer Christ: durch seine Erziehung, durch die Atmosphäre in seinem Elternhaus und durch seine ernste Ehrfurcht dem Erbe Martin Luthers gegenüber. Die Art und Weise, wie er von dem Evangelium, von der Gnade und der Vergebung spricht, offenbart seine lutherischen Wurzeln. Es ist aber erstaunlich zu beobachten, wie sein ‚Luthertum' immer wieder seine festgelegten Grenzen sprengt und wie er – ohne seine Treue zum lutherischen Bekenntnis zu leugnen – zu den reinen Quellen der ursprünglichen reformatorischen Botschaft zurückkehrt und durch das lebendige Wasser dieser Quelle erquickt und erneuert wird." Gerade die Vertiefung in die Wurzeln des eigenen Bekenntnisses und das echte „Bekennen der evangelischen Wahrheit", fährt Hromádka fort, habe Niemöller in die Weite geführt und „den echten Bekennern aus anderen Konfessionen" näher gebracht: „Derselbe Niemöller, der so mächtige, an Martin Luther erinnernde Worte spricht, findet neue Wege zu den Reformierten, Orthodoxen, Böhmischen Brüdern, Anglikanern und Katholiken – in keiner Verschwommenheit, in keinem Schwärmertum, in keiner allgemeinchristlichen Sentimentalität, sondern in evangelischer Nüchternheit und in Treue zu dem Erbe seiner eigenen Kirchengemeinschaft." Die evangelische Botschaft von der Gnade verbinde sich bei ihm mit leidenschaftlichem Interesse für den Menschen, auch seine politische Arbeit sei „Ausdruck seiner Glaubensentscheidung, seines Verständnisses des Evangeliums".[743]

Philip Potter, seinerzeit Vorsitzender des Christlichen Studenten-Weltbundes und 1972 bis 1984 Generalsekretär des Ökumenischen Rates, schrieb über Martin Niemöller, er habe seit Gründung des Rates „mit Recht in der ökumenischen Bewegung eine führende Rolle gespielt. Ich sage ‚mit Recht', denn gerade er hat, mehr als die meisten anderen, uns Jüngeren geholfen zu erkennen, was es bedeutet, zur Kirche zu gehören, die das aus allen Völkern, Rassen und Sprachen gerufene Volk Gottes ist. Er hat uns in konkreter Weise gezeigt, welche Gewalt in der Erneuerung der biblischen Theologie und Predigt steckt. Er hat gezeigt, daß christliches Zeugnis nicht darin besteht, lediglich kollektive Erklärungen zu laufenden Fragen abzugeben, sondern auf Grund dieser Erklärungen persönlich zu handeln – das ist der Weg wahrer ‚martyria', wahren Märtyrertums. Er hat uns gelehrt, daß allgemeine und höfliche Proteste dazu neigen, unwirksam und ein wenig lächerlich zu sein. Die einzige, aufrichtige, christliche Position, die es zu beziehen gilt, ist ein klar profilierter Protest gegen eine bestimmbare und konkrete Sache dort, wo man gerade steht, auch wenn man dadurch zum Gegenstand des Spottes, des Hasses und der Verleumdung wird." Potter schätzte vor allem den Prediger hoch: „Pastor Niemöller ist unverwechselbar ein Deutscher, und seine intellektuelle wie theologische Bildung ist offensichtlich deutscher Art. Aber wo immer er in der Welt predigt oder spricht, geschieht das geradeheraus und fast in der Redeweise der Menschen, die er gerade vor sich hat. Das, was er zu sagen hat, trifft seine Hörer darüber hinaus ganz persönlich, weil es fest und klar im Evangelium wurzelt und durch seine seelsorgerliche Erfahrung erprobt ist."[744]

Es war der Evangelist, der Prediger, der die Ökumene beeindruckte, während die deutsche Öffentlichkeit, die vor allem von Niemöllers politischen Stellungnahmen bewegt war, ihn als prominenten Vertreter des ‚Linksprotestantismus' wahrnahm und seine Äußerungen, je nach eigenem Standort, entweder mit Beifall begrüßte oder als Ärgernis betrachtete.

Dem 80-jährigen Karl Barth schrieb Niemöller am 3. Mai 1966 während einer Japanreise einen bewegenden Glückwunsch- und Dankesbrief. Die Hitler-Ära sei für ihn wie für viele zur Stunde der Begegnung mit Barth geworden:

> „Theologie hörte damals auf, denkende Theorie und theoretisches Denken zu sein. Was in Barmen geschah, war Leben und wirkliches Geschehen, und die erste Barmer These hat seither nicht nur unter Glas und Rahmen in meinem Studierzimmer gehangen und mich an ein kirchengeschichtliches Ereignis erinnert, dessen Zeuge ich geworden war. Sie hat vielmehr von da an mein Denken und Leben bestimmt und mein Wirken erfüllt. Seit damals weiß ich, daß ich – wenn auch spät, so doch unwiderruflich – Dein Schüler wurde und bleibe. Hab' Dank, und unserm gemeinsamen Herrn sei Dank, daß es so gekommen ist.
> Ich erinnere mich, daß Du einmal, als von den ‚Barthianern' die Rede war, mit Nachdruck erklärtest, es sei niemals Deine Absicht gewesen, eine theologische ‚Schule' zu begründen oder aufzumachen; und ich weiß in der Tat nicht, ob es so etwas wie eine ‚Barth'sche Schule' gibt oder jemals geben wird. Aber das andere weiß ich gewiß, daß Du mir damals, ohne daß eine Absicht oder ein Wollen dabei im Spiel gewesen wäre, ein geistlicher ‚Vater' geworden bist."[745]

In einem 1970 veröffentlichten Interview sagte Niemöller, worin er den Auftrag der Kirche sah: „Die Kirche von heute soll ihren Gliedern und allen, die ihre Stimme zur Kenntnis zu nehmen bereit sind, deutlich machen, was ihr Herr – Jesus von Nazareth, der ‚Christus' – zu den heute wichtigen Fragen für eine Stellung einnehmen würde, und hat alle Menschen dazu aufgerufen, diesem Herrn mit ihrem Verhal-

ten und Tun nachzufolgen."[746] Es ist Niemöllers immer wiederkeh-
rende Kernfrage, die hier anklingt: „Was würde Jesus dazu sagen?"
Diese Frage hat die Kirche allen Christen, ja allen Menschen zu stellen, so dass jeder selbst Jesus nach seiner Weisung fragt: „Was willst
du, Herr, dass ich tun soll?" (Apg 9,6).[747]

Es ist die Frage des Saulus, der in der Begegnung mit Jesus Christus zum Paulus wird. Sie gehört in den Kontext einer Bekehrungs-
und Berufungsgeschichte, in der ein jüdischer Theologe, der Christen
verfolgte, auf einen neuen Weg gerufen wird. Niemöller hat hier seinen biblischen Ort gefunden: in der Frage, die sich ihm als Zeuge des
Herrn Christus immer neu stellte.

Theologie als Wissenschaft, sofern sie nur ‚theoretisches Denken'
blieb, hatte für Niemöller keine vitale Bedeutung. Gegenüber dem
Präsidenten der EKU, Martin Fischer, gestand er 1970:

> „Meine Achtung vor der Theologie ist im Lauf der letzten 10 Jahre
> – und besonders seit dem Tode von Karl Barth – vollkommen dahin-
> gegangen. Ich glaube nun einmal nicht, dass der Christ Theologie
> nötig hat, abgesehen von dem, was das eine Wort Gottes, das wir –
> nach der Barmer Erklärung – zu hören und dem wir im Leben und
> im Sterben zu vertrauen und zu gehorchen haben, uns sagt.
>
> Die heutige Theologie kommt mir ebenso wie ein Leerlauf vor als die
> Mode ‚Religionspsychologie' zu Beginn der Zwanziger Jahre, die mit
> dem Auftauchen Barth's und seiner Schrifttheologie über Nacht von
> der Bildfläche verschwand. Auch die gegenwärtige ‚Religionssoziolo-
> gie' wird verschwinden, wenn wir wieder eine ‚vernünftige' Theologie
> bekommen, d. h. eine Schrifttheologie, die Barmen I ernst nimmt."[748]

Eine Theologie, die Niemöller respektierte und seinerseits ernst
nahm, war demnach eine Theologie, die das ganze Leben durch das
eine Wort Gottes, d. h. durch Jesus Christus, bestimmt sein lässt und
von diesem Faktum her denkt. Kern seiner Theologie und zugleich
bewegende Kraft seines Lebens war der Glaube an Christus als Herrn
seiner Gemeinde und der Welt. Aus diesem Glauben, der ins Leben
und zum Tun drängt, konnte er mit Bestimmtheit sagen: „Eine Gemeinde, in der nicht mit Jesus gelebt wird, ist keine christliche Gemeinde. Eine Gemeinde, in der bloß Theologie betrieben wird, ist
keine Gemeinde. Ich kann die Menschen von der Kanzel nicht mit

Theologie füttern, sondern ich habe ihnen die Frage in ihr Leben hineinzulegen: Was würde Jesus dazu sagen? Was will Er von mir?"[749]

Von diesem Ansatzpunkt mag die ökumenische Weite herrühren, die Niemöllers Denken auszeichnet, und seine Freiheit gegenüber jedem Konfessionalismus. An den lutherischen Dogmatiker Peter Brunner schrieb Niemöller einmal, er hoffe, „dass mir immer so viel Objektivität und Weite des Herzens geschenkt werden und erhalten wird, dass ich keinerlei theologischer Monomanie verfalle und auch hinter den Zäunen die Brüder noch zu erkennen und zu sehen in der Lage bin".[750]

1964 schloss er sich der These an, die der damalige EKD-Ratsvorsitzende Kurt Scharf angesichts des Zweiten Vatikanischen Konzils formuliert hatte: Das Konzil „bedeutet das Ende der Gegenreformation, ganz gleich, wie es weitergeht".[751] Im Vorwort einer von Johann Christoph Hampe herausgegebenen ökumenischen Dokumentation äußerte sich Niemöller als Präsident des Weltrates der Kirchen (ÖRK) zuversichtlich, durch das Konzil, besonders die dogmatische Konstitution ‚Lumen gentium', habe sich im Verhältnis der Kirchen etwas „tiefgreifend gewandelt". Man „denkt aneinander, aber nun eben nicht mehr zuerst und zuletzt als an den Konkurrenten, Rivalen und Gegner, sondern als an den, der demselben Herrn verpflichtet ist und ihm zu dienen trachtet". Damit sind „neue Möglichkeiten" im Gespräch gegeben, deren grundsätzliche Bedeutung nicht hoch genug eingeschätzt werden könne. Was haben Evangelische und Katholische „alles nur Erdenkliche getan, um unsere Trennung voneinander zu begründen und zu verewigen. Jetzt will ein Neues Platz greifen, eine völlig andere Grundhaltung will sich durchsetzen."[752]

Damit sei ein neuer Verstehenshorizont eröffnet. Jetzt würden Christen mit der Frage konfrontiert, „ob wir es nicht dem Herrn, dem Haupt der Kirche, der einen heiligen christlichen Kirche, schuldig sind, uns gegenseitig zu fragen, ob Er nicht in der Tat größer und mächtiger ist als all die Lehrunterschiede, mit denen wir unser Getrenntsein begründen". Hier benennt Niemöller die Grundfrage und bringt die ökumenische Herausforderung auf den Punkt: „Wir werden herausgerufen aus unseren geistlichen Schützengräben und Stellungen, dass wir einander wahrhaft begegnen und einander ins Auge schauen." Wie halten wir es, fragt er, mit dem gemeinsamen Bekenntnis zu Jesus Christus? „Ist Er derselbe, Er, den ihr verkündet und dem ihr gehört, und Er, den wir anbeten und dem wir gehören? Wenn wir einmal so weit miteinander und so nah zueinander kommen, dann wird es sich erweisen, ob wir nicht doch so viel Gemeinsames haben, daß wir der Welt den einen und denselben Herrn und Heiland zu bezeugen haben, ob wir nicht im Bekenntnis zu ihm und im Dienst für ihn an einem Strang zu ziehen haben."[753] Es hat Folgen, wenn man sich auf das Gemeinsame des Glaubens besinnt. Aus Niemöllers Sicht bringt das begonnene Konzil „eine tiefe Veränderung des traditionell Gewohnten", d. h., die Kirchen müssen sich wandeln.

Es war für ihn eine beklagenswerte „Tatsache, daß unsere Kirchen mehr und mehr zu ‚Pastoren-Kirchen' geworden sind, d. h. zu Institutionen, in denen der theologische Fachmann und Berufsarbeiter die eigentliche Arbeit tut ..." Das habe dazu geführt, dass „für die Eigentätigkeit der Laien, der nicht mit einem besonderen Amt beauftragten Gemeindeglieder, kein rechter Raum übrigbleibt. Sie wurden zu Objekten der amtlichen kirchlichen Tätigkeit ..."[754] Auf diese Weise seien Laien zu kirchlichen ‚Versorgungsempfängern' geworden. Niemöllers Kritik bestätigt eine Einschätzung, die in BK-Kreisen schon kurz nach der Gründung der EKD vertreten wurde. Der Pädagoge Oskar Hammelsbeck, der in Berlin der Leitung der BK angehört hatte, sah schon 1948 die evangelische Kirche zur restaurativen Pastorenkirche werden. In einem Rundbrief mahnte er: „Ein ... der Gemeinde nicht verständlich zu machender Konfessionalismus lähmt die vordringlicheren Aufgaben der Kirche innen und außen. Verfassungen werden allerwärts erarbeitet, ohne daß die kirchlich verantwortungsbewußten Laienglieder wesentliche Mitarbeit leisten."[755] Hammelsbeck lag wie Niemöller daran, die Verantwortung der Gemeinde, d. h. der theologischen Laien, wahrzunehmen.

Das bekannteste Niemöller-Zitat

Mehrfach hat Niemöller sich nach 1945, „um legendären Verherrlichungen des christlichen Widerstandes in der Nazizeit entgegenzutreten",[756] mit einigen Sätzen geäußert, die in der Folge häufiger als irgendein anderes Diktum von ihm zitiert wurden:

> „Als die Nazis die Kommunisten holten, habe ich geschwiegen; ich war ja kein Kommunist. Als sie die Sozialdemokraten einsperrten,

habe ich geschwiegen; ich war ja kein Sozialdemokrat. Als sie die Gewerkschaftler holten, habe ich geschwiegen; ich war ja kein Gewerkschaftler. Als sie mich holten, gab es keinen mehr, der protestieren konnte."[757]

Dieser Ausspruch, ein rhetorisch stilisiertes Lehrgedicht mit Anapher („Als sie ...") und Epipher („... habe ich geschwiegen"), begegnet 1979 erstmals als Selbstzitat Niemöllers. In seinem Vortrag ‚Dreißig Jahre Bundesrepublik' schaute er zurück auf die Erfahrung der Gemeinsamkeit von Christen und Atheisten, Kommunisten und Sozialdemokraten in Hitlers Konzentrationslagern. Er hatte damit „einfach die drei Etappen der Verhaftungswellen nachgezeichnet: Kommunisten, Sozialdemokraten, Gewerkschaftler[,] und 1937 gab es keine Organisation mehr, die noch hätte politisch wirksam protestieren können".[758] Hans Joachim Oeffler meinte später, Niemöller habe seine 1979 autorisierte Formulierung am 19. April 1976 bei einem Predigtnachgespräch in Kaiserslautern-Siegelbach geprägt. Diese Datierung, die sich auf Niemöllers Erinnerung stützt, wurde von vielen übernommen.[759] In der Tonbandnachschrift des Gesprächs[760] kommt der Ausspruch aber nicht vor. Er geht vielmehr inhaltlich wie in seiner geprägten Form auf ältere Vorläufer zurück. Alle Versuche, seine Ursprünge historisch genau zu datieren, weisen auf eine komplizierte Überlieferungsgeschichte, die hier knapp skizziert werden soll.[761]

Unmittelbar nach dem Zweiten Weltkrieg findet sich in Reden Niemöllers bereits der Gedanke, er habe 1933 und danach versäumt, in den inhaftierten Kommunisten und den verfolgten Juden den Herrn Christus zu erkennen, der in den geringsten seiner Brüder verfolgt wurde.[762] Sein Eingeständnis, zu ihrer Verfolgung geschwiegen zu haben, war nicht nur in Deutschland bekannt, sondern verbreitete sich in den 1950er Jahren besonders in den USA. Milton Mayers auf Interviews beruhendes Buch „They Thought They Were Free: The Germans, 1933–45", erschienen 1955, ist ein frühes Beispiel dafür. Es lässt erkennen, dass Niemöllers Bekenntnis bereits zu dieser Zeit in einer geprägten Form mündlich überliefert wird. Übersetzt lautete es etwa so: „Als die Nazis die Kommunisten angriffen, war ich ein wenig unruhig, aber immerhin war ich kein Kommunist, und so tat ich nichts; und dann griffen sie die Sozialisten an, und ich war ein wenig unruhiger, aber ich war kein Sozialist, und ich tat noch immer nichts; und dann kamen die Schulen, die Presse, die Juden usw., und ich war immer unruhiger, aber noch immer tat ich nichts. Und dann griffen sie die Kirche an, und ich war ein Kirchenmann, und ich tat etwas, aber dann war es zu spät."[763]

In einem Interview von 1975 mit Emil Carlebach im WDR nimmt Niemöller die von ihm selbst initiierte Erzähltradition erneut auf und resümiert: „Zunächst hat Adolf Hitler die Kommunisten ins KZ gesperrt, und dann kamen die Sozialdemokraten dran, dann hat man die Demokraten herangeholt und sich jeder freiheitlichen Äußerung in der Öffentlichkeit widersetzt. Und dann sind wir drangekommen; das war aber erst im Jahre 1937. Und dann gab es überhaupt niemand mehr, der der Diktatur einen Widerstand zu leisten in der Lage war. Die Lehre aus der ganzen Geschichte heißt: Man muß den Anfängen wehren! – und darf die Dinge nicht irgendwie ins Kraut schießen lassen. Und das ist ja wohl eine Mahnung, die heute ihre besondere Bedeutung wieder hat."[764]

Zum Zeitpunkt des Interviews wird der Ausspruch längst als internationales Wanderzitat in verschiedenen Varianten überliefert. Bereits 1968 erwähnte die „Süddeutsche Zeitung" in einem Bericht über bürgerkriegsähnliche Zustände in Mittelamerika einen Plakataufdruck in spanischer Sprache „mit dem inzwischen schon berühmten Zitat, hier aber abgeändert auf die dortigen Verhältnisse, wobei als Urheber Bertolt Brecht vermutet wurde! Ein Leserbrief an die SZ ... berichtigte diesen Fehler und benannte Martin Niemöller als Autor."[765] In der Spanisch sprechenden Welt ist Brecht bekannter als Niemöller. Das mag erklären, weshalb es dort plausibel erschien, ihm das Lehrgedicht zuzuschreiben. Inzwischen gibt es Hinweise darauf, wie dieses ‚Missverständnis' sich in Lateinamerika verbreiten konnte und welche Rolle dabei die jüdische Argentinierin und Schauspielerin Cipe Lincovsky, eine Freundin von Brechts Witwe Helene Weigel, spielte.[766]

Niemöller selbst hat wiederholt 1967 als Entstehungsjahr seines Lehrgedichts in der von ihm 1979 autorisierten Fassung angegeben. Deutlich ist, dass es mit seinen Erfahrungen im ‚Dritten Reich' zusammenhängt. Wie die Äußerung im Interview von 1975 und die Rede von 1979 erkennen lassen, spielt jedoch auch die Zeitsituation in der zweiten Hälfte der 1970er Jahre eine Rolle. Es war die Zeit der Anti-Atom-Kampagne, der antikommunistischen Propaganda und des westdeutschen Radikalenerlasses von 1972, der aktive Verfassungstreue zur Bedingung für eine Einstellung im öffentlichen Dienst erhob und damit aus Niemöllers Sicht bereits die Gesinnung bestrafte. In seiner Rede zum 30-jährigen Bestehen der Bundesrepublik warnte Niemöller vor dem Weg militärisch fundierter Machtpolitik, gegen den aktuell Widerstand geboten sei.

Über den Kreis der Kirchengemeinden hinaus verbreitete sich Niemöllers Diktum weltweit. In Deutschland wurde es „fast in jeder politischen Versammlung – besonders im Zusammenhang mit Berufsverboten – zitiert, oft so ‚ungefähr‘ aus dem Gedächtnis, meist mit gutgemeinten aber falschen Zusätzen wie Juden, Katholiken, Homosexuellen … Aber die große Judenverfolgung setzte erst ein mit der Synagogenbrandstiftung, als Martin Niemöller schon im KZ war; die Katholiken hatten ‚ihr Konkordat‘."[767] Niemöller sei wütend geworden, als er das Wort in einer Form zu sehen bekam, in der die Katholiken die Gewerkschafter verdrängt hatten. 1984 diente sein Wort sogar der Gewerkschaftsbewegung als Vorlage für ein Plakat zum britischen Bergarbeiterstreik: „First they came for the welsh pits, and I did not speak out, because I was not a welsh …"

Kurt Scharf, der das Diktum in einer anderen Variante zitiert (anstelle der Gewerkschafter stehen hier die Juden), war der Ansicht, dass Niemöller die Bekennende Kirche und sich selbst ungerecht hart angeklagt habe. Die Anklage treffe geschichtlich nicht zu: „Niemöller hat nicht geschwiegen zu dem, was an Juden und politisch Verfemten im Staat Hitlers geschah. Weil er nicht geschwiegen hatte, wurde er verhaftet, vor das Sondergericht gestellt und trotz eines Quasi-Freispruches ins KZ überführt. Der Vertreter der Staatsanwaltschaft im Verfahren klagte ihn an, weil sich in seinen Gottesdiensten und offenen Abenden Juden und Kommunisten zusammengefunden hätten, die sich sonst nicht zu treffen wagten. Und als er selbst geholt wurde, haben Tausende, Hunderttausende auch im damaligen Deutschland ‚geschrien‘ …"[768]

Die von Scharf zitierte, heute in den USA und in Israel verbreitete Fassung, die als dritte Gruppe die Juden nennt, stammt nicht von Niemöller:

First they came for the Socialists, and I did not speak out – Because I was not a Socialist. Then they came for the Trade Unionists, and I did not speak out – Because I was not a Trade Unionist. Then they came for the Jews, and I did not speak out – Because I was not a Jew. Then they came for me – and there was no one left to speak for me.[769]

Niemöllers zweite Ehefrau Sybille Niemöller-von Sell, die bald nach seinem Tod ihren Wohnsitz in die USA verlegte und zum Judentum übertrat, hat diese Variante des Lehrgedichts für authentisch erklärt.[770] Sie hielt zahlreiche Vorträge über ihren berühmten Ehemann und vertrat die Ansicht, er habe den Ausspruch in der Diskussion, die seine Nachkriegsreden begleitete, geprägt. Wo genau die Ursprünge der mündlichen Tradition des berühmten Zitats liegen, ist jedoch noch nicht abschließend geklärt. Alle Nachforschungen deuten darauf hin, dass es mit der Variante ‚die Juden‘ in den USA seit den 1950er Jahren und in England seit den 1960er Jahren verbreitet wird.[771]

Juden und Christen würdigen Niemöller heute als Beispiel dafür, wie ein unbeteiligter Zuschauer seine Verantwortung für verfolgte Mitmenschen erkennt und damit zum Beteiligten wird. Gerade so kann er jungen Menschen ein Vorbild sein. An Niemöllers dokumentierten Bekenntnissen seines Versagens aus dem Jahr 1946 lässt sich sein Weg gut verdeutlichen. Den gutgemeinten Zusatz ‚die Juden‘ zu seinem Ausspruch von 1967/79 können sie verständlich machen, aber nicht autorisieren.[772]

So problematisch und z. T. irreführend manche Umformungen sind, richtig verstanden wird der Geist des Niemöller-Wortes überall dort, wo Menschen in einem gesellschaftlichen Klima der Einschüchterung oder der Unterdrückung freier Meinungsäußerung die historische Erinnerung des Kirchenkämpfers Niemöller im Sinne eines ‚Wehret den Anfängen!‘ auf- und ernst nehmen.

Die letzten Jahre

Das Dorf Wersen im Tecklenburger Land, aus dem Niemöllers Vater stammte, machte im September 1982 von sich reden. Die Nachricht ging durch die Presse, dass der Haupt- und Finanzausschuss der Gemeindevertretung Lotte-Wersen sich geweigert hatte, Niemöller die Ehrenbürgerschaft von Lotte-Wersen zu verleihen. Zwei junge Männer hatten den Antrag gestellt, ihn zum Ehrenbürger zu machen. Die Weigerung wurde damit begründet, Niemöller hätte sich nicht um Wersen verdient gemacht. Schlimmer noch, er „habe Deutschland im

Ausland großen Schaden zugefügt, weil er maßgeblich an jener Stuttgarter Erklärung mitgewirkt hätte, in der die evangelische Kirche nach dem Zweiten Weltkrieg eine Mitschuld an der Hitlerdiktatur auf sich nahm".[773] Was aus der Sicht der Gemeindevertreter „ausreichende Verdienste" gewesen wären, blieb unklar. Proteste, die darauf verwiesen, dass Niemöller „zu den bedeutendsten Persönlichkeiten der Weltchristenheit des 20. Jahrhunderts" gehörte und die Stuttgarter Schulderklärung ein offizielles Dokument der EKD war, das von allen Mitgliedern der Leitung unterzeichnet wurde,[774] fruchteten nichts. Auch die Richtigstellung des ehemaligen Generalsekretärs des ÖRK, Willem A. Visser't Hooft, die Stuttgarter Erklärung hätte „sehr positive Folgen für Deutschland gehabt", da sie es ermöglichte, „normale Beziehungen zwischen Deutschland und den anderen Nationen wieder aufzunehmen",[775] hatte keinen Erfolg.

1983 erhält Niemöller in Wiesbaden Besuch von dem Friedensnobelpreisträger Linus Pauling. Ein hessisches Filmteam um Hannes Karnick und Wolfgang Richter führt Interviews mit ihm, um einen Dokumentarfilm über sein Leben zu machen. Einmal in der Woche kommen drei oder vier Filmleute und bauen ihre Apparate im Studierzimmer auf. Niemöller, hochbetagt und körperlich geschwächt, doch geistig unvermindert wach und präsent, erzählt von seinem Leben. Ein zeitgeschichtliches Dokument entsteht. Der Film kommt unter dem Titel „Was würde Jesus dazu sagen?" in die Kinos und wird in vielen Ländern gezeigt.

Niemöller selbst wird die Uraufführung nicht mehr erleben. In den letzten Lebensmonaten ist er bettlägerig, zum 92. Geburtstag versammeln sich noch einmal Gäste in seinem Haus. Am 6. März 1984 stirbt er in seiner Wiesbadener Wohnung.

Zahlreiche Nachrufe und Würdigungen waren zu lesen, so auch im Magazin „Der Spiegel": „Dieser maßlose Moralist im Land der Denker, Henker und Händler mied die leichten Wege, aber auch den Opfergang. Martin Niemöller blieb immer der strenge Protestant aus Westfalen, dem Opportunismus über alles zuwider war, und ein Herzens-Monarchist, der sich vergeblich nach einer christlichen Obrigkeit sehnte. Nimmt so einer seine Sache ernst, steht er heutzutage rasch und ständig in der Ecke."[776]

Der offizielle Gedenkgottesdienst fand am 25. März 1984 in der Wiesbadener Lutherkirche statt und wurde vom Deutschen Fern-

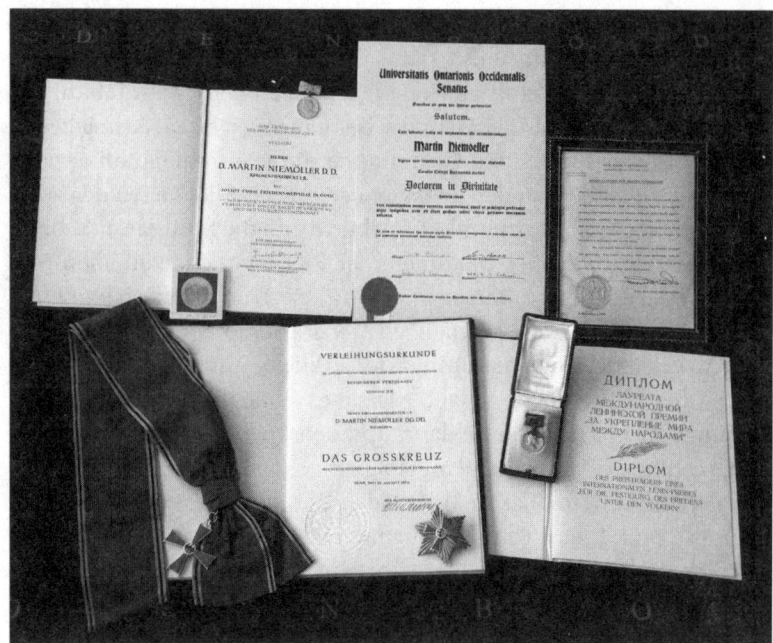

Abb. 22: Niemöller erhielt zahlreiche Orden und Ehrendoktorate.
Einige seiner Ehrenurkunden und Medaillen, die im Zentralarchiv der
EKHN in Darmstadt aufbewahrt werden, sind auf dem Bild zu sehen.
Von links nach rechts oben: Joliot-Curie Friedensmedaille in Gold des
Weltfriedensrates mit Urkunde, 1965; Ehrenplakette des Patriarchen
von Moskau, 1973; Urkunde zur Verleihung des theologischen Ehren-
doktorats der Universität Ontario, 1956; Urkunde zur Verleihung des
theologischen Ehrendoktorats der Universität New York, 1956; unten:
Großkreuz des Verdienstordens der Bundesrepublik Deutschland mit
Urkunde und Schärpe, 1970; Orden und Diplom des Internationalen
Lenin-Preises, 1966.

sehen in allen dritten Programmen übertragen. „Woher nahm dieser große Mann die Kraft, unbeirrt seinen Weg zu gehen? Woher
den Mut, zu widerstehen, auch denen, die Macht über seine Freiheit
und sein Leben hatten?", fragte Kirchenpräsident Helmut Hild in
seiner Predigt und antwortete mit einem für Niemöller charakteris-
tischen Wort Jesu:

„Wer seine Hand an den Pflug legt und schaut zurück, der ist nicht geeignet für das Reich Gottes" (Lk 9,62). „Dieses Bibelwort ist in besonderer Weise auf ihn gemünzt. In einer Predigt dazu, gehalten während für sein Schicksal entscheidender Wochen des Jahres 1936 in Berlin-Dahlem, hat Martin Niemöller gesagt: ‚Liebe Freunde, wir wollen nicht zurückblicken, die Hände in den Schoß legen und zusehen bei der Entchristlichung unseres Volkes. Wir wollen auch kein Jammerlied singen auf die Zerstörung unserer Kirche. Gegen die Ablehnung und den Spott und Hohn der Welt kann man nichts tun. Aber das eine sollen wir: daß wir ihm folgen und den anderen Menschen bezeugen und bekennen, daß wir auch mit dem Jesus von Nazareth sind, daß wir von keinem anderen wissen als dem Reich des lebendigen Gottes. Er spricht – und seine Worte vergehen nicht: »So wird euch solches alles zufallen«. – »Getreu ist, der euch ruft; er wird's auch tun!«.' Hier sind wir an der Quelle, aus der Martin Niemöller seine Kraft schöpfte. Er glaubte ganz einfach dem Wort, das Gott in Jesus Christus und durch ihn sprach. Und weil er so glaubte, konnte er bis zuletzt sagen: Da bin ich absolut sicher. Von dem Mann, der für die Menschen ans Kreuz gegangen ist, empfing er alle Gewißheit."[777]

Helmut Gollwitzer, Weggefährte seit Dahlemer Zeiten, sprach offen aus, dass Niemöller als Unzeitgemäßer seiner Kirche weit voraus und deshalb so unbequem war:

„Er hat in dieser verfaßten Kirche [d. h. der EKD nach 1945, MH] seinen Dienst getan, aber er hat ihrem Weg von 1945 bis zu seinem Tode entschieden widersprochen. Er sah Entmündigung der Gemeinde, Ausweichen vor dem Bekenntnis der Mitschuld der Kirche am deutschen Zusammenbruch von 1933, neuen Ungehorsam. Er ging – geschmäht von Kirchenleuten und Politikern – im Kalten Krieg als einer der ersten zu den Ostkirchen und zu den Kommunisten, nach Moskau, nach Vietnam, in die DDR, in den Weltfriedensrat, in die VVN, und neben uns Christen denken heute an ihn viele kommunistische und nichtkommunistische Atheisten, dankbar für eine Begegnung mit glaubwürdigem Christsein. (...) Martin Niemöller war ein Christ der Kirche der Zukunft. Darum war er schwer erträglich für diejenigen, die in Kirche und Gesellschaft die uns aus der Vergangenheit überkommenen Strukturen repräsentieren. Wie anders wären wir heute dran, wenn alle die Lobesworte, die jetzt dem toten Niemöller gewidmet werden, zu seinen Lebzeiten bei den Reden und Taten des lebendigen Niemöller laut geworden wären!"[778]

Während des Gottesdienstes – den der Verfasser als junger Pfarrvikar miterlebt hat – herrschte eine bedrückende Atmosphäre von Trauer und Mutlosigkeit, bis Paul Oestreicher, Domkapitular aus Coventry, in seinem Nachruf von Begegnungen mit Martin Niemöller erzählte. „Dieser so warme, menschliche Mensch, der einst meine junge Frau erfreuen konnte, weil er sich so freuen konnte an ihrem gelungenen Ochsenzungengericht, in Rotwein gekocht!" Gemeinsam mit Niemöller Wein zu trinken, sei ein Ereignis gewesen: Er habe den hessischen Kirchenwein und eine gute Zigarre nicht nur genießen, sondern auch beredt loben können. „Martin Niemöller ... in all seiner Unvollkommenheit, verbreitete heilige Unruhe und tiefstes Vertrauen zu Gott. Versuchen wir gleiches zu tun."[779]

Der reformierte Theologe Walter Kreck, neben Niemöller in der Friedensbewegung aktiv, sagte bei der Gedenkfeier christlicher Friedensgruppen in Wiesbaden:

> „Ich vergesse nie, wie er einmal auf einer EKD-Synode meine Ungeduld dämpfte und mich daran erinnerte, wie lange wir selbst zum Umdenken gebraucht hätten. Und noch vor wenigen Monaten sagte er zu mir im Blick auf die Zeit des beginnenden Dritten Reichs: Wie waren wir damals politisch so dumm!
>
> Martin Niemöller war gewiß kein Heiliger; er mußte vielfach umlernen, ehe aus dem begeisterten Offizier der kaiserlichen Kriegsmarine der Friedenskämpfer wurde. Aber er war für mich und für viele im Kirchenkampf, in der Zeit des Kalten Kriegs und im Einsatz für den Frieden oft wie ein Leuchtturm in dunkler Nacht. Ich wünsche der Friedensbewegung diesen langen Atem, diese große Weite des Herzens und diese unerschütterliche Hoffnung, die ihn trotz aller Stunden der Depression, die auch er durchlitt, kennzeichnete."[780]

Walter Jens wird 1992 am selben Ort – diesmal vor dem Hessischen Landtag – in seiner Festrede zum 100. Geburtstag Martin Niemöllers emphatisch dessen Wandlung zum Friedenskämpfer herausstellen:

„Welch ein Weg! Welch ein Leben! Die Reichskriegsflagge am Anfang, und am Ende die Fackel bei der Mahnwache für den Frieden; zuerst das Hohelied alles Soldatischen, und später die Verteidigung der Sanftmütigen und Barmherzigen; die Verneigung vor Kaiser Wilhelm II., der seinem Offizier gewogen blieb, und, Jahrzehnte danach, die gemeinsame Arbeit mit Gandhi und Albert Schweitzer; die Apotheose deutscher Männerkameraderie, überwunden im Zeichen der Zuwendung zu den Menschen der Dritten Welt."[781]

1984 erinnerte Walter Kreck daran, dass der Prediger Niemöller „auch auf der Kanzel sehr konkret sprach und sich dabei keineswegs auf individuelle Seelsorge und Ethik beschränkte, sondern drastisch ins öffentliche, auch ins politische Leben hineingriff".[782] Niemöllers Beispiel zeige, dass die Wahrheit konkret sei. „Das konkrete Evangelium antwortet auf konkrete Fragen der Menschen" – diesem Satz von Matteo Zuppi, der Ende 2015 von Papst Franziskus zum Erzbischof von Bologna ernannt wurde, hätte Niemöller zustimmen können. Denn das Evangelium wurde für ihn konkret in der Stimme Jesu Christi, wie sie in der Bergpredigt zu uns spricht.

„Was würde Jesus dazu sagen?" war die Frage, die Niemöller von Jugend auf begleitete. Er selber formulierte es noch direkter, persönlicher, biblischer: „Herr, was willst du, dass ich tun soll?" Auf seinem Grab auf dem westfälischen Dorffriedhof Wersen stehen diese Worte geschrieben, eingraviert in ein liegendes Steinkreuz. Seine ursprünglich für ihn vorgesehene Grabstelle auf dem St.-Annen-Friedhof in Berlin-Dahlem hatte Martin Niemöller Rudi Dutschke überlassen.

VII. Schluss: Ein deutscher Protestant von Weltrang

Martin Niemöller hat auf seinem Weg drei Epochenjahre[783] erlebt, die er wie andere Deutsche seiner Generation zu verarbeiten hatte: das Jahr 1918/1919, mit dem das Ende des Ersten Weltkrieges sowie des wilhelminischen Kaiserreiches und der Beginn der ‚Weimarer Republik' markiert ist; das Jahr 1932/1933, in dem Hitlers Machtübernahme erfolgte und das sogenannte ‚Dritte Reich' begann; schließlich das Jahr 1945/1946, in dem das ‚Dritte Reich' zusammenbrach und der Zweite Weltkrieg endete. Diese Umbrüche sind, wie Albrecht Geck bemerkt hat, „auch *kirchengeschichtlich* relevant …, weil die mit dem deutschen Staat eng verwobene evangelische Kirche durch sie in ihrem Selbstverständnis und in ihrer politischen und gesellschaftlichen Verantwortung berührt und herausgefordert war".[784] Insofern war Niemöller als Protestant von jenen Epochenjahren besonders betroffen.

Zwei Konstanten gibt es in seinem erstaunlichen Leben: Patriotismus und evangelischer, auf Jesus Christus zentrierter Glaube.

Niemöller war zeitlebens ein *Patriot*, ein Mann, der seinem Vaterland Deutschland dienen wollte. In Treue zu Kaiser und Vaterland verstand er seinen ersten Beruf als Marineoffizier. In der Weimarer Republik, deren Gegner er war, wollte er seinem Volk dienen, indem er wie sein Vater evangelischer Pfarrer wurde. Auch noch zu Beginn des ‚Dritten Reiches', von dem er zunächst eine nationale Erneuerung erwartet hatte, war Niemöller patriotisch eingestellt. Erst allmählich muss ihm bewusst geworden sein, dass hier Pflichttreue und Gehorsam missbraucht, Volk und Land von politischen Verführern in die Irre geleitet wurden. Nach 1945 setzte er sich für die Einheit Deutschlands ein. Die Bonner Regierung hatte in seinen Augen nur eine begrenzte, vorläufige Autorität; nicht besser stand es mit den kirchlichen Institutionen, EKD und VELKD, die er für von Konfessionalismus und restaurativem Machtinteresse geleitet hielt. Der Militärseelsorgevertrag machte es für ihn zweifelhaft, ob hier wirklich zugunsten der deutschen Protestanten gehandelt wurde. Selbst im Engagement des alten Niemöller für Frieden und Gerechtigkeit unter den Völkern schwingt noch patriotische Leidenschaft mit, wenn er 1979 gegen den Nato-Doppelbeschluss protestiert.

Die andere Konstante seit Kindertagen ist Niemöllers *Glaube an Jesus Christus*. Dieser in der gelebten Frömmigkeit des elterlichen Pfarrhauses verwurzelte Glaube macht ‚freie und starke Menschen‘. Er beinhaltet die Freiheit und den Mut zu kritischen Fragen und wird durch krisenhafte Umbrüche hindurch bewahrt und vertieft. Im Kirchenkampf wird immer mehr der schon in den lutherischen Bekenntnisschriften formulierte Grundsatz wichtig, dass man Gott mehr als den Menschen gehorchen soll (Apg 5,29). Während seiner fast achtjährigen KZ-Haft begreift Niemöller nach eigenem Bekunden ganz neu, was Jesu Gebot der Feindesliebe eigentlich bedeutet. Nach Kriegsende wird sein Glaube immer radikaler im Sinne eines unbedingten Gehorsams der Nachfolge, der kompromisslos Nein zu Atomwaffen und einem politischen Freund-Feind-Denken sagt und den westlichen Antikommunismus als unchristliche Haltung ablehnt. Niemöllers Distanz zu den verfassten Kirchentümern (auch zur Landeskirche EKHN) wächst so sehr, dass er zuletzt bekennt, er würde am liebsten den Quäkern angehören. Am ehesten fühlt er sich noch der Ökumene verbunden, in der er als unermüdlich Reisender ‚bis an die Enden der Erde‘ unterwegs ist und in unzähligen Begegnungen Verbindungen geknüpft hat.

Sucht man nach einem Begriff, mit dem sich Beständigkeit und Wandel in der Lebensgeschichte Niemöllers erschließen, bietet sich am ehesten der der *Konversion* an. In Niemöllers Denken findet eine Reihe von Bekehrungen statt. Ausgelöst sind sie durch das wiederholte Scheitern von Berufsplänen. Der ehemalige Offizier wird zum Pfarrer und ‚Kirchenführer‘, der Kirchenkämpfer zum Friedenskämpfer, der deutsche Patriot zu einer Führungsgestalt der ökumenischen Bewegung, weil er an epochalen Krisenpunkten immer wieder bereit ist, umzudenken und von vorne anzufangen. Seine außergewöhnliche Energie, die er zuerst für militärische Ziele einsetzt, wird gewissermaßen auf geistliche, kirchliche und letztlich menschheitliche Ziele umgelenkt. An beispielhaften Glaubenszeugen – Paulus, Augustinus, Luther – lässt sich dieselbe innere Logik der Konversion erkennen: Das Begehren, die Leidenschaft, die Kraft, die zuvor auf bestimmte Ziele ausgerichtet war, erhält eine andere Richtung und wird für etwas anderes eingesetzt.

Natürlich hat Niemöller Schwächen. Als ein von Hause aus ungeduldiger und impulsiver Mann gestand er offen ein, dass seine Neigung zu sehr überspitzten Formulierungen auch ihm selber Schwierigkeiten bereitete: „Meine Schwäche besteht vielleicht darin, daß ich immer mit den Menschen spreche, die ich gerade vor mir habe, und nicht frage, was andere Menschen denn darüber auch noch denken mögen. Das ist ein Manko und hängt wahrscheinlich sehr erheblich mit meinem Temperament zusammen. Ich habe in meinem ganzen Dasein versucht, bei mir selber in Selbsterziehung daran zu arbeiten, aber ich muß gestehen, nicht gerade mit großem Erfolg."[785]

Der akademischen Theologie begegnete er stets, im Alter verstärkt, mit einer gewissen Geringschätzung. Seine eigene Theologie ist im Kern einfach, elementar auf Jesus Christus als das eine Wort Gottes (Barmen I) bezogen und konzentriert in der bekannten Frage: „Was würde Jesus dazu sagen?", die tiefgründiger ist, als es zunächst den Anschein hat. Wie Saulus in Damaskus und Franz von Assisi fragte Niemöller: „Was willst du, Herr, dass ich tun soll?" Wenn Luther den rechten Theologen durch *oratio, meditatio* und *tentatio*, also Gebet, Nachdenken und die Erfahrung der Anfechtung im Umgang mit der Schrift kennzeichnet, dann ist Niemöller in diesem Sinn ein evangelischer Theologe gewesen. Das Christusbekenntnis von Luthers Kleinem Katechismus, „dass Er mein Herr und ich sein eigen sei", steht im Zentrum seiner Verkündigung. Als Prediger hat er das Alte Testament und das Judentum nicht frei von antijudaistischen Vorurteilen wahrgenommen. Im Unterschied zu manchen lutherischen Theologen seiner Zeit hat er jedoch dazugelernt.

Über die Predigten aus seiner Dahlemer Zeit urteilt der praktische Theologe Wilfried Engemann treffend, sie hätten wesentlich zur Realisierung der Theologie der Barmer Theologischen Erklärung beigetragen. Sie „lesen sich wie ein großer homiletischer Kommentar zu den Grundlinien dieses Bekenntnisses und vermitteln durch ihre leidenschaftlichen und unmittelbaren Zeitbezüge ein klares Bild der theologischen Prämissen und faktischen Lebensumstände eines Lebens aus Glauben in jener Zeit. Hermeneutisch sind sie insofern bemerkenswert, als es Niemöller in vielen Fällen gelingt, einen bestimmten Erfahrungskern der biblischen Tradition zum einen und gesellschaftliche, kirchliche und politische Prozesse zum anderen mit der konkreten Lebenswirklichkeit des Einzelnen im Sinne authentisch aufgezeigter Lebensfragen zu verschränken."[786]

Ich meine, dass man Niemöller nicht gerecht wird, wenn man ihn wie der Kirchenhistoriker Karl Dienst als Theologen im Bann des Barthianismus sieht.[787] Niemöller selbst gestand, er habe keines der Bücher, die sein Freund Karl Barth ihm schenkte, jemals zu Ende gelesen. Ihn interessierte die Auslegung der Bibel, nicht Dogmatik und Theologie als wissenschaftliche Disziplin. Er wollte auch kein Politiker werden wie Adolf Stoecker und Friedrich Naumann (zwei Pfarrer, die Politik zu ihrem Beruf machten), sondern nichts weiter sein als ein protestantischer Pastor, der sich zu allem frei äußern kann. Seine Predigten belegen hinreichend, dass seine Theologie sich genauso wenig wie die Theologie Karl Barths in ‚kirchenpolitischer Rhetorik im theologischen Sprachkontext' erschöpft.

Niemöller lässt die biblischen Texte so zur Sprache kommen, dass sie ganz unmittelbar und direkt ins ‚Heute' sprechen, der Gegenwartsbezug muss nicht erst mühsam hergestellt werden. Theologie ist bei ihm zuerst Präsent-Setzen des biblischen Zeugnisses und gehorsames Hören auf das, was die Schrift von Christus sagt. Dass und wie Niemöller daraus gelebt und die Kirche zu einem mutigen Glaubenszeugnis herausgefordert hat, macht ihn zu einer faszinierenden Gestalt.

Er war ein ausgesprochener Kämpfertyp: als Marineoffizier, als evangelischer Pfarrer (er sprach von sich selbst stets als „Pa*stor*", mit Betonung auf der zweiten Silbe) und als Aktivist für den Frieden. Evangelium bedeutete für ihn: Angriff. Im Kirchenkampf und in den Auseinandersetzungen danach, in denen es um Lebensfragen ging, zu denen er als Christ und Prediger des Evangeliums Stellung nahm, erwies er sich als ein deutscher, von Luthers Glaubenslehre geprägter Protestant mit starker Neigung zum Nonkonformismus. Dieser Zug und sein Temperament machten es Freunden und Gegnern unmöglich, Niemöller zu steuern. Es lag, wie er selbst wusste, in seinem ganzen Wesen, dass er sich nie den Mund verbieten ließ.[788] Das bedeutete aber auch: Kirchenpolitik mit diplomatischem Fingerspitzengefühl war mit ihm kaum zu machen.

„Wäre ich nicht auf meine Pension angewiesen, dann wäre ich schon längst Quäker geworden", äußerte Niemöller 1977 in einem Gespräch.[789] Und der 91-Jährige meinte, es gebe „keine dümmere, unintelligentere Gesellschaftsgruppe als die Kirche".[790] Leiden an der Institution Kirche war ein typisch protestantischer Zug Niemöllers. Sein kongregationalistisches Kirchenverständnis schrieb der von weltlicher Obrigkeit, Bischofsamt und Synode unabhängigen Einzelgemeinde Priorität zu. Als ein an der deutschen evangelischen Kirche, an ihrer Restauration und ihrem Versäumnis des Neuaufbruchs nach 1945 Leidender trat er für die Solidarität mit allen heute lebenden Menschen ein. Die Spannung zwischen der Amtskirche und einer im Geist der Bergpredigt Jesu lehrenden und lebenden Gemeindekirche war für Niemöller kennzeichnend.

Seit den 1950er Jahren betrachtete er alle Lebensfragen in globalem Zusammenhang. Schon 1957 erklärte er in einem Vortrag: „Unser Planet ... ist derart klein geworden, dass unser Denken und Planen mit den herkömmlichen Vorstellungen nicht mehr auskommen kann. Wir leben zur Zeit noch in Nationalstaaten ... Aber dies Eigenleben wird immer mehr und immer schneller zu einer Fiktion, weil die Grenzen aufhören, Grenzen zu sein. (...) Nachrichten wandern von Land zu Land durch den Äther, und radioaktive Niederschläge fragen nicht danach, ob der Staat, in dessen Gebiet sie niedergehen, Einwendungen gegen ihren Besuch erhebt. Gerade die technische Entwicklung der letzten Jahre hat es deutlich gemacht, daß das Schicksal der Menschen auf unserem Globus ein einziges, gemeinsames Schicksal geworden ist. Das heißt aber, daß der Zeitpunkt nahe ist, wo nicht mehr eine Gruppe von Menschen sich auf Kosten einer anderen Gruppe ... das eigene Überleben sichern kann."[791]

Das waren prophetische Worte, lange vor dem ersten Bericht des Club of Rome über „Die Grenzen des Wachstums" (1972), der ersten Weltklimakonferenz (1995 in Berlin) und der digitalen Revolution der Medientechnologie. Kein „Politiker irgendwo in der Welt", so Niemöller in einem kritischen Rückblick auf ‚Dreißig Jahre Bundesrepublik', habe „noch eine Antwort auf die Frage, was werden soll, wenn die Armen gegen die Reichen, wenn die Hungrigen gegen die Satten, wenn die Farbigen gegen die Weißen aufstehen und ihre Menschenrechte einfordern, die ihnen die Weißen, Reichen und Satten weggenommen haben oder schuldig geblieben sind".[792] Für Niemöller war die Frage der Erhaltung des Friedens die „erste Lebensfrage der Menschheit"; daneben seien „immer deutlicher die Not und der Selbstbehauptungswille der Völker der Dritten Welt getreten".[793] Man müsse die Regierungen immer neu darauf hinweisen, dass es weder im Nord-Süd-Konflikt noch im Ost-West-Konflikt eine „verantwortbare Alternative zu friedlicher Verständigung"[794] gebe, erklärte Niemöller, traute aber zugleich den demokratischen Bewegungen mehr zu als den Regierungen, die nur wirtschaftliche Interessen durchsetzen wollten.

Niemöllers Ansehen in der Welt, weit über Deutschland hinaus, beruht wohl darauf, dass er nicht der Nationalprotestant geblieben ist, der er als junger Marineoffizier war, sondern sich in dem Maße gewandelt hat, wie ihm in der Geschichte nach 1918 und erst recht nach 1933 das Scheitern alt-ererbter Anschauungen bewusst wurde. Er emanzipierte sich immer mehr aus dem obrigkeitstreuen Nationalprotestantismus des deutschen Luthertums, für den Kaiser, Volk und Vaterland die höchsten irdischen Güter darstellten, und verstand Christsein, bestärkt durch zahlreiche ökumenische Kontakte, immer deutlicher unabhängig von kirchlichem Traditionalismus und Konfessionalismus im Welthorizont. Das Freund-Feind-Denken der politischen Machtblöcke in Ost und West hatte er als KZ-Häftling überwunden: „Es hat mich Jahre meines Lebens gekostet zu erkennen, dass Gott nicht der Feind meiner Feinde ist. Er ist nicht einmal der Feind seiner Feinde."[795]

Ein für Niemöller typisches, wenn nicht gar *das* typische Leitwort lautet: „Was würde Jesus dazu sagen?" Das war für ihn die Grundfrage christlicher Ethik. „Der Christ wird sich in letzter Instanz – auch in seinen politischen Entscheidungen – von der Antwort bestimmen lassen, die er auf seine Frage: ‚Was willst du, Herr, dass ich tun soll?', erhält."[796] Christsein kann also nie bloße Privatsache sein; Glaube und politische Verantwortung gehören untrennbar zusammen. Was in politisch-ideologischen Kämpfen leicht und vielfach missverstanden wurde, hat Karl-Alfred Odin richtig erkannt: „Hinter alledem, was so politisch wirkt und was Niemöller, seiner Natur entsprechend, voller Energie und mit dem scharfen, hörbaren Wort betrieb, steckt nicht ein politischer, sondern ein missionarischer, evangelistischer Antrieb."[797]

Als evangelische Theologen werden Niemöllers Zeitgenossen Karl Barth und Dietrich Bonhoeffer höher geschätzt; als Repräsentant einer kämpferischen und weltoffenen evangelischen Kirche nimmt Niemöller einen höheren Rang ein. Als Friedensaktivist kam er näher an die Menschen heran. Bonhoeffer hatte keine Chance dazu, Barth wirkte auf Theologen, war aber für den Normalbürger zu abgehoben.

Vielleicht die größte Stärke Niemöllers war seine Fähigkeit, *bis ins hohe Alter zu lernen*. „Ich freue mich, daß ich mich immer noch wandle. Wenn ich nicht mehr die Möglichkeit habe dazuzulernen, dann will ich den lieben Gott bitten, er möchte meinem irdischen Leben tatsächlich ein Ende setzen. Denn was lohnt noch ein Leben, in dem man nicht mehr lernt?", gestand er mit 73 Jahren in einer Fernsehsendung.[798] „Ich denke überhaupt nicht daran, fertig zu sein!", erklärte noch der 91-Jährige mit Entschiedenheit in dem Dokumentarfilm „Was würde Jesus dazu sagen?". Der alte Niemöller hatte sich etwas jungenhaft Unbekümmertes bewahrt; das machte ihn für junge Leute anziehend. Er vertraute darauf, dass Menschen und Systeme sich ändern können. In seiner beständigen Lernbereitschaft äußert sich nicht nur geistige Eigenständigkeit, im Licht später gewonnener Einsicht sich selbst zu korrigieren und Irrtümer und Selbsttäuschungen einzugestehen, sondern auch der Mut, sich bis in die Tiefe des Wesens zu wandeln. Anders als Brechts Herr K., dem bestätigt wird, er habe sich überhaupt nicht verändert, hätte Niemöller keinen Grund gehabt, zu erbleichen.

Woher rührt sein Mut zur immer neu gewagten tiefen Wandlung? In einem aufschlussreichen Selbstzeugnis von 1961 schreibt er sich ihn nicht als persönliche Eigenschaft zu, sondern erklärt, die eigentliche Wandlung sei die, „die uns im Glauben an den Gekreuzigten und in seiner Nachfolge widerfährt und uns frei macht zum rechten Gehorsam und zum wahren Dienst an den Brüdern".[799] Das ist entscheidend: Es *widerfährt* einem Christen, dass er gewandelt wird. Damit macht Niemöller ernst mit der ersten der 95 Thesen Luthers gegen den Ablasshandel, die er in seinen Predigten aus der Dahlemer Zeit öfter zitiert hat: „Da unser Herr und Meister Jesus Christus sagt: ‚Tut Buße' usw. (Matth. 4,17), wollte er, daß das ganze Leben der Gläubigen Buße sein sollte."[800] Was Luther mit ‚Tut Buße' übersetzt, bedeutet nichts anderes als die Bereitschaft, sich jederzeit zur Umkehr, zur Sinnesänderung rufen, sich jederzeit umstimmen und zur Neuorientierung im Denken herausfordern zu lassen. Man könnte einwenden: Nur mutige Menschen können das. Aber was Niemöller mit Luther verbindet, ist gerade die Einsicht, dass dieser Mut aus dem Glauben kommt. Der Glaube, der Jesus aufs Wort folgt, *macht* mutig. Als „Bekenner des Glaubens" und „Kämpfer für den Frieden" (so die Grabinschrift) wird Niemöller im Gedächtnis bleiben.

Anmerkungen

1 Laut Internet-Auftritt des Museums. Vgl. https://www.ushmm.org/wlc/en/article. php?ModuleId=10007392 (eingesehen am 27.7.2016).

2 „Selbstvergewisserung". Ein epd-Interview mit Hans Hafenbrack zur Geschichte der Nachrichtenagentur, in: epd Medien Nr. 48 vom 23.6.2004, 9–16, hier: 15.

3 Vgl. Wilhelm Niemöller, Martin Niemöller, in: Bekennende Kirche. FS Martin Niemöller zum 60. Geburtstag, München 1952, 313.

4 Heinrich Niemöller, Ein Pastorenspiegel, Elberfeld ²1929, 122.

5 Vgl. W. Niemöller, Martin Niemöller, 314; Dietmar Schmidt, Martin Niemöller. Eine Biographie, Neuausgabe Stuttgart 1983, 22.

6 D. Schmidt, Biographie, 14.

7 Schreiben an Peter Gottschalk vom 12.8.1976, in: ZA EKHN 65/585.

8 Carl Ordnung, Martin Niemöller, Berlin 1967, 4f.

9 H. Niemöller, Pastorenspiegel, 131f.

10 Matthias Schreiber, Martin Niemöller, Reinbek ²2008, 8f = W. Niemöller, Vater Niemöller. Ein Lebensbild, Bielefeld 1946, 45f.

11 M. Schreiber, Niemöller, 9 = W. Niemöller, Vater Niemöller, 44.

12 Carl Büchsel, Erinnerungen aus dem Leben eines Landgeistlichen, Berlin ¹⁰1925, 116.

13 M. Schreiber, Niemöller, 9 = W. Niemöller, Vater Niemöller, 44.

14 Martin Niemöller, Vom U-Boot zur Kanzel, Berlin 1934, 208f.

15 D. Schmidt, Biographie, 18.

16 Protestant. Das Jahrhundert des Pastors Martin Niemöller, hrsg. von Matthias Benad u. a., Frankfurt am Main 1992, 21.

17 Ebd.

18 C. Ordnung, Niemöller, 4.

19 D. Schmidt, Biographie, 20.

20 Vgl. James Bentley, Martin Niemöller. Eine Biographie, München 1985, 13f; anders D. Schmidt, Biographie, 18.

21 Protestant, 16.

22 D. Schmidt, Biographie, 26.

23 M. Schreiber, Niemöller, 14.

24 H. Niemöller, zit. nach M. Schreiber, Niemöller, 17

25 Nach J. Bentley, Biographie, 17.

26 Niemöller: Was würde Jesus dazu sagen? Eine Reise durch ein protestantisches Leben, hrsg. von Hannes Karnick und Wolfgang Richter, Frankfurt am Main 1986, 26, zit. nach M. Schreiber, Niemöller, 18.

27 Schlusswort Niemöllers vom 26.2.1938 im Prozess vor dem Sondergericht Berlin-Moabit, zit. nach: Jürgen Schmidt, Martin Niemöller im Kirchenkampf, Hamburg 1971, 13.

28 Vom U-Boot zur Kanzel, 6, zit. nach M. Schreiber, Niemöller, 20.

29 Ebd. 99 = M. Schreiber, Niemöller, 25.

30 Ebd. 102 = M. Schreiber, Niemöller, 20f.

31 D. Schmidt, Biographie, 53.

32 Vgl. Gerald Götting, Pastor Martin Niemöller. Kämpfer gegen den Faschismus – Kämpfer für den Frieden, Burgscheidungen 1984, 4.

33 Vgl. J. Bentley, Biographie, 17.

34 Vom U-Boot zur Kanzel, 150.

35 Ebd. 147 = J. Bentley, Biographie, 26f; M. Schreiber, Niemöller, 29.

36 Niemöller: Was würde Jesus dazu sagen?, 16.

37 Vom U-Boot zur Kanzel, 133.

38 Ebd. 143.

39 Vgl. ebd. 145f. Die Lern- und Vokabelhefte von 1919 befinden sich im Nachlass (ZA EKHN 62/6064).

40 Protestant, 143.

41 Vgl. Tagebucheintragungen vom September 1916, in: Die Frau eines bedeutenden Mannes. Else Niemöller. Ausstellung, hrsg. von Edita Sterik, Darmstadt 1990, 12.

42 Zur Biographie von Else Niemöller vgl. Protestant, 139–154.

43 Interview mit Günter Gaus, in: Martin Niemöller, Eine Welt oder keine Welt. Reden 1961–1963 (= Reden IV), Frankfurt am Main 1964, 207 = Martin Niemöller, Was würde Jesus dazu sagen? Reden – Predigten – Aufsätze 1937 bis 1980, hrsg. von Walter Feurich, Berlin 1980, 178.

44 Vom U-Boot zur Kanzel, 156.

45 Ebd. 150.

46 Ebd. 159f = M. Schreiber, Niemöller, 32–34.

47 Vgl. D. Schmidt, Biographie, 58–60.

48 Vgl. Franz-Josef Schlie, Wendepunkt auf dem Heimweg. Begegnung mit Pfarrer to Settel ändert Martin Niemöllers Leben, in: Unser Kreis 2015. Jahrbuch für den Kreis Steinfurt, Steinfurt 2014, 203–207; vgl. Vom U-Boot zur Kanzel, 163.

49 Vom U-Boot zur Kanzel, 163 = D. Schmidt, Biographie, 59f; M. Schreiber, Niemöller, 35.

283

50 Vom U-Boot zur Kanzel, 150 und 163.
51 Carsten Nicolaisen, Art. Niemöller, Emil Gustav Martin, in: Neue Deutsche Biographie 19 (1999), 239–241.
52 Ebd. 207.
53 In einer Ansprache bei „Dahlems Sonnenwendfeier" im Juni 1932, zit. nach J. Schmidt, Kirchenkampf, 39.
54 Vgl. C. Ordnung, Niemöller, 10.
55 M. Schreiber, Niemöller, 39.
56 Die Evangelisch-Theologische Fakultät Münster (1914–1954) (= Schriften der Gesellschaft zur Förderung der Westf. Landesuniversität zu Münster, Heft 34), Münster 1955; Wilhelm H. Neuser (Hrsg.), Die Evangelisch-Theologische Fakultät Münster 1914–1989, Bielefeld 1991.
57 D. Schmidt, Biographie, 69.
58 Ebd.
59 Vgl. J. Schmidt, Kirchenkampf, 453 Anm. 84; Vom U-Boot zur Kanzel, 194.
60 J. Schmidt, Kirchenkampf, 18. Zu Georg Wehrung siehe Matthias Wolfes, Protestantische Theologie und moderne Welt. Studien zur Geschichte der liberalen Theologie nach 1918 (= Theologische Bibliothek Töpelmann, Bd. 102), Berlin 1999, 189–250.
61 D. Schmidt, Biographie, 68; M. Schreiber, Niemöller, 37 = Vom U-Boot zur Kanzel, 182f und 169.
62 Briefe aus der Gefangenschaft: Konzentrationslager Sachsenhausen (Oranienburg). Hrsg. von Wilhelm Niemöller, Bielefeld 1979, 136.
63 Vgl. Ernst Brinkmann, Martin Niemöllers Lebensjahre in Westfalen, in: Jahrbuch für westfälische Kirchengeschichte 77 (1984), 13–24, hier: 17.
64 Vom U-Boot zur Kanzel, 205 = M. Schreiber, Niemöller, 42.
65 Zit. nach: Protestant, 58.
66 Vom U-Boot zur Kanzel, ebd. = M. Schreiber, Niemöller, 43.
67 M. Schreiber, Niemöller, 43.
68 J. Bentley, Biographie, 51.
69 Martin Niemöller, Was bedeutet uns Johann Hinrich Wichern? Zu seinem 50jährigen Todestag am 7. April 1931, in: Evangelischer Gesellenfreund 23 (1931), Heft 6, Mai 1931, zit. nach J. Schmidt, Kirchenkampf, 26.
70 J. Schmidt, Kirchenkampf, 26. Zur theologischen Konzeption insgesamt vgl. ebd. 24–26.
71 Es war keine Doktorprüfung, wie J. Bentley, Biographie, 46, behauptet. Niemöller hatte das Angebot seines Lehrers Grützmacher, eine Dissertation über Zinzendorf zu schreiben, ausgeschlagen (Interview in ‚Christ

und Welt' vom 8.1.1965, referiert bei J. Schmidt, Kirchenkampf, 18).
72 Vom U-Boot zur Kanzel, 207.
73 Ebd. 196 = M. Schreiber, Niemöller, 44f.
74 Zit. nach: E. Brinkmann, Lebensjahre in Westfalen, 18f.
75 Vgl. D. Schmidt, Biographie, 76.
76 Vom U-Boot zur Kanzel, 205 = J. Bentley, Biographie, 51.
77 D. Schmidt, Biographie, 78.
78 Vgl. J. Schmidt, Kirchenkampf, 27.
79 Der Termin des Einweihungsgottesdienstes ist durch den Amtskalender belegt. Niemöllers Predigt zu diesem Anlass ist nicht erhalten.
80 Freundlicher Hinweis von Dr. Hartmut Sander, Berlin.
81 Gerhard Schäberle-Koenigs, Und sie waren täglich einmütig beieinander. Der Weg der Bekennenden Gemeinde Berlin/Dahlem 1937–1943 mit Helmut Gollwitzer, Gütersloh 1998, 20.
82 J. Schmidt, Kirchenkampf, 28.
83 Vgl. Anette Neff, Vater und Pastor – Martin Niemöller aus der Sicht seines Sohnes Heinz Hermann Niemöller, in: JHKV 60/2009, 33–50, hier: 35.
84 Zit. nach J. Schmidt, Kirchenkampf, 83.
85 Zum Folgenden vgl. Predigt am 28.6.1931 (Nr. 1), in: Dahlemer Predigten. Kritische Ausgabe, hrsg. von Michael Heymel, Gütersloh 2011, 75–80.
86 Theodor Jänicke, zit. nach: Thomas Leiberg, Jesus-Christus-Kirche Berlin-Dahlem. Baugeschichte, Gemeindegeschichte 1912–1961, Berlin 1991, 36.
87 Zit. nach: Andreas Sentker, Einfach überzeugen, in: DIE ZEIT Nr. 20 vom 4.5.2016, 37 (Titelthema: Rhetorik).
88 C. Nicolaisen, Niemöller, BBKL 6, Sp. 738.
89 Th. Leiberg, Jesus-Christus-Kirche, 36; vgl. D. Schmidt, Biographie, 84.
90 Zit. nach: Heinrich Albertz, Ein Christ und deutscher Patriot, in: Wolfgang Erk (Hrsg.), Prophet dieser Zeit. Erinnerung an Martin Niemöller, Stuttgart 1984, 77–79, hier: 78.
91 C. Nicolaisen, Niemöller, BBKL 6, Sp. 739.
92 Vgl. D. Schmidt, Biographie, 114.
93 Vgl. Dahlemer Predigten, Editorischer Vorbericht, 62–66.
94 Die Reichskulturkammer (RKK) hatte in der Abteilung der bildenden Künste eine Unterabteilung Kirchliche Kunst.
95 Mitglieder der RKK erhielten einen Ausweis mit Passfoto, in dem Abteilung (Fachverband), Mitgliedsnummer und Name mit persönlicher Unterschrift eingetragen waren. Wilhelm Groß wurde die Mitgliedschaft in der RKK verweigert.

96 Zitat aus Paul Gerhardts Lied „Befiehl du deine Wege" (EG 361,4).

97 Die Karte von Groß und Niemöllers Antwort vom 24.8.1936 sind in: ZA EKHN 62/6041.

98 Vgl. Ehrung für Wilhelm Groß, in: Die Kirche, Berlin, vom 8.2.1953. Vorhanden in: EZA Berlin 195/359. Den Hinweis auf diesen Bericht erhielt ich im März 2010 von Frau Ruth Pabst, M. A.

99 Dahlemer Predigten, Nr. 105, 515.

100 Mündliche Mitteilung von Dr. Heinz Hermann Niemöller vom 30.8.2016 an den Verfasser.

101 Typoskript vom Februar 1981, 3 Seiten, S. 2; ZA EKHN 62/6074.

102 Gemeint ist das Schlachtfeld des Kirchenkampfes. Seit dem 17. Juli 1933 hielt Niemöller jeden zweiten Montagabend „Katechismusstunden", später „offene Abende" im Pfarrhaus, später im Gemeindehaus von Dahlem.

103 Franz Hildebrandt, Nachlese (1981), zit. nach: Dahlemer Predigten, 693f.

104 Die ‚Evangelischen Wochen' wurden von 1935 bis zu ihrem Verbot 1937 in mehreren Städten durchgeführt. Ihr Träger war ein aus Mitgliedern der BK und Vertretern der Deutschen Christlichen Studentenvereinigung zusammengesetzter ‚Reichsausschuss der Evangelischen Wochen' (vgl. Dahlemer Predigten, 547 Anm. 1169).

105 Am 30.1.1937 (Nr. 115), in: Dahlemer Predigten, 564–569, hier: 565.

106 Zum Protest der DEK vgl. Kurt Dietrich Schmidt [Hrsg.], Dokumente des Kirchenkampfes II (= Arbeiten zur Geschichte des Kirchenkampfes Bd. 14), Göttingen 1965, 1271–1275. Vgl. Stefan Linck, Neue Anfänge? Der Umgang der Evangelischen Kirche mit der NS-Vergangenheit und ihr Verhältnis zum Judentum. Die Landeskirchen in Nordelbien, Bd. 1: 1945–1965, Kiel 2013.

107 Zuerst engl. 1941 erschienen. Thomas Mann, Niemöller. Vorwort zu: Martin Niemöller, Dahlemer Predigten 1936/37, München 1981, 184f, zit. nach: Dahlemer Predigten, 683f; vgl. Herbert Mochalski, Martin Niemöller – in der Verantwortung für die Menschen, in: Heinz Kloppenburg u. a. (Hrsg.), Martin Niemöller. FS zum 90. Geburtstag, Köln 1982, 8.

108 Sebastian Kuhlmann, Martin Niemöller. Die prophetische Dimension der Predigt (= APrTh 39), Leipzig 2008, 149.

109 Im Folgenden wiedergegeben nach: J. Schmidt, Kirchenkampf, 426f. Auf Niemöllers eigene Nachschrift, die bisher nicht aufgefunden werden konnte, verweist die Verteidigungsschrift, in: LA Bielefeld, 5.1 Nr. 467 F.1 / 40–41.

110 J. Schmidt, Kirchenkampf, 427.

111 Vgl. ebd. 520 Anm. 386. Die Daten sind z. T. der Anklageschrift entnommen: LA Bielefeld, 5.1 Nr. 466 F.1 / 14–15; 5.1 Nr. 467 F.1 / 22–23. Den Frankfurter Vortrag bezeugt auch Walter Kreck, in: Prophet dieser Zeit, 66.

112 Zit. nach: J. Schmidt, Kirchenkampf, 433f.

113 Zum Folgenden vgl. Predigt vom 27.6.1937 (Nr. 131), in: Dahlemer Predigten, 649–656.

114 Predigt vom 3.2.1935 (Nr. 45), in: Dahlemer Predigten, 265–270. Vgl. dazu J. Schmidt, Kirchenkampf, 263–267.

115 Wort und Bekenntnis Altonaer Pastoren in der Not und Verwirrung öffentlichen Lebens, in: Hamburgische Kirchenzeitung 1933, Nr. 1 vom 20.1.1933, 4; zit. bei Klaus Scholder, Die Kirchen und das Dritte Reich, Bd. 1, Frankfurt am Main/Berlin/Wien 1977, 235. Zur Geschichte dieses Bekenntnisses vgl. ebd. 226f und 233–238.

116 Vgl. Confessio Augustana, Art. 16, in: Die Bekenntnisschriften der Evangelisch-Lutherischen Kirche (= BSLK), Göttingen ⁷1976, 71.

117 Dahlemer Predigten, 652.

118 Ebd. 654; vgl. S. Kuhlmann, Predigt, 149.

119 Vgl. zur folgenden Charakteristik der Person Franz Beyer, Menschen warten. Aus dem politischen Wirken Martin Niemöllers seit 1945, Siegen 1952, 37; J. Schmidt, Kirchenkampf, 3; J. Bentley, Biographie, 71.

120 So Friedrich von Bodelschwingh, zit. nach J. Schmidt, Kirchenkampf, 3.

121 In einem Brief an Hans Asmussen vom 27.7.1946 (in: ZA EKHN 62/539) gesteht Niemöller, dass die Neigung zu Zwischenrufen sei „ein altes Erbübel" von ihm; er könne aber auch „besser als mancher andere zuhören".

122 Holger Roggelin, Franz Hildebrandt. Ein lutherischer Dissenter im Kirchenkampf und Exil (= Arbeiten zur Kirchlichen Zeitgeschichte: Reihe B, Darstellungen, Bd. 31), Göttingen 1999, 84.

123 Nach Eberhard Bethge, Dietrich Bonhoeffer. Theologe – Christ – Zeitgenosse. Eine Biographie, München 1967, ⁸2004, 393.

124 Ebd. 126f.

125 Manfred Gailus, Protestantismus und Nationalsozialismus. Ein Bericht über den Stand der Debatte, in: Stefanie Endlich / Monica Geyler-von Bernus / Beate Rossié (Hgg.), Christenkreuz und Hakenkreuz. Kirchenbau und sakrale Kunst im Nationalsozialismus. Katalogbuch zur Ausstellung, Berlin 2008, 128–142, hier: 135.

Anmerkungen

126 Elsie Steck, Berlin-Dahlem, in: Die Stunde der Versuchung. Gemeinden im Kirchenkampf 1933–1945. Selbstzeugnisse, hrsg. von Günther Harder und Wilhelm Niemöller, München 1963, 81–89, hier: 84.

127 Heinz Hermann Niemöller, Wieso eigentlich Dahlem – wieso eigentlich Niemöller? Eckpunkte einer Diskussion über den deutschen evangelischen Kirchenkampf. Vortrag im Rahmen des Ökumenischen Kirchentags 2003 in Berlin, gehalten in der St.-Annen-Kirche, Dahlem, in: http://martin-niemoeller-stiftung.de (eingesehen am 1.8.2016).

128 Pfarrer Dr. Adolf Freudenberg, Vom Berühmtsein, Genf, Februar 1946, in: ZA EKHN 62/577.

129 H. H. Niemöller, Wieso eigentlich Dahlem?.

130 Beschluss der Synode von der Kirchenleitung, Ziffer 3, in: Wilhelm Niemöller, Die vierte Bekenntnissynode der Deutschen evangelischen Kirche zu Bad Oeynhausen (= Arbeiten zur Geschichte des Kirchenkampfes Bd. 7), Göttingen 1960, 112f.

131 J. Schmidt, Kirchenkampf, 43.

132 Vgl. Dahlemer Predigten, Nr. 5, 94ff.

133 J. Schmidt, Kirchenkampf, 32.

134 Zit. nach: Protestant, 65.

135 Ebd. 41. Zum Folgenden vgl. ebd. 32–52.

136 Ebd. 42.

137 Vgl. Christian Halbrock, Untertan einer solchen Obrigkeit? Bischof Dibelius und der SED-Staat, in: Horch und Guck 2/2010, 66–69.

138 Die Predigt von Dibelius ist abgedruckt in: Günther van Norden, Der deutsche Protestantismus im Jahr der nationalsozialistischen Machtergreifung, Gütersloh 1979, 52–55. Zum Inhalt vgl. Klaus Scheel, Der Tag von Potsdam, Berlin 1996, 112f; Werner Koch, Der Kampf der Bekennenden Kirche im Dritten Reich (= Beiträge zum Widerstand 1933–1945, 4), Gedenkstätte Deutscher Widerstand, zuerst Berlin 1979, Nachdruck Berlin 2001, 6–8.

139 Vgl. K. Scholder, Die Kirchen und das Dritte Reich, Bd. 1, 285f.

140 J. Schmidt, Kirchenkampf, 48.

141 Protestant, 70.

142 Vgl. Protestant, 73; M. Schreiber, Niemöller, 56.

143 Nach J. Schmidt, Kirchenkampf, 96.

144 Theologische Existenz heute!, München 1933, 35, 21, 23; zit. nach: Protestant, 75.

145 Die Fassung von Dietrich Bonhoeffer und dem Kirchenhistoriker Hermann Sasse ist abgedruckt in: Dietrich Bonhoeffer Werkausgabe = DBW 12 (1997), 362–407. Vgl. dazu K. Scholder, Die Kirchen und das Dritte Reich, Bd. 1, 579–582.

146 Eberhard Busch, „Die Kirche und die Juden" – Der Beitrag Wilhelm Vischers zum „sog. Betheler Bekenntnis", in: M. L. Frettlöh/H. P. Lichtenberger (Hrsg.), „Gott wahr nehmen". FS Christian Link zum 65. Geburtstag, Neukirchen 2003, 41–52; vgl. J. Schmidt, Kirchenkampf, 114f.

147 Vgl. J. Schmidt, Kirchenkampf, 117–119; M. Schreiber, Niemöller, 56.

148 Texte zur Geschichte des Pfarrernotbundes. Hrsg. und mit einer Einleitung versehen von Wilhelm Niemöller, Berlin 1958, 23.

149 J. Schmidt, Kirchenkampf, 147f; Protestant, 81; M. Schreiber, Niemöller, 63f.

150 J. Schmidt, Kirchenkampf, 135.

151 Ebd. 182.

152 Vgl. Joachim Beckmann, in: Die Barmer Theologische Erklärung. Einführung und Dokumentation. Hrsg. von Alfred Burgsmüller und Rudolf Weth, Neukirchen ²1984, 10.

153 Weitere Beschlüsse der Bekenntnissynode von Barmen, in: Einführung und Dokumentation, 60.

154 Thomas Martin Schneider, „Kirche muss Kirche bleiben!" Zur Entstehungsgeschichte der Bekennenden Kirche und der Barmer Theologischen Erklärung. Vortrag am 26.5.2014, Französische Friedrichstadtkirche, Berlin, Typoskript, 13 Seiten, hier: S. 9. In: https://www.eaberlin.de/nachlese/chronologisch-nach-jahren/2014/nachbericht-wir-verwerfen-die-falsche-lehre/thomas-martin-schneider-kirche-bleiben-2014.pdf (eingesehen am 2.5.2016).

155 Zum Gedächtnis an Barmen 1934 (1974), in: Martin Niemöller, Reden, Predigten, Denkanstöße 1964–1976, hrsg. von Hans Joachim Oeffler, Köln 1977, 217–221, hier: 219.

156 Nach Protestant, 103; M. Schreiber, Niemöller, 20.

157 Zit. nach J. Bentley, Biographie, 119.

158 Zit. nach D. Schmidt, Biographie, 50.

159 Vgl. die Ausführungen von M. Schreiber, Niemöller, 20–30, der sich deutlich bemüht, Niemöllers Reflexionen seiner Kriegserlebnisse zu entmythologisieren und mit der Realität des Krieges zu konfrontieren.

160 Karl-Alfred Odin, Martin Niemöller, in: Klaus Scholder / Dieter Kleinmann (Hrsg.), Protestantische Profile. Lebensbilder aus fünf Jahrhunderten, Königstein 1983, 377.

161 Vgl. J. Schmidt, Kirchenkampf, 30–32.

162 Martin Niemöller, In Einzelhaft als Hitlers „persönlicher Gefangener", in: Ihr Gewissen gebot es. Christen im Widerstand gegen den Hitlerfaschismus, hrsg. von Klaus Drobisch und Gerhard Fischer, Berlin 1980, 90–94, hier: 91. Niemöller nennt als Datum des Empfangs irrtümlich den 24. Januar 1934.

163 Vgl. den Text des Rundbriefes in: Niemöller, Lesebuch, 55–58; Gespräch zwischen Günter Gaus und Martin Niemöller (1963), in: Was würde Jesus dazu sagen?, hrsg. von W. Feurich, 184–186; Gespräch mit Herrn Powelit, Die Tat, am 2.11.1977, in: ZA EKHN 62/1630 = In Einzelhaft, 90f.

164 Gespräch Günter Gaus mit Niemöller, in: Was würde Jesus dazu sagen?, hrsg. von W. Feurich, 185.

165 Ebd. 186.

166 J. Schmidt, Kirchenkampf, 173.

167 J. Bentley, Biographie, 111 und 112.

168 Darauf hat Sebastian Kuhlmann hingewiesen, der den Namen allerdings auch nicht nennt. Vgl. S. Kuhlmann, Predigt, 43 Anm. 72.

169 Ebd. 118.

170 Nach: Protestant, 86. Vgl. die Darstellung des Empfangs bei Hans Bernd Gisevius, Adolf Hitler. Versuch einer Deutung, München 1963, 229–232. Nach Gisevius dauerte das Streitgespräch „eine gute Stunde" (231).

171 Vgl. D. Schmidt, Biographie, 113, der dafür auf ein Tischgespräch mit Hitler im Jahr 1943 verweist.

172 Am 29.6.1937 in Wiesbaden, in: Dokumentation zum Kirchenkampf in Hessen und Nassau, Bd. 9, bearbeitet und hrsg. im Auftrag der EKHN von Hermann Otto Geißler, Karl-Heinz Engelhart, Hans-Joachim Wuttge, Darmstadt 1996, 356.

173 Vgl. D. Schmidt, Biographie, 131f; J. Schmidt, Kirchenkampf, 432; J. Bentley, Biographie, 160f; In Einzelhaft, 90–92.

174 Vgl. Schreiben von Dr. W. Borngässer an Kirchenpräsident Niemöller vom 23.3.1949, in: ZA EKHN 62/552. Vgl. Karl Dienst, Kirche mitten in der Stadt! Willy Borngässer (1905–1965) – Ein liberaler Pfarrer zwischen den Fronten, in: Journal für Religionskultur, Nr. 154 (2012).

175 Eine Nachschrift ist auszugsweise abgedruckt in: Dokumentation zum Kirchenkampf in Hessen und Nassau, Bd. 9, a.a.O. 349–357. Vgl. auch: In Einzelhaft, 91f, wo Niemöller nur von Vorträgen spricht.

176 Wilhelm Niemöller, Aus dem Leben eines Bekenntnispfarrers, Bielefeld 1961, 195.

177 J. Bentley, Biographie, 161.

178 Vgl. J. Schmidt, Kirchenkampf, 431f.

179 Zum Folgenden vgl. D. Schmidt, Biographie, 133–136; J. Schmidt, Kirchenkampf, 432; J. Bentley, Biographie, 162–170.

180 Zit. nach: Hans Prolingheuer, Der Prozess gegen Martin Niemöller vor 70 Jahren. Nach dem Bericht Matthes Zieglers, des Kirchenreferenten im Amt Rosenberg, Manuskript, November 2007, 17 Seiten, in: http://www.

kirchengeschichten-im-ns.de/Zieglerbericht. pdf (eingesehen am 6.4.2016), hier: S. 9 Anm. 25.

181 J. Schmidt, Kirchenkampf, 432.

182 Vgl. Protestant, 157.

183 Vgl. J. Bentley, Biographie, 163.

184 J. Schmidt, Kirchenkampf, 275.

185 Zit. nach D. Schmidt, Biographie, 133.

186 Vgl. S. Kuhlmann, Predigt, 47.

187 Zit. nach Protestant, 99.

188 Zit. nach D. Schmidt, Biographie, 134.

189 J. Bentley, Biographie, 163.

190 Manfred Björkquist, An der Schwelle der Märtyrerzeit?, in: Svenska Dagbladet vom 5.7.1937, zit. nach: W. Niemöller, Bekenntnispfarrer, 202.

191 Vgl. J. Bentley, Biographie, 162.

192 Zit. nach: Protestant, 102; vgl. D. Schmidt, Biographie, 134.

193 Vgl. Protestant, 102 und 157.

194 Protestant, 157ff.

195 Vgl. D. Schmidt, Biographie, 134; J. Bentley, Biographie, 163f.

196 Vgl. D. Schmidt, Biographie, 135.

197 Walter Jens, Prophet des Friedens, in: Blätter für deutsche und internationale Politik, Heft 2/1992, 160–170; auch in: www.martin-niemoeller-stiftung.de/4/azurperson/a181 (eingesehen am 27.11.2015).

198 Martin Niemöller, Briefe aus der Gefangenschaft. Moabit (= Briefe I), hrsg. von Wilhelm Niemöller, Frankfurt am Main 1975, 27, zit. nach: Protestant, 157; vgl. J. Bentley, Biographie, 164.

199 Vgl. Protestant, 157. Ausführlicher dazu Michael Heymel, Das Gesangbuch als Lebensbegleiter. Studien zur Bedeutung der Gesangbuchgeschichte für Frömmigkeit und Seelsorge, Gütersloh 2012, 243–245.

200 Niemöller, Briefe I, 104, 14.11.1937 = Protestant, 159.

201 Zit. nach: D. Schmidt, Biographie, 136.

202 Briefe I, 70; zit. nach: M. Schreiber, Niemöller, 81.

203 Zit. nach: J. Bentley, Biographie, 166.

204 Anklageschrift, S. 9, in: LA Bielefeld, 5.1 Nr. 466 F.1 6–23. Zit. in: Protestant, 101.

205 Zur folgenden Darstellung vgl. D. Schmidt, Biographie, 136–142; J. Schmidt, Kirchenkampf, 433ff; J. Bentley, Biographie, 170–174.

206 Nach D. Schmidt, Biographie, 136f; ähnlich J. Bentley, Biographie, 171.

207 Zum Folgenden vgl. J. Schmidt, Kirchenkampf, 439–443; Protestant, 104–108.

208 Zit. nach J. Schmidt, Kirchenkampf, 440 = Protestant, 106.

209 Predigt am 3.2.1935 mit Röm 13,1–10 (Nr. 45), in: Dahlemer Predigten, 269.

287

210 Predigt am 15.11.1937 mit Mt 22,15–22 (Nr. 106), ebd. 519.
211 Zit. nach: D. Schmidt, Biographie, 139; J. Schmidt, Kirchenkampf, 441.
212 Zit. nach: H. Prolingheuer, Der Prozess gegen Martin Niemöller, S. 9f. Teilweise auch bei D. Schmidt, Biographie, 139, ohne Kenntlichmachung der Auslassungen zitiert.
213 Vgl. dazu H. Prolingheuer, Der Prozess gegen Martin Niemöller, S. 2f, 10–16.
214 Der Prozeß Martin Niemöller. Ein verschollenes Dokument taucht auf – Selbstbiographie vor dem Sondergericht, in: DIE ZEIT Nr. 31 vom 2.8.1956, Titelseite und S. 3.
215 Vgl. Manfred Gailus, Vom ‚gottgläubigen' Kirchenkämpfer Rosenbergs zum ‚christgläubigen' Pfarrer Niemöllers, in: Zeitschrift für Geschichtswissenschaft 54 (2006), Heft 11, 937–973; ders., Bruder Ziegler, in: DIE ZEIT Nr. 8 vom 15.2.2007.
216 H. Prolingheuer, Der Prozess gegen Martin Niemöller, S. 2.
217 Zum Folgenden vgl. D. Schmidt, Biographie, 141; J. Schmidt, Kirchenkampf, 443. Hier sind auch die Zitate aus der Urteilsbegründung zu finden.
218 Nach D. Schmidt, Biographie, 141.
219 W. Niemöller, Bekenntnispfarrer, 225; vgl. D. Schmidt, Biographie, 146f; J. Schmidt, Kirchenkampf, 444.
220 Heeresadjutant bei Hitler 1938–1943. Aufzeichnungen des Majors Engel, hrsg. von Hildegard von Kotze (= Schriftenreihe der Vierteljahreshefte für Zeitgeschichte, 29), Stuttgart 1974.
221 Zit. nach: Wilhelm Niemöller, Martin Niemöller, in: Junge Kirche. Eine Zeitschrift europäischer Christen, Dezember 1981, 42. Jahrgang, 573ff.
222 Zum Folgenden vgl. D. Schmidt, Biographie, 142–156; J. Bentley, Biographie, 175–181; Protestant, 16off; S. Kuhlmann, Predigt, 49f.
223 Zit. nach: Protestant, 162.
224 Ebd. 163.
225 Zu Kurt Scharfs Besuch im KZ vgl. ders., Brücken und Breschen. Biographische Skizzen, Gütersloh 1980, 80-82; Ursprung-Nachrichten 1982/83, 45.
226 Zit. nach J. Bentley, Biographie, 174.
227 Nach: Protestant, 163. Die Verse stammen aus dem Lied „Unter Lilien jener Freuden" von Johann Ludwig Konrad Allendorf (1693–1773). Eine 5-strophige Fassung ist in dem von Niemöller benutzten Ev. Gesangbuch für Brandenburg und Pommern (Nr. 578) enthalten.
228 Leonore Siegele-Wenschkewitz, Die Sache meines Mannes, in: Protestant, 152.
229 Vgl. J. Bentley, Biographie, 176.
230 Zit. nach D. Schmidt, Biographie, 149f.
231 Ebd. 150.
232 J. Bentley, Biographie, 180.
233 Vgl. ebd.; ferner D. Schmidt, Biographie, 151.
234 Zit. nach J. Bentley, Biographie, 176f. In der 4. Strophe von Luthers Lied „Ein feste Burg ist unser Gott" heißt es: „Nehmen sie uns Leib, / Gut, Ehr, Kind und Weib: / laß fahren dahin, / sie haben's kein' Gewinn, / das Reich muß uns doch bleiben" (EG 362).
235 Nach D. Schmidt, Biographie, 154; vgl. J. Bentley, Biographie, 180.
236 Martin Niemöller, Vorwort zu: Wilhelm Niemöller, Vater Niemöller, 3f = M. Schreiber, Niemöller, 89.
237 Martin Niemöller, „… zu verkündigen ein gnädiges Jahr des Herrn!" Sechs Dachauer Predigten, München 1946, Vorwort, 3 = M. Schreiber, Niemöller, 90.
238 Nach Protestant, 164.
239 Vgl. M. Schreiber, Niemöller, 90f.
240 Vgl. dazu D. Schmidt, Biographie, 154–157; Protestant, 164–166; M. Schreiber, Niemöller, 89–92.
241 Vom erstgenannten handschriftlichen Text liegt eine 14-seitige Transkription vor (ZA EKHN 368/401). Das zweite, 215 Seiten umfassende Manuskript ist bisher unveröffentlicht.
242 Gedanken zu dem Thema: Evangelisch oder Katholisch?, Typoskript, S. 1 und 8.
243 Vgl. Briefe aus der Gefangenschaft: Konzentrationslager Sachsenhausen (Oranienburg) (= Briefe II). Hrsg. von Wilhelm Niemöller, Bielefeld 1979, 141 (28.11.1940); 127 (6.9.1940) = Protestant, 164f.
244 Evangelisch oder Katholisch?, S. 13.
245 Ebd. S. 4.
246 Briefe II, 150f (4.1.1941) = Protestant, 165.
247 Briefe II, 155 (9.2.1941) = Protestant, 296 Anm. 26.
248 Briefe II, 156 (9.2.1941) = M. Schreiber, Niemöller, 92.
249 Abgedruckt in: Kurt Dietrich Schmidt (Hrsg.), Dokumente des Kirchenkampfes II (Arbeiten zur Geschichte des Kirchenkampfes Bd. 13), Göttingen 1964, 695–703 (Nr. 253).
250 Zur Rezeption der Dahlemer Predigten vgl. Dahlemer Predigten, 657–704.
251 Vgl. Editorischer Vorbericht, ebd., 21–25.
252 Zu Thomas Mann vgl. die ausführliche Darstellung ebd. 683–693.
253 Brief von Dr. h. c. Herbert Mochalski an Martin Niemöller vom 8.9.1980, in: ZA EKHN 62/1750. „Man spürt aus jeder Zeile, mit welchem inneren Beben und Beteiligt-

sein Thomas Mann das Vorwort schreibt ...“
(ebd.).

254 So J. Bentley, Biographie, 186f, der sich u. a.
auf Ehrenberg und Hildebrandt bezieht.

255 Vgl. Michael Heymel, Wer war Leo Stein?
Spurensuche nach dem Verfasser des Bu-
ches „I was in Hell with Niemoeller“, New
York 1942, in: Mitteilungen zur Kirchlichen
Zeitgeschichte 5/2011, 53–87.

256 Vgl. Eckhard Goldberg, Inconnus, Con-
nus ...? Les protagonistes du roman écrit en
exil par Claire Goll, in: Claire Goll. Une créa-
tion littéraire, une égérie en quête d'amour,
un legs, Essey-Lès-Nancy 2012, 127–129.

257 Vgl. Le Tombeau Des Amants Inconnus
(Collection «Voix de France»), New York
1941, 109, 124f, 179.

258 J. Bentley, Biographie, 187.

259 Zum Folgenden vgl. D. Schmidt, Biographie,
156–164; J. Bentley, Biographie, 181–188;
Protestant, 165f; M. Schreiber, Niemöller,
91f.

260 Interview mit Günter Gaus, in: Reden IV,
222 = M. Schreiber, Niemöller, 91.

261 Niemöller hat sich dazu nicht nur im Interview mit Günter Gaus (vgl. Reden IV, 221f),
sondern auch ein Jahr vorher in einem Dokumentarfilm von Gerd Klepzig und Klaus
Harpprecht geäußert, aus dem hier zitiert
wird (vgl. Typoskript der Sendung vom
7.9.1962, S. 4f, in: ZA EKHN 35/168).

262 Zit. nach D. Schmidt, Biographie, 157.

263 Buß- und Bettag 1969, in: Reden, Predigten,
Denkanstöße, 147–153, hier: 151; vgl. Der
gekreuzigte und auferstandene Christus
(1953), in: Reden 1945–1954 (= Reden I),
Darmstadt 1958, 243f; Kirche und Frieden
(1960), in: Reden 1958–1961 (= Reden III),
Frankfurt am Main 1961, 255.

264 Michael Höck, Nec laudibus nec timore. Mit
Abt Corbinian Hofmeister im KZ Dachau,
in: Alt und Jung Metten 34 (1967), 34–38,
hier: 35. Fritz Reuter war der Lieblingsdich-
ter von Heinrich Niemöller (vgl. dessen Bericht: Aus 56 Amtsjahren, hrsg. von Wilhelm Niemöller, Bielefeld 1948, 47).

265 Interview mit Dr. Michael Höck, in: Ange-
lika Pisarski, ... um nicht schweigend zu sterben. Gespräche mit Überlebenden aus Konzentrationslagern, München 1989, 143–190,
hier: 163.

266 Zit. nach D. Schmidt, Biographie, 159; vgl.
Johannes Neuhäusler, Kreuz und Hakenkreuz. Der Kampf des Nationalsozialismus
gegen die katholische Kirche und der kirchliche Widerstand, 2 Bde., München 1946,
Bd. II, 177–180, hier: 179.

267 Zit. nach D. Schmidt, Biographie, 158.

268 Abgebildet in Protestant, 153. Die Karte
trägt den Poststempel vom 26.4.1945, wurde
aber schon zwei Tage vorher geschrieben.
Vgl. Wilhelm Niemöller, Neuanfang 1945.
Zur Biographie Martin Niemöllers, Frank-
furt/Main 1967, 24.

269 Martin Niemöller, „... zu verkündigen ein
gnädiges Jahr des Herrn!“. Sechs Dachauer
Predigten, München 1946, Vorwort, 3.

270 Zur gegenwärtigen Lage der evangelischen
Christenheit (1946), in: Reden I, 54f.

271 Vgl. Ewart E. Turner, Niemöller in Amerika,
in: Bekennende Kirche, 306; zum Gottesdienst vgl. Michael Heymel, Weihnachten
im KZ Dachau, in: Michael Heymel / Christian Möller, Sternstunden der Predigt, Stuttgart 2010, 209–229.

272 Zeugen des Jahrhunderts: Martin Niemöller,
Manuskript eines Films von Gerd Klepzig
und Klaus Harpprecht (1962), S. 7f, in: ZA
EKHN 35/168.

273 D. Schmidt, Biographie, 162.

274 Predigt am 25.2.1945, in: Sechs Dachauer
Predigten, 37.

275 Predigt am 29.3.1945 (Gründonnerstag), in:
Sechs Dachauer Predigten, 47f.

276 Vgl. Hugo Gotthard Bloth, Die Befreiung
Martin Niemöllers 1945 aus der Fahrt in den
Tod, in: Jahrbücher für westfälische Kirchengeschichte 78 (1985), 205–210; Protestant, 172. Nach anderen Quellen waren es
zwischen 138 und 169 Häftlinge.

277 Vgl. die eidesstattlichen Erklärungen von
Alexander von Falkenhausen, Franz Halder
und Karl Wolff (ZA EKHN 62/01 und 62/25);
ferner D. Schmidt, Biographie, 165–170.

278 Vgl. ebd. 166.

279 Vgl. Hans-Günther Richardi, SS-Geiseln in
der Alpenfestung. Die Verschleppung pro-
minenter KZ-Häftlinge aus Deutschland
nach Südtirol, Bozen 2005.

280 Im Archiv des Hotels Pragser Wildsee ist
Niemöllers Zimmerkarte mit seiner Unterschrift erhalten (Sig. ZaPW T/C 156).

281 Zit. nach: 1945: Handstreich im Pustertal.
Wehrmachtsoffizier gibt ersten authenti-
schen Bericht, in: Hannoversche Allgemeine
Zeitung vom 5./6.9.1964, 3 (ZA EKHN
62/1421).

282 Zit. nach J. Bentley, Biographie, 196.

283 Zit. nach J. Bentley, Biographie, 191; vgl. Protestant, 175–177.

284 Clemens Vollnhals (Hrsg.), Die evangelische
Kirche nach dem Zusammenbruch. Berichte
ausländischer Beobachter aus dem Jahre
1945 (= Arbeiten zur kirchlichen Zeitgeschichte, Reihe A, Bd. 3), Göttingen 1988,
Einleitung des Herausgebers, XXV.

285 Zit. nach C. Vollnhals, ebd. XXIVf.

286 Karl Barth, Niemöller, in: Basler Kirchenbote, Reformationstag 1945, in: ZA EKHN
62/544.
287 Zit. nach D. Schmidt, Biographie, 176; vgl.
J. Bentley, Biographie, 192.
288 Brief vom 23.4.1946 an Präsident von
Arnim, in: ZA EKHN 62/538.
289 Vgl. zum Folgenden W. Niemöller, Neuanfang 1945, 55f, 62f. Zu den erwähnten Ämtern in der EKD vgl. Kap. IV.2.
290 Brief vom 2.11.1945, zit. nach: Die Frau eines
bedeutenden Mannes, 134.
291 Mitteilung von Dr. Heinz Hermann Niemöller vom 2.8.2016 an den Verfasser.
292 Otto Dibelius, Ein Christ ist immer im
Dienst. Erlebnisse und Erfahrungen in einer
Zeitwende, Stuttgart 1961, 211 und 212.
293 Zit. nach J. Bentley, Biographie, 213.
294 Brief von Martin Niemöller an Pfarrer Hans
Joachim Oeffler vom 24.11.1976, in: ZA
EKHN 62/1676.
295 Mitteilung von Dr. Heinz Hermann Niemöller vom 2.8.2016 an den Verfasser.
296 Brief von Martin Niemöller an Pfarrer Wilhelm Niemöller vom 14.10.1946, in: ZA
EKHN 62/671.
297 Brief von Wilhelm Niemöller an Martin Niemöller vom 18.10.1946, in: ZA EKHN
62/671.
298 Brief von Wilhelm Niemöller an Martin Niemöller vom 25.4.1947, in: ZA EKHN 62/671.
299 Brief von Martin Niemöller an Pfarrer Wilhelm Niemöller vom 22.5.1947, in: ZA
EKHN 62/671.
300 Vgl. ebd.
301 Vgl. seine Dahlemer Abschiedspredigt, in:
Wir predigen den gekreuzigten Christus,
Zürich 1949, 14–24; Niemöller. Der mit Ben-
zin löscht, in: DER SPIEGEL Nr. 3 vom
17.1.1951, 9–14, hier: 12.
302 Zum Folgenden vgl. Protestant, 175–190.
303 Zit. nach D. Schmidt, Biographie, 179.
304 Protestant, 184. Prof. Knappen (1901–1966)
war Theologe und von 1944–1947 Leiter des
Referats für religiöse Angelegenheiten der
US-Besatzungsarmee bzw. Militärregierung.
305 Was ist aus dem Neuanfang geworden?
(= Gespräch des Redakteurs der ,Neuen
Stimme', Heinrich Werner, mit Martin Niemöller, veröffentlicht 1980), in: Was würde
Jesus dazu sagen?, hrsg. von W. Feurich, 277.
306 Brief an Niemöller vom 17.7.1945, zit. nach
Protestant, 183.
307 Zit. nach: Karl Herbert, Kirche zwischen
Aufbruch und Tradition, Stuttgart 1989, 39.
308 Lage und Aussichten der Evangelischen Kirche (20.7.1945), in: ZA EKHN 62/1233.
309 Brief an Bischof Wurm vom 5.8.1945, zit.
nach K. Herbert, Aufbruch, 36.
310 Brief an Karl Barth vom 2.8.1945, zit. nach:
K. Herbert, Aufbruch, 39.
311 Vgl. Kirchliches Jahrbuch 1945–1948, 7f =
K. Herbert, Aufbruch, 48; vgl. Protestant,
185.
312 Vgl. Hans Prolingheuer, Wir sind in die Irre
gegangen. Die Schuld der Kirche unterm
Hakenkreuz, Köln 1987, 86–92.
313 Vgl. Martin Niemöller, Die Erneuerung unserer Kirche, 5: „Unser Kirchenleben bedarf
der Erneuerung, daß der Herr Christus in
die Mitte tritt und die Lebensquelle werde
für das Leben der Kirche". Dazu Ernst Wolf,
„Erneuerung der Kirche" im Lichte der Reformation, in: EvTh 6 (1946/47), Heft 7/8,
313–338, bes. 321 und 328.
314 Rede auf der Kirchenversammlung in
Treysa 1945, in: Reden I, 11–15, hier: 12.
315 Ebd. 14.
316 Ebd.
317 Ebd. 15.
318 Ebd. 14.
319 Ebd. 15.
320 Vgl. Wolfgang Huber, Protestantismus und
Demokratie, in: Ders. (Hrsg.), Protestanten
in der Demokratie, München 1990, 11–36,
hier: 29; Wolfgang Huber / Heinz Eduard
Tödt, Menschenrechte. Perspektiven einer
menschlichen Welt, Stuttgart/Berlin 1977,
45–55; 157–193.
321 Niemöller in Treysa, in: Reden 1945–1954,
15.
322 Vgl. Armin Boyens, Treysa 1945 – Die Evangelische Kirche nach dem Zusammenbruch
des Dritten Reiches, in: ZKG 82 (1971), 29–
53.
323 Vgl. Was ist aus dem Neuanfang geworden?,
282.
324 Zit. nach H. Prolingheuer, Wir sind in die
Irre gegangen, 93.
325 Darauf verweist der Marburger Historiker
Jochen Christoph Kaiser, Treysa, August
1945 – Kontinuität und Neubeginn. Vortrag
am 30.5.2015 im Hessischen Diakoniezen-
trum ,Hephata', Typoskript, 10f, in: http://
www.ekkw.de/media_ekkw/downloads/
aktuell_150529_70JahreEKD_vortrag_kai-
ser.pdf (eingesehen am 3.8.2016).
326 Zit. nach K. Herbert, Aufbruch, 55.
327 Das 13 Seiten umfassende, von C. Vollnhals
nicht ermittelte Typoskript ohne Titel befindet sich im Nachlass Erika Manns in der
Monacensia, München (Sig. EM M 130). Im
Folgenden wird dieser Text von mir referiert. Das Zitat ist von mir ins Deutsche
übersetzt.
328 Ebd. S. 12.
329 Vgl. C. Vollnhals, Die evangelische Kirche
nach dem Zusammenbruch, 124.

330 Im Sermon von Ablass und Gnade (1518) führt Luther als Elemente der Buße Reue, Beichte und Genugtuung auf (siehe WA 1, 243).

331 Antrittspredigt am 28.6.1931 in Dahlem, in: Dahlemer Predigten (Nr. 1), 75–80.

332 S. Kuhlmann, Predigt, 337.

333 In: Dahlemer Predigten (Nr. 42), 248–250.

334 Martin Luther, Disputation zur Erläuterung der Kraft des Ablasses [95 Thesen] (1517), These 1, in: WA 1, 530.

335 Predigt am 21.11.1934, in: Dahlemer Predigten (Nr. 42), 250.

336 Zit. nach: Katharina von Kellenbach, Schuld und Vergebung. Zur deutschen Praxis christlicher Versöhnung, in: Björn Krondorfer / Katharina von Kellenbach / Norbert Reck, Mit Blick auf die Täter. Fragen an die deutsche Theologie nach 1945, Gütersloh 2006, 227–312, hier: 248.

337 Ebd. 251f.

338 Vortrag in Stuttgart am 3. Juli 1946, abgedruckt in: Reden I, 23–42.

339 Gesine Schwan, Politik und Schuld. Die zerstörerische Macht des Schweigens, Frankfurt/Main ³2001, 218.

340 Vgl. Hannah Arendt, Besuch in Deutschland (1950), Neuausgabe Berlin 1993, Kap. I; Alexander und Margarete Mitscherlich, Die Unfähigkeit zu trauern (1967), Neuausgabe München ¹¹1979, 77–83.

341 Vgl. Sabine Bode, Die vergessene Generation. Die Kriegskinder brechen ihr Schweigen, Stuttgart ²⁸2016, 213–217.

342 Brief von Hans Asmussen an den Erzbischof von Canterbury vom 16.6.1945, in: Martin Greschat (Hrsg.), Die Schuld der Kirche, München 1982, 65.

343 Vgl. Protestant, 189; D. Schmidt, Biographie, 184f.

344 Zit. nach Protestant, 189; zu den Entwürfen und dem endgültigen Text vgl. M. Greschat, Die Schuld der Kirche, 100–103.

345 Zit. nach H. Prolingheuer, Wir sind in die Irre gegangen, 96.

346 Darauf macht Prolingheuer aufmerksam, ebd. 259f Anm. 106; vgl. M. Greschat, Die Schuld der Kirche, 101–103.

347 Vgl. M. Greschat, Die Schuld der Kirche, 118.

348 Brief an Frau S. vom November 1945, als Flugblatt vervielfältigt, in: M. Greschat, Die Schuld der Kirche, 225.

349 Protestbrief vom 29.10.1945, zit. nach M. Greschat, Die Schuld der Kirche, 117.

350 Brief von Hans Asmussen an den Vorsitzenden des Rates der EKD, Landesbischof D. Wurm vom 2.11.1946, in: ZA EKHN 62/539; vgl. M. Greschat, Die Schuld der Kirche, 272f.

351 D. Schmidt, Biographie, 186 = Protestant, 190.

352 Die Erneuerung unserer Kirche, in: Reden I, 20.

353 Martin Niemöller, Die Erneuerung unserer Kirche, München 1946, 9. In dem Auszug, der in den Reden I, 19–22, abgedruckt ist, fehlt diese Passage. Vgl. auch ‚Zur gegenwärtigen Lage der evangelischen Christenheit‘, dessen vollständiger Text ebenfalls kurz den Augenblick in Dachau erwähnt, und ‚Der Weg ins Freie‘, in: Reden I, 31ff.

354 Not und Aufgabe der Kirche in Deutschland, Genf 1946, 10.

355 Brief an den Rektor der Universität Erlangen vom 7.2.1946, in: M. Greschat, Die Schuld der Kirche, 193.

356 Vortrag in der Neustädter Kirche in Erlangen am 22.1.1946, zit. nach M. Greschat, Die Schuld der Kirche, 189. D. Schmidt, der diese Äußerung ebenfalls zitiert (Biographie, 185f), ordnet sie irrtümlich Niemöllers Brief an den Rektor der Universität Erlangen zu.

357 Vortrag in Erlangen, zit. nach M. Greschat, Die Schuld der Kirche, 189.

358 Maximilian Schubart (1920–1982) in seinen unvollendeten Memoiren, Typoskript, S. 112. Der Verfasser war promovierter Psychologe und seit den 1960er Jahren als Unternehmensberater tätig.

359 In: ZA EKHN 62/544. Vollständig abgedruckt bei M. Greschat, Die Schuld der Kirche, 282–286. Zit. bei D. Schmidt, Biographie, 195f; Protestant, 186; M. Schreiber, Niemöller, 98f.

360 M. Greschat, Die Schuld der Kirche, 186.

361 Der Weg ins Freie, in: Reden I, 35 = M. Greschat, Die Schuld der Kirche, 204.

362 M. Niemöller, Reden I, 34 = M. Greschat, Die Schuld der Kirche, 203 = Protestant, 192.

363 Vortrag in Erlangen, zit. nach M. Greschat, Die Schuld der Kirche, 190 = Protestant, 192.

364 Not und Aufgabe der Kirche in Deutschland, 9.

365 Brief vom 23.6.1946 an Prof. D. Karl Barth, in: ZA EKHN 62/544.

366 Zit. nach D. Schmidt, Biographie, 187 = Protestant, 192.

367 Zit. nach Diether Koch, Heinemann und die Deutschlandfrage, München 1972, 426.

368 Wo steht die Kirche 1958?, in: Stimme der Gemeinde 3/1958.

369 Otto Dibelius, So habe ich's erlebt. Selbstzeugnisse, Berlin 1980, 249. Zit. nach M. Greschat, Die Schuld der Kirche, 314.

370 Zum Folgenden vgl. Martin Greschat (Hrsg.), Im Zeichen der Schuld. 40 Jahre Stuttgarter Schuldbekenntnis. Eine Dokumentation,

Neukirchen 1985, 35–42, 79–86; K. Herbert, Aufbruch, 95–107; Protestant, 194f; H. Prolingheuer, Wir sind in die Irre gegangen, 211–240.

371 M. Greschat, Im Zeichen der Schuld, 40.

372 Zit. nach M. Greschat, ebd. 41.

373 Vgl. K. Herbert, Aufbruch, 104f, der Bundestagsreden G. Heinemanns von 1958 und 1960 als Aktualisierung des ,Darmstädter Wortes' anführt.

374 Zit. nach H. Prolingheuer, Wir sind in die Irre gegangen, 218f. Hermann Diems Auslegung erschien unter dem Titel ,Kann die Kirche Buße tun?' zuerst in: Evangelische Kommentare 10/1970, 580ff, dann in einem Beitrag von Renate Riemeck ,Das Darmstädter Wort – immer noch aktuell' in: Stimme der Gemeinde 15–16/1972, 253–262.

375 Otto Dibelius in Treysa, zit. nach: J. Bentley, Biographie, 208.

376 Vgl. sein Schreiben an den Vorsitzenden des Rates der EKiD, Landesbischof D. Wurm, vom 17.10.1947, in: ZA EKHN 62/742.

377 Vgl. Protestant, 203f.

378 Der Weg ins Freie, in: Reden I, 38–40.

379 Die Erneuerung unserer Kirche, München 1946, 15.

380 Vgl. Hans Fuglsang-Damgaard, Fra skyttegrav til bispestol (Vom Schützengraben zum Bischofsstuhl), København 1975; zu seiner Vita ausführlicher: Michael Heymel, Mutiger Protest zum Schutz der Juden: der Hirtenbrief der dänischen Bischöfe von 1943, in: Kirche und Israel 25 (2010), 112–120.

381 Nach Elsa Freudenbergs Tagebuchaufzeichnung von 1946, in: ZA EKHN 62/1750.

382 Vgl. Protestant, 206.

383 Zit. nach D. Schmidt, Biographie, 189.

384 Zit. nach: Edwin H. Robertson, Politik aus Glauben, in: Bis an das Ende der Erde. Ökumenische Beiträge. FS zum 70. Geburtstag von D. Martin Niemöller, hrsg. von Hanfried Krüger, München 1962, 40.

385 Was kann die Kirche für den Frieden tun? (1950), in: Reden I, 159–169, hier: 163.

386 Ebd. 168.

387 Vgl. F. Beyer, Menschen warten, 92–94.

388 Ebd. 107.

389 Vgl. dazu K. Herbert, Aufbruch, 80–86; Protestant, 194–200; M. Schreiber, Niemöller, 101f.

390 Ratserklärung zum Befreiungsgesetz vom 26.3.1946, zit. nach Protestant, 196.

391 Zit. nach J. Bentley, Biographie, 241.

392 Zit. nach K. Herbert, Aufbruch, 85f.

393 Zit. nach Protestant, 198.

394 Vgl. Nazis' Victims Bar Niemoeller From Society, in: New York Herald Tribune vom 31.7.1947, European Edition, in: ZA EKHN 62/592.

395 Schreiben von Kurt Essen an „Kamerad Roscher" vom 3.8.1947, in: ZA EKHN 62/567.

396 Otto Dobbeck, Positive Entnazifizierung, in: Die Rheinpfalz vom 9.8.1947, in: ZA EKHN 62/590.

397 Vgl. J. Bentley, Biographie, 240; M. Schreiber, Niemöller, 102. K. Gersteins Witwe berief sich u. a. auf Niemöllers Erklärung, als sie 1950 vor der württembergischen Spruchkammer ihren Mann als Widerstandskämpfer gegen das NS-Regime rehabilitieren wollte, der unverschuldet in die Vernichtungsmaßnahmen „eingeschaltet" worden sei. Die Spruchkammer, die Gerstein als „Belasteten" eingestuft hatte, lehnte den Einspruch am 16.11.1950 ab. Gerstein selbst hat nach Kriegsende einen Bericht über seine Tätigkeit verfasst, in dem er Niemöllers „Freund" Otto Dibelius als Referenz angibt. Bis heute wird sein Verhalten von Historikern kontrovers bewertet. Vgl. Augenzeugenbericht zu den Massenvergasungen, in: Vierteljahreshefte für Zeitgeschichte 1 (1953), 177–193.

398 K. Herbert, Aufbruch, 86.

399 Zum Folgenden vgl. Hermann Otto Geißler, Ernst Ludwig Dietrich (1897–1974). Ein liberaler Theologe in der Entscheidung (= QSHK 21), Darmstadt 2012, 432–469.

400 Zit. nach ebd. 465.

401 Zit. nach Protestant, 215. Vgl. die genauere Darstellung K. Herberts, Aufbruch, 230–236. Zu Dibelius' Einschätzung der politischen Äußerungen Niemöllers vgl. ders., Ein Christ ist immer im Dienst, 267f.

402 K. Herbert, Aufbruch, 236 = Protestant, 215.

403 Zit. nach K. Herbert, Aufbruch, 371 Anm. 41.

404 Schreiben von Niemöller an Superintendent Funke vom 21.6.1955, in: ZA EKHN 62/583.

405 Schreiben des Evangelischen Bischofs von Berlin an Kirchenpräsident D. Niemöller vom 4.7.1956, in: ZA EKHN 62/1059.

406 Vgl. K. Herbert, Aufbruch, 19ff.

407 Neue Zeitung vom 9.12.1946, in: ZA 62/564.

408 Mitteilung von Hebe Kohlbrugge im Gespräch mit dem Autor am 8.12.2009.

409 O. Dibelius, Ein Christ ist immer im Dienst, 266f.

410 Martin Niemöller zum 75. Geburtstag, in: Der Tagesspiegel vom 14.1.1967, in: ZA EKHN 62/565.

411 Vgl. D. Schmidt, Biographie, 194; J. Bentley, Biographie, 213.

412 Brief an Hans Asmussen vom 22.6.1946, in: ZA EKHN 62/539 = Martin Niemöller, Ein

Lesebuch. Hrsg. von Hans Joachim Oeffler u. a., Köln 1987, 120–122.

413 Ebd.

414 Zit. nach Karl Herbert, Durch Höhen und Tiefen. Eine Geschichte der Evangelischen Kirche in Hessen und Nassau, Frankfurt am Main 1997, 153.

415 So Hermann Engelhardt in einem Brief an Niemöller vom 4.12.1945, in: ZA EKHN 62/567.

416 Schreiben an Niemöller vom 8.10.1945, zit. nach K. Herbert, Höhen und Tiefen, 350 Anm. 17.

417 In einem Antwortschreiben an den EKD-Ratsvorsitzenden Landesbischof D. Wurm vom 17.10.1947, in: ZA EKHN 62/742.

418 Brief an Hermine Hermes vom 7.10.1947, in: ZA EKHN 62/612.

419 Zit. nach M. Schreiber, Niemöller, 102f; vgl. K. Herbert, Höhen und Tiefen, 171.

420 Ansprache bei der Einführung der Leitung der Ev. Kirche im Rheinland in der Neander-kirche in Düsseldorf am 5.1.1949, in: ZA EKHN 62/612. Vgl. Martin Luther, Eine Vermahnung an alle Pfarrherrn (1539): „Denn wir sind es doch nicht, die da künden die Kirche erhalten, unser Vorfarn sind es auch nicht gewesen, Unser nachkomen werdans auch nicht sein, Sondern der dirs gewest, Ists noch, wirds sein, der da spricht: Ich bin bey euch bis zur welt ende, wie Ebre. am 13. stehet: Jhesus Christus heri et hodie et in secula, Und Apocalyp.: der es war, der es ist, der es sein wird, Ja so heist der Man, und so heist kein ander man, und sol auch keiner so heissen" (WA 50, 476); Dietrich Bonhoeffer, Predigt zu Mt 16,13–18 („Petruskirche"): „Kein Mensch baut die Kirche, sondern Christus allein. Wer die Kirche bauen will, ist gewiß schon am Werk der Zerstörung" (Berlin 1932–1933 [DBW 12], Gütersloh 1997, 469).

421 Wer regiert die Kirche? (1949), in: Reden I, 125–136, hier: 136.

422 Zit. nach K. Herbert, Höhen und Tiefen, 171.

423 Zit. nach: Verhandlungen der Kirchensynode der EKHN, Vierte Synode, 3. Tagung, 23.–26.3.1969, 121.

424 W. Niemöller, Niemöller, 1981.

425 Karl Herbert, in: Prophet dieser Zeit, 35.

426 Ders., ebd. 84.

427 F. Beyer, Menschen warten, 34.

428 In einem Vortrag am 14.9.1951 in Büdingen, zit. nach Beyer, ebd.

429 Vgl. Weg und Wahrheit Nr. 29/30, 1948, 223.

430 Predigt zur Neueinweihung der Paulskirche, in: Weg und Wahrheit Nr. 33/34, 1948, 234–235. Die folgenden Zitate stammen aus diesem Text.

431 Vgl. 1848 – geteiltes Erbe. Stimmen des 20. Jahrhunderts, Deutsches Historisches Museum / Deutsches Rundfunkarchiv, 1998, Begleitheft zur CD.

432 Vgl. zum Folgenden Protestant, 230ff.

433 Protokoll der Kirchensynode, Tagung vom 1.–4.12.1958, 343. Zit. nach Protestant, 231 und 232.

434 Wolfgang Lück, Hans Wilhelmi. Rechtsanwalt, Politiker und engagierter Protestant in Frankfurt am Main, Darmstadt 2016, 91. Zum Verhältnis Wilhelmi – Niemöller vgl. ebd. 80–93.

435 Brief an Dr. Theophil Flügge vom 12.9.1958, in: ZA EKHN 62/572. Flügges Flugblatt „Die Kirche und die Affen" bezog sich u. a. auf einen Vortrag des Cottbuser Superintendenten D. Günter Jacob „Vom Ursprung des Menschen".

436 Nie wollte ich Politiker sein. Gespräch mit Martin Niemöller, in: Christ und Welt Nr. 2 vom 8.1.1965, in: ZA EKHN 62/1750.

437 Bericht des Kirchenpräsidenten […], in: Verhandlungen der Kirchensynode der Ev. Kirche in Hessen und Nassau. Dritte Kirchensynode, 4. ordentliche Tagung vom 2. bis 6. November 1964 in Frankfurt am Main, 18–46, hier: 45.

438 Abgedruckt in: ZevKR 7, 1959/60, 337–347. Die folgenden Zitate im Text stammen aus diesem Aufsatz.

439 Bericht des Kirchenpräsidenten, 1964, 45.

440 Wilhelm Fresenius, Die Evangelische Kirche in Hessen und Nassau, in: Bekennende Kirche, 265.

441 So Karl Dienst, „Zerstörte" oder „wahre" Kirche: Eine geistliche oder kirchenpolitische Entscheidung? (Theion Bd. XX), Frankfurt/Main 2007.

442 Nach Erik Wolf, Ordnung der Kirche. Lehr- und Handbuch des Kirchenrechts auf ökumenischer Basis, Frankfurt/Main 1961, 510.

443 Vgl. Eckhard Lessing, Zwischen Bekenntnis und Volkskirche (Unio und Confessio Bd. 17), Bielefeld 1992, 479.

444 Reiner Braun, Neuentwurf der Kirchenordnung. Zu Geschichte und Zukunft der Leitungsstrukturen in der EKHN, in: HessPfBl Nr. 6/2008, 175–178, hier: 177. Die dritte Barmer These richtet sich kritisch gegen ein Kirchenverständnis, das Kirche „wesentlich soziologisch erfaßt" und ihre Ordnung als „eine rein weltlich-juristische Angelegenheit" behandelt (Ernst Wolf, Barmen. Kirche zwischen Versuchung und Gnade, München ²1970, 125, 127).

445 Martin Niemöller, Kirche? – Kirche! Ein Wort zur Stunde ernster Entscheidung, in:

Junge Kirche 2 (1934), Heft 4, 139–143, hier: 142.

446 Masch. Text vom 23.1.1962 für eine Rundfrage von „Quick", München, in: ZA EKHN 62/1586.

447 Schreiben von Pfarrerin Therese von Helmolt an Kirchenpräsident D. Martin Niemöller vom 26.12.1962; vgl. auch ihr Schreiben vom 9.2.1965 (beide in: ZA EKHN 62/606).

448 Günter Gaus in: Gespräch zur Person (1963), in: M. Niemöller, Reden IV, 204.

449 Mitteilung von Pfarrer i. R. Kurt Oppel, Grasellenbach, an den Verfasser.

450 Vgl. Helmut Gollwitzers Traueransprache für Else Niemöller und Dora Schulz vom 14.8.1961, in: ZA EKHN 62/1233.

451 Brief an Dr. Beyer vom 20.10.1961, zit. nach: Die Frau eines bedeutenden Mannes, 147.

452 Niemöller. Druck auf den falschen Knopf, in: DER SPIEGEL Nr. 46/1964, 66–68, hier: 66.

453 K. Herbert, Höhen und Tiefen, 250.

454 Vgl. D. Schmidt, Biographie, 257f.

455 Vgl. Interview mit Manfred Kühn (2005), in: Holger Bogs / Walter Fleischmann-Bisten (Hrsg.), Erziehung zum Dialog. Weg und Wirkung Wolfgang Suckers (= Bensheimer Hefte 105), Göttingen 2006, 155–158, hier: 156f.

456 Protokoll der Verhandlungen der Vierten Kirchensynode, 2. Tagung, 1968, 356.

457 D. Schmidt, Biographie, 259.

458 Schreiben an Pfarrerin Herta Dietze vom 21.3. und 2.4.1969, in: ZA EKHN 62/561.

459 Zur Frage der „Demokratie in der Kirche". Manuskript vom 19.1.1969, in: ZA EKHN 62/554. Der Text erschien in der Frankfurter Rundschau und in ‚Stimme der Gemeinde'.

460 In: Günther Klempnauer, Über Lebenschancen, Wuppertal 1970, 102.

461 Vgl. Schreiben an Pfarrerin Herta Dietze vom 21.3.1969, in: ZA EKHN 62/561.

462 Protokoll der Verhandlungen der Vierten Kirchensynode, 4. Tagung, 1970, 360–364, hier: 362.

463 Vgl. „Weil es Jesus ihn geheißen hat ..." Martin Niemöller zum neunzigsten Geburtstag, in: Weg und Wahrheit. Evangelische Sonntagszeitung Nr. 2 vom 10.1.1982, 5.

464 „Ja, wir sind stolz darauf, eine Niemöllerkirche zu sein" (Helmut Hild, zit. nach D. Schmidt, Biographie, 268). Die Äußerung stammt aus einer Ansprache zu Niemöllers 85. Geburtstag (ZA EKHN 62/616).

465 Die Kirche im Gericht und der Liberalismus in der Krise (1954), in: Reden I, 310.

466 Was müssen wir heute von der Kirche erwarten? Zit. nach: Verhandlungen der ersten Kirchensynode der EKHN, 2. Tagung, Mai 1951, 14–22, hier: 17.

467 DER SPIEGEL Nr. 3 vom 17.1.1951, 9.

468 Zu diesen Zahlenangaben vgl. Karl Herbert, Der Kirchenpräsident, in: Protestant, 229; das (unvollständige) Verzeichnis der Predigten 1945–1976, in: Reden, Predigten, Denkanstöße 1964–1976, 276–284; Dahlemer Predigten, Editorischer Vorbericht, 20. Oeffler schätzt sogar, Niemöller habe insgesamt mindestens 2000 Predigten gehalten (vgl. Martin Niemöller. Ein Lesebuch, 314).

469 Diese Einschätzung äußerte Kirchenrat i. R. Manfred Kühn (Wiesbaden) am 14.8.2016 in einem Gespräch mit dem Verfasser.

470 Vgl. dazu die bei S. Kuhlmann, Predigt, 336–340, entwickelten Kennzeichen prophetischer Predigt.

471 Vgl. Thomas Mann, in: Dahlemer Predigten, 687.

472 Das Zeugnis des prophetischen Wortes an die Welt, in: Reden, Predigten, Denkanstöße 1964–1976, 51–63, hier: 56, 59 und 62.

473 Bericht des Kirchenpräsidenten 1964, in: Verhandlungen der dritten Kirchensynode der EKHN, 4. Tagung, November 1964, 28.

474 Ebd. 29.

475 Martin Niemöller über Martin Niemöller. Interview des Intendanten des Hessischen Rundfunks Werner Hess mit Martin Niemöller, Typoskript, S. 13, in: ZA EKHN 62/612.

476 K. Herbert, Höhen und Tiefen, 276.

477 Person und Institution. Volkskirche auf dem Weg in die Zukunft, hrsg. von der Ev. Kirche in Hessen und Nassau im Auftrag der Kirchenleitung, Frankfurt/Main 1992, 199f.

478 Vgl. ebd. 29, 162.

479 Was müssen wir heute von der Kirche erwarten? (1951), in: Reden I, 183.

480 Zum Gedächtnis an Barmen 1934, in: Reden, Predigten, Denkanstöße, 217–221, hier: 218f.

481 „Ich halte ... die Behandlung des Themas ‚Die geistliche Erneuerung des Pfarrerstandes' nach meinen kurzen Erfahrungen hier in Hessen und Nassau wirklich für eine der Kernfragen. Und ich glaube auch, dass diese Frage mit der andern nach der Bedeutung des Kirchenkampfes für die Erneuerung der Kirche in engstem und ursächlichem Zusammenhang steht" (Schreiben an Pfarrer Koschorke, Wuppertal-Barmen, vom 6.2.1948, in: ZA EKHN 62/641).

482 Erklärung zur praktischen Arbeit der Bekenntnissynode (...), in: Die Barmer theologische Erklärung, 67.

483 Predigt am 24.4.1937, in: Dahlemer Predigten (Nr. 124), 612f.

484 Was ist mit dieser Kirche los? (1969), in: Reden, Predigten, Denkanstöße, 158.

485 Bultmanns grundlegendes Referat „Neues Testament und Mythologie. Das Problem der Entmythologisierung der neutestamentlichen Verkündigung" (1941) erschien nach dem Krieg in dem von Hans-Werner Bartsch edierten Sammelband: Kerygma und Mythos I (1948). Vgl. zur Rezeption in Hessen: K. Herbert, Aufbruch, 219–226; Bernd Jaspert, Existentiale Interpretation. Zur frühen Entmythologisierungsdebatte, Nordhausen 2015.

486 Zit. nach B. Jaspert, Existentiale Interpretation, 159f.

487 Zit. nach K. Herbert, Aufbruch, 221.

488 Zit. nach ebd. 222.

489 Ebd.

490 Bericht der Kirchenleitung, zit. nach K. Herbert, Aufbruch, 221.

491 Zum Folgenden ausführlicher: Michael Heymel, Martin Niemöllers Verhältnis zum Judentum. Stationen eines Lernprozesses, in: Michael Tilly / Lothar Triebel (Hrsg.), Notwendige Begegnungen. Judentum und Christentum von der Antike bis zur Gegenwart. Beiträge aus Wissenschaft, Synagoge und Kirche. FS Ulrich Oelschläger, Darmstadt 2016, 254–268.

492 Zur Wirkungsgeschichte und kontroversen Deutung vgl. Heinz Kremers (Hrsg.), Die Juden und Martin Luther – Martin Luther und die Juden, Neukirchen 1985; Michael Heymel, 50 Jahre „Reichskristallnacht", in: Ders., Zur Verherrlichung Israels. Vorträge und Predigten, Frankfurt/Main u. a. 1990, 28–37; Thomas Kaufmann, Luthers „Judenschriften" in ihren historischen Kontexten, Göttingen 2005; ders., Luthers Juden, Stuttgart 2014; Heinz Schilling, Martin Luther. Rebell in einer Zeit des Umbruchs, München ²2013, 550–570, 630f; Johannes Wallmann, Die Evangelische Kirche verleugnet ihre Geschichte. Zum Umgang mit Martin Luthers Judenschriften, Teile I, II und Nachtrag, in: DtPfBl 6/2014 bis 8/2014.

493 Zit. nach Wallmann, Ein Nachtrag, in: DtPfBl 8/2014.

494 Siehe z. B. Hirts Deutsches Lesebuch, Siebenter Teil: Klasse 7, Ausgabe A: Oberschulen für Jungen, Gymnasien und Oberschulen der Aufbauform für Jungen, Breslau 1940, 39–46.

495 Kurt Meier, Kreuz und Hakenkreuz. Die evangelische Kirche im Dritten Reich, zuerst 1992, überarbeitete Neuausgabe München ²2008, 159.

496 Vgl. Wolfgang Gerlach, Als die Zeugen schwiegen. Bekennende Kirche und die Juden (Studien zu Kirche und Israel Bd. 10), Berlin ²1993; zu Niemöller ebd., 85–88, 421ff.

497 John S. Conway, A Comparative Study of Catholic and Protestant Responses to the Holocaust, in: Nationalprotestantische Mentalitäten in Deutschland (1870–1970). Konturen, Entwicklungslinien und Umbrüche eines Weltbildes, hrsg. von Manfred Gailus und Hartmut Lehmann, Göttingen 2005, 361–375, hier: 373.

498 Brief von Hebe Kohlbrugge an den Verfasser vom 23.11.2009.

499 Vgl. Dahlemer Predigten, Nr. 50, 62, 70, 83, 89, 112, 123, 129.

500 Predigt am 12.8.1934 mit Jer 23,20–33 (Nr. 33).

501 Die Bedeutung des Alten Testaments für die christliche Kirche, Berlin o. J. [1936], Separatdruck, 12 Seiten. Die folgenden Seitenzahlen im Text beziehen sich auf diese Ausgabe.

502 Vgl. Dahlemer Predigten, Nr. 20, 43, 58, 60. Ausführlicher dazu Editorischer Vorbericht, ebd. 57–59; M. Heymel, Martin Niemöllers Verhältnis zum Judentum, 256–259.

503 Vgl. seinen Aufsatz: Die Judenfrage (1933), Stuttgart ²1934. Dazu Leonore Siegele-Wenschkewitz, Neutestamentliche Wissenschaft vor der Judenfrage. Gerhard Kittels theologische Arbeit im Wandel deutscher Geschichte (ThEx 208), München 1980.

504 Vgl. Oliver Arnhold, „Entjudung". Kirche im Abgrund. Die Thüringer Kirchenbewegung Deutsche Christen 1928–1939 und das „Institut zur Erforschung und Beseitigung des jüdischen Einflusses auf das deutsche kirchliche Leben" 1939–1945 (SKI 25/1 und 25/2), Berlin 2010.

505 Auseinandersetzungen mit einem Stereotyp. Die Judenfrage im Leben Martin Niemöllers, in: Leonore Siegele-Wenschkewitz (Hrsg.), Christlicher Antijudaismus und Antisemitismus. Theologische und kirchliche Programme Deutscher Christen (Arnoldshainer Texte Bd. 85), Frankfurt/Main 1994, 261–291. Die folgenden Zitate stammen aus diesem Aufsatz.

506 Denkschrift der Vorläufigen Leitung der Deutschen Evangelischen Kirche an den Führer und Reichskanzler vom 28.5.1936, in: Dokumente des Kirchenkampfes II. Erster Teil. Hrsg. von Kurt Dietrich Schmidt (= Arbeiten zur Geschichte des Kirchenkampfes Bd. 13), Göttingen 1964, 695–719, hier: 700.

507 Die Ansprache Pastor Niemöllers in der Neustädter Kirche von Erlangen, in: Die neue

Anmerkungen

Zeitung vom 15.2.1946, in: ZA EKHN 62/1628.

508 Not und Aufgabe der Kirche in Deutschland. Vortrag am 7. März 1946 in Zürich, Großmünster. Genf 1946, 11.

509 Vgl. auch: Zur gegenwärtigen Lage der evangelischen Christenheit (1946), in: Reden I, 43–55, hier: 48; Die politische Verantwortung des Christen im akademischen Stand (1946), in: Reden I, 87–102, hier: 97f.

510 Zit. nach: Weltweite Hilfe 2/1965, 35.

511 Zit. nach: Siegfried Hermle, Evangelische Kirche und Judentum – Stationen nach 1945 (= AKZ Reihe B, Bd. 16), Göttingen 1990, 271.

512 Vgl. S. Hermle, Kirche, 272.

513 In: Reden II, 147–156.

514 M. Niemöller, Nationalismus, 155.

515 Ebd. 156.

516 Zit. nach J. Bentley, Biographie, 62.

517 ZA EKHN 62/424; mit ungenauer Quellenangabe zit. bei J. Bentley, Biographie, 203.

518 Günter Gaus, Zur Person. Porträts in Frage und Antwort, München 1965, 114, zit. nach W. Gerlach, Zeugen, 86.

519 Das belegt die Korrespondenz zwischen beiden (in: ZA EKHN 62/587); Leo Baeck Institute, New York, AR 7263, 2/99.

520 Schreiben an R. R. Geis vom 25.4.1955, in: ZA EKHN 62/587.

521 Vgl. den Tagungsbericht von Otto Michel in: Freiburger Rundbrief Nr. 29/32, Oktober 1955, 24f.

522 Asmussen wandte sich am 2.11.1945 mit einer Eingabe zu diesem Thema an den Vorsitzenden des Rates der EKD, Landesbischof D. Wurm (ZA EKHN 62/539). Vgl. Hermann Diem, Die Schuld der Anderen. Ein Briefwechsel zwischen H. Thielicke und H. Diem, Göttingen 1948.

523 Vgl. Harold Marcuse, The Origin and Reception of Martin Niemöller's quotation 'First they came for the communists...', (July 31, 2014), http://www.history.ucsb.edu/faculty/marcuse/projects/niem/articles/Marcuse-2014NiemoellerQuote147gWeb.pdf (eingesehen am 14.2.2016).

524 Die EKD-Synode von Braunschweig bekräftigte 2000 das „Wort zur Schuld an Israel" von Berlin-Weißensee (https://www.ekd.de/synode2000/referate_kundgebungsentwurf_weissensee.html [eingesehen am 31.12.2015]). Papst Franziskus betonte anlässlich der Vorstellung einer neuen Denkschrift des Vatikans, es sei „unmöglich, Christ und gleichzeitig Antisemit zu sein" (zit. nach: Keine Mission. Die katholische Kirche als Partner der Juden im Kampf

gegen den Antisemitismus, in: FAZ vom 30.12.2015).

525 Zu Niemöllers Sicht des Staates Israel vgl. L. Siegele-Wenschkewitz, Auseinandersetzungen, 283f; Gerhard Gronauer, Der Staat Israel im westdeutschen Protestantismus. Wahrnehmungen in Kirche und Publizistik von 1948 bis 1972, Göttingen 2013, 220f.

526 Brief an Emma Theurer vom 27.10.1956, in: ZA EKHN 62/1631. Gronauer berücksichtigt diesen Brief nicht.

527 Brief von Niemöller an Elsa Freudenberg vom 22.7.1967; vgl. den Brief von Elsa Freudenberg an Niemöller vom 28.6.1967, beide in: ZA EKHN 62/577. Zu Niemöller und Freudenberg vgl. Martin Stöhr / Klaus Würmell (Hrsg.), Juden, Christen und die Ökumene. Adolf Freudenberg 1894–1994. Ein bemerkenswertes Leben, Frankfurt/Main 1994, 38f.

528 Brief an Pfarrer i. R. Kurt Essen vom 28.1.1974, in: ZA EKHN 62/570.

529 Vgl. neben dem Synodalbeschluss der Ev. Kirche im Rheinland (1980), These 2.3, z. B. Israel: Staat – Land – Volk. Thesenreihe des Arbeitskreises „Kirche und Judentum" der Ev. Kirche der Pfalz (2006), Thesen 11 und 12, in: www.evkirchepfalz.de/uploads/tx_templavoila/Stellungnahme_Israel.pdf (eingesehen am 4.2.2016).

530 Gerhard Wendland, 10 Jahre nach der Änderung des Grundartikels der Kirchenordnung der Evangelischen Kirche in Hessen und Nassau (Vortrag am 7.12.2001 vor der 9. Kirchensynode der EKHN), in: Materialdienst des Ev. Arbeitskreises Kirche und Israel in Hessen und Nassau, Nr. 1/2002; auch in http://www.imdialog.org/md2002/012002mdo1.html (eingesehen am 15.2.2016).

531 Karl Dienst, Zwischen Weckung von Betroffenheit und Aufklärung, in: JHKV 65–66 (2014/15), 391–404, hier: 401.

532 So Kirchenpräsident Spengler in der Synodaldebatte (Sonderdruck aus dem Protokoll der 12. Tagung der Siebten Kirchensynode der EKHN. Diskussion zum Tagesordnungspunkt Kirchengesetz zur Änderung der Kirchenordnung hinsichtlich des Verhältnisses von Juden und Christen am 3. Dezember 1991, 37).

533 Vgl. Wolfgang Kratz, Das Bekenntnis zu Jesus Christus als Ziel aller Erwählung, in: HessPfBl 2/1992, 51–54 und seinen Diskussionsbeitrag in der Kirchensynode, in: Protokoll (Anm. 42) 34f.

534 K. Herbert, Höhen und Tiefen, 253.

535 Vgl. D. Schmidt, Biographie, 189ff.

536 Vgl. Schreiben an Lic. Otto Fricke vom 21.3.1947, in: ZA EKHN 62/578.

537 Eindrücke aus Indien (1953), in: Reden I, 236.

538 Ernest A. Payne, in: Bis an das Ende der Erde, 34.

539 Bis an das Ende der Erde, Vorwort = Protestant, 281f.

540 Kurt Scharf, Martin Niemöller, in: Wolfgang Huber (Hrsg.), Protestanten in der Demokratie, München 1990, 193–204, hier: 196; vgl. Martin Niemöller, Christus 1963, in: Reden IV, 134f.

541 Ebd.

542 Nach: Martin Niemöller in Rieschweiler: „Das Zeugnis der Versöhnung ist ausgeblieben", in: Die Rheinpfalz vom 14.1.1966.

543 In: Reden, Predigten, Denkanstöße, 51–63, hier: 55f.

544 Ebd., 56.

545 Vgl. ebd., 59f.

546 Vgl. Cecil Northcott, Contemporary Profile: Martin Niemoller, in: Contemporary Review, May 1962, 253–255; ders., Versöhnung zwischen Kirchen und Völkern, in: Bis an die Grenzen der Erde, 46–52. Die folgenden Aussagen referieren den englischen Text und wurden von mir ins Deutsche übersetzt.

547 Schreiben an Prof. D. Karl Barth vom 23.6.1946, in: ZA EKHN 62/544.

548 Nach K. Herbert, Aufbruch, 146; vgl. D. Schmidt, Biographie, 200f.

549 Zit. nach K. Herbert, Aufbruch, 144.

550 Vgl. F. Beyer, Menschen warten, 68–75.

551 Vgl. Kirchliches Jahrbuch 76 (1949), 240ff; D. Schmidt, Biographie, 204–207; Protestant, 246–249.

552 Wiesbadener Tagblatt Nr. 36 vom 11./12.2.1950, zit. nach F. Beyer, Menschen warten, 72.

553 Kirchliches Jahrbuch 76 (1949), 252.

554 Zit. nach H. Karnick / W. Richter, Niemöller, 92 = Protestant, 248.

555 Wiesbadener Tagblatt, zit. nach F. Beyer, Menschen warten, 72.

556 Vortrag auf der Dekanatssynode Wiesbaden-Stadt am 15.11.1950, zit. nach F. Beyer, Menschen warten, 125 = Protestant, 248.

557 Zit. nach F. Beyer, Menschen warten, 70 = Protestant, 248.

558 Zit. nach Protestant, 248.

559 Vortrag auf der Dekanatssynode Wiesbaden-Stadt, zit. nach F. Beyer, Menschen warten, 125.

560 Vgl. F. Beyer, ebd. 73f.

561 Protestant, 249.

562 Jan Niemöller, Erkundung gegen den Strom. 1952: Martin Niemöller reist nach Moskau. Eine Dokumentation, Stuttgart 1988, 14.

563 Ebd. 20f.

564 Vgl. Karl Gerold, Wallfahrt gegen Europa, in: Frankfurter Rundschau vom 5.1.1952.

565 Vgl. J. Niemöller, Erkundung, 10.

566 Ebd. 29.

567 Ebd. 33.

568 Vgl. Schreiben von Bischof Dibelius an Dr. Beyer vom 4.11.1952; Um dem Frieden zu dienen. Die Kirche im politischen Spannungsfeld, in: epd Nr. 36 vom 7.11.1952, 1, in: ZA 62/564.

569 Kirchenpräsident D. Niemöller zu der Moskau-Reise von Bischof D. Dibelius, in: epd ZA Nr. 228 vom 3.10.1952, 5, in: ZA EKHN 62/564.

570 Bericht von Hildegard Schaeder, zit. nach J. Niemöller, Erkundung, 53.

571 J. Niemöller, ebd. 54.

572 Ebd. 102f.

573 Vgl. Walter Schubart, Europa und die Seele des Ostens, Pfullingen ²1979, 175–182, 314–316; dazu Michael Heymel, Der Kulturphilosoph Walter Schubart (1897–1942). Eine Spurensuche, Berlin 2015.

574 Vgl. Grundprinzipien der Beziehung der russisch-orthodoxen Kirche zu Andersgläubigen. Bischofssynode der russischen orthodoxen Kirche, Moskau, 13.–16. August 2000. Deutsche Übersetzung von Prof. Dr. Barbara Hallensleben, Fribourg/Schweiz, in: http://www.oki-regensburg.de/rok_oek.htm (eingesehen am 28.3.2016).

575 Zum Folgenden vgl. K. Herbert, Aufbruch, 170–189; Protestant, 250–265.

576 H. Karnick / W. Richter, Niemöller, 92.

577 Ebd. 102 = Protestant, 250.

578 Zit. nach K. Herbert, Aufbruch, 173; vgl. Protestant, 251.

579 Zit. nach K. Herbert, Aufbruch, 179.

580 Zit. nach ebd.

581 Zit. nach ebd.; vgl. Protestant, 255.

582 Zit. nach K. Herbert, Aufbruch, 183f.

583 Zit. nach ebd. 185.

584 Notiz des Sekretariats, Kirchenpräsident D. Niemöller, von Dr. Beyer am 17.11.1950, in: ZA EKHN 62/910. Dort finden sich auch die genannten Zeitungsberichte.

585 In: Heftige Proteste gegen Niemöller, in: Frankfurter Rundschau vom 18.11.1950, in: ZA EKHN 62/910.

586 Entwurf o. D. (ca. 1952), in: ZA EKHN 62/753. Vgl. dazu auch F. Beyer, Menschen warten, 80–83.

587 Die Aufgaben des Christen in unserer Zeit. Pastor Niemöller führt gegen die politischen Kräfte praktisches Christentum zu Felde, in: Neckar-Echo Heilbronn, April 1952, in: ZA EKHN 62/579.

588 Zit. nach K. Herbert, Aufbruch, 200; vgl. Protestant, 257.

589 Zit. nach K. Herbert, Aufbruch, 200.

590 Zit. nach ebd. 202; vgl. Protestant, 257.

591 Was kann die Kirche für den Frieden tun? (1950), in: Reden 1945–1954, 160.

592 So z. B. im Gespräch mit Günter Gaus, Sendung „Zu Protokoll" vom 3.11.1968, in: https://www.youtube.com/watch?v= Sh9wkkSaQ8M (eingesehen am 28.6.2016).

593 Wahlaufruf vom 15.7.1953, zit. nach: Grenzen der evangelischen Freiheit? Bericht über die Tagung der Kirchensynode, in: Weg und Wahrheit 7 (1952/53), Nr. 35 vom 16.8.1953, 350.

594 Bericht über die Tagung der Kirchensynode, ebd. 351.

595 Vgl. Wolf Werner Rausch / Christian Walther (Hrsg.), Evangelische Kirche in Deutschland und die Wiederaufrüstungsdiskussion in der Bundesrepublik 1950–1955, Gütersloh 1978, 86f.

596 Zum Folgenden vgl. Protestant, 258–261.

597 Zit. nach K. Herbert, Aufbruch, 194.

598 Von der politischen Verantwortung des Christen in der heutigen Welt (1952), in: Reden I, 219–228, hier: 226ff = K. Herbert, Aufbruch, 194.

599 Zit. nach: DER SPIEGEL Nr. 3 vom 17.1.1951, 14; vgl. F. Beyer, Menschen warten, 129.

600 Nach Peter Bürger, Hiroshima, der Krieg und die Christen, Düsseldorf 2005.

601 H. Karnick / W. Richter, Niemöller, 117; vgl. Niemöllers Rückblick auf 30 Jahre Bundesrepublik, in: Niemöller. Ein Lesebuch, 296 = Was würde Jesus dazu sagen?, hrsg. von W. Feurich, 257.

602 Zit. nach: Was würde Jesus dazu sagen?, hrsg. von W. Feurich, 117f; M. Schreiber, Niemöller, 127f.

603 Gespräch mit Günter Gaus (1963), in: Reden IV, 227f. In der Sammlung ‚Was würde Jesus dazu sagen?', hrsg. von W. Feurich, ist diese Passage des Gesprächs nicht abgedruckt!

604 M. Schreiber, Niemöller, 129.

605 Vgl. Niemöllers Schreiben an den Vorsitzenden des Theologischen Ausschusses der Kirchensynode, Pfarrer i. R. Lic. [Wilhelm] Fresenius, vom 9.6.1958, in: ZA EKHN 62/576: „Ich habe die Behauptung aufgestellt, dass derjenige, der mit Atomwaffen umgeht – auch dann, wenn er sich Christ nennt – praktisch ein Atheist sei".

606 Vgl. Schreiben von Pfr. i. R. Lic. Fresenius an Martin Niemöller vom 6.6.1957, in: ZA EKHN 62/576. Weizsäcker wünschte zu Niemöllers Bedauern nicht, dass sein Name im Zusammenhang mit dem Wiesbadener Gespräch öffentlich erwähnt wurde (vgl. seine Schreiben vom 9.2. und 25.2.1955 an Kir-

chenpräsident Niemöller, in: ZA EKHN 62/1644).

607 Martin Niemöller, Gottes Gebot im Atomzeitalter, Darmstadt 1958, 5f; vgl. M. Schreiber, Niemöller, 128.

608 Gottes Gebot im Atomzeitalter, 11.

609 Ebd. 15.

610 Denn sie wissen, was sie tun!, in: Reden III, 76f.

611 Gottes Gebot im Atomzeitalter, 7.

612 Zit. nach: Die Protokolle des Rates der Evangelischen Kirche in Deutschland. Band 8: 1954/55, bearbeitet von Karl-Heinz Fix, Göttingen 2012, 255.

613 Vgl. Protokolle, 256–258; Niemöller, Dreißig Jahre Bundesrepublik, in: Niemöller, Ein Lesebuch, 296.

614 Vgl. ebd. 259.

615 Vgl. ebd. 286 (Bericht zur Lage. a) Erklärung zur Atombombe).

616 Vgl. Pascual Jordan, Wir müssen den Frieden retten!, Köln 1957, 14f. Zu Jordans Verstrickung während der NS-Zeit vgl. S. Kuhlmann, Predigt, 260.

617 Vgl. Protestant, 264f.

618 Erklärung / Declaration, in: ZA EKHN 62/593.

619 Vgl. ihre Beiträge in: Bertold Klappert / Ulrich Weidner (Hrsg.), Schritte zum Frieden. Theologische Texte zu Frieden und Abrüstung, Neukirchen ²1983.

620 Albert Schweitzer, In Freundschaft verbunden, in: Bis an das Ende der Erde, 28. Zit. nach: Andreas Pitz / Werner Zager, Spurensuche Albert Schweitzer in Rheinhessen, Leipzig 2011.

621 Vgl. B. Klappert / U. Weidner, Schritte zum Frieden, 92.

622 Zit. nach H. Karnick / W. Richter, Niemöller, 32f; vgl. M. Schreiber, Niemöller, 19.

623 Vgl. Albert Schweitzer. Theologischer und philosophischer Briefwechsel 1900–1965, hrsg. von Werner Zager u. a., München 2006, 471–500.

624 A. Schweitzer, In Freundschaft verbunden, in: Bis an das Ende der Erde, 28.

625 Ebd.; vgl. das etwas anders wiedergegebene Zitat bei D. Schmidt, Biographie, 267.

626 Vgl. den Hinweis des Herausgebers W. Zager, in: A. Schweitzer, Briefwechsel, 472.

627 Albert Schweitzer. Bote einer neuen Zeit, in: Reden, Predigten, Denkanstöße, 68–73. Aus diesem Text wird im Folgenden zitiert.

628 Vortrag in Genf, in: Reden I, 226 = M. Schreiber, Niemöller, 118.

629 Privatbrief vom 3.10.1950, zit. nach F. Beyer, Menschen warten, 133 = M. Schreiber, Niemöller, 119.

630 Nach Protestant, 273, und offiziellen Angaben der DFG. M. Schreiber datiert den Beginn von Niemöllers Präsidentschaft irrtümlich auf 1954.

631 Homepage der DFG-VK, in: https://www.dfg-vk.de/unsere-geschichte (eingesehen am 29.6.2016).

632 Die Friedensbewegung war kommunistisch unterwandert, in: DIE WELT vom 11.10.1999; kritisch dagegen: Friedensbewegung. Manche Kröte. Wird die größte außerparlamentarische Opposition der Nachkriegszeit von Kommunisten gesteuert?, in: DER SPIEGEL 38/1983, 49–55.

633 Armin Boyens, Geteilter Friede. Anmerkungen zur Friedensbewegung in den 8oer Jahren, in: KZG 8 (1995), Heft 2, 440–509; Udo Baron, Die verführte Friedensbewegung, in: Die politische Meinung 407/2003, 55–61; ders., Kalter Krieg und heißer Frieden. Der Einfluss der SED und ihrer westdeutschen Verbündeten auf die Partei ‚Die Grünen', Münster 2003.

634 Vgl. Günther van Norden, Martin Niemöller im Kalten Krieg, in: Hermann Düringer / Martin Stöhr (Hrsg.), Niemöller im Kalten Krieg. Die Arbeit für Frieden und Gerechtigkeit damals und heute. Frankfurt am Main 2001, 47–73.

635 Vgl. H. Karnick / W. Richter, Niemöller, 140–146. Zur Rede und ihrer Wirkungsgeschichte vgl. D. Schmidt, Biographie, 239–250; J. Bentley, Biographie, 264; Protestant, 276f; M. Schreiber, Niemöller, 130–132; S. Kuhlmann, Predigt, 242ff.

636 S. Kuhlmann, Predigt, 242.

637 Zit. nach D. Schmidt, Biographie, 240.

638 Zit. nach ebd. 242.

639 Theodor Heuss, Soldatentum in unserer Zeit, Tübingen 1959, 16; zit. nach M. Schreiber, Niemöller, 131.

640 Niemöller am 15.3.1983 im Interview mit Hannes Karnick und Wolfgang Richter, zit. nach: W. Lück, Hans Wilhelmi, 84.

641 Denn sie wissen, was sie tun! (1959), in: Reden III, 71–85, hier: 73f. Der Text ist auch abgedruckt in: Was würde Jesus dazu sagen?, hrsg. von W. Feurich, 83–99; S. Kuhlmann, Predigt, 243–255. Aus ihm stammen die folgenden Zitate.

642 Vgl. die Analyse bei S. Kuhlmann, Predigt, 256–259.

643 Wie S. Kuhlmann beobachtet hat, vgl. ebd. 257.

644 Zu dieser Unterscheidung vgl. Niemöller, Das Christusbekenntnis der Kirche vor der Welt und die Bekenntnisse der Reformation (1945), in: Reden I, 63–82.

645 Niemöller. Potentielle Verbrecher, in: DER SPIEGEL Nr. 8 vom 18.2.1959, 29–32, hier: 30.

646 Vgl. M. Schreiber, Niemöller, 124.

647 Vgl. seinen Brief an Pastor Gravenhorst vom 13.10.1959, in: ZA EKHN 62/590.

648 Denn sie wissen, was sie tun!, in: Reden III, 81.

649 Dr. Wilhelm Moufang, Das Horoskop Martin Niemöllers, in: Heidelberger Tageblatt Nr. 5 vom 6.1.1951, in: ZA EKHN 62/1750.

650 Eugen Gerstenmaier, Martin Niemöller – Fanfare im Kirchenkampf, in: DIE ZEIT Nr. 2 vom 12.1.1962.

651 Nach Muster: Orwell „1984", in: Ev.-lutherische Kirchenzeitung 11 (1957), Nr. 20, 15.10.1957, 361, in: ZA 62/566.

652 Vgl. zum Folgenden K. Herbert, Aufbruch, 253–267; Protestant, 262f.

653 Zit. nach K. Herbert, Aufbruch, 254.

654 Berlin-Spandau 1957. Bericht über die 2. Tagung der 2. Synode der EKD vom 3.–8.3.1957, 276; zit. nach K. Herbert, Aufbruch, 259.

655 Zit. nach K. Herbert, ebd.

656 Walter Künneth auf der Synode von Berlin-Spandau, zit. nach K. Herbert, ebd.

657 Vgl. Protestant, 268–270.

658 Zit. nach K. Herbert, Aufbruch, 278.

659 Schreiben an Pfarrer Lic. Wilhelm Fresenius vom 8.12.1953, in: ZA EKHN 62/576.

660 Zit. nach K. Herbert, Aufbruch, 246.

661 Zit. nach ebd. 247.

662 Gewissen vor Staatsräson (1965), in: Reden, Predigten, Denkstöße, 95–100, hier: 98.

663 Vgl. K. Herbert, Höhen und Tiefen, 243f.

664 Niemöller, Martin, in: Internationaler biographischer Pressedienst. Interpress Archiv, Nr. 338 vom 27.12.1964 (ergänzt 27.12.1966), S. 3, in: ZA EKHN 62/1233.

665 Mündlich mitgeteilt am 1.11.2014 in Heppenheim. Name und Anschrift des Zeitzeugen sind dem Verfasser bekannt.

666 Am 3.7.1964 bei der Zweiten Allchristlichen Friedensversammlung in Prag, zit. nach: Günter Wirth, Antikommunismus als Mittel der Dialogverhinderung, in: Martin Niemöller. FS zum 90. Geburtstag, hrsg. von Heinz Kloppenburg u. a., Köln 1982, 108–114, hier: 113.

667 Vgl. K. Herbert, Höhen und Tiefen, 286–291.

668 Verhandlungen der vierten Kirchensynode 15. Tagung, 16.–18. Februar 1973, 31f. Zit. nach K. Herbert, Höhen und Tiefen, 286.

669 Zit. nach K. Herbert, ebd. 287.

670 Schreiben an Prof. D. Walther Fürst vom 16.12.1974, in: ZA 62/579. Vgl. Was bestimmt die politische Haltung eines Christen? (1963), in: Reden IV, 172–200, wo Nie-

möller vom dynamischen Charakter des Christen und des menschlichen Lebens spricht: „Das Leben ist immer Bewegung und Werden und niemals ein Gewordensein und ein Abgeschlossensein" (172).

671 Das Verhältnis zwischen uns Christen und den Kommunisten (1973), in: Reden, Predigten, Denkanstöße, 197–201, hier: 197 und 200.

672 Kann ein Pfarrer Mitglied in der DKP sein? (1976), in: Reden, Predigten, Denkanstöße, 249–250, hier: 249.

673 Ebd. 249f.

674 Zit. nach K. Herbert, Höhen und Tiefen, 291.

675 Bericht des Kirchenpräsidenten Helmut Hild, in: Verhandlungen. Fünfte Kirchensynode 4. Tagung, 3.–4. Juni 1977 in Frankfurt/Main, 43. Zit. nach K. Herbert, Höhen und Tiefen, 290.

676 Komitee „Freiheit für Wort und Dienst in der Kirche". Bericht und Einschätzung zu den Beschlüssen der Synode der EKHN vom 1.12.1975, S. 3, in: ZA EKHN 62/579.

677 Entwurf (ca. 1952), in: ZA EKHN 62/753. Vgl. den Brief an den Herforder Oberbürgermeister Dr. Holzapfel vom 8.9.1946, in: ZA EKHN 62/610, wo Niemöller erklärt: „Aus kirchlichen Gründen bin ich der Überzeugung, dass wir Geistlichen uns aus der praktischen Politik heraushalten, das heißt aus der parteilich gebundenen Politik. Ich habe aber nicht die Ansicht vertreten und werde sie nie vertreten, dass nicht die Kirche je und dann zu politischen Sachfragen ein sehr gewichtiges Wort reden muss".

678 Niemöller in: H. Karnick / W. Richter, Niemöller, 82. Vgl. Niemöllers Antworten zu der Umfrage „Demokratie 68" der IG Druck und Papier (in: ZA EKHN 62/1628). Dort kritisiert er, die parlamentarische Demokratie der Bundesrepublik habe „das Volk von allen wichtigen Entscheidungen [ausgeschaltet]".

679 Zum Kuratorium vgl. Informationsdienst zur Notstandsgesetzgebung, Nr. 2, Januar–März 1967, 12; zum Protest der Bruderschaften vgl. die Erklärung der Leiterkonferenz der Kirchlichen Bruderschaften vom 4. Januar 1963 zur Notstandsgesetzgebung (in: ZA EKHN 62/605).

680 Zit. nach Protestant, 273.

681 Die Zündschnüre durchschneiden! (1964), in: Reden, Predigten, Denkanstöße, 17.

682 Ebd.

683 Protestant, 276.

684 „Wir wollen Frieden [...]". Aufgaben der Politik 1965, in: Reden, Predigten, Denkanstöße, 44–51, hier: 50. Zum Folgenden vgl. insgesamt Protestant, 278f.

685 Aufgaben der Politik, in: Reden, Predigten, Denkanstöße, 51.

686 Ebd. 45.

687 Wehner greift Niemöller scharf an, in: FAZ vom 24.1.1965; Bischof Lilje gegen Niemöllers Boykottaufruf, in: Badische Neueste Nachrichten vom 31.12.1964. Zit. nach H. Karnick / W. Richter, Niemöller, 120; vgl. Protestant, 278.

688 Zit. nach H. Karnick / W. Richter, Niemöller, 120.

689 Zit. nach Protestant, 278; vgl. D. Schmidt, Biographie, 260.

690 Schreiben von Dekan Pfr. Manfred Kühn an Kirchenpräsident i.R. D. Martin Niemöller vom 9.2.1977 und dessen Antwortschreiben vom 15.2.1977 (Privatbesitz M. Kühn).

691 Zit. nach H. Karnick / W. Richter, Niemöller, 82.

692 So sieht Martin Niemöller Vietnam. Ein Interview mit dem bekannten evangelischen Kirchenführer, in: Husumer Nachrichten Nr. 24 vom 28.1.1967, in: ZA EKHN 62/1408.

693 Ebd. Vgl. Vietnam – eine Tür in die Zukunft (1967), in: Reden, Predigten, Denkanstöße, 106–110.

694 So sieht Martin Niemöller Vietnam, in: Husumer Nachrichten Nr. 24.

695 Vgl. zum Folgenden D. Schmidt, Biographie, 261.

696 Die Rolle der Kirche in der Friedensarbeit (1955), in: Reden II, 61f.

697 Zu dieser Begriffsgeschichte vgl. Walter Brendiek, Zur Bedeutung des „klassischen" Pazifismus für die Anfänge christlicher Friedensarbeit in Deutschland (zuerst 1984), in: Ders., Kirchengeschichte von ‚links' und von ‚unten'. Studien zur Kirchengeschichte des 19. und 20. Jahrhunderts unter sozialhistorischer Perspektive, hrsg. von Hans Joachim Beeskow u. a., Berlin/Basel 2011, 236–248.

698 Mit seiner Botschaft laufen – um die Menschenbrüder kämpfen. Predigt in Bad Hersfeld über 1. Kor 9,24–27 vom 13.2.1965, in: Reden, Predigten, Denkanstöße, 66f.

699 Hermann Diem, Die Predigt der Kirche, in: Bekennende Kirche, 94–100, hier: 99. Vgl. Karl Herbert, Christliche Verkündigung und politische Entscheidung, in: EvTh 8/9 (1955), 373–393.

700 Der Mammon und die Christenheit (1980), in: Was würde Jesus dazu sagen?, hrsg. von W. Feurich, 267f.

701 Vgl. Stark genug, den Krieg zu erklären?, in: DER SPIEGEL Nr. 38/1977, 17; D. Schmidt, Biographie, 273.

702 Zit. nach: Niemöller. Ein Lesebuch, 290.

703 DER SPIEGEL Nr. 4/1984, zit. nach: H. Karnick / W. Richter, Niemöller, 160.

704 G. Götting, Niemöller, 36.

705 Vgl. das Schreiben des damaligen Filmbeauftragten der EKD Werner Hess an Martin Niemöller vom 17.12.1956 (in: ZA EKHN 62/612). Der Film mit Gary Cooper, Dorothy McGuire und Anthony Perkins in den Hauptrollen kam 1957, wie Niemöller es wünschte, unter dem Titel „Lockende Versuchung" in die deutschen Kinos.

706 Brief an Missionspfarrer Arno Everth vom 12.10.1951, in: ZA EKHN 62/567.

707 Die religiöse Lage in Deutschland, in: Reden II, 179–188, hier: 186.

708 Vgl. J. Bentley, Biographie, 267.

709 Rundfunkpredigt am Sonntag Cantate (16. Mai 1954), in: Herr, wohin sollen wir gehen? Ausgewählte Predigten, München 1956, 85–92, hier: 86ff.

710 Ebd. 91.

711 Morgenfeier im Hessischen Rundfunk (1975), in: Reden, Predigten, Denkanstöße, 242–246, hier: 244f.

712 Dietrich Bonhoeffer, Nachfolge, München ⁶1958, 33ff, 47ff.

713 Ebd. 131.

714 Morgenfeier, in: Reden, Predigten Denkanstöße, 246. Vgl. Der Mammon und die Christenheit (1980), in: Was würde Jesus dazu sagen?, hrsg. von W. Feurich, 265–272.

715 Gnade. Predigt am 1.1.1933 (Neujahr) in Berlin-Dahlem, in: Dahlemer Predigten, 96.

716 Vgl. M. Schreiber, Niemöller, 135.

717 In einem Brief an Kirchenpräsident D. Helmut Hild vom 16.7.1973, in: ZA EKHN 62/616.

718 Vgl. J. Bentley, Biographie, 19.

719 Vgl. Vom U-Boot zur Kanzel, 157.

720 Ebd. 188.

721 Vgl. Jan Niemöller, Geschichte eines Flügels, Usingen 1998, 38.

722 In einem Brief an Pfarrer i. R. Paul Herring vom 13.2.1976 erwähnt er seinen Klavierlehrer Schmittbetz (in: ZA EKHN 62/609).

723 Brief von Dr. Heinz Hermann Niemöller an den Verfasser vom 16.8.2016.

724 Vgl. J. Niemöller, Geschichte eines Flügels, 13ff.

725 Vgl. Michael Heymel, Verzeichnis der Lieder in Martin Niemöllers Dahlemer Gottesdiensten in den Jahren 1931–1937, in: JHKV 63/2012, 193–197.

726 Vorwort zu: Christa Müller, Luthers Lieder. Theologische Auslegungen, Göttingen 1936.

727 Vgl. Anonymus [Franz Hildebrandt], Bekenntnis, 70; Brief an die Eltern vom 3.5.1938, in: Briefe I, 22.

728 So Heinz Hermann Niemöller in: A. Neff, Vater und Pastor, 34.

729 An den folgenden Tagen wurden „La Bohème" (18.5.) und „La traviata" (12.6.) gegeben. Die Programme finden sich in ZA EKHN 62/1233.

730 Mitteilungen von Frau Prof. Dr. Christa Reich am 6.5. und 28.5.2016 an den Verfasser.

731 Schreiben an KMD Philipp Reich vom 20.11.1973, in: ZA EKHN 62/1589.

732 Schreiben von Philipp Reich vom 12.1.1977, in: ZA EKHN 62/1589.

733 Die Korrespondenz findet sich in ZA EKHN 62/497.

734 Vgl. Sibylle Niemoeller-von Sell, Zu neuen Ufern lockt ein neuer Tag, Berlin 1996, 349.

735 Vgl. Niemöllers Korrespondenz mit dem Süddeutschen Rundfunk Stuttgart von Juli bis September 1969, in: ZA EKHN 62/1606.

736 K. Herbert, Aufbruch, 144.

737 Vgl. D. Schmidt, Biographie, 269; The Journal of John Wesley, Chapter 3, Eintrag vom 11.6.1739, in: http://www.ccel.org/ccel/wesley/journal (eingesehen am 15.8.2016).

738 Brief an Pfarrer i. R. Paul Herring vom 29.5.1973, in: ZA EKHN 62/609.

739 Ernest A. Payne, Die Einheit der Kirchen und die Einheit der Menschheit, in: Christliche Freiheit im Dienst am Menschen. FS. Zum 80. Geburtstag von Martin Niemöller, Frankfurt am Main 1972, 255–267, hier: 266.

740 Vgl. dazu John S. Conway, The Political Theology of Martin Niemöller, in: German Review 9/1986, 521–546, hier: 544f.

741 Brief an Pfarrer i. R. Kurt Essen vom 28.1.1974, in: ZA EKHN 62/570.

742 Die Christenheit: durch Lehren getrennt – im Glauben verbunden (1967), in: Rainer Schmidt u. a., Reformation heute, Frankfurt am Main 1967, 20–30, hier: 28f.

743 Josef L. Hromádka, Immer neue Wunder, in: Bis an das Ende der Erde, 22–24.

744 Philip Potter, Ein fahrender Ritter Christi, in: Bis an das Ende der Erde, 86f.

745 Abschrift des Schreibens von Niemöller an Barth vom 3.5.1966, in: ZA EKHN 62/544.

746 In: G. Klempnauer, Lebenschancen, 99–106, hier: 101.

747 Der Satz steht in der lateinischen Bibelübersetzung (Vulgata) und in der deutschen Lutherbibel von 1545. Bis 1929 wurde er in den revidierten Lutherübersetzungen überliefert. Spätere Revisionen haben ihn aus dem Text entfernt, weil er nur von wenigen jüngeren Handschriften bezeugt wird.

748 Brief an Martin Fischer vom 18.11.1970, in: ZA EKHN 62/571.

Anmerkungen

749 Was ist aus dem Neuanfang geworden? (1980), in: Was würde Jesus dazu sagen?, hrsg. von W. Feurich, 283 = Niemöller, Ein Lesebuch, 304.

750 Schreiben an Prof. D. Peter Brunner vom 30.10.1952, in: ZA EKHN 62/555.

751 Zit. nach: Der neue Verstehenshorizont zwischen den Kirchen. Eine ökumenische Wegweisung, hrsg. von der Arbeitsstelle Ökumene. Haus kirchlicher Dienste der Ev.-luth. Landeskirche Hannovers, Hannover 2006, 9.

752 Martin Niemöller, Vorwort zu: Johann Christoph Hampe, Ende der Gegenreformation? Das Konzil. Dokumente und Deutung, Stuttgart 1964, 12f.

753 Ebd. 13 und 14. Der Text wird hier nach dem handschriftlichen Manuskript vom 3.2.1964 (in: ZA EKHN 62/595) wiedergegeben, das geringfügig vom gedruckten Text abweicht.

754 Verantwortung und Funktion des Gemeindegliedes (1960), in: Was würde Jesus dazu sagen?, hrsg. von W. Feurich, 128f.

755 Rundbrief von 1948, in: ZA EKHN 62/595.

756 Brief an Thomas Day vom 17.3.1975, in: ZA EKHN 62/1441.

757 Dreißig Jahre Bundesrepublik, zuerst in: Blätter für Deutsche und Internationale Politik 1/1979, 16; Nachdruck u. a. in: Was würde Jesus dazu sagen?, hrsg. von W. Feurich, 250.

758 Hans Joachim Oeffler, Für Herbert Mochalski zum 76ten am 28.2.1986, in: ZA EKHN 214/14.

759 So u. a. von Martin Stöhr, „... habe ich geschwiegen". Zur Frage eines Antisemitismus bei Martin Niemöller, in: Materialdienst. Ev. Arbeitskreis Kirche und Israel in Hessen und Nassau 5/2006, der auf Niemöllers Aussagen zur Entstehung verweist. Vgl. H. Karnick / W. Richter, Niemöller, 69f.

760 Vgl. Interview mit Pastor Niemöller im Gemeindehaus zu Siegelbach am 19.4.1976 von Hermann Lübbe, in: ZA EKHN 62/1676.

761 Vgl. den jüngsten Versuch von H. Marcuse, Niemöller's Quotation.

762 Vgl. Zur gegenwärtigen Lage der evangelischen Christenheit (1946), in: Reden I, 48f. Weitere Belege werden in Kap. V.7. dieses Buches genannt.

763 Milton Mayer, They Thought They Were Free: The Germans, 1933–45, Chicago 1955, 2. Aufl. 1966, 168f (bei Mayer in der 3. Person referiert). Der jüdisch-amerikanische Autor war Journalist.

764 Zit. nach H.J. Oeffler, Für Herbert Mochalski, a.a.O. Vgl. Karl Dienst, „... habe ich geschwiegen", Manuskript 1992, in: ZA EKHN 62A/52.

765 Brief von Dr. Heinz Hermann Niemöller an den Verfasser vom 16.8.2016.

766 Vgl. Jesús Sordo Medina, Bertolt Brecht: „Y por mi vinieron ...", por Martin Niemöller, pastor protestante (2012), in: http://www.homohominisacrares.net/php/articulos.php?num_revista=16&cod_articulo=137 (eingesehen am 23.8.2016).

767 H.J. Oeffler, Für Herbert Mochalski, a.a.O.

768 Kurt Scharf, Martin Niemöller, in: Protestanten in der Demokratie, 195f.

769 Internet-Auftritt des United States Holocaust Memorial Museums, Washington, D.C.; vgl. ferner: Martin Niemöller (1892–1984), in: Jewish Virtual Library, in: http://www.jewishvirtuallibrary.org/jsource/biography/niemoeller.html; New England Holocaust Memorial in Boston, Mass.; zu Yad Vashem/Israel siehe: http://www.yadvashem.org/yv/de/education/lesson_plans/poems_paintings.asp (alle eingesehen am 1.8.2016).

770 Nach Ruth Zerner, Martin Niemöller, Activist as Bystander. The Oft-Quoted Reflection, in: Marvin Perry and Frederick Schweitzer (Hrsg.), Jewish-Christian Encounters over the Centuries. Symbiosis, Prejudice, Holocaust, Dialogue, New York 1994, 327–340, hier: 330. Nach ihrer Rückkehr in die USA amerikanisierte Sybille von Sell ihren Namen Niemöller zu Niemoeller.

771 Vgl. R. Zerner, ebd. 330–332.

772 Vgl. H. Marcuse, Niemöller's Quotation, 3–9.

773 Niemöller – seiner Heimat keine Ehrung wert?, in: Frankfurter Rundschau vom 7.9.1982, 4; vgl. Ehrenbürger. Gloria Viktoria, in: DER SPIEGEL vom 4.10.1982.

774 Schreiben von Pfarrerin Christiane Dannemann vom 7.9.1982 an den Gemeinderat der Stadt Lotte, in: ZA EKHN 62/559.

775 Schreiben von Dr. W.A. Visser 't Hooft vom 21.9.1982 an den Gemeinderat Lotte-Wersen, in: ZA EKHN 62/559.

776 Martin Niemöller †, in: DER SPIEGEL Nr. 11/1984, 136.

777 Helmut Hild, Predigt über Lukas 9,62 – Wochenspruch zum Sonntag Okuli, in: Prophet dieser Zeit, 19f. Das Zitat stammt aus Niemöllers Predigt am 8.11.1936 (Nr. 105), in: Dahlemer Predigten, 517.

778 Helmut Gollwitzer, in: Prophet dieser Zeit, 31f.

779 Paul Oestreicher, in: Prophet dieser Zeit, 51.

780 Walter Kreck, in: Prophet dieser Zeit, 68.

781 W. Jens, Prophet des Friedens; vgl. M. Schreiber, Niemöller, 150.

782 W. Kreck, in: Prophet dieser Zeit, 66.

783 Den Begriff übernehme ich von Albrecht Geck, Epochenjahre kirchlicher Zeitgeschichte in der Region: 1918/19 – 1932/33 –

1945/46, in: Helmut Geck (Hrsg.), Kirchen-
kreisgeschichte und große Politik. Epochenjahre deutscher Geschichte im Spiegel
rheinischer und westfälischer Kreissynodal-
protokolle (1918/19 – 1932/33 – 1945/46),
Recklinghäuser Forum zur Geschichte von
Kirchenkreisen 2, Münster 2006, 11–37.

784 Ebd. 13.

785 Gespräch zur Person mit Günter Gaus, in:
Reden IV, 217f.

786 Wilfried Engemann, Homiletische Literatur
zwischen 2010 und 2015. Schwerpunkte,
Problemanzeigen und Perspektiven (Teil II),
in: ThR 81 (2016), Heft 2.

787 Vgl. Karl Dienst, „Zerstörte" oder „wahre"
Kirche: Eine geistliche oder kirchenpolitische Entscheidung? (= Theion Bd. XX),
Frankfurt/Main 2007. Für seine Auffassung
beruft sich Dienst wesentlich auf Friedrich-
Wilhelm Graf, demzufolge Barth „politische
Rhetorik in einen theologischen Sprachkontext ein[bindet]" (zit. nach Dienst, 79; ähnlich 171f).

788 Interview mit Werner Hess (1972), Typoskript, S. 2f, in: ZA EKHN 62/612.

789 Zit. nach: DIE ZEIT Nr. 8/1977. Vgl.
D. Schmidt, Biographie, 268.

790 H. Karnick / W. Richter, Niemöller, 159.

791 Chance und Verpflichtung deutscher Inge-
nieure in Asien und Afrika. Vortrag vom
13.12.1957, in: Zu Wirtschaft und Technik
(= unterwegs 5), Berlin 1958, 18f. Zit. nach
Protestant, 281.

792 Dreißig Jahre Bundesrepublik, in: Was
würde Jesus dazu sagen?, hrsg. von W. Feurich, 245–265, hier: 262.

793 Ebd. 263f.

794 Ebd. 264.

795 Vgl. Der gekreuzigte und auferstandene
Christus (1953), in: Reden I, 245.

796 Was bedeuten Recht und Freiheit für die politische Entscheidung des Christen? (1961),
in: Reden III, 283–293, hier: 293.

797 Karl-Alfred Odin, Martin Niemöller, in:
Klaus Scholder / Dieter Kleinmann (Hrsg.),
Protestantische Profile. Lebensbilder aus
fünf Jahrhunderten, Königstein 1983, 367–
381, hier: 380.

798 Zit. nach Dietmar Schmidt, Der unruhige
Lebensweg des Pastors Martin Niemöller,
in: Heinz Kloppenburg u. a. (Hrsg.), Martin
Niemöller. FS zum 90. Geburtstag, Köln
1982, 14; vgl. Gespräch „Zur Person" mit
Günter Gaus (1963), in: Reden IV, 229.

799 Die tiefe Wandlung (1961), in: Was würde
Jesus dazu sagen?, hrsg. von W. Feurich,
155–161, hier: 161.

800 WA 1, 530 = Luther Deutsch, hrsg. von Kurt
Aland, Bd. 2, Stuttgart/Göttingen 1962, 32.

Bibliographie

Das folgende Verzeichnis bietet grundlegende und ausgewählte weiterführende Literatur. Es beansprucht keine Vollständigkeit. Unter 11. wurden alle dem Verfasser bekannten Ton- und Filmaufnahmen aufgeführt. Hinweise auf weitere Aufnahmen nimmt das Zentralarchiv der EKHN gern entgegen. Postadresse: Ahastraße 5 a, 64285 Darmstadt, Tel. 06151/405663, E-Mail: zentralarchiv@ekhn-kv.de

1. Archivmaterial

Benutzt wurde Material aus folgenden Archiven:

Archiv der Royal Academy of Music, London; Archiv des Hessischen Rundfunks (HR), Frankfurt am Main; Evangelisches Zentralarchiv (EZA), Berlin; Landeskirchliches Archiv der Ev. Kirche von Westfalen (LA), Bielefeld; Monacensia Literaturarchiv, München; Zentralarchiv der Ev. Kirche in Hessen und Nassau (ZA EKHN), Darmstadt.

2. Kirchen- und zeitgeschichtliche Literatur

Geißler, Otto Hermann: Ernst Ludwig Dietrich (1897–1974). Ein liberaler Theologe in der Entscheidung. Evangelischer Pfarrer – Landesbischof – Religionshistoriker (= Quellen und Studien zur hessischen Kirchengeschichte Bd. 21), Darmstadt 2012

Greschat, Martin (Hrsg.): Die Schuld der Kirche. Dokumente und Reflexionen zur Stuttgarter Schulderklärung vom 18./19. Oktober 1945, München 1982

Grunwald, Klaus-Dieter /Oelschläger, Ulrich (Hrsg.): Nassau-Hessen und Nationalsozialismus. Auswertungen der Kirchenkampfdokumentation der EKHN (= Quellen und Studien zur hessischen Kirchengeschichte Bd. 22), Darmstadt 2014

Herbert, Karl: Durch Höhen und Tiefen. Eine Geschichte der Evangelischen Kirche in Hessen und Nassau. Hrsg. von Leonore Siegele-Wenschkewitz unter Mitarbeit von Gury Schneider-Ludorff, Frankfurt am Main 1997

Herbert, Karl: Kirche zwischen Aufbruch und Tradition. Entscheidungsjahre nach 1945, Stuttgart 1989

Kohlbrugge, Hebe: Zwei mal zwei ist fünf. Mein unberechenbares Leben seit 1914, Leipzig 2003

Niemöller, Wilhelm: Aus dem Leben eines Bekenntnispfarrers, Bielefeld 1961

Niemoeller-von Sell, Sybille Sarah: Mit Leib und Seele Jüdin, in: Walter Homolka/Esther Seidel (Hrsg.): Nicht durch Geburt allein. Übertritt zum Judentum. Mit einem Vorwort von Pinchas Lapide, München 1995, 268–284

Prolingheuer, Hans: Der Prozess gegen Martin Niemöller vor 70 Jahren. Nach dem Bericht Matthes Zieglers, des Kirchenreferenten im Amt Rosenberg, Manuskript, November 2007, 17 Seiten, in: http://www.kirchengeschichten-im-ns.de/Zieglerbericht. pdf (eingesehen am 6.4.2016)

Roggelin, Holger: Franz Hildebrandt. Ein lutherischer Dissenter im Kirchenkampf und Exil (= Arbeiten zur kirchlichen Zeitgeschichte, Reihe B, Bd. 31),
Göttingen 1999

3. Bibliographien

Veröffentlichungen Martin Niemöllers 1925–1937, in: Jürgen Schmidt: Martin
Niemöller im Kirchenkampf, Hamburg 1971, 526–528
Predigten 1945–1976, in: Reden, Predigten, Denkanstöße 1964–1976. Hrsg. von
Hans Joachim Oeffler, Köln 1977, 276–284
Ennemann, Heinz: Martin Niemöller Bibliographie, 1. Teil – Primärliteratur, 2.
Teil – Sekundärliteratur (in Auswahl), in: Festschrift der Martin Niemöller
Schule, Wiesbaden 1987, 37–53
Literaturverzeichnis Martin Niemöller, in: Kuhlmann, Sebastian: Martin Nie-
möller. Die prophetische Dimension der Predigt, Leipzig 2008, 361–369

4. Werke

a) Autobiographie

Vom U-Boot zur Kanzel, Berlin 1934

b) Predigten

Alles und in allen Christus! Fünfzehn Dahlemer Predigten, Berlin 1935
...daß wir an Ihm bleiben! Sechzehn Dahlemer Predigten, Berlin 1935
Dennoch getrost. Die letzten 28 Predigten des Pfarrers Martin Niemöller, vor sei-
ner Verhaftung gehalten in den Jahren 1936 und 1937 in Berlin-Dahlem, Zü-
rich 1936 (deutsch später erschienen als: Herr ist Jesus Christus, Gütersloh
1946; Dahlemer Predigten 1936/1937. Mit einem Vorwort von Thomas Mann,
München 1981)
„... zu verkündigen ein gnädiges Jahr des Herrn!" Sechs Dachauer Predigten,
München 1946
Ach Gott vom Himmel sieh darein. Sechs Predigten, München 1946
Die Aufgaben der Evangelischen Kirche in der Gegenwart, Düsseldorf 1946
Die Erneuerung unserer Kirche, München 1946
Wir predigen den gekreuzigten Christus [6 Predigten], Zürich 1949
Die Osterbotschaft und unsere Lebensangst, in: Wilhelm Herbst (Hrsg.): Das
Zeugnis der Kirche in der Gegenwart. Ein Jahrgang Predigten, Nürnberg
1952, 179–183
Herr, wohin sollen wir gehen? Predigten, München 1956
Sechzehn Predigten von Martin Niemöller, Frankfurt am Main 1962
Dahlemer Predigten. Kritische Ausgabe. Hrsg. von Michael Heymel im Auftrag
des Zentralarchivs der Evangelischen Kirche in Hessen und Nassau, Gü-
tersloh 2011

c) Reden, Vorträge, Interviews

Reden 1945–1954, Darmstadt 1958

Reden 1955–1957, Darmstadt 1957

Reden 1958–1961, Frankfurt am Main 1961

Reden 1961–1963. Eine Welt oder keine Welt, Frankfurt am Main 1964

Weltweite Hilfe. Zeitschrift des Diakonischen Werkes, Innere Mission und Hilfswerk in Hessen und Nassau 15 (1965), Heft 2: Martin Niemöller, April/Juni 1965, Reprint Juli 1984 (enthält mehrere Predigten von 1958–1964)

Günther Klempnauer: Über Lebenschancen. Prominenten Interviews, Wuppertal 1970, 99–106 (Interview mit Martin Niemöller)

Reden, Predigten, Denkanstöße. 1964–1976. Hrsg. von Hans Joachim Oeffler, Köln 1977

Feurich, Walter/Ordnung, Carl (Hrsg.): Was würde Jesus dazu sagen? Reden – Predigten – Aufsätze 1937–1980, (Ost-)Berlin 1980

Martin Niemöller. Ein Lesebuch. Hrsg. von Hans Joachim Oeffler u. a., Köln 1987

Martin Niemöller, Gewissen vor Staatsraison. Ausgewählte Schriften. Hrsg. von Joachim Perels. Mit einem Nachwort von Martin Stöhr, Göttingen 2016

d) Aufsätze und Schriften

Sätze zur Arierfrage in der Kirche, in: Junge Kirche 1 (1933), 269–271

Zur grundsätzlichen Beurteilung der kirchlichen Lage, in: Junge Kirche 1 (1933), 344–346

Kirche? – Kirche! Ein Wort zur Stunde ernster Entscheidung, in: Junge Kirche 2 (1934), 139–143

Dienst der Kirche am Volk, in: Evangelische Theologie 2 (1935), 461–471

Der Angriff der Christusbotschaft, in: Der Ruf der Kirche. Vorträge und geistliche Reden gehalten auf der Ev. Woche in Essen vom 22.–25. Februar 1936, hrsg. im Auftrag des Reichsausschusses der Dt. Ev. Woche von Eberhard Müller, Berlin 1936, 21–30

Die Bedeutung des Alten Testaments für die christliche Kirche, Berlin o. J. [1936]

Wir rufen Deutschland zu Gott, Berlin 1937 (Mitverfasser: Otto Dibelius)

Zu Wirtschaft und Technik, Berlin 1958

Die Christenheit: durch Lehren getrennt – im Glauben verbunden, in: Reformation heute. Vier Vorträge von Rainer Schmidt, Martin Niemöller, Rolf Thiessen, Wolfgang Kratz, Frankfurt am Main 1967, 20–30

In Einzelhaft als Hitlers „persönlicher Gefangener", in: Ihr Gewissen gebot es. Christen im Widerstand gegen den Hitlerfaschismus. Hrsg. von Klaus Dobrisch und Gerhard Fischer, (Ost-)Berlin 1980, 90–94

e) Geleitworte

Müller, Christa: Luthers Lieder. Theologische Auslegungen. Mit einem Vorwort von Martin Niemöller, Göttingen 1936, o. S.

Das aufgebrochene Tor. Predigten und Andachten gefangener Pfarrer im Konzentrationslager Dachau, München 1946, 3–4

Herman, Stewart W.: The Rebirth of the German Church. Mit einer Einleitung von Martin Niemöller, London 1946

Vater Niemöller. Ein Lebensbild von Wilhelm Niemöller, Bielefeld 1946, 3–4

Das Vermächtnis des deutschen Widerstandes, in: Günther Weisenborn (Hrsg.):
Der lautlose Aufstand. Berichte über die Widerstandsbewegung des deutschen Volkes 1933–1945, Hamburg 1953, 11–12
Hampe, Johann Christoph: Ende der Gegenreformation? Das Konzil. Dokumente
und Deutung, Stuttgart 1964, 12–14

5. Briefe

Briefe aus der Gefangenschaft: Moabit. Hrsg. von Wilhelm Niemöller, Frankfurt
am Main 1975
Briefe aus der Gefangenschaft: Konzentrationslager Sachsenhausen (Oranienburg). Hrsg. von Wilhelm Niemöller, Bielefeld 1979

6. Lebenszeugnisse und Würdigungen

Barth, Karl: Niemöller, in: Basler Kirchenbote, Reformationssonntag 1945
Erk, Wolfgang (Hrsg.): Prophet dieser Zeit. Erinnerung an Martin Niemöller,
Stuttgart 1984, ²1989
Gerlach, Wolfgang: Vom Seeteufel zum Friedensengel, in: DIE ZEIT, Nr. 3, 10.
Januar 1992, 33–34
Gollwitzer, Helmut: Martin Niemöller, in: Junge Kirche 45 (1984), 141–144
Greschat, Martin: Martin Niemöller, in: Gestalten der Kirchengeschichte, Bd. 10,
2. Teil, Die neueste Zeit IV. Hrsg. von Martin Greschat, Stuttgart/Berlin/Köln
1984, unveränderter Nachdruck 1993, 187–204
Herbert, Karl: Vom Leiden an der Kirche. Zum Tode Martin Niemöllers, in: Lu-
therische Monatshefte 23 (1984), 147–149
Heymel, Michael: Kirchenpräsident – Prediger – Zeuge. Zum 25. Todestag von
Martin Niemöller (14.1.1892–6.3.1984), in: Hessisches Pfarrblatt Nr. 2, April
2009, 40–49 (Nachdruck in: Badische Pfarrvereinsblätter, Mai 2009, 139–152)
Heymel, Michael: Der Prediger Martin Niemöller und die EKHN, in: Jahrbuch
der Hessischen Kirchengeschichtlichen Vereinigung 60 (2009), 21–31
Hild, Helmut: Martin Niemöller, der Prediger, in: Weltweite Hilfe. Zeitschrift des
Diakonischen Werkes in Hessen und Nassau. Sonderteil I/1992, 3–8
Hildebrandt, Franz: Nachlese, in: Martin Niemöller, Dahlemer Predigten 1936/
1937, München 1981, 192–199
Jens, Walter: Ein Prophet des Friedens. Martin Niemöller zum 100. Geburtstag,
in: Blätter für deutsche und internationale Politik 2/1992, 160–170
Kreck, Walter: Ansporn – Warnung – Mahnung. Martin Niemöller zum 90. Ge-
burtstag, in: Deutsche Volkszeitung, Nr. 2, 14. Januar 1982, 8
Mann, Thomas: Preface, in: God is My Fuehrer. The last 28 Sermons by Pastor
Martin Niemoeller, New York 1941, 3–14 (nachgedruckt in: Dahlemer Predig-
ten. Kritische Ausgabe. Hrsg. von Michael Heymel, Gütersloh 2011, 674–679)
Mann, Thomas: Niemöller, in: Martin Niemöller, Dahlemer Predigten 1936/1937,
München 1981, 185–191 (nachgedruckt in: Dahlemer Predigten. Kritische
Ausgabe. Hrsg. von Michael Heymel, Gütersloh 2011, 683–689)
Martin Niemöller-Stiftung (Hrsg.): Martin Niemöller. Wer er war – Wer er ist.
Mit Beiträgen von W. Kreck, E. Kogon, H.-J. Oeffler u. a., Köln o. J. [1984]

Nicolaisen, Carsten: Art. Niemöller, Emil Gustav Martin, in: Neue Deutsche Biographie 19 (1999), 239–241

Nicolaisen, Carsten: Niemöller, Martin, in: Biographisch-Bibliographisches Kirchenlexikon (BBKL), Bd. 6, Herzberg 1993, Sp. 735–748

Nicolaisen, Carsten: Martin Niemöller, in: Theologische Realenzyklopädie (TRE), Bd. 24, 1994, 502–506

Martin Niemöller und sein Bekenntnis. Hrsg. vom Schweizerischen Evangelischen Hilfswerk für die Bekennende Kirche in Deutschland, Zürich 1938, [8]1939 (anonym publizierte Schrift von Franz Hildebrandt; dän. Kopenhagen 1938, franz. Genf 1938, engl. London 1939)

Niemöller, Heinrich: Aus 56 Amtsjahren. Hrsg. von Wilhelm Niemöller, Bielefeld 1948

Niemöller, Heinrich: Aus goldener Jugendzeit, Elberfeld [2]1937

Niemöller, Wilhelm: Martin Niemöller, in: Bekennende Kirche. Martin Niemöller zum 60. Geburtstag, München 1952, 311–325

Niemöller, Wilhelm: Martin Niemöller, in: Junge Kirche 42 (1981), Dezember 1981, 573ff; auch in: http://www.lebenshaus-alb.de/magazin/005600.html (eingesehen am 1.7.2016)

Niemöller, Wilhelm: Neuanfang 1945. Zur Biographie Martin Niemöllers, Frankfurt am Main 1967

Niemoeller-von Sell, Sybille: „Furchtbar einfach, wird gemacht!" Erinnerungen, Berlin/Frankfurt am Main 1994

Niemoeller-von Sell, Sybille: Zu neuen Ufern lockt ein neuer Tag, Erinnerungen II, Berlin/Frankfurt am Main 1996

Odin, Karl-Alfred: Martin Niemöller, in: Klaus Scholder/Dieter Kleinmann (Hrsg.): Protestantische Profile. Lebensbilder aus fünf Jahrhunderten, Königstein 1983, 367–381

Scharf, Kurt: Martin Niemöller, in: Wolfgang Huber (Hrsg.): Protestanten in der Demokratie. Positionen und Profile im Nachkriegsdeutschland, München 1990, 193–204

Schmidt, Dietmar: Ein Pfarrerssohn aus Lippstadt. Zu Martin Niemöllers 90. Geburtstag, in: Weg und Wahrheit Nr. 2, 10.1.1982, 4–6

Siegele-Wenschkewitz, Leonore: Vom Nationalismus zur Ökumene. Martin Niemöller zum 100. Geburtstag, in: Evangelische Theologie 52 (1992), 555–559

Stöhr, Martin: Widerstand, wo es um den Menschen geht. Laudatio auf Martin Niemöller aus Anlaß der Verleihung der Carl von Ossietzky-Medaille am 8. Mai 1983 in der Universität Oldenburg, in: Junge Kirche 45 (1984), 145–149

7. Gesamtdarstellungen

Bentley, James: Martin Niemöller. Eine Biographie (zuerst engl. 1984), München 1985

Ordnung, Carl: Martin Niemöller. Nachfolge Christi in unserer Zeit, (Ost-)Berlin 1967

Schmidt, Dietmar: Martin Niemöller. Eine Biographie, Hamburg 1959. Erw. Neuausgabe Stuttgart 1983 (engl. unter dem Titel: Pastor Niemöller, London 1959)

Schreiber, Matthias: Martin Niemöller, Reinbek 1997, [2]2008

8. Festschriften

Bekennende Kirche. Martin Niemöller zum 60. Geburtstag, München 1952

Bis an das Ende der Erde. Ökumenische Beiträge. Zum 70. Geburtstag von Martin Niemöller. Hrsg. von Hanfried Krüger, München 1962

Christliche Freiheit im Dienst am Menschen. Deutungen der kirchlichen Aufgabe heute. Ein Themenabend zum 80. Geburtstag von Martin Niemöller. Hrsg. von Karl Herbert u. a., Frankfurt am Main 1972

Martin Niemöller. Festschrift zum 90. Geburtstag. Hrsg. von Heinz Kloppenburg, Eugen Kogon u. a., Köln 1982

9. Untersuchungen

Benad, Matthias: Im Kommando der Wohlfahrt. Martin Niemöller als Diakoniepfarrer in Münster in Westfalen (1923–1931), in: Weltweite Hilfe 42, Heft 1/1992, 2–11

Beyer, Franz: Menschen warten. Aus dem politischen Wirken Martin Niemöllers seit 1945, Siegen 1952

Bloth, Hugo Gotthard: Die Befreiung Martin Niemöllers 1945 aus der Fahrt in den Tod, in: Jahrbuch für westfälische Kirchengeschichte 78 (1985), 205–210

Braun, Reiner: Eindrücklich predigen. Homiletische Impulse aus Martin Niemöllers „Dahlemer Predigten", in: Theologische Beiträge 47 (2016), 147–161

Brinkmann, Ernst: Martin Niemöllers Lebensjahre in Westfalen, in: Jahrbuch für westfälische Kirchengeschichte 77 (1984), 13–24

Conway, John S.: The Political Theology of Martin Niemöller, in: German Review 9 (1986), 521–546

Düringer, Hermann/Stöhr, Martin (Hrsg.): Martin Niemöller im Kalten Krieg. Die Arbeit für Frieden und Gerechtigkeit damals und heute (= Arnoldshainer Texte Bd. 115), Frankfurt am Main 2001

Greschat, Martin: Martin Niemöller. Die frühen Jahre in Münster, in: Christian Peters (Hrsg.): 200 Jahre evangelisch in Münster, Bielefeld 2006, 117–130

Heymel, Michael: Martin Niemöller. Weihnachten im KZ Dachau, in: Michael Heymel/Christian Möller: Sternstunden der Predigt. Von Johannes Chrysostomus bis Dorothee Sölle, Stuttgart 2010, 209–229

Heymel, Michael: Wer war Leo Stein? Spurensuche nach dem Verfasser des Buches „I was in Hell with Niemoeller", in: Mitteilungen zur Kirchlichen Zeitgeschichte, 5/2011, 53–87

Heymel, Michael: Martin Niemöllers Verhältnis zum Judentum. Stationen eines Lernprozesses, in: Michael Tilly/Lothar Triebel (Hrsg.): Notwendige Begegnungen. Judentum und Christentum von der Antike bis zur Gegenwart. Beiträge aus Wissenschaft, Synagoge und Kirche. FS Ulrich Oelschläger, Darmstadt 2016, 254–268

Kuhlmann, Sebastian: Martin Niemöller. Die prophetische Dimension der Predigt (= APrTh 39), Leipzig 2008

Niemöller, Jan: Erkundung gegen den Strom. 1952: Martin Niemöller reist nach Moskau. Eine Dokumentation, Stuttgart 1988

Niemöller, Wilhelm: Macht geht vor Recht. Der Prozeß Martin Niemöllers, München 1952

Norden, Günther van: Martin Niemöller im Kalten Krieg, in: Hermann Düringer/Martin Stöhr (Hrsg.): Niemöller im Kalten Krieg. Die Arbeit für Frieden und Gerechtigkeit damals und heute, Frankfurt am Main 2001, 47–73

Robbins, Keith: Martin Niemöller, the German Church Struggle, and English Opinion, in: The Journal of Ecclesiastical History 21 (1970), 149–170

Schlie, Franz-Josef: Wendepunkt auf dem Heimweg. Begegnung mit Pfarrer to Settel ändert Martin Niemöllers Leben, in: Unser Kreis 2015. Jahrbuch für den Kreis Steinfurt, Steinfurt 2014, 203–207

Schmidt, Jürgen: Martin Niemöller im Kirchenkampf, Hamburg 1971

Siegele-Wenschkewitz, Leonore: Auseinandersetzungen mit einem Stereotyp. Die Judenfrage im Leben Martin Niemöllers, in: Christlicher Antijudaismus und Antisemitismus. Theologische und kirchliche Programme Deutscher Christen (= Arnoldshainer Texte Bd. 85). Hrsg. von Leonore Siegele-Wenschkewitz, Frankfurt am Main 1994, 261–291

Spankeren, Reinhard van: Ein Pfarrer als Bankier? Martin Niemöller und die Evangelische Darlehnsgenossenschaft 1927, in: Diakonie. Geschichte von unten. Hrsg. von Hans Bachmann, bearb. von Rüdiger Pelz, Bielefeld, 1995, 257–264

Spankeren, Reinhard van: Repräsentant des sozialen Protestantismus? Die westfälische Innere Mission und ihr erster hauptamtlicher Geschäftsführer Martin Niemöller, in: Traugott Jähnichen (Hrsg.): Protestantismus und soziale Frage (= Bochumer Forum zur Geschichte des sozialen Protestantismus, Bd. 1), Münster 2000, 149–159

Spijkerboer, Arie A.: Een gehoorzame rebel. Martin Niemöller op de kansel en op het podium, Kampen 1996

Stöhr, Martin: Die Schuldfrage in Kirche und Gesellschaft. Martin Niemöller – Wegweisendes und Widersprüchliches, in: Das verdrängte Erbe der Bekennenden Kirche. Hrsg. von Reinhard Höppner und Joachim Perels, Stuttgart 2012, 100–130

Wette, Wolfram: Seiner Zeit voraus. Martin Niemöllers Friedensinitiativen (1945–1955), in: Friedensinitiativen in der Frühzeit des Kalten Krieges 1945–1955. Hrsg. von Detlef Bald, Essen 2010, 227–241

Zerner, Ruth: Martin Niemöller, Activist as Bystander. The Oft-Quoted Reflection, in: Marvin Perry und Frederick Schweitzer (Hrsg.), Jewish-Christian Encounters over the Centuries. Symbiosis, Prejudice, Holocaust, Dialogue (= American university studies, Vol. 9), New York 1994, 327–340

10. Bildbände und Ausstellungskataloge

Die Frau eines bedeutenden Mannes: Else Niemöller zum 100. Geburtstag. Katalog zur Ausstellung des Zentralarchivs der Evangelischen Kirche in Hessen und Nassau. Bearbeitet von Edita Sterik, Darmstadt 1990

Der Mann in der Brandung. Ein Bildbuch über Martin Niemöller. Hrsg. von Herbert Mochalski, Frankfurt am Main 1962

Niemöller: Was würde Jesus dazu sagen? Eine Reise durch ein protestantisches Leben. Ein Film-Bilder-Lesebuch von Hannes Karnick und Wolfgang Richter, Frankfurt am Main 1986

Protestant – Das Jahrhundert des Pastors Martin Niemöller. Katalog zur Ausstellung zum 100. Geburtstag. Mit Beiträgen von Matthias Benad, Karl Herbert, Leonore Siegele-Wenschkewitz. Hrsg. von Hannes Karnick und Wolfgang Richter, Frankfurt am Main 1992
Unterwegs zur mündigen Gemeinde. Die evangelische Kirche im Nationalsozialismus am Beispiel der Gemeinde Dahlem. Bilder und Texte einer Ausstellung. Hrsg. von Gerti Graff u. a., Stuttgart 1982

11. Ton- und Filmaufnahmen

a) Tonaufnahmen

Gelebtes und Gelerntes. Schallplatte in der Reihe „Stimmen zu unserer Zeit". Hrsg. von Dr. Christoph Staewen, Aufnahmedatum: 1963. Dauer: 13:24 Min. Auf CD zusammen mit drei anderen Aufnahmen der Reihe als Track Nr. 2 neu produziert vom Versand Sylvia Koch-Weser, Staudenweg 44, 90451 Nürnberg, o. J.
Zeitgenossen des Jahrhunderts: Martin Niemöller. Im Gespräch mit Klaus Figge und Henning Röhl. Aufnahmedatum: Südwestrundfunk 1972. 1 CD mit Booklet. Dauer: 43 Min. Der Audio Verlag GmbH, SWR Media GmbH 1999
Martin Niemöller. Reden, Predigten, Gespräche. Reden aus drei Jahrzehnten. FFFZ/Film Funk Fernseh Zentrum der Evangelischen Kirche im Rheinland, Düsseldorf, Kaiserswerther Str. 450, 2002. Gesamtdauer: 70:04 Min. Enthält:
1. Gespräch mit Martin Niemöller anlässlich seines 70. Geburtstages über sein Leben. WDR 1962. Dauer: 3:11 Min.
2. Auszug aus einer von der Gestapo heimlich mitgeschnittenen Predigt in der Jesus-Christus-Kirche in Berlin-Dahlem vom 7.4.1937. DeutschlandRadio. Dauer: 1:08 Min.
3. Der Weg ins Freie. Vortrag in Stuttgart am 3.7.1946. Dauer: 24:07 Min. Der vollständige Text des Vortrags ist abgedruckt in: Martin Niemöller, Reden 1945–1954, Darmstadt 1958, 23–42
4. Ansprache des Kirchenpräsidenten der EKHN über die Vollversammlung des Weltkirchenrates 1948 in Amsterdam. 1949. DeutschlandRadio. Dauer: 5:35 Min.
5. Vom Frieden Gottes und vom Frieden unter den Menschen. 11.12.1952. Dauer: 13:56 Min.
6. Über die gemeinsame Verantwortung der Evangelischen Kirche in der Welt. 21.8.1954. Dauer: 22:07 Min. Vgl. den Vortrag vom 20.4.1954 in Speyer, in: Martin Niemöller, Reden 1945–1954, Darmstadt 1958, 279–288
Martin Niemöller. Predigten und Vorträge. Sendungen mit und über Martin Niemöller, teilweise mit O-Tönen. Aufnahmen im Archiv des Hessischen Rundfunks, Frankfurt/Main (laut Auskunft von archivservice@hr.de vom 20.8.2015):
1. Evangelische Morgenfeier am 5.11.1950. Ansprache. Dauer: 20:02 Min.
2. Evangelische Morgenfeier. 1954. Mitwirkende: Hessische Kantorei. Dauer: 43:20 Min.
3. Evangelische Morgenfeier zum Pfingstmontag. 30.5.1955. Mitwirkende: Hessische Kantorei. Dauer: 42:30 Min.

4. Evangelische Morgenfeier am 22.11.1956. Mitwirkende: Laubacher Kantorei. Dauer: 30:52 Min.

5. Evangelische Morgenfeier am 7.7.1957. Mitwirkende: Chor der Johannes-Gemeinde Gießen. Dauer: 43:22 Min.

6. Predigt am 14.4.1952. Dauer: 16:25 Min.

7. Silvesteransprache zum 31.12.1952. Dauer: 15:15 Min.

8. Andacht zum Jahresschluss. 31.12.1954. Dauer: 28:20 Min.

9. Amerikanische Aufbaukredite an deutsche Zeitungen. Gespräch mit Martin Niemöller. Mitwirkender: Herr Otto. 1952. Dauer: 11:04 Min.

10. Rückkehr von Kirchenpräsident Niemöller aus Moskau. Gespräch mit Martin Niemöller. 1952. Dauer: 14:42 Min.

11. Interview mit Kirchenpräsident Niemöller. Mitwirkender: Kurt Seibt. 1958. Dauer: 7:33 Min.

12. Öffentliche Veranstaltung: Unterzeichnung des Vertrages des Landes Hessen mit der Evangelischen Kirche. Mitwirkender: Martin Niemöller. Aufgenommen am 18.2.1960. Dauer: 24:00 Min.

13. Der Christ als Untertan. Gespräch. Mitwirkender: Ulrich Trappe. 24.10.1960. Dauer: 24:25 Min.

14. Aufstand des Gewissens. Urheber: Heinrich Uhlig. Mitwirkender: Rolf Becker. 1962. Dauer: 49:45 Min.

15. Was trennt die Konfessionen? Urheber: Hans Kettler. Mitwirkender: Ulrich Trappe. 24.6.1968. Dauer: 29:15 Min.

16. Feature: Heute vor 25 Jahren: Führerhauptquartier 12 Uhr 42. Urheber: Friedrich Arnold Krummacher. Mitwirkender: Gert Kalow. 20.7.1969. Dauer: 58:45 Min.

17. Interview mit Martin Niemöller. Mitwirkender: Werner Bohnenberger. 17.9.1980. Dauer: 7:03 Min.

18. Feature: Nachruf auf Martin Niemöller. Urheber: Andreas Martin. Mitwirkender: Volker Hochgrebe. 7.8.1984. Dauer: 28:50 Min.

19. Feature: Martin Niemöller. Urheber: Gerhard Brockmann. Mitwirkender: Volker Bernius. 18.1.1988. Dauer: 28:52 Min.

20. Magazin: Biedermänner oder Brandstifter? Urheber: Ulrike Holler, Dorothee Kaden u. a. Mitwirkender: Gunther Schneider. 2.2.1999. Dauer: 55:00 Min.

21. Bericht: 1945 – Die Deutschen nach dem Krieg (8). Urheber: Christian Gramsch. Mitwirkender: Jesko von Schwichow. 27.4.2005. Dauer: 3:27 Min.

22. Vaterfigur der Kirche in Hessen und Nassau. Urheber: Silke Arning. Mitwirkender: Klaus Hofmeister. 3.1.2009. Dauer: 3:11 Min.

23. Porträt Martin Niemöller. Urheber: Jürgen Fleger. Mitwirkender: Martin Niemöller. 6.3.2014. Dauer: 2:27 Min.

24. Bericht/Porträt: Prägende Persönlichkeit Niemöller. Urheber: Jürgen Fleger. Mitwirkender: Klaus Hofmeister. 9.3.2014. Dauer: 6:16 Min.

Gespräch mit Martin Niemöller für den Themenabend „Das Jahr 1932" des Hessischen Rundfunks. Mitwirkende: Gisela Brackert. 13.6.1972. Dauer der ganzen Sendung: 113 Min. (vgl. Schreiben des HR an Martin Niemöller vom 8.6.1972, in: ZA EKHN 62/610)

b) Filme

Zeugen des Jahrhunderts: Martin Niemöller. Film von Gerd Klepzig und Klaus Harpprecht. Eine Peter von Zahn Produktion. Sendung am 7.9.1962; Manuskript, 12 Seiten, dazu Brief des Hessischen Rundfunks (HR) an Erica Küppers vom 12.10.1962 (in: ZA EKHN 35/168)

Zur Person. Martin Niemöller im Gespräch mit Günter Gaus. Aufnahmedatum: 30.10.1963. Gesendet vom ZDF am 11.1.1982. Dauer: 63 Min. Der Text des Interviews ist vollständig abgedruckt in: Martin Niemöller, Eine Welt oder keine Welt. Reden 1961–1963, Frankfurt/Main 1964, 201–229, auch in: Günter Gaus, Was bleibt, sind Fragen. Die klassischen Interviews. Hrsg. von Hans-Dieter Schütt, Berlin ²2001, 114–137; http://www.rbb-online.de/zurperson/interview_archiv/niemoeller_martin.html (eingesehen am 20.8.2015)

Zuhause bei den Menuhins. Dokumentarfilm von Rolf Unkel für den Süddeutschen Rundfunk (SDR) und das Schweizer Fernsehen (SF). Produktion: 1969/1970. Gesendet im Februar 1970. Dauer: 58 Min. Enthält u. a. Szenen mit Martin Niemöller, Oskar Kokoschka und Peter Ustinov. Die Royal Academy of Music in London besitzt in ihrem Archiv eine Kopie des Films.

Werner Hess im Gespräch mit Martin Niemöller. Aufnahmedatum: 1972. Zuerst gesendet am 13.1.1972 im Ersten Deutschen Fernsehen, zuletzt am 2.3.2014 von BR-alpha. Dauer: 40 Min. Das vollständige Interview ist zu sehen bei: www.youtube.com (eingesehen am 20.8.2015).

Martin Niemöller – Gewissen der Nation. Eine Dokumentation von Hans Joachim Dörger, Carl Bringer, Dietmar Schmidt. Eine Produktion des Hessischen Rundfunks von 1979

Rebell wider Willen – das Jahrhundert des Martin Niemöller. Dokumentarfilm. Originaltitel: Martin Niemöller – Was würde Jesus dazu sagen? Eine Reise durch ein protestantisches Leben. Regie: Hannes Karnick und Wolfgang Richter. Produktion: 1985. Dauer: 110 Min. Als DVD erhältlich bei absolut Medien. Best. Nr.: 734, ISBN: 978-3-89848-734-4

Danksagung

Ich danke Dr. Thomas Brockmann und der Wissenschaftlichen Buchgesellschaft Darmstadt, die mich zu diesem Buch ermutigten, sowie all denen, die mich dabei auf unterschiedliche Weise mit Rat und Tat unterstützten: Natalia Alekseeva, die mich auf wertvolle Text- und Bilddokumente hinwies, Kirchenarchivdirektor Holger Bogs, Dr. h.c. Hebe Kohlbrugge, die mir 2009 in einem Interview von Begegnungen mit Niemöller erzählte, Kirchenrat i. R. Manfred Kühn, Prof. Dr. Christian Möller, Dr. Heinz Hermann Niemöller und Prof. Dr. Christa Reich. Auch Dr. Hildegard Mannheims danke ich an dieser Stelle. Sie hat das Manuskript mit großer Sorgfalt lektoriert. Meiner Frau Felizitas Muntanjohl konnte ich in vielen Gesprächen vom Leben Martin Niemöllers erzählen. Ihr verdanke ich die Erfahrung, wie diese Geschichte heute mitteilbar werden kann.

Wiesbaden, im September 2016   Michael Heymel

Bildnachweise

Personenregister